2019ANTIQUES

AUCTION RECORDS

拍卖年鉴 玉器

2018.1.1～2018.12.31

欣 弘 主编

cns | 湖南美术出版社

图书在版编目(CIP)数据

2019古董拍卖年鉴·玉器 / 欣弘编. — 长沙：湖南美术出版社，2019.1
ISBN 978-7-5356-8551-3

Ⅰ.①2… Ⅱ.①欣… Ⅲ.①历史文物－拍卖－价格－中国－2019－年鉴②古玉器－拍卖－价格－中国－2019－年鉴 Ⅳ.①F724.787-54

中国版本图书馆CIP数据核字(2018)第293841号

2019古董拍卖年鉴·玉器

出 版 人：黄 啸
主　　编：欣 弘
策　　划：易兴宏　李志文
责任编辑：李 坚

湖南美术出版社出版发行(长沙市东二环一段622号)
湖南省新华书店经销
雅昌文化(集团)有限公司制版、印刷
(本书采用CTP工艺制版、印刷)
开本：787×1092　1/16　印张：19
版次：2019年1月第1版　印次：2019年1月第1次印刷
ISBN 978-7-5356-8551-3
定价：168.00元

邮购联系：0731-84787105　邮编：410016　网址：http://www.arts-press.com/
电子邮箱：market@arts-press.com

目　　录

凡　例

1.《2019古董拍卖年鉴》分瓷器卷、玉器卷、杂项卷、珠宝翡翠卷、书画卷共五册，收录了纽约、伦敦、巴黎、日内瓦、香港、澳门、台北、北京、上海、广州、昆明、天津、重庆、成都、合肥、南京、西安、沈阳、济南等城市或地区的几十家拍卖公司几百个专场的2018年度拍卖成交记录与拍品图片。

2.本书内文条目原则上保留了原拍卖记录，按拍品号、品名、估价、成交价、尺寸、拍卖公司名称、拍卖日期等排序，部分原内容缺或不详的不注明，书画卷内文条目还有作者姓名、作品形式、创作年代等内容。

3.因境外拍卖公司宿地不同，本书拍品中有多种币种：RMB人民币，USD美元，EUR欧元，GBP英磅，HKD港币，TWD台币。但本书所有拍品成交价均按汇率转换成RMB(人民币)币种。

4.多人合作的作品，目录中仅列出一位主要作者的名字。

5.查看书中图片大图及拍品详情，请登陆微信小程序“拍卖典藏”进入《拍卖年鉴》栏目查询。

礼 玉

玉 璜

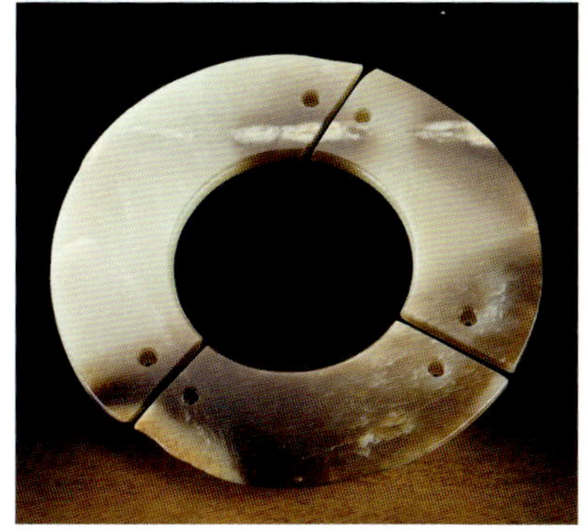

6412 新石器时代 齐家文化 玉三联璜
估 价：HKD 25,000
成交价：RMB 43,848
最大长12.3cm；厚0.6cm 万昌斯 2018-05-30

2736 西周 青玉三璜联璧
估 价：HKD 80,000～100,000
成交价：RMB 221,750
长10cm 佳士得 2018-11-28

2745 西周晚期 玉人龙纹璜形佩
估 价：HKD 60,000～100,000
成交价：RMB 221,750
高7.2cm 佳士得 2018-11-28

2741 西周中期 青玉龙纹璜
估 价：HKD 200,000～300,000
成交价：RMB 388,063
长11.3cm 佳士得 2018-11-28

2733 西周 青玉龙首虎纹璜
估 价：HKD 180,000～260,000
成交价：RMB 388,063
长10.3cm 佳士得 2018-11-28

2728 商晚期 灰玉龙纹璜
估 价：HKD 80,000～150,000
成交价：RMB 266,100
长7.2cm 佳士得 2018-11-28

7136 东周 白玉带沁楚式晋式双面工龙纹璜
估　价：HKD 50,000
成交价：RMB 101,118
长14.7cm；厚0.4cm 万昌斯 2018-11-28

565 春秋 双龙头玉璜
估　价：HKD 600,000～800,000
成交价：RMB 802,589
16.1cm×3.6cm×0.7cm×2 北京匡时 2018-10-03

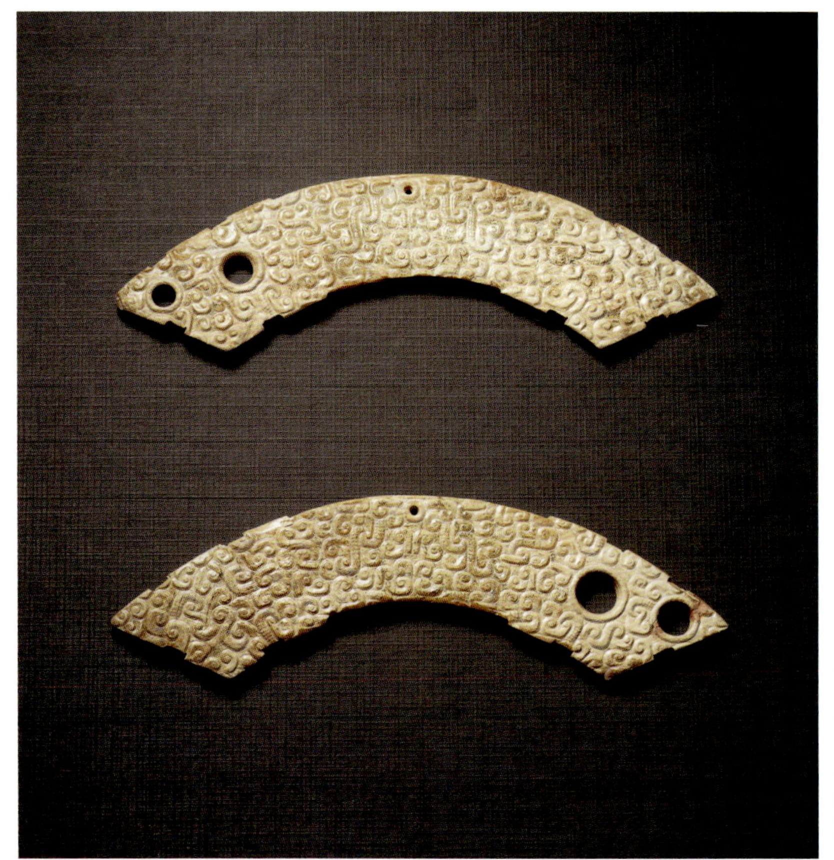

2746 春秋 青玉龙纹璜形佩 （一对）
估　价：HKD 260,000～400,000
成交价：RMB 1,663,125
长15.6cm×2 佳士得 2018-11-28

2748 春秋 青玉双龙首扭丝纹璜
估　价：HKD 180,000～260,000
成交价：RMB 554,375
长8.2cm 佳士得 2018-11-28

6248 春秋 玉龙纹璜 （一对）
估　价：HKD 60,000
成交价：RMB 146,160
最大长9.1cm×2；厚0.2cm 万昌斯 2018-05-30

544 春秋 青玉带沁龙纹璜
估 价：HKD 100,000～150,000
成交价：RMB 95,462
宽8.4cm 中国嘉德 2018-04-02

572 战国 镂空玉璜
估 价：HKD 160,000～180,000
成交价：RMB 164,634
6.7cm×0.3cm 北京匡时 2018-10-03

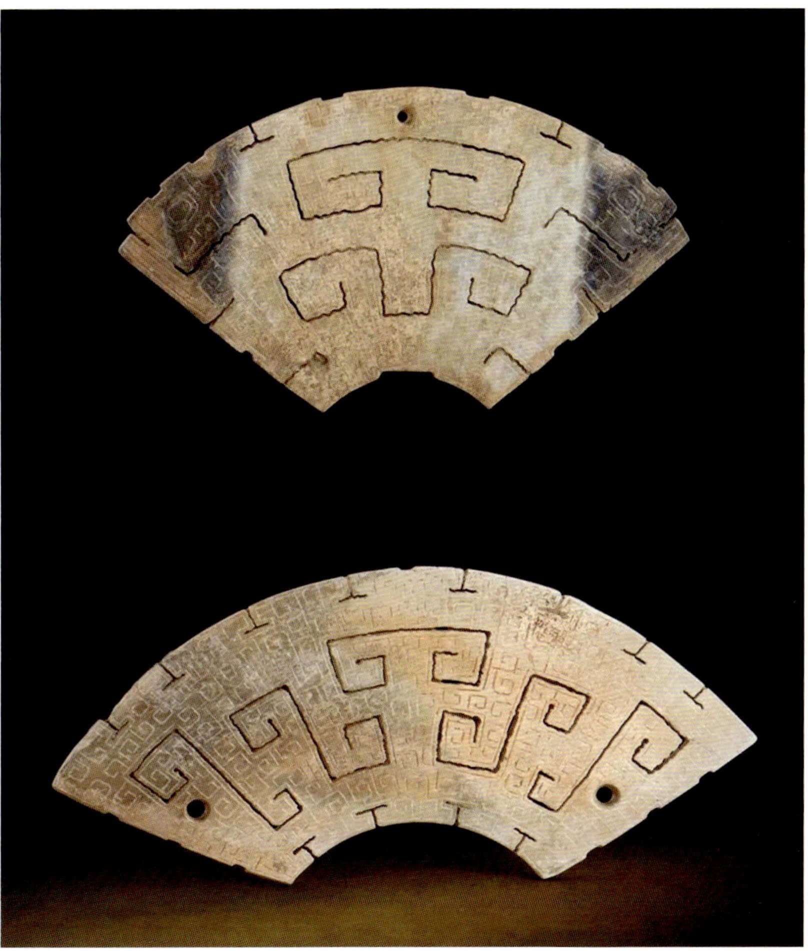

7135 秦 青白玉带沁秦式璜 （两件）
估 价：HKD 50,000
成交价：RMB 106,440
最大长12.4cm；厚0.4cm 万昌斯 2018-11-28

497 战国/汉 玉龙纹璜 （一对）
估 价：GBP 3,000～5,000
成交价：RMB 32,340
长13.2cm×2 伦敦苏富比 2018-05-18

6361 秦 青白玉镂空蟠虺纹秦式璜
估 价：HKD 38,000
成交价：RMB 107,184
长12.5cm 万昌斯 2018-05-30

517 18世纪 黄玉雕双龙璜
估 价：HKD 20,000～30,000
成交价：RMB 20,579
长5cm 北京匡时 2018-10-03

7253 新石器时代 石家河文化 白玉虎首
估 价：HKD 150,000
成交价：RMB 202,236
长2.8cm 万昌斯 2018-11-28

玉 琥

2723 商 青玉琥佩
估 价：HKD 120,000～180,000
成交价：RMB 354,800
长5.2cm 佳士得 2018-11-28

1082 西周 玉虎 （一对）
估 价：HKD 60,000～80,000
成交价：RMB 617,376
宽2.3cm×2 中国嘉德 2018-10-02

450 西周早期 白玉受沁琥
估 价：RMB 50,000
成交价：RMB 57,500
长6.7cm；宽1.7cm 浙江佳宝 2018-07-01

7141 春秋 白玉带灰皮虎
估 价：HKD 80,000
成交价：RMB 266,100
长3cm 万昌斯 2018-11-28

7154 宋 玉虎
估 价：HKD 20,000
成交价：RMB 37,254
长4.9cm 万昌斯 2018-11-28

玉 璧

2780 东汉 白玉乳丁螭虎瑞兽纹出廓璧
估 价：HKD 1,500,000～2,500,000
成交价：RMB 1,884,875
高25cm 佳士得 2018-11-28

6524 新石器时代 良渚文化 大玉璧
估 价：HKD 100,000
成交价：RMB 243,600
直径19.6cm；厚1cm 万昌斯 2018-05-30

7103 新石器时代 良渚文化 大玉璧
估 价：HKD 100,000
成交价：RMB 212,880
直径19.5cm；厚1.1cm 万昌斯 2018-11-28

902 新石器时代 公元前3000-2000年 褐青玉璧
估 价：USD 6,000～8,000
成交价：RMB 153,945
直径18.2cm 纽约佳士得 2018-09-13

2713 龙山文化 约公元前2800-2000年 青玉镂空鸟纹出廓牙璧
估 价：HKD 100,000～180,000
成交价：RMB 2,643,260
直径15cm 佳士得 2018-11-28

2709 龙山文化 约公元前2800-2000年 青玉牙璧
估 价：HKD 150,000～200,000
成交价：RMB 887,000
宽13cm 佳士得 2018-11-28

542 文化期 双连璧
估 价：HKD 50,000～70,000
成交价：RMB 55,368
高8cm 中国嘉德 2018-04-02

2714 夏家店下层文化 约公元前2200-1600年 青玉璧
估 价：HKD 100,000～150,000
成交价：RMB 310,450
直径12.8cm 佳士得 2018-11-28

2757 战国 青玉螭龙纹璧形佩
估 价：HKD 100,000～150,000
成交价：RMB 887,000
长3.6cm 佳士得 2018-11-28

901 公元前2000-1000年 玉璧 （两件）
估 价：USD 4,000～6,000
成交价：RMB 47,039
直径10.2cm 纽约佳士得 2018-09-13

3628 战国 青玉蒲纹璧 连 乾隆御题诗紫檀座
“乾隆己丑仲春月上澣御题”款字
估 价：HKD 500,000～700,000
成交价：RMB 545,000
璧12.6cm；座14.1cm 香港苏富比 2018-10-03

562 战国 五色素璧
估 价：HKD 180,000～250,000
成交价：RMB 185,213
6.6cm×0.6cm 北京匡时 2018-10-03

369 战国 白玉红沁卧蚕纹双龙出廓璧
估 价：RMB 80,000
成交价：RMB 115,000
长6.1cm；宽3.8cm 浙江佳宝 2018-07-01

1071 战国 谷纹玉璧
估 价：HKD 60,000～80,000
成交价：RMB 236,661
直径7.6cm 中国嘉德 2018-10-02

6287 战国 青玉带灰皮谷纹璧
估 价：HKD 20,000
成交价：RMB 36,053
直径14.8cm；厚0.4cm 万昌斯 2018-05-30

1115 战国 玉雕谷纹璧
估 价：HKD 40,000～60,000
成交价：RMB 41,158
直径13.9cm 中国嘉德 2018-10-02

6288 汉 青白玉带灰皮兽面纹大璧
估 价：HKD 50,000
成交价：RMB 194,880
直径23.6cm；厚0.5cm 万昌斯 2018-05-30

368 汉 白玉红沁高浮雕龙凤纹璧
估 价：RMB 70,000
成交价：RMB 103,500
高1.3cm；直径4.64cm 浙江佳宝 2018-07-01

7251 宋 白玉带红沁出廓璧
估 价：HKD 100,000
成交价：RMB 212,880
长11.2cm；厚1.6cm 万昌斯 2018-11-28

1907 宋 白玉双螭纹璧
估 价：RMB 140,000～160,000
成交价：RMB 172,500
直径7.1cm 西泠拍卖 2018-07-07

1757 宋 谷纹玉璧
估 价：RMB 20,000～30,000
成交价：RMB 36,800
外径4.7cm；内径1.7cm 西泠拍卖 2018-07-07

909 明 灰青玉刻龙凤纹圭璧
估　价：USD 6,000～8,000
成交价：RMB 273,680
高27.3cm 纽约佳士得 2018-09-13

6334 明 青玉带沁螭纹鸡心璧
估　价：HKD 50,000
成交价：RMB 146,160
玉长16.2cm；厚0.7cm 万昌斯 2018-05-30

1893 明 黄玉螭龙纹璧
估　价：RMB 60,000～80,000
成交价：RMB 172,500
直径5.7cm 西泠拍卖 2018-07-07

2566 明 旧玉谷纹璧
估　价：RMB 1,000～2,000
成交价：RMB 103,500
直径8cm 中国嘉德 2018-11-20

216 明 白玉浮雕螭龙璧
估　价：RMB 60,000～80,000
成交价：RMB 109,250
直径6.6cm 北京鸿盛祥 2018-12-06

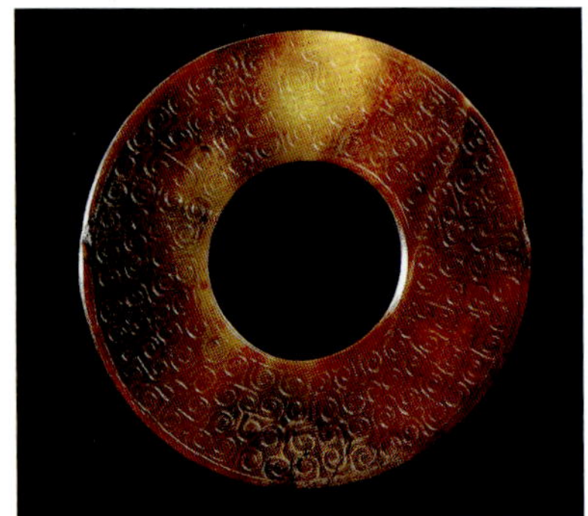

1924 明 沁色玉仿古玉璧
估 价：RMB 70,000～100,000
成交价：RMB 92,000
直径11.0cm 西泠拍卖 2018-07-07

32 明 白玉勾连云纹璧
估 价：RMB 60,000～80,000
成交价：RMB 92,000
直径12cm 北京鸿盛祥 2018-06-16

2546 明 玉雕双螭璧
估 价：RMB 60,000～80,000
成交价：RMB 69,000
直径4.9cm 中国嘉德 2018-11-20

2143 清初 白玉螭龙璧
估 价：RMB 70,000～90,000
成交价：RMB 80,500
长6.8cm 古天一 2018-12-08

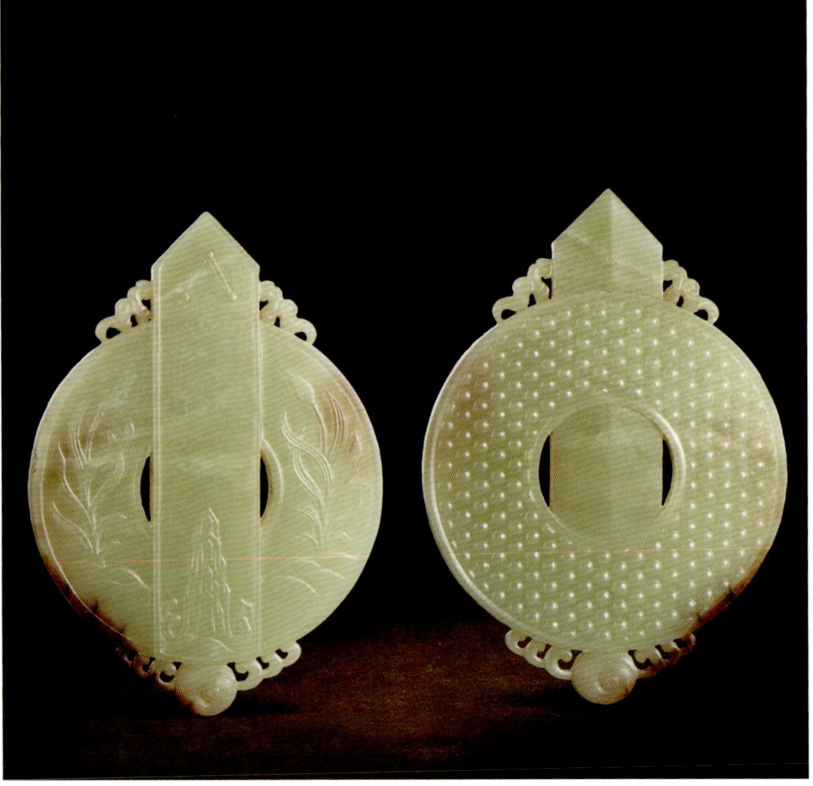

7265 清乾隆 黄玉圭璧
估 价：HKD 200,000
成交价：RMB 510,912
长13.3cm；厚0.9cm 万昌斯 2018-11-28

2082 清乾隆 白玉双龙璧
估 价：RMB 220,000～280,000
成交价：RMB 253,000
长7.7cm；宽5.1cm 中贸圣佳 2018-11-24

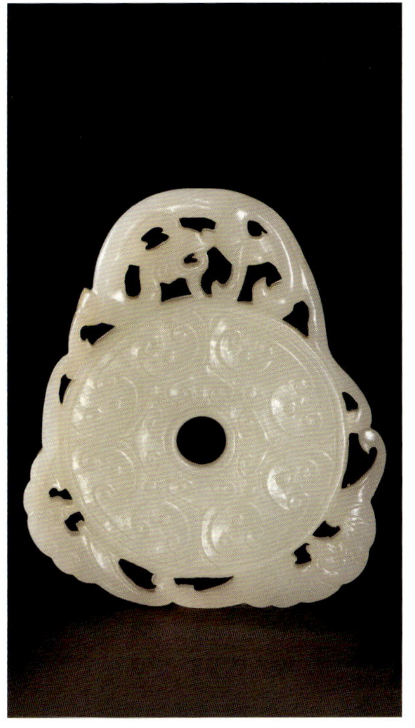

931 18世纪 白玉仿古出廓璧
估 价：USD 6,000～8,000
成交价：RMB 42,763
高8.7cm 纽约佳士得 2018-09-13

1069 清代 玉镂雕龙纹璧
估 价：RMB 450,000
成交价：RMB 713,000
直径8cm 古天一 2018-06-17

907 18世纪 白玉龙凤璧
估 价：RMB 20,000～30,000
成交价：RMB 55,200
直径5.5cm 北京东正 2018-06-17

2144 清代 白玉红沁谷纹璧
估 价：RMB 260,000～300,000
成交价：RMB 460,000
直径10cm 古天一 2018-12-08

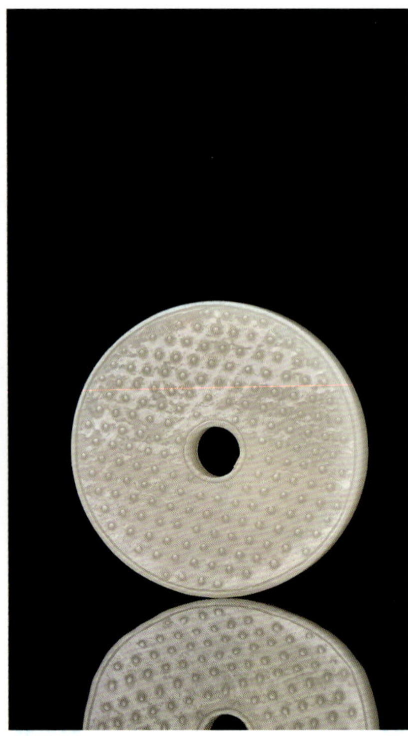

3809 清 白玉螭龙谷纹璧
估　价：RMB 1,000~2,000
成交价：RMB 69,000
直径5.7cm 中国嘉德 2018-09-19

365 清 白玉高浮雕苍龙教子蒲纹出廓璧
估　价：RMB 35,000
成交价：RMB 40,250
长7cm；宽5.5cm 浙江佳宝 2018-07-01

1116 清代 和田白玉苍龙教子玉璧
估　价：RMB 35,000~45,000
成交价：RMB 57,500
直径5.6cm 南京经典 2018-01-06

1524 清 玉螭虎璧
估　价：RMB 4,000
成交价：RMB 34,500
直径5.5cm 北京翰海 2018-09-16

1471 端方藏旧玉璧
估　价：RMB 150,000~200,000
成交价：RMB 368,000
直径19cm 中贸圣佳 2018-06-20

2179 战国 玉雕龙纹璧
估　价：HKD 30,000～50,000
成交价：RMB 26,729
保利香港 2018-04-01

1756 红山文化 玉璧
估　价：RMB 10,000～20,000
成交价：RMB 25,300
外径5.9cm；内径1cm 西泠拍卖 2018-07-07

玉　琮

2716 新石器时代至周 约公元前6500-256年 玉镯形琮
估　价：HKD 100,000～150,000
成交价：RMB 421,325
宽7.2cm 佳士得 2018-11-28

2701 良渚文化 约公元前3300-2300年 玉兽面纹琮
估　价：HKD 800,000～1,200,000
成交价：RMB 3,494,780
高4.1cm 佳士得 2018-11-28

3080 良渚文化晚期／约公元前3000-2500年 玉神人兽面纹琮
估　价：HKD 3,000,000～4,000,000
成交价：RMB 3,004,400
宽6.5cm 佳士得 2018-05-30

2702 良渚文化 约公元前3300-2300年 白玉兽面纹琮
估　价：HKD 800,000～1,200,000
成交价：RMB 2,217,500
高13.3cm 佳士得 2018-11-28

1753 齐家文化 玉琮
估　价：RMB 30,000～50,000
成交价：RMB 310,500
高4.3cm；长6.5cm；宽6.5cm 西泠拍卖 2018-07-07

1752 良渚文化 玉琮
估　价：RMB 50,000～80,000
成交价：RMB 178,250
高9cm；长6cm；宽6cm 西泠拍卖 2018-07-07

1066 文化期 玉琮
估　价：HKD 1,800,000～2,200,000
成交价：RMB 3,910,048
宽7.5cm 中国嘉德 2018-10-02

505 文化期 兽面纹受沁玉琮
估　价：RMB 200,000
成交价：RMB 230,000
长8.87cm；宽8.84cm；高7.12cm 浙江佳宝 2018-07-01

1103 商-西周 玉琮
估　价：HKD 60,000～80,000
成交价：RMB 113,186
高8.5cm 中国嘉德 2018-10-02

508 宋至明 灰墨玉琮
估　价：GBP 10,000～15,000
成交价：RMB 172,480
长6cm 伦敦苏富比 2018-05-18

174 明 黄玉琮
估　价：RMB 100,000～150,000
成交价：RMB 304,750
长6.4cm；高6.4cm 北京鸿盛祥 2018-12-06

1743 明或更早 玉琮
估　价：RMB 200,000～300,000
成交价：RMB 287,500
4.5cm×6.2cm 华艺国际 2018-11-16

9 明 玉琮
成交价：RMB 230,000
长7.4cm；高3.9cm 北京鸿盛祥 2018-12-06

2002 清代 青玉红沁大玉琮
估 价：RMB 30,000～50,000
成交价：RMB 483,000
高9.5cm；7.2cm×7.2cm 古天一 2018-12-08

925 清或以前 仿古黑青玉琮
估 价：USD 4,000～6,000
成交价：RMB 153,945
高28.5cm 纽约佳士得 2018-09-13

633 旧玉琮 （一对）
估 价：RMB 6,800,000～8,000,000
成交价：RMB 8,970,000
6.4cm×6.4cm×6.8cm；长6.7cm×6.8cm×7.3cm 中贸圣佳 2018-06-20

5101 旧玉人面琮
估　价：RMB 400,000～500,000
成交价：RMB 460,000
高3.5cm 中贸圣佳 2018-11-25

玉　圭

2735 西周 圭冠青玉鸟 （两件）
估　价：HKD 300,000～380,000
成交价：RMB 887,000
长6.3cm 佳士得 2018-11-28

2719 商 玉圭
估　价：HKD 100,000～180,000
成交价：RMB 110,875
长28cm 佳士得 2018-11-28

485 周 玉珪
估　价：GBP 3,000～4,000
成交价：RMB 75,460
长20.7cm 伦敦苏富比 2018-05-18

2013 明代 双龙玉圭
成交价：RMB 115,000
长20cm 古天一 2018-12-08

玉 璋

3020 新石器时代 石峁文化 青玉牙璋
估　价：HKD 1,600,000～2,000,000
成交价：RMB 3,494,880
长37.5cm 香港苏富比 2018-04-02

玉 册

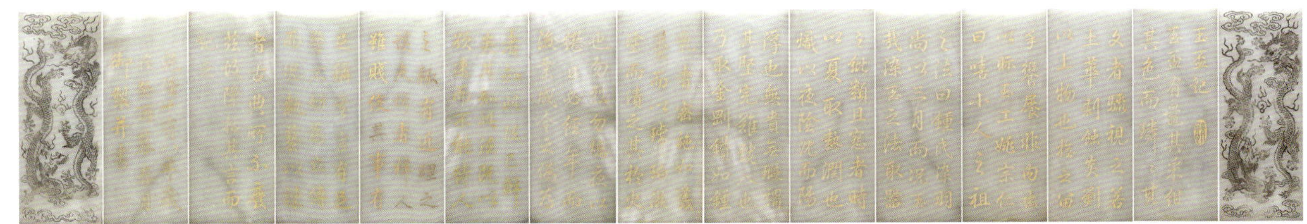

5181 清乾隆 青白玉浅刻填金乾隆御笔玉杯记玉册八片
估　价：RMB 200,000～300,000
成交价：RMB 5,290,000
宽9.5cm；长24cm 北京保利 2018-06-19

3623 清乾隆 碧玉御制五福五代堂记册
估　价：HKD 1,500,000～2,000,000
成交价：RMB 2,427,000
长20cm 香港苏富比 2018-04-03

3319 清乾隆 御制白玉刻羲协和声册页 （十开）
估 价：HKD 200,000～280,000
成交价：RMB 5,144,800
高13.8cm；宽10.3cm 保利香港 2018-10-02

2764 战国 玉凤纹环首削刀
估 价：HKD 80,000～120,000
成交价：RMB 88,700
长17cm 佳士得 2018-11-28

玉 刀

1235 石峁文化 玉刀
估 价：RMB 30,000～50,000
成交价：RMB 55,200
长15cm；宽6cm 西泠拍卖 2018-07-07

3035 新石器时代 青玉刀
估 价：HKD 80,000～100,000
成交价：RMB 202,250
长39.7cm 香港苏富比 2018-04-02

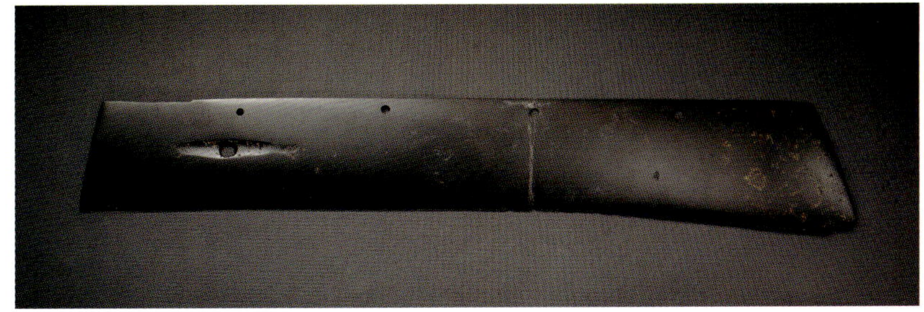

2711 石峁文化 约公元前2300-1800年 墨绿玉刀
估 价：HKD 80,000～120,000
成交价：RMB 443,500
长46.3cm 佳士得 2018-11-28

玉 戈

2717 商 青玉戈
估 价：HKD 200,000～300,000
成交价：RMB 776,125
长32.5cm 佳士得 2018-11-28

1065 文化期 玉斧
估 价：HKD 60,000～80,000
成交价：RMB 84,375
高20.5cm 中国嘉德 2018-10-02

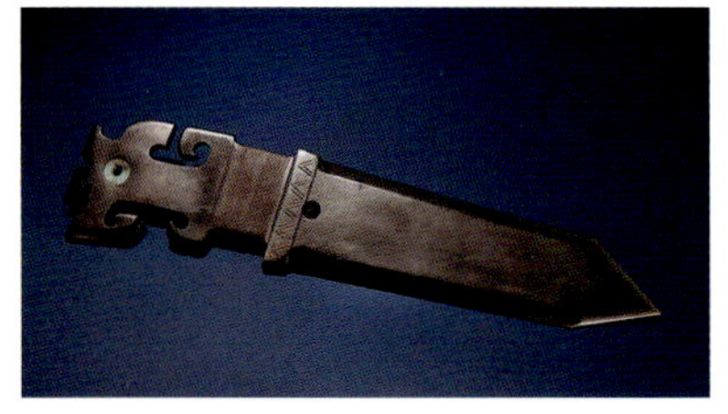

503 商 青玉凤鸟纹戈
估 价：RMB 50,000
成交价：RMB 57,500
长17cm；宽4cm 浙江佳宝 2018-07-01

玉 斧

6410 新石器时代 齐家文化 玉斧 （两件）
估 价：HKD 5,000
成交价：RMB 9,744
最大长12.6cm 万昌斯 2018-05-30

玉 钺

3067 新石器时代 石钺
估 价：HKD 150,000～200,000
成交价：RMB 151,688
长19.5cm 香港苏富比 2018-04-02

2704 石峁文化至商 约公元前2300-1100年
玉斧
估　价：HKD 50,000～70,000
成交价：RMB 310,450
长18.5cm 佳士得 2018-11-28

487 商 玉戚
估　价：GBP 6,000～8,000
成交价：RMB 59,290
长8.9cm 伦敦苏富比 2018-05-18

7256 汉 白玉带灰皮蛇纹剑首
估　价：HKD 180,000
成交价：RMB 766,368
直径3.6cm；厚1.4cm 万昌斯 2018-11-28

玉剑首

2776 战国 玉龙纹剑首
估　价：HKD 80,000～150,000
成交价：RMB 388,063
直径4.7cm 佳士得 2018-11-28

552 汉 谷纹玉剑首
估　价：HKD 100,000～120,000
成交价：RMB 113,186
4.6cm×0.7cm 北京匡时 2018-10-03

玉剑格

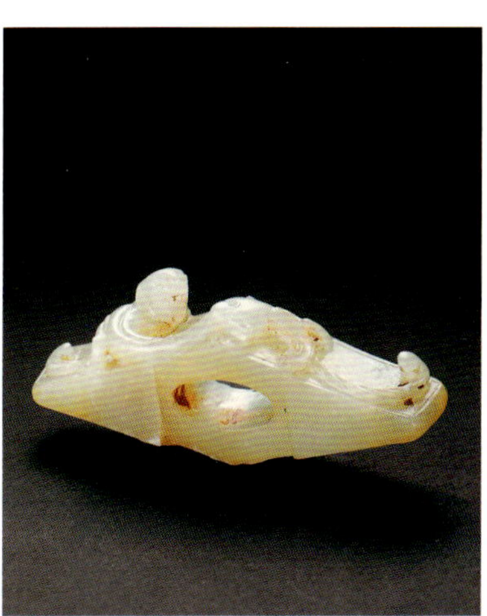

559 西汉 龙凤玉剑格
估　价：HKD 180,000～250,000
成交价：RMB 185,213
5.5cm×2.1cm×1.2cm 北京匡时 2018-10-03

玉剑璏

2768 战国 青玉龙凤纹剑璏
估　价：HKD 200,000～260,000
成交价：RMB 1,385,938
长7cm 佳士得 2018-11-28

3064 战国 玉螭虺纹剑璏
估　价：HKD 300,000～500,000
成交价：RMB 406,000
长11cm 佳士得 2018-05-30

3069 战国或以后 白玉螭虺纹剑璏
估　价：HKD 200,000～300,000
成交价：RMB 304,500
长6cm 佳士得 2018-05-30

496 东汉 白玉受沁兽面纹剑璏
估　价：RMB 40,000
成交价：RMB 74,750
长11.2cm 浙江佳宝 2018-07-01

1120 东汉 白玉带沁云纹剑璏
估　价：HKD 50,000～70,000
成交价：RMB 51,448
宽4.1cm 中国嘉德 2018-10-02

2774 汉 褐白玉龙熊纹剑璏
估　价：HKD 180,000～260,000
成交价：RMB 332,625
长9cm 佳士得 2018-11-28

3065 汉 玉螭虺纹剑璏 （两件）
估　价：HKD 200,000～300,000
成交价：RMB 203,000
长11cm 佳士得 2018-05-30

玉剑珌

2750 春秋 青玉兽面纹剑珌
估　价：HKD 100,000～180,000
成交价：RMB 243,925
长4.7cm 佳士得 2018-11-28

494 西汉 白玉受沁剑珌包金佩
估 价：RMB 10,000
成交价：RMB 21,850
长5.4cm 浙江佳宝 2018-07-01

6516 西汉 白玉镂空高浮雕龙纹剑璏
估 价：HKD 100,000
成交价：RMB 292,320
长8.7cm 万昌斯 2018-05-30

7131 汉 白玉带灰皮龙纹剑璏
估 价：HKD 80,000
成交价：RMB 149,016
长7.2cm 万昌斯 2018-11-28

玉剑璏

6515 春秋 白玉带灰皮螭虎食虺纹剑璏
估 价：HKD 80,000
成交价：RMB 155,904
长5.5cm 万昌斯 2018-05-30

6517 东汉 白玉带红沁高浮雕熊龙纹剑璏
估 价：HKD 120,000
成交价：RMB 341,040
长7.6cm 万昌斯 2018-05-30

其他玉刀剑饰

567 春秋 饕餮纹玉剑饰
估　价：HKD 120,000～160,000
成交价：RMB 123,475
4.3cm×2.3cm×4cm 北京匡时 2018-10-03

6422 新石器时代 红山文化 黄玉柱形玦
估　价：HKD 30,000
成交价：RMB 155,904
直径2.7cm 万昌斯 2018-05-30

149 明 黄玉人面玦
估　价：RMB 20,000～30,000
成交价：RMB 82,800
长4cm；宽3.7cm 北京鸿盛祥 2018-12-06

510 东周至春秋战国 玉夔龙纹玦及青白玉佩 （三件）
估　价：GBP 1,000～2,000
成交价：RMB 23,716
玉玦：4.8cm 伦敦苏富比 2018-05-18

佩玩件

玉　玦

7044 新石器时代 红山文化 黄玉柱形玦
估　价：HKD 50,000
成交价：RMB 138,372
高2.9cm 万昌斯 2018-11-28

7134 春秋 白玉带灰皮龙纹玦 （两对）
估　价：HKD 50,000
成交价：RMB 149,016
最大直径3.3cm；厚0.6cm 万昌斯 2018-11-28

230 明 青黄玉玦
成交价：RMB 46,000
直径4.1cm 北京鸿盛祥 2018-06-16

2184 清代 青玉玦形龙
估 价：RMB 250,000～280,000
成交价：RMB 356,500
直径4.8cm 古天一 2018-12-08

玉璇玑

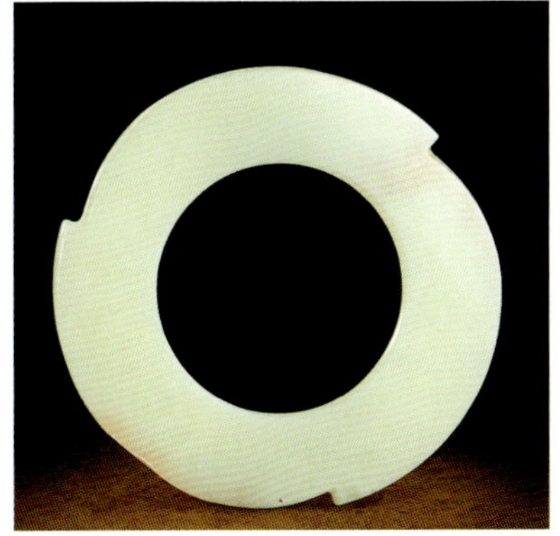

6520 新石器时代 龙山文化 黄玉璇玑
估 价：HKD 100,000
成交价：RMB 467,712
直径12.7cm，厚0.8cm 万昌斯 2018 05 30

7182 商 玉内缘起凸三牙璇玑
估 价：HKD 50,000
成交价：RMB 117,084
长9.2cm 万昌斯 2018-11-28

玉环、玉瑗

7183 新石器时代 龙山文化 黄玉出戟瑗
估 价：HKD 50,000
成交价：RMB 90,474
直径9.1cm；厚0.5cm 万昌斯 2018-11-28

1063 文化期 玉环
估 价：HKD 60,000～80,000
成交价：RMB 74,085
直径10.3cm 中国嘉德 2018-10-02

7263 商 白玉七玄鸟纹瑗
估 价：HKD 200,000
成交价：RMB 830,232
直径9cm；厚0.5cm 万昌斯 2018-11-28

1083 西周 玉镂雕人龙环
估 价：HKD 200,000～300,000
成交价：RMB 226,371
直径9cm 中国嘉德 2018-10-02

6284 战国 白玉绞丝环
估 价：HKD 50,000
成交价：RMB 92,568
直径6.7cm；厚0.4cm 万昌斯 2018-05-30

2756 战国至西汉早期 玉镂空龙纹环
估 价：HKD 4,000,000～6,000,000
成交价：RMB 7,007,300
宽9.5cm 佳士得 2018-11-28

557 汉 白玉带沁咬尾龙环
估 价：HKD 350,000～450,000
成交价：RMB 334,117
宽5.3cm 中国嘉德 2018-04-02

3071 汉 玉凤纹出廓瑗
估 价：HKD 200,000～300,000
成交价：RMB 203,000
长6cm 佳士得 2018-05-30

575 战国 白玉三才环
估 价：HKD 80,000～120,000
成交价：RMB 76,370
直径6.2cm 中国嘉德 2018-04-02

3073 东汉 玉出廓龙纹环
估 价：HKD 500,000～700,000
成交价：RMB 507,500
宽16cm 佳士得 2018-05-30

929 明 白玉绞丝环
估 价：RMB 50,000～80,000
成交价：RMB 172,500
直径6cm 北京东正 2018-06-17

239 明 白玉云谷纹双联环
估　价：RMB 50,000～60,000
成交价：RMB 126,500
长6.1cm；宽3.3cm 北京鸿盛祥 2018-06-16

120 明 玉卷云纹龙环
估　价：RMB 30,000～40,000
成交价：RMB 80,500
长4.6cm；宽4cm 北京鸿盛祥 2018-06-16

1953 清中期 白玉螭龙纹环
估　价：RMB 18,000～30,000
成交价：RMB 112,700
直径5.4cm 北京翰海 2018-06-30

1952 清中期 白玉绳纹环
估　价：RMB 20,000～40,000
成交价：RMB 55,200
直径3.5cm 北京翰海 2018-06-30

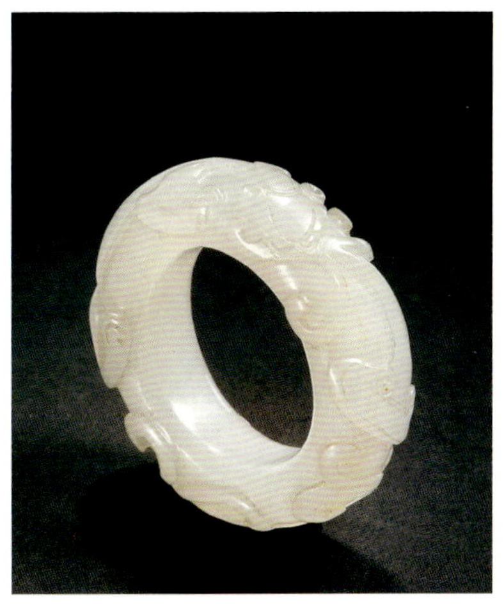

2511 清 白玉螭龙纹环
估　价：RMB 50,000～60,000
成交价：RMB 184,000
直径3.3cm 中国嘉德 2018-11-20

137 清 白玉浮雕双螭龙纹环
估　价：RMB 50,000～60,000
成交价：RMB 74,750
直径4.5cm 北京鸿盛祥 2018-06-16

951 17世纪/18世纪 白玉雕螭龙纹带环
估　价：USD 12,000～18,000
成交价：RMB 171,050
宽11.5cm 纽约佳士得 2018-09-13

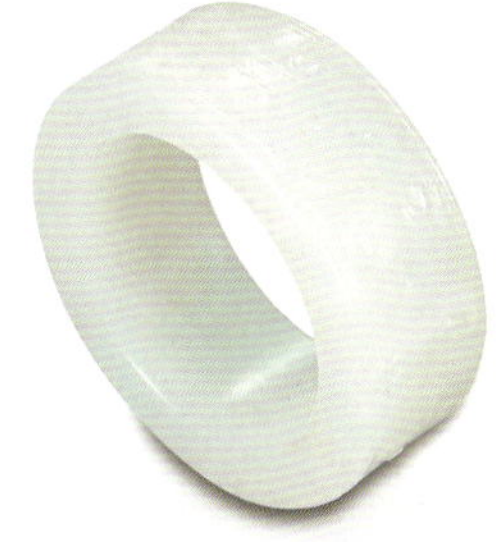

761 清 白玉云纹环
成交价：RMB 28,750
直径4.1cm 北京保利 2018-07-27

玉管、玉勒

7209 新石器时代 红山文化 白玉带灰皮长管勒
估 价：HKD 50,000
成交价：RMB 207,558
长9.6cm 万昌斯 2018-11-28

7096 新石器时代 良渚文化 玉勒 （一对）
估 价：HKD 30,000
成交价：RMB 106,440
最大直径3cm 万昌斯 2018-11-28

6420 新石器时代 红山文化 黄玉蝉形勒
估 价：HKD 60,000
成交价：RMB 116,928
长3.6cm 万昌斯 2018-05-30

7045 新石器时代 红山文化 黄玉鼓形勒
估 价：HKD 60,000
成交价：RMB 159,660
长3.6cm 万昌斯 2018-11-28

7090 新石器时代 良渚文化 玉管
估 价：HKD 20,000
成交价：RMB 40,447
长5.1cm 万昌斯 2018-11-28

1062 文化期 玉勒子
估 价：HKD 20,000～30,000
成交价：RMB 226,371
高3.3cm 中国嘉德 2018-10-02

6387 商 黄玉龙纹勒
估 价：HKD 80,000
成交价：RMB 126,672
高3.8cm 万昌斯 2018-05-30

6522 西周 白玉龙纹勒
估 价：HKD 100,000
成交价：RMB 311,808
高6.4cm 万昌斯 2018-05-30

2742 西周 白玉凤纹管
估 价：HKD 500,000～800,000
成交价：RMB 1,219,625
长6.7cm 佳士得 2018-11-28

6385 西周 黄玉龙纹勒
估 价：HKD 50,000
成交价：RMB 48,720
高2.4cm 万昌斯 2018-05-30

1169 西周 黄玉带沁龙纹三角形勒
估 价：HKD 20,000～30,000
成交价：RMB 20,579
高3.9cm 中国嘉德 2018-10-02

2753 春秋 青玉龙纹管
估 价：HKD 120,000～180,000
成交价：RMB 354,800
长13.3cm 佳士得 2018-11-28

6254 春秋 白玉带灰皮虺纹勒
估 价：HKD 50,000
成交价：RMB 224,112
高1.9cm 万昌斯 2018-05-30

1122 春秋 卧蚕纹玉勒
估 价：HKD 40,000～60,000
成交价：RMB 41,158
高6.8cm 中国嘉德 2018-10-02

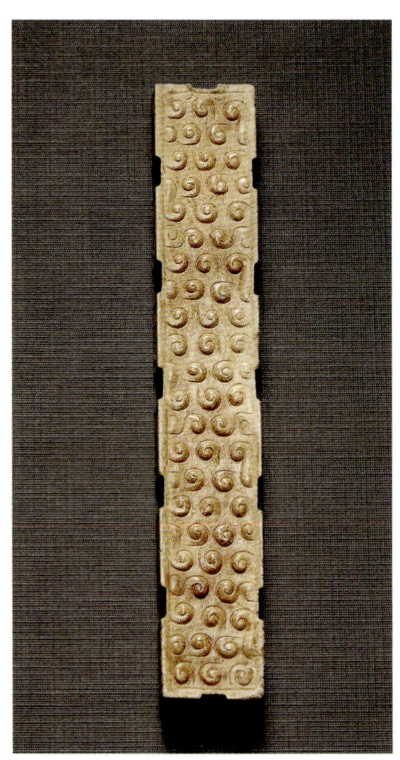

2754 战国 青玉谷纹柄形管
估 价：HKD 200,000～300,000
成交价：RMB 221,750
长12.5cm 佳士得 2018-11-28

157 宋或较晚 白玉刻《心经》
“皇宋宣和二年秋七月吉日，修内司玉作所虔制。”刻款
估 价：HKD 600,000～800,000
成交价：RMB 665,250
长66cm 邦瀚斯 2018-11-27

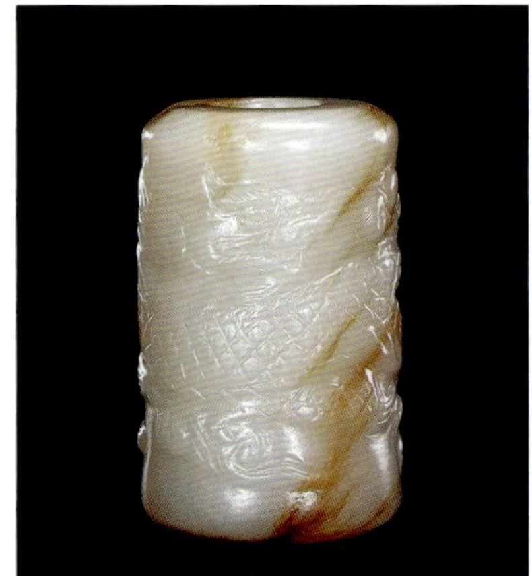

919 元 白玉龙纹勒子
估 价：RMB 50,000～80,000
成交价：RMB 322,000
长4cm 北京东正 2018-06-17

1474 明 青玉雕龙文勒子
估 价：RMB 300,000～400,000
成交价：RMB 402,500
高4cm 中贸圣佳 2018-06-20

1907 明 白玉双勾诗文勒
估 价：RMB 800,000～1,000,000
成交价：RMB 1,150,000
高5.6cm 北京翰海 2018-06-30

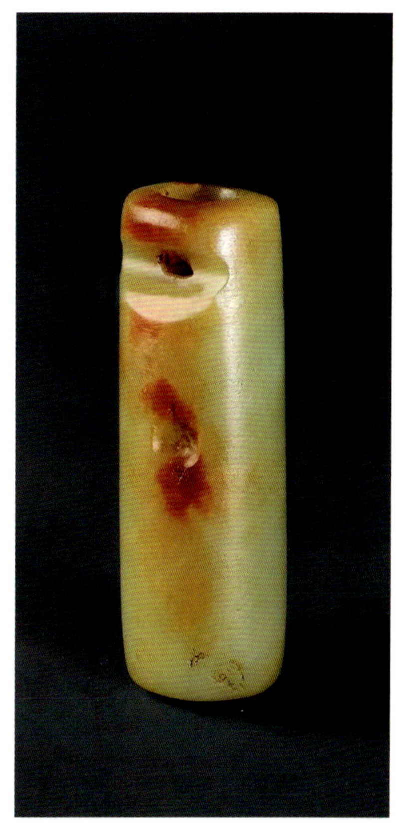

169 明 黄玉勒
估 价：RMB 50,000～60,000
成交价：RMB 80,500
长6.7cm 北京鸿盛祥 2018-12-06

1475 明 旧玉琮式勒子
估 价：RMB 200,000～250,000
成交价：RMB 230,000
长4.6cm 中贸圣佳 2018-06-20

70 明 白玉八棱玉勒
估 价：RMB 60,000～80,000
成交价：RMB 178,250
长3.7cm 北京鸿盛祥 2018-12-06

83 明 弦纹玉勒
估 价：RMB 50,000～60,000
成交价：RMB 69,000
长4cm 北京鸿盛祥 2018-12-06

472 明 白玉受沁弦纹喇叭形勒
估 价：RMB 20,000
成交价：RMB 34,500
长5.2cm；直径3.2cm 浙江佳宝 2018-07-01

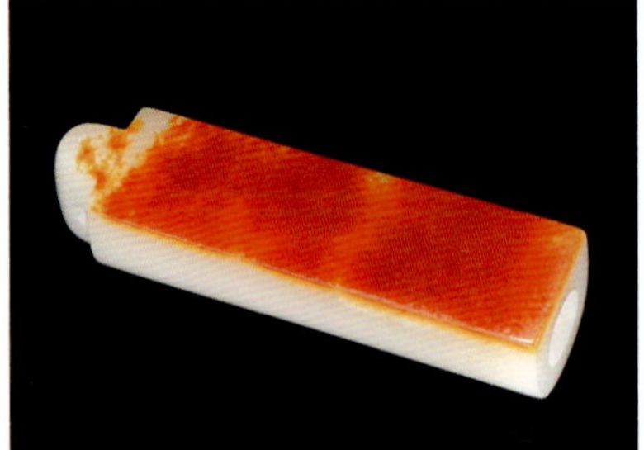

591 清中期 白玉留红皮翎管
估 价：RMB 80,000
成交价：RMB 97,750
长6.5cm；宽1.8cm 浙江佳宝 2018-07-01

2040 清代 青黄玉素勒子
估 价：RMB 80,000～100,000
成交价：RMB 517,500
长8cm 古天一 2018-12-08

2672 清乾隆 白玉万寿无疆诗文勒子
估 价：RMB 800,000～1,200,000
成交价：RMB 1,725,000
长8cm 中国嘉德 2018-06-18

2045 清代 白玉勾云纹扁勒
估 价：RMB 160,000～200,000
成交价：RMB 184,000
长5.3cm 古天一 2018-12-08

2042 清代 白玉洒金弦纹管
估 价：RMB 150,000～180,000
成交价：RMB 172,500
高3.5cm 古天一 2018-12-08

2048 清 白玉谷纹管形饰
成交价：RMB 115,000
直径1.1cm；高9.3cm 中贸圣佳 2018-11-24

2089 清代 白玉阴刻几何纹勒子
估 价：RMB 60,000~80,000
成交价：RMB 69,000
长3cm 古天一 2018-06-17

17 清 白玉留皮翎管
估 价：RMB 20,000~30,000
成交价：RMB 57,500
长7.6cm 北京鸿盛祥 2018-06-16

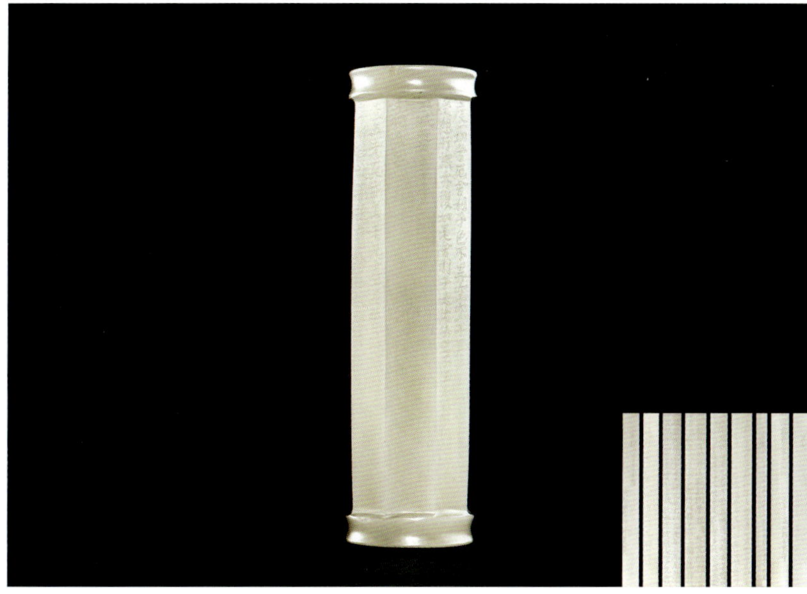

3090 心经玉管
估 价：RMB 650,000~750,000
成交价：RMB 897,000
高6.8cm 中贸圣佳 2018-11-24

1909 清 旧玉兽面纹勒
估 价：RMB 28,000~38,000
成交价：RMB 57,500
高3.8cm 北京翰海 2018-06-30

玉扳指

1507 清乾隆 黄玉御题《玉簪诗》扳指
估 价：RMB 400,000~500,000
成交价：RMB 586,500
直径2.9cm；高2.3cm 中贸圣佳 2018-06-20

2079 清乾隆 白玉、黄玉御题诗扳指
估　价：RMB 600,000～800,000
成交价：RMB 690,000
尺寸不一 中贸圣佳 2018-11-24

2042 清中期 白玉双骏图扳指
估　价：RMB 50,000～70,000
成交价：RMB 69,000
高2.6cm；直径3.3cm 古天一 2018-06-17

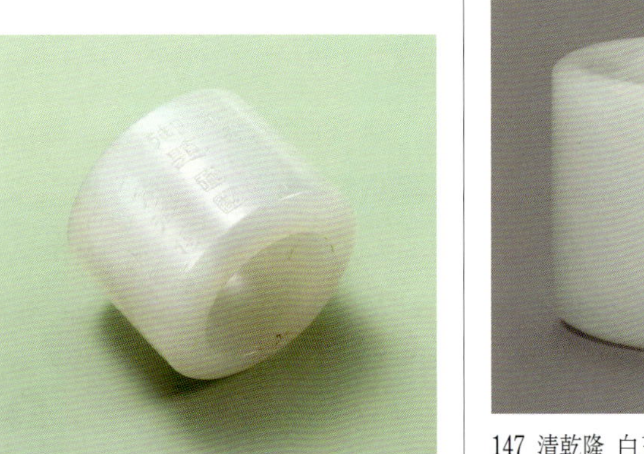

5100 清乾隆 白玉御题诗搬指
估　价：RMB 150,000～200,000
成交价：RMB 172,500
直径2cm 北京保利 2018-06-19

147 清乾隆 白玉扳指
估　价：GBP 4,000～6,000
成交价：RMB 43,120
直径3.2cm 伦敦佳士得 2018-05-15

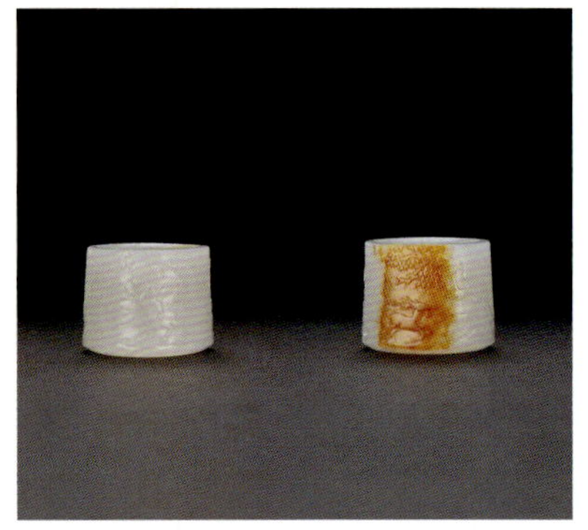

2041 清中期 白玉金皮狩猎纹扳指
估　价：RMB 30,000～50,000
成交价：RMB 51,750
高2.6cm；直径3.3cm 古天一 2018-06-17

5047 清乾隆 白玉勾连纹扳指
估　价：RMB 58,000～68,000
成交价：RMB 66,700
直径2.9cm；高2cm 中贸圣佳 2018-11-25

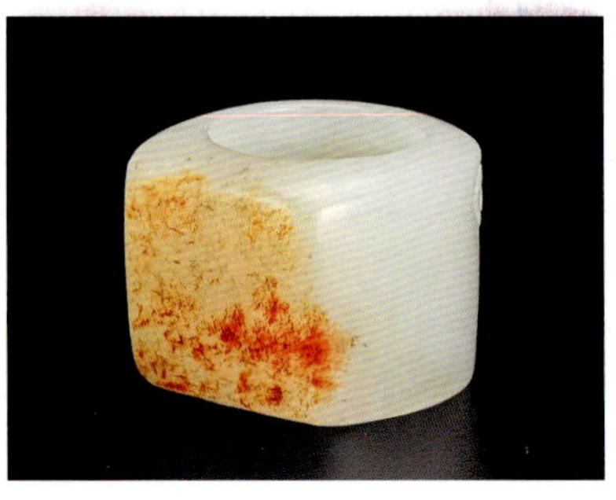

739 清中期 和田玉留皮雕桃树纹扳指
估　价：RMB 40,000～50,000
成交价：RMB 74,750
高2.5cm 南京经典 2018-07-22

3019 清 青玉扳指
“乾隆御题”；印：“乾”、“隆”
估　价：HKD 200,000～300,000
成交价：RMB 243,925
直径3cm 佳士得 2018-11-28

5462 清 白玉留皮扳指
估　价：RMB 8,000～12,000
成交价：RMB 66,700
内径2cm 中国嘉德 2018-05-19

2449 瞿利军 新疆和田玉籽料扳指
款识：中鼎
估　价：RMB 500,000
成交价：RMB 575,000
5.4cm×4.2cm×3.7cm；重195.6g 尚品润博
2018-01-21

玉带板

7089 唐 白玉乐伎带板
估　价：HKD 80,000
成交价：RMB 255,456
长5cm；厚1cm 万昌斯 2018-11-28

349 金-元 白玉芦雁纹带板
估　价：RMB 15,000
成交价：RMB 23,000
长4.2cm；宽3.5cm 浙江佳宝 2018-07-01

5133 元 黑白玉巧色雕云龙纹带板
估　价：RMB 80,000～120,000
成交价：RMB 115,000
长5.7cm 北京保利 2018-06-19

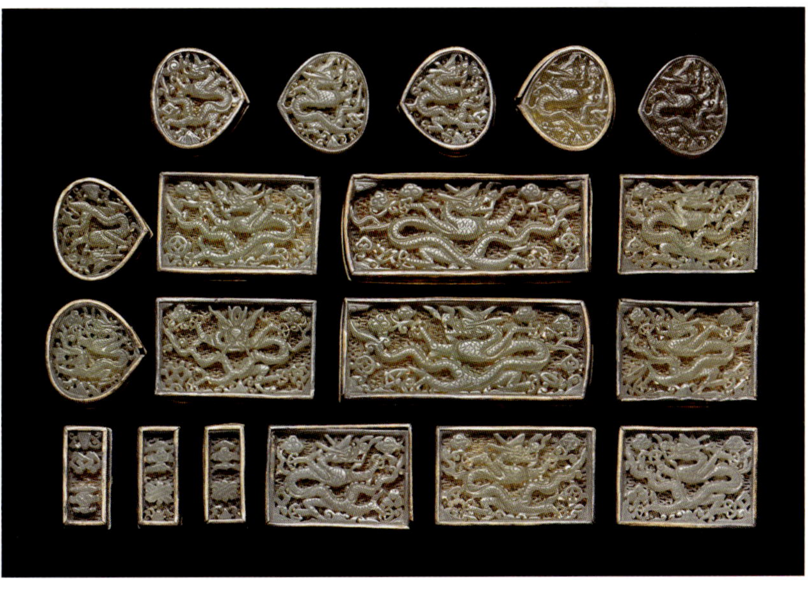

644 明 青玉透雕云龙纹镶银带板一套
估　价：USD 40,000～60,000
成交价：RMB 317,300
纽约苏富比 2018-03-21

3325 明 白玉透雕穿莲龙纹带板
估 价：HKD 80,000～100,000
成交价：RMB 152,600
长7cm 香港苏富比 2018-10-03

6039 明 白玉透雕龙纹带板
估 价：RMB 8,000～12,000
成交价：RMB 51,750
长11cm 北京保利 2018-12-09

6299 明 白玉麒麟带板
估 价：RMB 30,000～50,000
成交价：RMB 43,700
长8.5cm 北京保利 2018-06-21

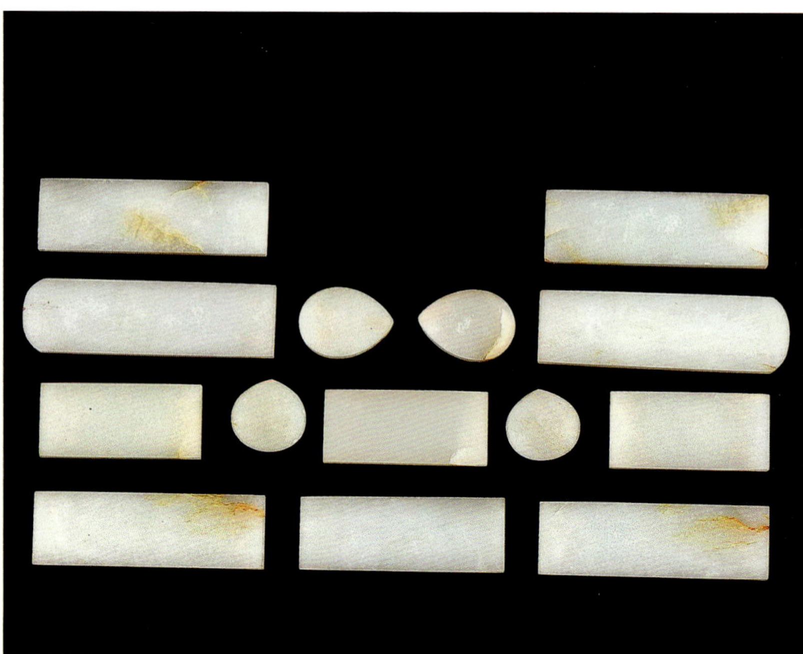

2587 明 白玉带板 （一组）
估 价：RMB 50,000～80,000
成交价：RMB 172,500
尺寸不一 中国嘉德 2018-11-20

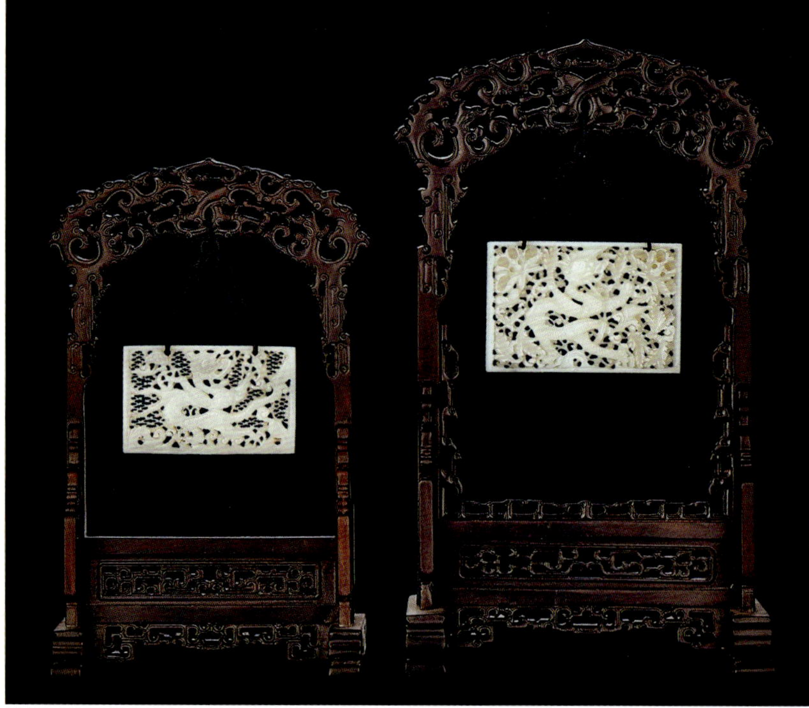

1948 明 白玉龙纹带板 （一对）
估 价：RMB 60,000～80,000
成交价：RMB 69,000
长7.5—8.5cm 华艺国际 2018-11-17

玉带饰

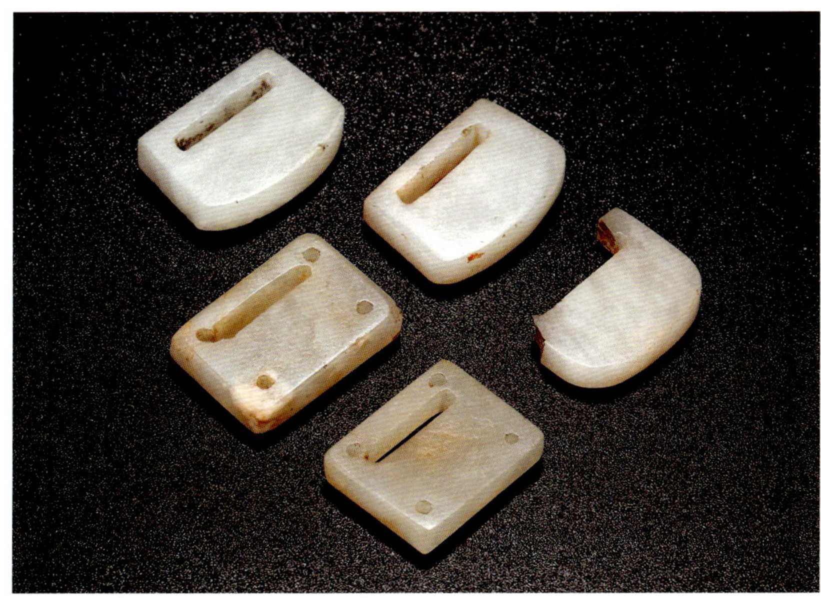

484 唐 白玉女式蹀躞带饰 （一组五件）
估　价：RMB 15,000
成交价：RMB 17,250
长2.2cm；宽1.5cm 浙江佳宝 2018-07-01

7087 宋-元 珍罕白玉长命百岁龟鹤纹带饰 （一套四件）
估　价：HKD 80,000
成交价：RMB 202,236
最大长5.3cm；厚1cm 万昌斯 2018-11-28

5132 辽 白玉海东青立莲纹带饰
估　价：RMB 80,000～120,000
成交价：RMB 230,000
每件长2.2cm 北京保利 2018-06-19

6504 辽-金 白玉海东青啄雁带饰
估　价：HKD 100,000
成交价：RMB 175,392
长7cm 万昌斯 2018-05-30

5131 元 白玉春水图带饰
估　价：RMB 80,000～120,000
成交价：RMB 138,000
长9.5cm 北京保利 2018-06-19

7079 元 白玉龙纹带饰
估　价：HKD 50,000
成交价：RMB 63,864
长5.4cm；厚1cm 万昌斯 2018-11-28

160 明 白玉带皮镂空雕瑞兽月牙形带饰
估　价：HKD 20,000～30,000
成交价：RMB 133,050
长55cm 邦瀚斯 2018-11-27

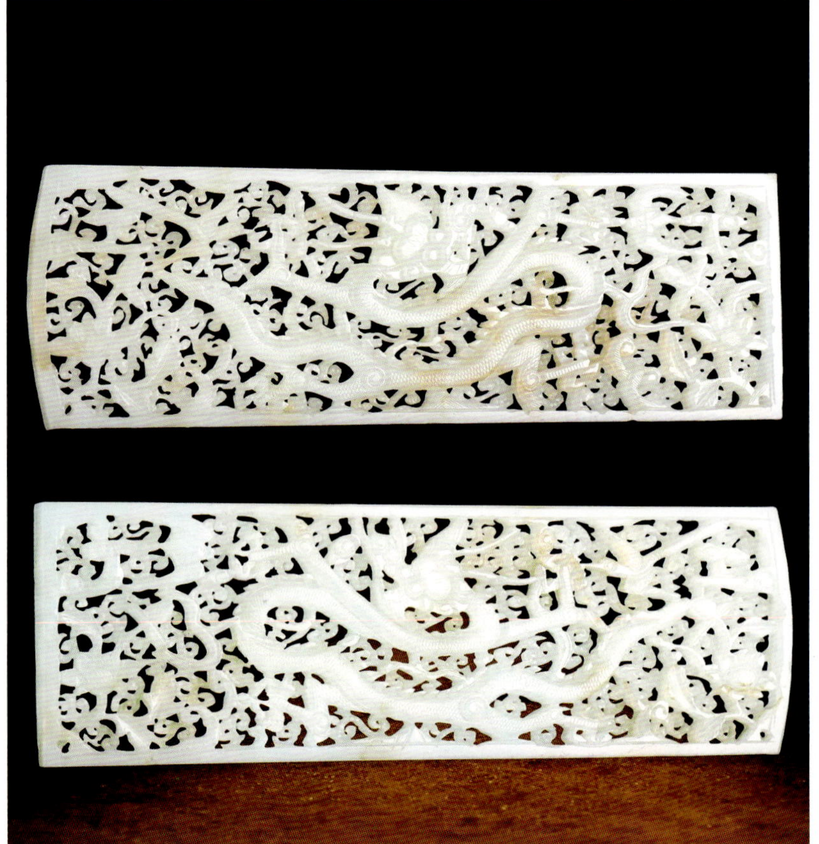

6505 明 白玉穿花龙纹大带銙 （一对）
估　价：HKD 100,000
成交价：RMB 194,880
最大长16.5cm；厚0.7cm 万昌斯 2018-05-30

玉带钩

2766 战国 青玉龙首格纹带钩
估　价：HKD 120,000～180,000
成交价：RMB 498,938
长17cm 佳士得 2018-11-28

2767 战国晚期 白玉褐沁龙首带钩
"长寿"刻款
估　价：HKD 80,000～150,000
成交价：RMB 443,500
长7cm 佳士得 2018-11-28

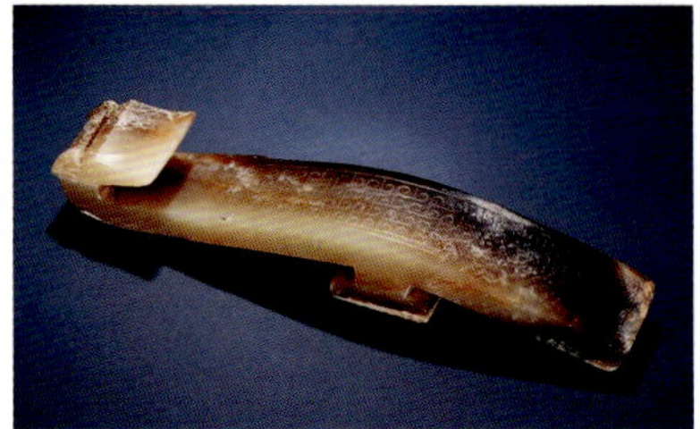

490 战国早期 白玉受沁勾连云纹龙形带钩
估　价：RMB 80,000
成交价：RMB 161,000
长11.7cm；宽2.1cm 浙江佳宝 2018-07-01

2765 西汉早期 白玉龙首带钩
估 价：HKD 350,000～500,000
成交价：RMB 1,330,500
长9.8cm 佳士得 2018-11-28

1749 宋 白玉雁形带钩
估 价：RMB 300,000～400,000
成交价：RMB 345,000
长7.5cm 华艺国际 2018-11-16

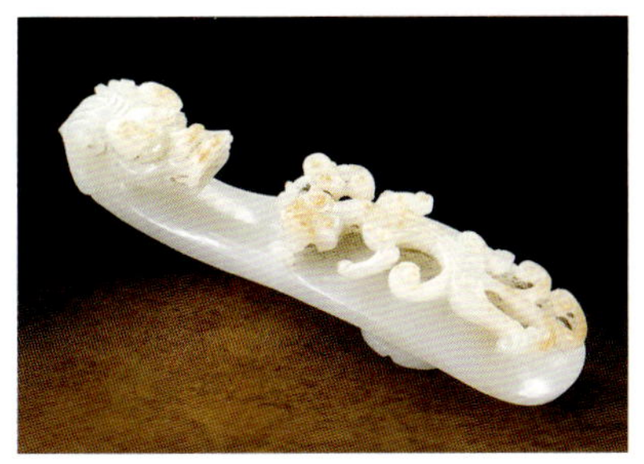

6234 元 白玉留皮螭纹龙首带钩
估 价：HKD 20,000
成交价：RMB 31,181
长11.7cm 万昌斯 2018-05-30

2005 明早期 白玉苍龙教子带钩
成交价：RMB 138,000
高9.5cm 古天一 2018-12-08

1440 明 马头龙钩
估 价：RMB 150,000～180,000
成交价：RMB 310,500
长8.2cm 中贸圣佳 2018-06-20

165 明 白玉龙凤兽面纹带钩
估 价：RMB 100,000～120,000
成交价：RMB 281,750
长7.7cm；高2.5cm 北京鸿盛祥 2018-12-06

165 明 白玉龙凤纹带钩
估　价：HKD 30,000～50,000
成交价：RMB 94,244
总长115cm 邦瀚斯 2018-11-27

3340 18世纪 白玉瑞兽带钩
估　价：HKD 100,000～150,000
成交价：RMB 196,200
长9.9cm 香港苏富比 2018-10-03

932 18世纪 白玉苍龙教子带钩 （两件）
估　价：USD 6,000～8,000
成交价：RMB 64,144
宽7.6cm 纽约佳士得 2018-09-13

600 18世纪 白玉凤首带钩
估　价：HKD 60,000～80,000
成交价：RMB 123,475
长10.5cm 中国嘉德 2018-10-02

3336 17世纪/18世纪 白玉雕牡丹螭龙首带钩
估　价：HKD 80,000～120,000
成交价：RMB 87,200
长17cm 香港苏富比 2018-10-03

3333 清乾隆 白玉浮雕螭龙灵芝纹带钩
估　价：HKD 100,000～150,000
成交价：RMB 130,800
长12cm 香港苏富比 2018-10-03

137 清乾隆 白玉有凤来仪带钩
估 价：RMB 60,000～80,000
成交价：RMB 178,250
长9cm；高1.9cm 北京鸿盛祥 2018-12-06

1861 清中期 白玉灵芝带钩
估 价：RMB 40,000～60,000
成交价：RMB 379,500
长11.5cm 北京翰海 2018-06-30

1862 清中期 白玉龙首螭龙纹带钩
估 价：RMB 40,000～60,000
成交价：RMB 92,000
长16.5cm 北京翰海 2018-06-30

98 清乾隆 白玉浅浮雕兽面纹龙首带钩
估 价：RMB 20,000～30,000
成交价：RMB 59,800
长8.9cm 北京鸿盛祥 2018-06-16

2821 清乾隆 御制碧玉夔龙纹带钩
估 价：RMB 30,000～40,000
成交价：RMB 57,500
长9cm 北京荣宝 2018-12-03

1441 清 白玉苍龙教子带钩 （两件）
估 价：RMB 150,000～180,000
成交价：RMB 207,000
尺寸不一 中贸圣佳 2018-06-20

1629 清 玉龙钩
估 价：RMB 50,000
成交价：RMB 101,200
长14cm 北京翰海 2018-05-13

105 明 黄玉浮雕七螭纹带扣
估 价：RMB 50,000～60,000
成交价：RMB 115,000
长5.4cm；长4.7cm 北京鸿盛祥 2018-06-16

玉带扣

7083 辽-金 白玉留皮巧雕虎纹秋山带扣
估 价：HKD 80,000
成交价：RMB 101,118
长4.5cm；厚1.4cm 万昌斯 2018-11-28

2578 明 白玉带扣
估 价：RMB 1,000～2,000
成交价：RMB 23,000
长13cm 中国嘉德 2018-11-20

6294 明 旧玉雕“龟鹤延年”带扣
估 价：RMB 15,000～25,000
成交价：RMB 57,500
宽6cm 北京保利 2018-06-21

106 明 铜鎏金嵌玉带扣
估 价：RMB 80,000～100,000
成交价：RMB 181,700
长6.9cm；长6.7cm 北京鸿盛祥 2018-06-16

485 明 白玉浮雕螭龙纹带扣
估 价：RMB 20,000
成交价：RMB 23,000
长5.1cm；宽3.1cm 浙江佳宝 2018-07-01

331 18世纪 青白玉雕子孙连连纹带扣
估　价：USD 4,000~6,000
成交价：RMB 64,144
纽约苏富比 2018-09-12

332 18世纪 白玉雕螭龙纹带扣
估　价：USD 4,000~6,000
成交价：RMB 47,039
纽约苏富比 2018-09-12

128 清乾隆 白玉浮雕龙纹带扣
估　价：RMB 80,000~100,000
成交价：RMB 115,000
长12.6cm；高2.4cm 北京鸿盛祥 2018-12-06

1960 清中期 白玉绳纹带扣
估　价：RMB 20,000~40,000
成交价：RMB 57,500
长7.4cm 北京翰海 2018-06-30

6272 清中期 白玉雕马上封侯带扣
估　价：RMB 10,000~20,000
成交价：RMB 46,000
长8cm 北京保利 2018-06-21

102 清 墨白玉俏色镂雕双螭纹带扣
估　价：RMB 80,000~100,000
成交价：RMB 126,500
长5.3cm；长4.9cm 北京鸿盛祥 2018-06-16

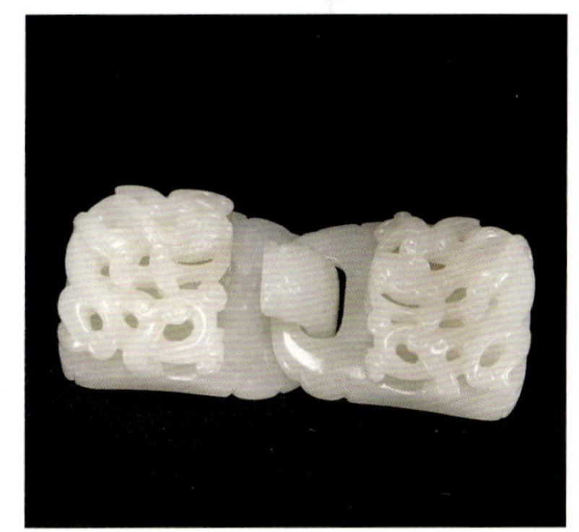

1547 清 白玉螭龙纹带扣
成交价：RMB 63,250
长10cm 印千山 2018-01-12

1834 18世纪/19世纪 青玉雕螭龙衔芝纹带扣
估　价：USD 5,000~7,000
成交价：RMB 63,460
纽约苏富比 2018-03-24

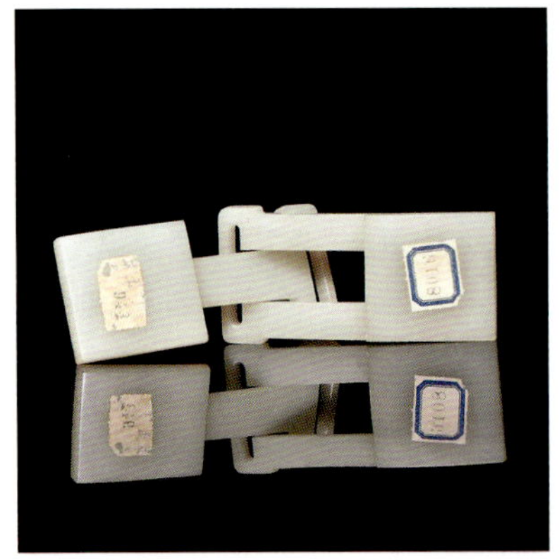

3814 清 青白玉带扣
估　价：RMB 1,000～2,000
成交价：RMB 43,700
长10.8cm 中国嘉德 2018-09-19

195 清 白玉透雕螭龙纹带扣
估　价：HKD 30,000～50,000
成交价：RMB 32,700
宽7.4cm 佳士得 2018-10-04

玉　锁

362 明 白玉受沁龙凤纹锁形佩
估　价：RMB 28,000
成交价：RMB 36,800
长9cm 浙江佳宝 2018-07-01

33 清乾隆 白玉天官龙纹玉锁
估　价：RMB 30,000～40,000
成交价：RMB 59,800
长7.9cm 北京鸿盛祥 2018-12-06

玉　磬

7146 明 青白玉人物纹磬
估　价：HKD 10,000
成交价：RMB 26,610
长15.6cm；厚0.6cm 万昌斯 2018-11-28

1302 明 白玉桂鱼磬
估　价：RMB 80,000～120,000
成交价：RMB 195,500
长44cm 印千山 2018-01-12

3100 清 白玉吉庆有余组磬
估 价：RMB 30,000～50,000
成交价：RMB 92,000
长7.7cm；长16.8cm；长8.5cm 北京匡时 2018-12-05

6335 清 白玉双龙捧寿磬
估 价：HKD 50,000
成交价：RMB 92,568
玉长18.7cm；厚0.8cm 万昌斯 2018-05-30

6320 元 青白玉刚卯
估 价：RMB 120,000～150,000
成交价：RMB 138,000
1.2cm×1.1cm×2.5cm 北京保利 2018-06-21

1442 清 白玉刚卯
估 价：RMB 60,000～80,000
成交价：RMB 97,750
1.1cm×1.1cm×2.1cm 中贸圣佳 2018-06-20

玉刚卯 严卯

7130 汉 白玉带沁刚卯
估 价：HKD 20,000
成交价：RMB 51,091
高2.5cm 万昌斯 2018-11-28

229 明 白玉严卯坠
成交价：RMB 25,300
长3.4cm 北京鸿盛祥 2018-06-16

5041 白玉刚卯
估 价：RMB 120,000～150,000
成交价：RMB 149,500
1.2cm×1.2cm×2.3cm 中贸圣佳 2018-11-25

玉柄形器

7050 新石器时代 红山文化 黄玉柄形器
估 价：HKD 25,000
成交价：RMB 37,254
长8.3cm；厚0.8cm 万昌斯 2018-11-28

1158 文化期 玉柄形器
估 价：HKD 50,000～70,000
成交价：RMB 51,448
长14.5cm 中国嘉德 2018-10-02

2567 明 玉浸色柄形器
估 价：RMB 18,000～30,000
成交价：RMB 80,500
长17.7cm 中国嘉德 2018-11-20

玉炉顶

3051 元 白玉透雕龙穿莲纹炉顶
估 价：HKD 400,000～600,000
成交价：RMB 406,000
宽7.2cm 佳士得 2018-05-30

161 宋/金 白玉雕炉顶及镂雕花鸟饰件
估 价：HKD 20,000～30,000
成交价：RMB 144,138
宽35cm；宽36cm 邦瀚斯 2018-11-27

1477 元 白玉雕一路连科炉顶
估　价：RMB 100,000～150,000
成交价：RMB 138,000
高3.6cm 中贸圣佳 2018-06-20

3355 明 白玉透雕穿莲龙炉顶
估　价：HKD 60,000～80,000
成交价：RMB 348,800
高7.3cm 香港苏富比 2018-10-03

2166 元代 白玉莲鹭纹炉顶
估　价：RMB 80,000～100,000
成交价：RMB 92,000
高5cm 古天一 2018-12-08

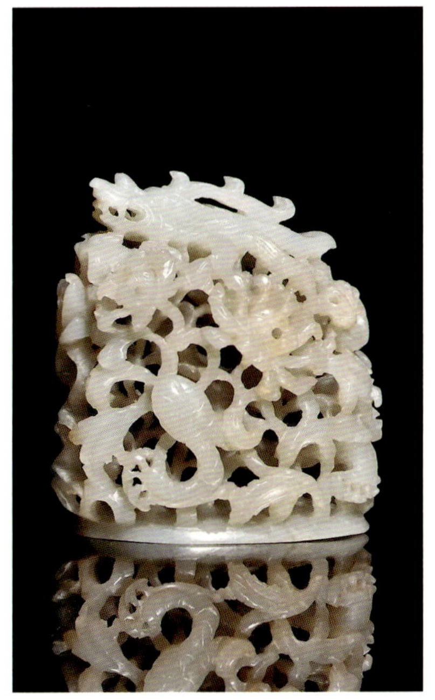

3817 明 青白玉穿花龙炉顶
估　价：RMB 20,000～30,000
成交价：RMB 253,000
高6.3cm 中国嘉德 2018-09-19

3101 明 白玉龙纹炉顶
估　价：RMB 60,000～80,000
成交价：RMB 80,500
高5.7cm 北京匡时 2018-12-05

138 明 黄玉带皮龙纹炉顶
估　价：HKD 50,000～80,000
成交价：RMB 155,225
高62cm 邦瀚斯 2018-11-27

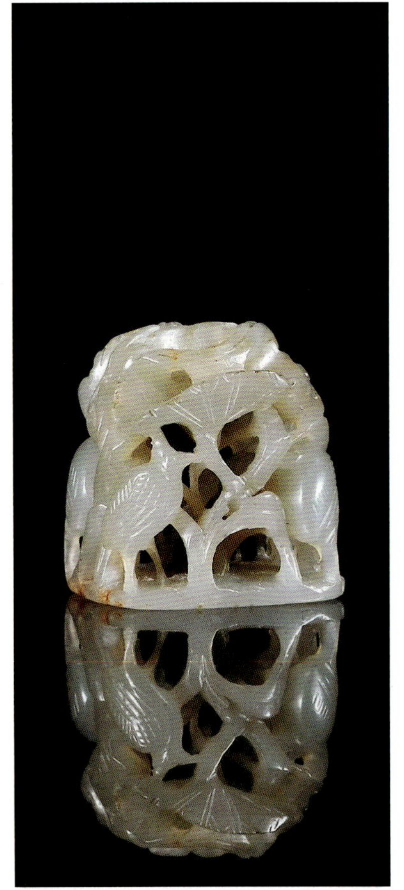

5460 明 青玉一路连科炉顶
估　价：RMB 15,000～25,000
成交价：RMB 23,000
高3cm 中国嘉德 2018-05-19

玉香囊

2081 清乾隆 碧玉镂雕荷包式香囊
估　价：RMB 180,000～200,000
成交价：RMB 345,000
高8.8cm；长7cm 古天一 2018-12-08

1180 清乾隆 白玉镂雕仙人图香囊
估　价：USD 10,000～15,000
成交价：RMB 153,945
高6.1cm 纽约佳士得 2018-09-13

6372 清 白玉镂空龙纹寿字香囊
估　价：HKD 60,000
成交价：RMB 155,904
长6.1cm 万昌斯 2018-05-30

1572 清 白玉镂空花卉纹香囊
成交价：RMB 25,300
直径6cm 印千山 2018-01-12

玉珠串、项链

7095 新石器时代 良渚文化 玉挂坠及玉勒手串（十一颗及十三颗） （两条）
估 价：HKD 20,000
成交价：RMB 85,152
最大总长11.8cm；挂坠长2.6cm 万昌斯 2018-11-28

7208 新石器时代 红山文化 黄玉多宝串 （三件）
估 价：HKD 30,000
成交价：RMB 127,728
最大长3.5cm 万昌斯 2018-11-28

6347 新石器时代 良渚文化 玉勒及锥形器多宝串 （两件）
估 价：HKD 25,000
成交价：RMB 68,208
最大长5.6cm 万昌斯 2018-05-30

6344 新石器时代 良渚文化 玉勒手串 （七颗）
估 价：HKD 50,000
成交价：RMB 68,208
最大长3.2cm；总长19.7cm 万昌斯 2018-05-30

6222 商 玛瑙手串 （二十四颗）
估 价：HKD 60,000
成交价：RMB 155,904
最大长1.7cm；总长24.4cm 万昌斯 2018-05-30

573 良渚 玉珠串饰
估 价：HKD 120,000～160,000
成交价：RMB 123,475
北京匡时 2018-10-03

577 商 玉兔项饰
估 价：HKD 250,000～350,000
成交价：RMB 257,240
长20cm 北京匡时 2018-10-03

1476 明 旧玉串
估 价：RMB 220,000～300,000
成交价：RMB 287,500
长32.5cm 中贸圣佳 2018-06-20

2049 明 玉串饰三件
成交价：RMB 253,000
尺寸不一 中贸圣佳 2018-11-24

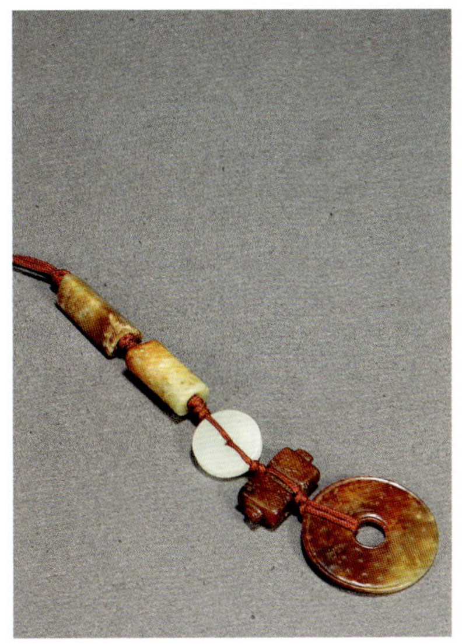

1240 明 玉雕多宝串
估 价：RMB 30,000～60,000
成交价：RMB 55,200
尺寸不一 西泠拍卖 2018-07-07

3183 清乾隆 绿松石朝珠
估 价：RMB 100,000～150,000
成交价：RMB 172,500
长138cm 北京匡时 2018-06-15

20 清中期 血珀朝珠108颗
估 价：RMB 40,000
成交价：RMB 138,000
单颗直径1.5cm 浙江佳宝 2018-07-01

6532 清 白玉十八罗汉串珠
估 价：RMB 150,000～200,000
成交价：RMB 241,500
长23.5cm 北京保利 2018-12-09

3020 清 白玉核雕项链
估 价：HKD 180,000～260,000
成交价：RMB 388,063
长73.5cm 佳士得 2018-11-28

2150 清代 玉雕勒子手串
估 价：RMB 120,000～150,000
成交价：RMB 149,500
19粒，最大长3.5cm 古天一 2018-06-17

1264 清 痕都斯坦玉镶金嵌宝石项链
估 价：RMB 80,000～150,000
成交价：RMB 172,500
直径71cm；玉链长25cm；大珠长7.5cm
西泠拍卖 2018-07-07

2737 新疆和田玉籽料原石手串
估 价：RMB 1,200,000
成交价：RMB 1,495,000
重80g 尚品润博 2018-07-29

6470 清 蜜蜡朝珠
估 价：RMB 35,000～55,000
成交价：RMB 69,000
长85cm 北京保利 2018-06-21

2423 王永祥 新疆和田玉籽料罗汉手串
估 价：RMB 180,000
成交价：RMB 207,000
重122g 尚品润博 2018-01-21

玉 镯

2715 新石器时代 褐黄玉镯
估 价：HKD 80,000～150,000
成交价：RMB 3,814,100
直径8.8cm 佳士得 2018-11-28

7099 新石器时代 良渚文化 玉镯
估 价：HKD 50,000
成交价：RMB 90,474
外径8.5cm；厚1.1cm 万昌斯 2018-11-28

6351 新石器时代 良渚文化 玉镯
估 价：HKD 38,000
成交价：RMB 53,592
外径4.7cm；厚1.8cm 万昌斯 2018-05-30

6352 新石器时代 良渚文化 黄玉镯
估 价：HKD 50,000
成交价：RMB 48,720
外径6.8cm；厚1.6cm 万昌斯 2018-05-30

7262 商 白玉带灰皮高浮雕蝉纹镯
估　价：HKD 150,000
成交价：RMB 478,980
外径7.4cm；厚0.6cm 万昌斯 2018-11-28

2073 元代 白玉红沁双龙戏珠手镯
估　价：RMB 350,000～400,000
成交价：RMB 402,500
直径8cm 古天一 2018-06-17

48 明 白玉竹节纹玉镯
估　价：RMB 50,000～60,000
成交价：RMB 94,300
直径8.1cm；6.2cm 北京鸿盛祥 2018-12-06

2030 明代 白玉红沁手镯 （一对）
估　价：RMB 50,000～70,000
成交价：RMB 57,500
直径7.5cm×2 古天一 2018-12-08

175 明 黄玉浮雕神兽纹镯
估　价：RMB 20,000～30,000
成交价：RMB 57,500
直径8cm；6cm 北京鸿盛祥 2018-06-16

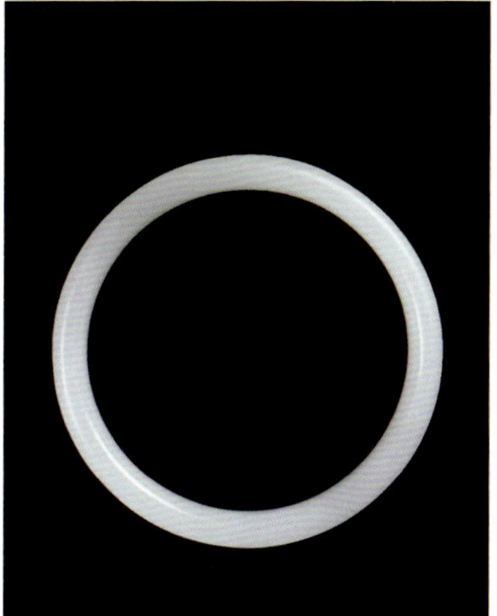

940 18世纪 白玉双联手镯
估　价：RMB 100,000～120,000
成交价：RMB 184,000
直径7cm 北京东正 2018-06-17

2122 清中期 琥珀手镯 （两件）
估 价：RMB 50,000～70,000
成交价：RMB 74,750
内直径5.4cm 北京翰海 2018-06-30

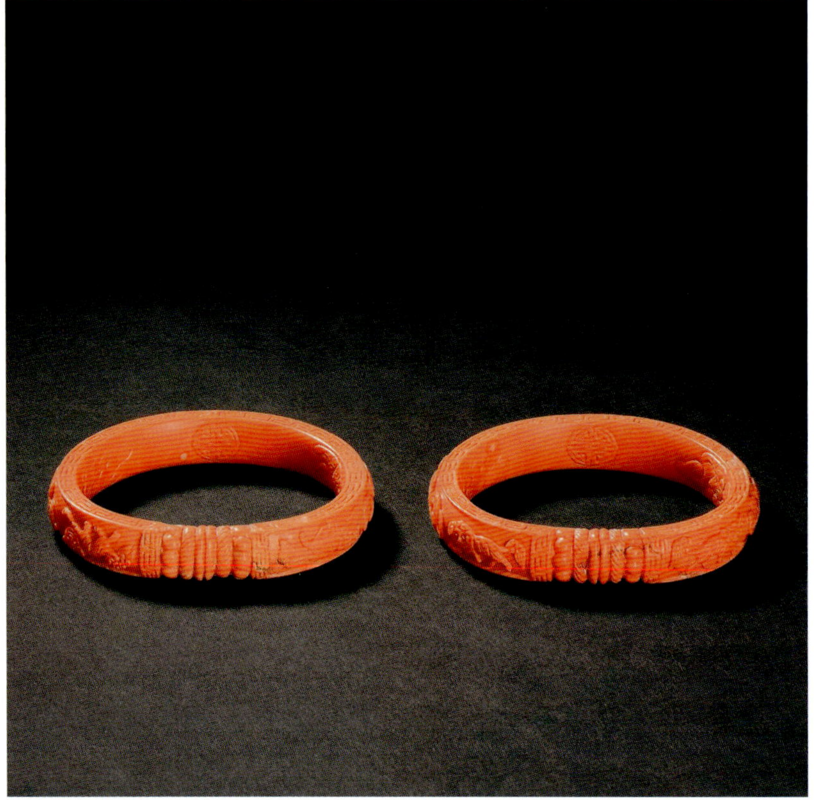

1454 清 珊瑚手镯 （一对）
估 价：RMB 250,000～300,000
成交价：RMB 368,000
直径7.3cm×2 中贸圣佳 2018-06-20

1939 清 白玉红沁圆镯
成交价：RMB 66,700
直径8.1cm 西泠拍卖 2018-07-07

6304 清 白玉双龙戏珠手镯 （一对）
估 价：RMB 20,000～30,000
成交价：RMB 34,500
宽7.7cm×2 北京保利 2018-06-21

189 清 白玉雕缠枝莲圆手镯 白玉雕四君子椭圆手镯
估 价：HKD 40,000～60,000
成交价：RMB 121,963
直径72cm×2 邦瀚斯 2018-11-27

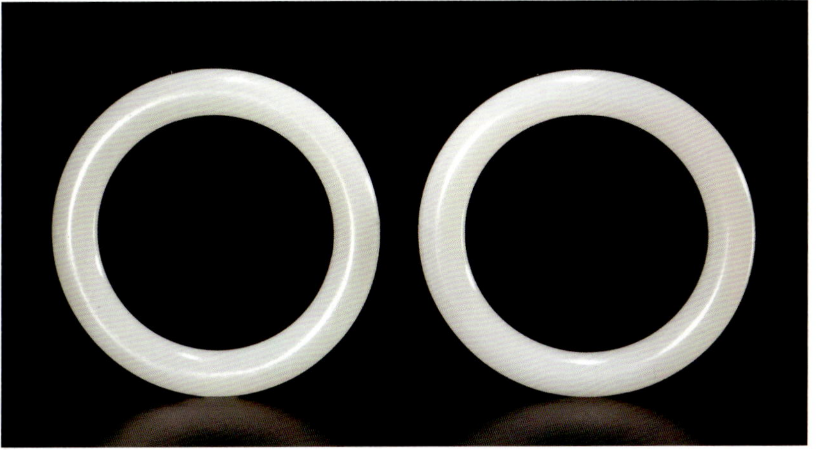

1946 清 白玉手镯 （两件）
估 价：RMB 30,000～50,000
成交价：RMB 78,200
内直径5.8cm 北京翰海 2018-06-30

2446 吴金星 新疆和田玉籽料手镯
款识：吴
估 价：RMB 280,000
成交价：RMB 322,000
直径5.7cm；重93g 尚品润博 2018-01-21

玉发器

6349 新石器时代 良渚文化 玉冠饰
估 价：HKD 20,000
成交价：RMB 82,824
长5.3cm；厚0.5cm 万昌斯 2018-05-30

7097 新石器时代 良渚文化 玉发箍
估 价：HKD 20,000
成交价：RMB 47,898
长6.1cm；厚1.8cm 万昌斯 2018-11-28

1100 文化期 鸟首玉簪
估 价：HKD 150,000～200,000
成交价：RMB 277,819
长9.2cm 中国嘉德 2018-10-02

504 文化期 素面玉箍
估 价：RMB 40,000
成交价：RMB 80,500
高2.4cm；直径4.46cm 浙江佳宝 2018-07-01

3650 唐 白玉凤凰石榴花纹发簪头
估　价：HKD 50,000～80,000
成交价：RMB 80,259
长15cm 保利香港 2018-10-02

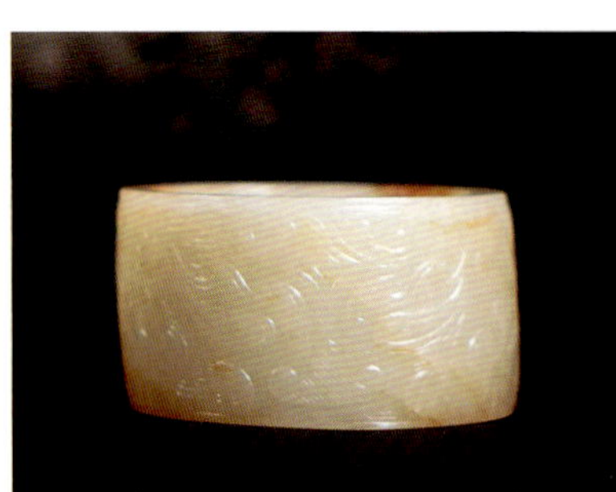

1741 宋 玉雕饕餮纹发箍
估　价：RMB 150,000～200,000
成交价：RMB 195,500
直径5.8cm 华艺国际 2018-11-16

2032 清代 白玉嵌宝莲花纹扁方
估　价：RMB 30,000～50,000
成交价：RMB 57,500
长32.5cm 古天一 2018-12-08

3654 唐 白玉花卉纹梳背
估　价：HKD 50,000～80,000
成交价：RMB 102,896
宽13.2cm 保利香港 2018-10-02

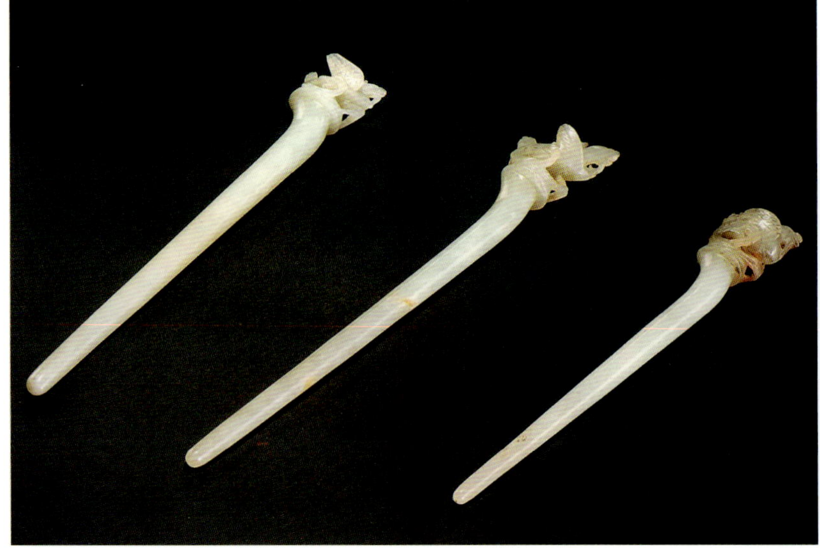

2526 明 玉凤头簪子 （三件）
估　价：RMB 25,000～30,000
成交价：RMB 34,500
长17.8cm；长16.3cm；长14.6cm 中国嘉德 2018-11-20

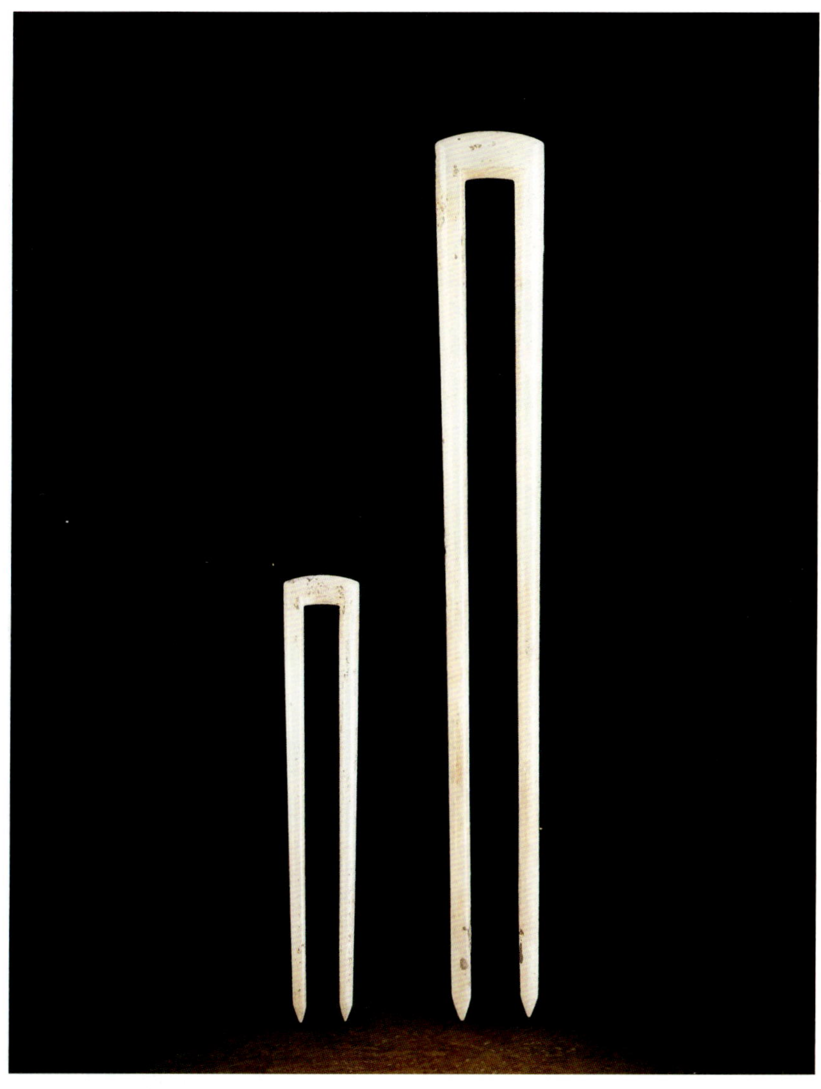

6308 唐 白玉带灰皮双股钗 （两件）
估 价：HKD 50,000
成交价：RMB 82,824
最大长16.3cm 万昌斯 2018-05-30

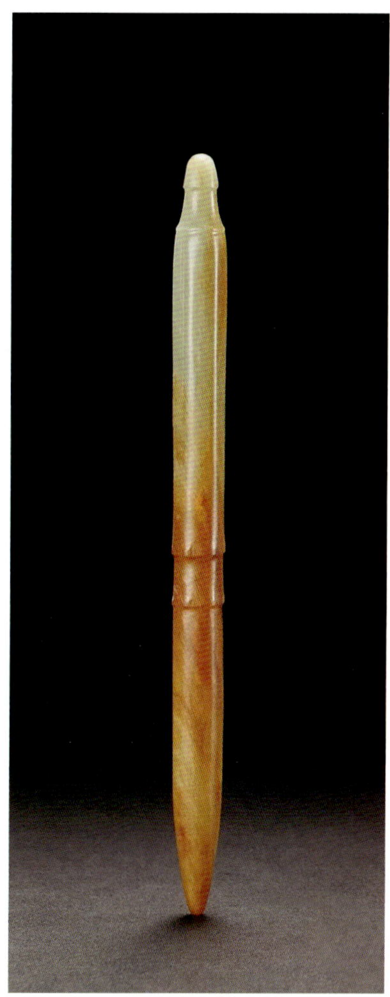

2080 清代 玉簪子
估 价：RMB 110,000～130,000
成交价：RMB 126,500
长15cm 古天一 2018-06-17

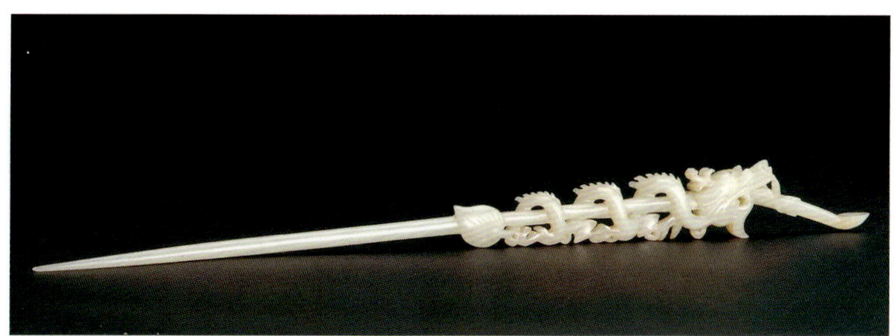

2527 清 白玉龙纹簪子
估 价：RMB 15,000～20,000
成交价：RMB 40,250
长23cm 中国嘉德 2018-11-20

1957 清 白玉龙纹簪
估 价：RMB 30,000～50,000
成交价：RMB 51,750
长10.5cm 北京翰海 2018-06-30

玉韘形佩

469 战国 青玉受沁韘
估　价：RMB 15,000
成交价：RMB 17,250
长5.3cm；宽3cm 浙江佳宝 2018-07-01

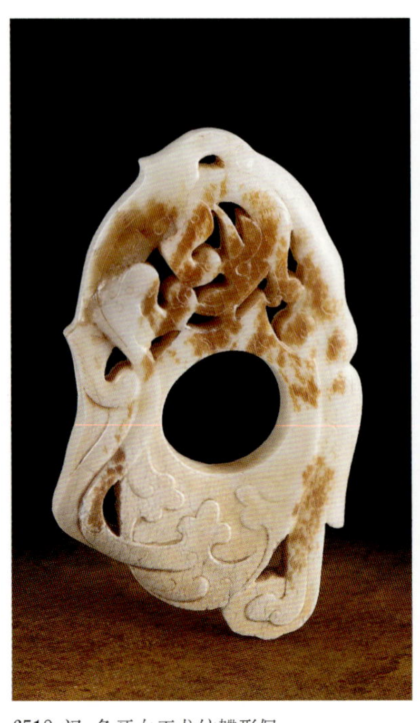

6518 汉 象牙白玉龙纹韘形佩
估　价：HKD 100,000
成交价：RMB 370,272
长7.4cm 万昌斯 2018-05-30

2772 西汉 白玉龙纹韘形佩
估　价：HKD 60,000～80,000
成交价：RMB 310,450
长5cm 佳士得 2018-11-28

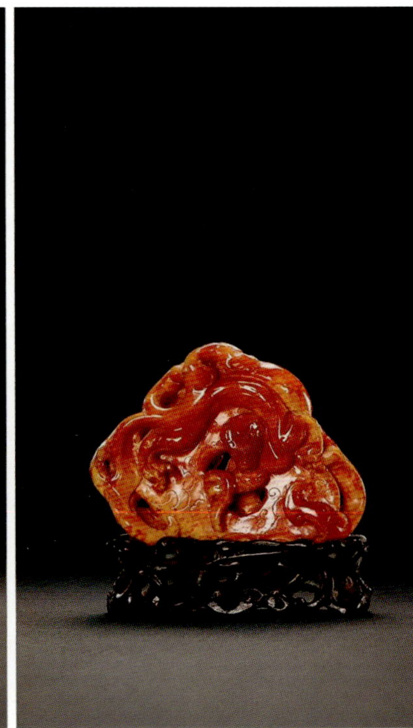

2103 明代 蜜腊雕螭龙纹鸡心佩
估　价：RMB 80,000～100,000
成交价：RMB 97,750
8.5cm×6.5cm 古天一 2018-06-17

2098 清中期 白玉螭龙韘形佩
估 价：RMB 200,000～250,000
成交价：RMB 230,000
7cm×5cm 古天一 2018-12-08

1525 清 白玉雕双螭龙纹鸡心佩
估 价：RMB 320,000～400,000
成交价：RMB 368,000
高7.8cm 西泠拍卖 2018-07-07

2097 清代 白玉龙凤纹鸡心佩
估 价：RMB 450,000～500,000
成交价：RMB 690,000
高7.2cm 古天一 2018-12-08

3597 清 白玉雕螭龙鸡心佩
估 价：HKD 60,000～120,000
成交价：RMB 61,738
长7cm 保利香港 2018-10-02

937 白玉龙凤鸡心佩
估　价：RMB 3,000,000～3,500,000
成交价：RMB 3,910,000
长7.5cm 北京东正 2018-06-17

2553 清 白玉双龙鸡心佩
估　价：RMB 1,000～2,000
成交价：RMB 55,200
高7.8cm 中国嘉德 2018-11-20

玉司南佩

1910 清中期 旧玉猴、鸡、工字佩 （三件）
估　价：RMB 6,000～10,000
成交价：RMB 23,000
高3cm；长5cm；高3.5cm 北京翰海
2018-06-30

玉 牌

3050 明末／清初 白玉透雕葫芦形福禄龙纹牌
估　价：HKD 60,000～80,000
成交价：RMB 101,500
长7.1cm 佳士得 2018-05-30

2860 明 青玉雕胡人戏狮牌
估　价：RMB 80,000～100,000
成交价：RMB 135,700
4.5cm×3cm 中国嘉德 2018-06-19

45 明末清初 黄玉大吉大喜葫芦形牌
估　价：GBP 6,000～10,000
成交价：RMB 91,630
长7.5cm 伦敦佳士得 2018-05-15

1426 明 白玉透雕穿花龙纹牌
估　价：USD 3,000～5,000
成交价：RMB 59,868
纽约苏富比 2018-09-15

816 明 五福呈祥玉牌
估　价：RMB 20,000～30,000
成交价：RMB 28,000
5.6cm×4.7cm×1cm 上海驰翰 2018-03-09

504 18世纪 糖玉老虎图子冈牌
估　价：HKD 60,000～80,000
成交价：RMB 61,738
高5.5cm 北京匡时 2018-10-03

954 18世纪 白玉长宜子孙牌
估　价：USD 18,000～25,000
成交价：RMB 1,624,975
高8.1cm 纽约佳士得 2018-09-13

1483 清乾隆 白玉雕踏雪寻梅牌
估　价：RMB 500,000～600,000
成交价：RMB 690,000
6.8cm×4.8cm 中贸圣佳 2018-06-20

619 清乾隆 西厢人物白玉子冈牌
估　价：RMB 1,000,000～1,300,000
成交价：RMB 1,380,000
5.7cm×4.3cm 中贸圣佳 2018-06-20

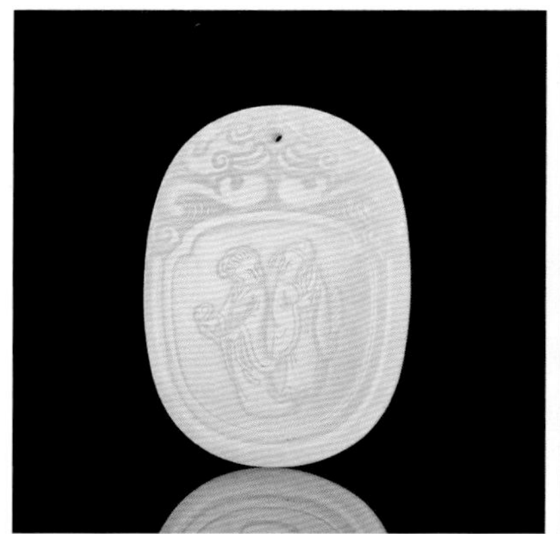

4856 清早期 白玉人物诗文牌
估　价：RMB 20,000～30,000
成交价：RMB 23,000
长6.5cm 中国嘉德 2018-09-20

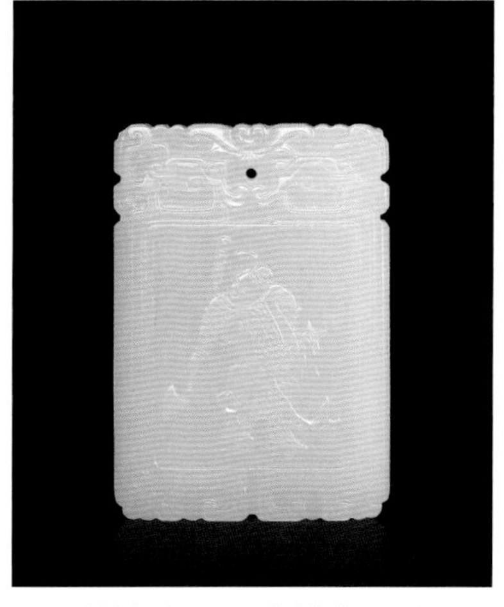

3332 清乾隆 白玉无双谱孙伯符子冈牌
估　价：HKD 500,000～800,000
成交价：RMB 637,955
长6.1cm 保利香港 2018-10-02

1458 清乾隆 天保九如如意云纹牌
估　价：RMB 350,000～450,000
成交价：RMB 517,500
5.7cm×3.5cm 中贸圣佳 2018-06-20

1024 清乾隆 芝亭款白玉滕王阁诗文牌
估　价：RMB 420,000
成交价：RMB 690,000
7cm×5cm 古天一 2018-12-08

1456 清乾隆 苏作巧色雕仙人乘槎牌
估　价：RMB 400,000～600,000
成交价：RMB 517,500
5.3cm×4.6cm 中贸圣佳 2018-06-20

620 清乾隆 苏作玛瑙巧色讲经牌
估　价：RMB 300,000～400,000
成交价：RMB 437,000
5.3cm×4.4cm 中贸圣佳 2018-06-20

969 18世纪 白玉米芾拜石图诗文牌
估　价：USD 20,000～30,000
成交价：RMB 470,388
高4.8cm 纽约佳士得 2018-09-13

2102 清乾隆 子冈款西厢记白玉牌
估　价：RMB 350,000～400,000
成交价：RMB 402,500
5.1cm×3.9cm 中贸圣佳 2018-11-24

98 清乾隆 苏作玛瑙刘海戏金蟾牌
估　价：RMB 250,000～300,000
成交价：RMB 322,000
长5.4cm；宽3.7cm 北京鸿盛祥 2018-12-06

6517 清18世纪 白玉山水诗文牌 （一对）
估　价：RMB 300,000～400,000
成交价：RMB 345,000
长6cm×2 北京保利 2018-12-09

3120 清乾隆 白玉大吉牌
估　价：RMB 120,000～150,000
成交价：RMB 138,000
高12.5cm 北京荣宝 2018-12-03

5010 清乾隆 白玉宣子戏蝶子冈牌
估 价：RMB 230,000～280,000
成交价：RMB 287,500
5.7cm×4.3cm 中贸圣佳 2018-11-25

3021 清18世纪 黄玉双夔龙斋戒牌
估 价：HKD 100,000～180,000
成交价：RMB 121,963
长5cm 佳士得 2018-11-28

6523 清中期 白玉大吉大利葫芦牌 （一对）
估 价：RMB 300,000～400,000
成交价：RMB 632,500
高19.5cm×2 北京保利 2018-12-09

2555 清乾隆 白玉童子嬉戏诗文牌
估 价：RMB 180,000～200,000
成交价：RMB 218,500
高3.8cm 中国嘉德 2018-11-20

3310 清中期 白玉雕螭龙纹牌式双联佩
估 价：HKD 100,000～180,000
成交价：RMB 164,634
长8.8cm 保利香港 2018-10-02

231 清中期 白玉“题西林壁”牌
估　价：RMB 20,000～30,000
成交价：RMB 92,000
长5.5cm 北京保利 2018-04-29

3535 清中期 白玉雕太平有象牌
估　价：RMB 30,000～40,000
成交价：RMB 40,250
4.8cm×7cm 北京匡时 2018-06-15

988 18世纪/19世纪 白玉放鹤图牌
估　价：USD 12,000～18,000
成交价：RMB 222,365
高5.3cm 纽约佳士得 2018-09-13

974 18世纪/19世纪 白玉太平有象牌
估　价：USD 20,000～30,000
成交价：RMB 410,520
高6.3cm 纽约佳士得 2018-09-13

135 18世纪/19世纪 白玉高士赏莲图题诗牌
估　价：GBP 6,000～8,000
成交价：RMB 409,640
高6cm 伦敦佳士得 2018-05-15

3148 18世纪/19世纪 白玉大吉天喜葫芦形牌 （两件）
估 价：HKD 120,000～250,000
成交价：RMB 142,100
长7.7cm 佳士得 2018-05-30

991 19世纪 白玉花篮牌 （一对）
估 价：USD 6,000～8,000
成交价：RMB 59,868
高6.3cm×2 纽约佳士得 2018-09-13

137 18世纪/19世纪 白玉吉祥如意牌
估 价：GBP 5,000～8,000
成交价：RMB 53,900
高4.8cm 伦敦佳士得 2018-05-15

323 19世纪 青白玉雕李白醉酒图牌
“子冈”款
估 价：USD 6,000～8,000
成交价：RMB 51,315
纽约苏富比 2018-09-12

990 18世纪/19世纪 白玉蝶形牌
估 价：USD 4,000～6,000
成交价：RMB 38,486
宽7.8cm 纽约佳士得 2018-09-13

5461 清晚期 白玉荷花喜字牌
估　价：RMB 28,000～38,000
成交价：RMB 40,250
长7cm 中国嘉德 2018-05-19

1911 清 黄玉凤凰来仪玉牌
题识：凤凰 来仪
估　价：RMB 600,000～800,000
成交价：RMB 805,000
高7.2cm 西泠拍卖 2018-07-07

1061 清代 白玉镂雕天官赐福牌
估　价：RMB 230,000
成交价：RMB 483,000
直径6cm 古天一 2018-12-08

3022 清 白玉张骞乘槎图牌
“子刚”款
估　价：HKD 100,000～200,000
成交价：RMB 243,925
高5.7cm 佳士得 2018-11-28

3153 清 白玉人物纹牌
估 价：HKD 180,000～250,000
成交价：RMB 182,700
高5cm 佳士得 2018-05-30

1573 清 白玉雕“一路连科”对牌
成交价：RMB 92,000
径8cm×2 印千山 2018-01-12

1933 清 白玉“子冈”款亭榭人物牌
题识：花萼楼前雨霭新，长安城里太平人 子冈
估 价：RMB 130,000～150,000
成交价：RMB 149,500
长7.0cm 西泠拍卖 2018-07-07

1243 清 白玉雕平安喜乐牌
铭文：太平喜乐，安保吉祥。文玩。
估 价：RMB 30,000～50,000
成交价：RMB 57,500
5.3cm×3.8cm 西泠拍卖 2018-07-07

1084 清 宫廷造金丝包琥珀斋戒牌
估 价：RMB 100,000～150,000
成交价：RMB 115,000
9cm×5.5cm 北京华辰 2018-11-19

63 清 玛瑙俏色鱼跃龙门牌
估 价：RMB 30,000～40,000
成交价：RMB 46,000
6.2cm×4cm；重67g 北京鸿盛祥 2018-06-16

1432 清 白玉雕吉庆有余牌
款识：吉庆有余
估 价：RMB 30,000～50,000
成交价：RMB 46,000
5.8cm×5cm 西泠拍卖 2018-09-29

381 清 黄玉十二生肖牌
估 价：RMB 60,000
成交价：RMB 74,750
7.4cm×5cm 浙江佳宝 2018-07-01

380 清 白玉云头梅寿纹牌
估 价：RMB 25,000
成交价：RMB 48,300
5.7cm×4cm 浙江佳宝 2018-07-01

379 清 白玉长宜子孙文玩牌
估 价：RMB 18,000
成交价：RMB 20,700
8.2cm×2.8cm 浙江佳宝 2018-07-01

3439 郭万龙 守护 白玉套牌
题识：云动东方，龙腾盛世。风起西山，虎行太平。炎燃南空，朱雀舞泰。寒落北泽，玄武定安。
估 价：RMB 1,150,000～1,600,000
成交价：RMB 1,782,500
高10cm×4；重167.2g；169.6g；194.9g；201.1g 西泠拍卖 2018-07-08

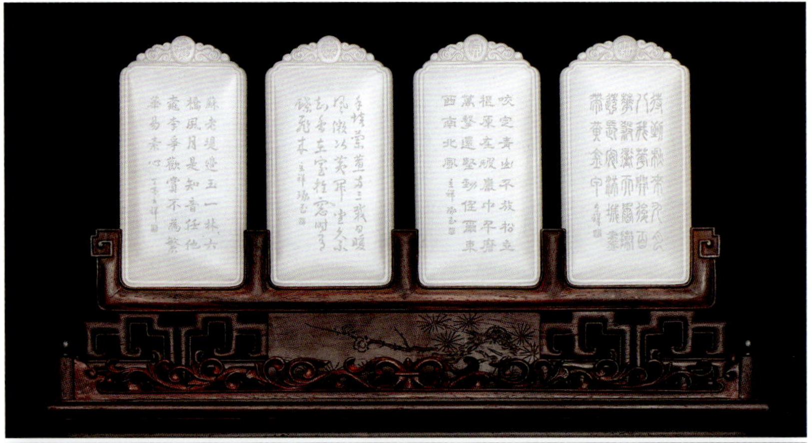

407 周立祥 高标逸韵 白玉套牌
估 价：RMB 3,200,000～5,000,000
成交价：RMB 5,376,000
8.9cm×4.2cm×1cm×4；重95g×4 上海联合 2018-07-01

1358 翟倚卫 虎啸风生 白玉挂牌
估 价：RMB 430,000～600,000
成交价：RMB 481,600
高7.5cm；重70.55g 上海联合 2018-11-25

3460 黄杨洪 慧愿宏深 白玉牌
估 价：RMB 380,000～450,000
成交价：RMB 460,000
高6.7cm；含链重130.4g 西泠拍卖 2018-07-08

573 张焕庆 官上加官大玉牌
估 价：RMB 1,500,000～1,600,000
成交价：RMB 1,725,000
高12.7cm；重399g 上海匡时 2018-04-30

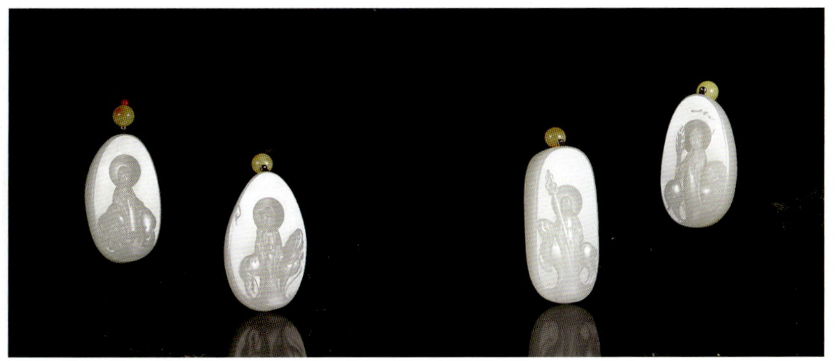

3477 赵琦 四大菩萨 白玉套牌
题识：大行 大悲 大愿 大智
估 价：RMB 400,000～550,000
成交价：RMB 517,500
尺寸不一 西泠拍卖 2018-07-08

3481 赵琦 般若 白玉牌
钤印：琦
估 价：RMB 320,000～400,000
成交价：RMB 402,500
高10.3cm；重147.0g 西泠拍卖 2018-07-08

1211 崔磊 妙乐之境 白玉牌
估 价：RMB 328,000～450,000
成交价：RMB 367,360
高10.9cm；重146g 上海联合 2018 11 25

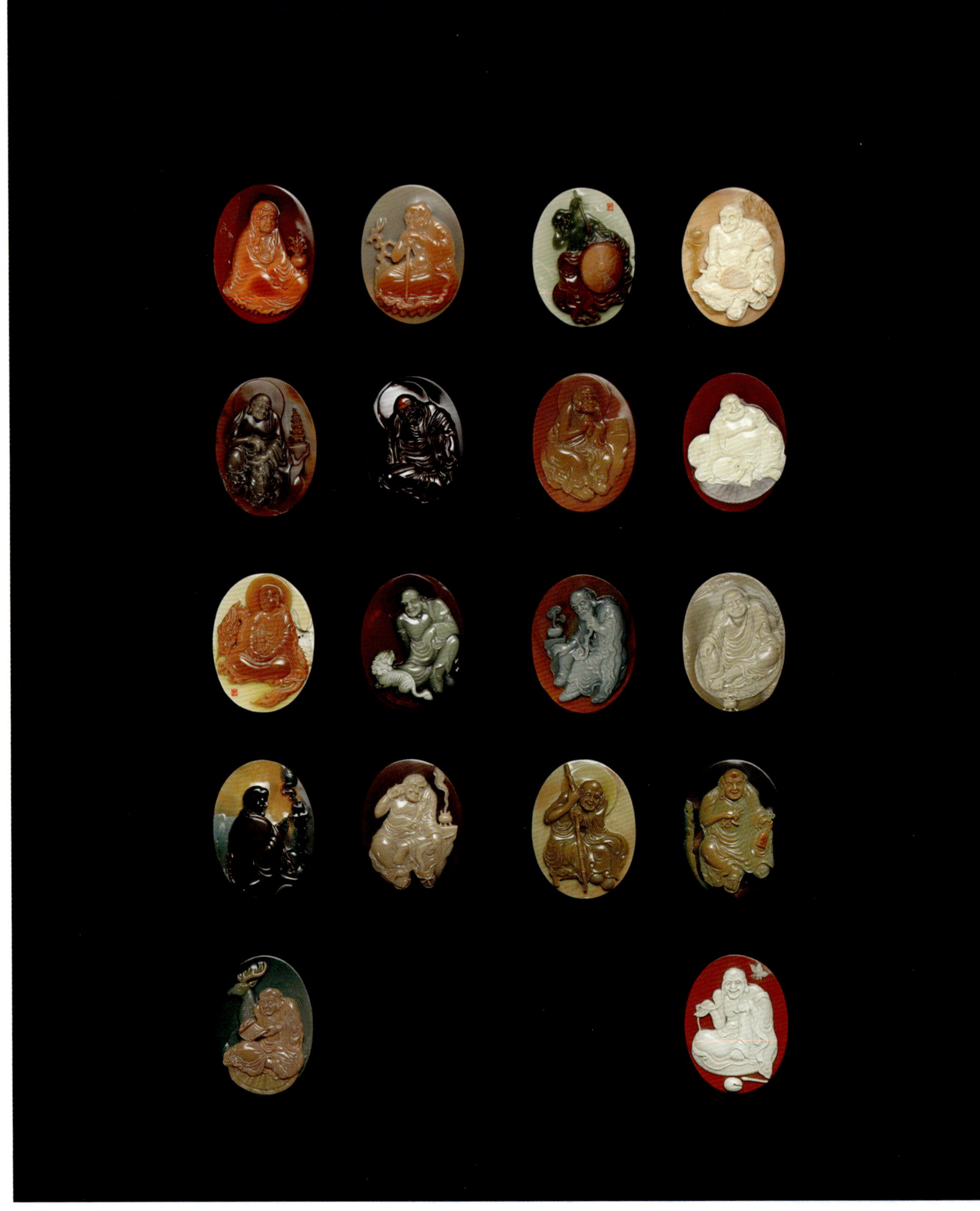

3559 卢云峰 十八罗汉 玛瑙套牌 （一组）
钤印：天一
估　价：RMB 800,000～1,000,000
成交价：RMB 1,150,000
尺寸不一 西泠拍卖 2018-07-08

387 忠荣玉典 护佑 白玉牌
估　价：RMB 990,000～1,500,000
成交价：RMB 1,232,000
高10.5cm；重226.3g 上海联合 2018-07-01

504 周立祥 道德经语录 白玉挂牌
估　价：RMB 330,000～450,000
成交价：RMB 369,600
高6.2cm；重71.5g 上海联合 2018-07-01

3465 庞然 心经 白玉牌
钤印：庞 氏
估　价：RMB 280,000～350,000
成交价：RMB 345,000
高9.9cm；重171.7g 西泠拍卖 2018-07-08

3446 杨曦 翩舞 白玉牌
钤印：龙
估　价：RMB 280,000～320,000
成交价：RMB 322,000
高5.5cm；重44.1g 西泠拍卖 2018-07-08

2753 万德旭 新疆和田玉籽料天马牌
款识：卓、誉
估　价：RMB 250,000
成交价：RMB 287,500
高8.3cm；重106g 尚品润博 2018-07-29

3472 张永来 绿度母 析木玉牌
估　价：RMB 200,000～250,000
成交价：RMB 230,000
高7.7cm；重125.8g 西泠拍卖 2018-07-08

404 杨红展 慈航 白玉挂牌
估　价：RMB 200,000～280,000
成交价：RMB 224,000
高6.6cm；重45.9g 上海联合 2018-07-01

3464 庞然 溪山访友 墨玉牌
钤印：庞 氏
估　价：RMB 180,000～250,000
成交价：RMB 218,500
高4.7cm；重274.8g 西泠拍卖 2018-07-08

3463 庞然 六君子图 白玉牌
钤印：庞 氏
估　价：RMB 180,000～250,000
成交价：RMB 207,000
高7.3cm；重88.2g 西泠拍卖 2018-07-08

3476 赵琦 慈航普度 白玉牌
钤印：琦；题识：慈航普度
估　价：RMB 50,000～70,000
成交价：RMB 74,750
高6.5cm；重51.5g 西泠拍卖 2018-07-08

佩挂件

6528 新石器时代 红山文化 玉猪龙
估 价：HKD 600,000
成交价：RMB 925,680
长14.7cm 万昌斯 2018-05-30

7258 新石器时代 红山文化 玉猪龙
估 价：HKD 500,000
成交价：RMB 745,080
长7.4cm 万昌斯 2018-11-28

7214 新石器时代 红山文化 黄玉猪龙
估 价：HKD 120,000
成交价：RMB 234,168
长5cm；厚1.8cm 万昌斯 2018-11-28

7211 新石器时代 红山文化 黄玉蝉
估 价：HKD 100,000
成交价：RMB 202,236
长7.4cm；厚1.4cm 万昌斯 2018-11-28

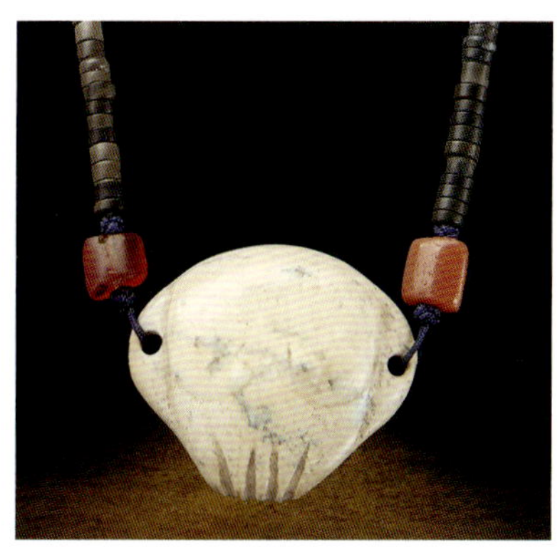

6416 新石器时代 红山文化 玉人面
估 价：HKD 12,000
成交价：RMB 11,693
长4cm 万昌斯 2018-05-30

1098 红山文化 青玉猪龙
估 价：HKD 150,000～200,000
成交价：RMB 1,131,856
高5.6cm 中国嘉德 2018-10-02

2707 红山文化 约公元前4000-3000年 青玉蝉（一对）
估 价：HKD 120,000～180,000
成交价：RMB 665,250
宽5.5cm×2 佳士得 2018-11-28

3055 红山文化晚期 约公元前3500-3000年 青玉鸟形佩
估 价：HKD 150,000～200,000
成交价：RMB 324,800
长3cm 佳士得 2018-05-30

1164 文化期 玉猪龙
估 价：HKD 350,000～450,000
成交价：RMB 360,136
高8.5cm 中国嘉德 2018-10-02

543 文化期 青玉勾云佩
估 价：HKD 150,000～200,000
成交价：RMB 267,294
宽8.5cm 中国嘉德 2018-04-02

2722 商 青玉龙佩
估 价：HKD 80,000～120,000
成交价：RMB 443,500
长3.6cm 佳士得 2018-11-28

6521 商 白玉带灰皮龙首佩
估 价：HKD 150,000
成交价：RMB 243,600
长8.2cm；厚0.7cm 万昌斯 2018-05-30

2726 商晚期 玉鸟形佩
估 价：HKD 150,000～260,000
成交价：RMB 332,625
长8.5cm 佳士得 2018-11-28

3059 商 玉虎及玉佩（一组四件）
估 价：HKD 150,000～200,000
成交价：RMB 223,300
长4cm 佳士得 2018-05-30

2744 西周 青玉人龙纹佩
估　价：HKD 100,000～180,000
成交价：RMB 887,000
长10cm 佳士得 2018-11-28

2737 西周 青玉鹿形佩 （两件）
估　价：HKD 600,000～1,200,000
成交价：RMB 665,250
宽8cm 佳士得 2018-11-28

575 西周 玉组佩
估　价：HKD 600,000～800,000
成交价：RMB 668,824
长62cm 北京匡时 2018-10-03

2732 西周 青黄玉龙纹佩
估　价：HKD 100,000～150,000
成交价：RMB 443,500
宽4.5cm 佳士得 2018-11-28

2727 西周 玉蜂形佩
估　价：HKD 60,000～80,000
成交价：RMB 421,325
长5.6cm 佳士得 2018-11-28

3095 商末至西周早期 鸡骨白玉龙佩
估 价：HKD 120,000～150,000
成交价：RMB 353,938
4.3cm 香港苏富比 2018-04-02

2724 商至西周 青玉鱼形佩
估 价：HKD 80,000～150,000
成交价：RMB 332,625
长7.9cm 佳士得 2018-11-28

2743 西周 青玉龙纹人形佩
估 价：HKD 150,000～200,000
成交价：RMB 166,313
长8.7cm 佳士得 2018-11-28

2739 西周 青玉鸟佩
估 价：HKD 100,000～180,000
成交价：RMB 243,925
宽8cm 佳士得 2018-11-28

500 东周 龙形玉佩
估 价：GBP 5,000～7,000
成交价：RMB 48,510
7.2cm 伦敦苏富比 2018-05-18

1075 西周 玉龟
估 价：HKD 80,000～120,000
成交价：RMB 82,317
宽5cm 中国嘉德 2018-10-02

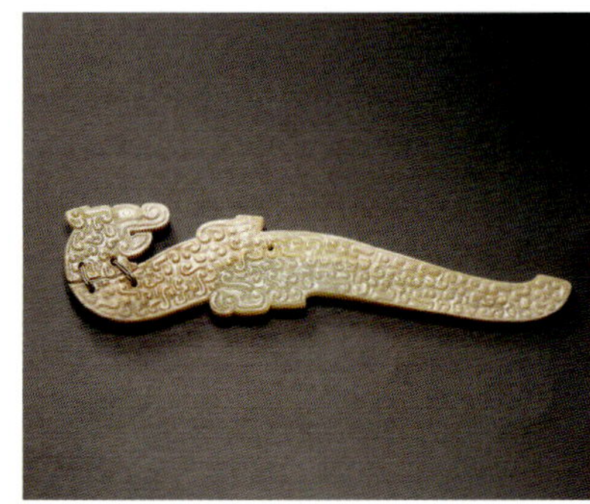

2749 春秋 青玉龙形佩
估 价：HKD 100,000～180,000
成交价：RMB 243,925
长14.2cm 佳士得 2018-11-28

577 春秋 鸡骨白玉S形龙 （一对）
估 价：HKD 30,000～50,000
成交价：RMB 71,597
宽7.6cm×2 中国嘉德 2018-04-02

2758 战国 青玉谷纹龙凤形佩
估 价：HKD 180,000～260,000
成交价：RMB 1,219,625
长11.5cm 佳士得 2018-11-28

2755 战国 青玉龙形佩及青玉凤形佩 （各一只）
估 价：HKD 200,000～300,000
成交价：RMB 776,125
长11cm 佳士得 2018-11-28

2761 战国 青玉谷纹龙凤形佩
估 价：HKD 120,000～180,000
成交价：RMB 421,325
长11.5cm 佳士得 2018-11-28

580 战国 凤纹红缟佩
估 价：HKD 250,000～350,000
成交价：RMB 257,240
3.8cm×2.5cm×0.7cm 北京匡时 2018-10-03

548 战国 青黄玉S龙佩
估 价：HKD 60,000～80,000
成交价：RMB 64,914
宽8.6cm 中国嘉德 2018-04-02

511 战国 玉佩 （一组三件）
估 价：GBP 2,000~3,000
成交价：RMB 215,600
最大一件：3.8cm 伦敦苏富比 2018-05-18

6364 战国 白玉带灰皮双龙佩
估 价：HKD 60,000
成交价：RMB 58,464
长7.4cm；厚0.5cm 万昌斯 2018-05-30

2773 西汉 青玉舞人佩
估 价：HKD 50,000~80,000
成交价：RMB 310,450
长4.3cm 佳士得 2018-11-28

431 西汉 白玉受沁龙形佩（口部残）
估 价：RMB 10,000
成交价：RMB 34,500
长5cm；宽2.36cm 浙江佳宝 2018-07-01

2778 东汉 玉螭龙纹佩
估 价：HKD 100,000~180,000
成交价：RMB 831,563
长7cm 佳士得 2018-11-28

6365 汉 白玉带沁龙纹佩
估 价：HKD 120,000
成交价：RMB 194,880
长11.3cm；厚0.3cm 万昌斯 2018-05-30

551 汉 螭龙佩
估 价：HKD 90,000~120,000
成交价：RMB 97,751
7.5cm×2.5cm×0.7cm 北京匡时 2018-10-03

3648 唐 白玉玉组佩 （一套）
估　价：HKD 50,000～80,000
成交价：RMB 77,172
长18.2cm 保利香港 2018-10-02

3643 五代 白玉凤纹饰
估　价：HKD 30,000～50,000
成交价：RMB 113,186
宽4.4cm 保利香港 2018-10-02

1524 宋 白玉雕飞天佩
估　价：RMB 250,000～280,000
成交价：RMB 287,500
长6.5cm 西泠拍卖 2018-07-07

7161 宋 白玉交颈鹅佩
估　价：HKD 150,000
成交价：RMB 212,880
长6.8cm；厚0.7cm 万昌斯 2018-11-28

7152 宋 青白玉卧犬
估　价：HKD 10,000
成交价：RMB 63,864
长6.1cm；厚1.1cm 万昌斯 2018-11-28

6318 辽-金 白玉带红沁飞天
估　价：HKD 100,000
成交价：RMB 487,200
长5.1cm；厚0.6cm 万昌斯 2018-05-30

2167 金代 白玉双鱼坠
估　价：RMB 80,000～100,000
成交价：RMB 92,000
长7cm 古天一 2018-06-17

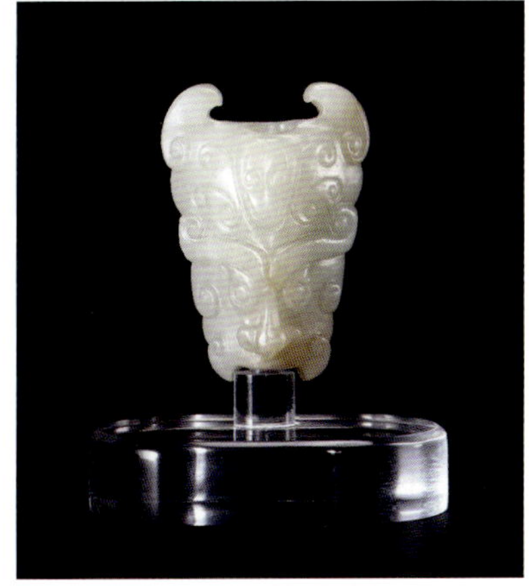

946 元 白玉沁色兽面坠
估　价：RMB 100,000～150,000
成交价：RMB 368,000
长4.5cm 北京东正 2018-06-17

7156 元 白玉虎
估　价：HKD 80,000
成交价：RMB 101,118
玉长6.6cm；总高4.3cm 万昌斯 2018-11-28

940 元/明 玉雕大吉坠
估 价：RMB 40,000～50,000
成交价：RMB 195,500
4.8cm×4cm×1.6cm 北京诚轩 2018-06-17

178 元/明 白玉透雕荷叶龟游佩
估 价：HKD 50,000～80,000
成交价：RMB 92,650
宽8.5cm 佳士得 2018-10-04

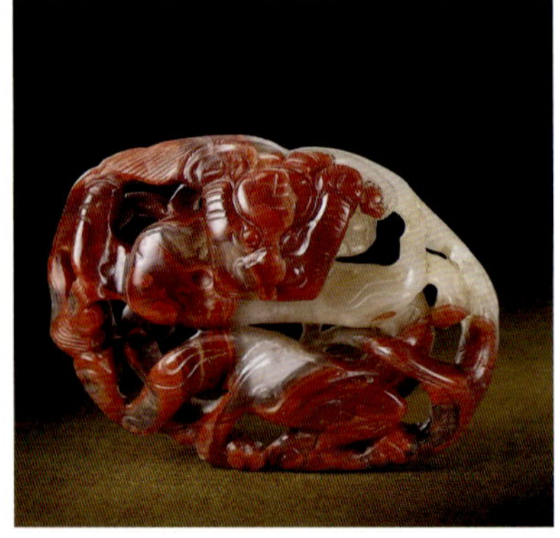

7082 元 红缟玛瑙螭虎
估 价：HKD 30,000
成交价：RMB 85,152
长8.4cm 万昌斯 2018-11-28

1509 元 白玉雕瑞兽形挂件
估 价：RMB 20,000～30,000
成交价：RMB 23,000
高2.8cm；长6cm 西泠拍卖 2018-07-07

49 明末清初17世纪 青玉黑斑鼠挂件
估 价：GBP 6,000～10,000
成交价：RMB 140,140
长6.5cm 伦敦佳士得 2018-05-15

2099 明代 白玉螭龙纹牛觥佩
估 价：RMB 200,000～250,000
成交价：RMB 379,500
6.8cm×4.6cm 古天一 2018-12-08

225 明 玉、松石组佩 （一组七件）
估 价：RMB 150,000～200,000
成交价：RMB 552,000
长最小1.9cm；最大3.7cm；松石重3.8g 北京鸿盛祥 2018-06-16

2541 明 白玉浸色小龙佩饰 （两件）
估 价：RMB 18,000～30,000
成交价：RMB 356,500
长5cm；长2.9cm 中国嘉德 2018-11-20

16 明 白玉镂空龙凤纹环形佩
估 价：RMB 70,000～80,000
成交价：RMB 138,000
长4cm 北京鸿盛祥 2018-06-16

1009 明代 白玉镂雕花形坠
估 价：RMB 60,000
成交价：RMB 322,000
4.5cm×4cm 古天一 2018-06-17

150 明 灰白玉马佩
估 价：HKD 180,000～250,000
成交价：RMB 196,200
宽7cm 佳士得 2018-10-04

6044 明 白玉镂雕行龙佩
估 价：RMB 20,000～50,000
成交价：RMB 103,500
长5.4cm 北京保利 2018-12-09

1447 明 玉羊挂件
估 价：RMB 150,000～200,000
成交价：RMB 207,000
长3.3cm；高2.6cm 中贸圣佳 2018-06-20

3136 明 褐斑白玉卧犬佩
估 价：HKD 150,000～200,000
成交价：RMB 152,250
宽6.3cm 佳士得 2018-05-30

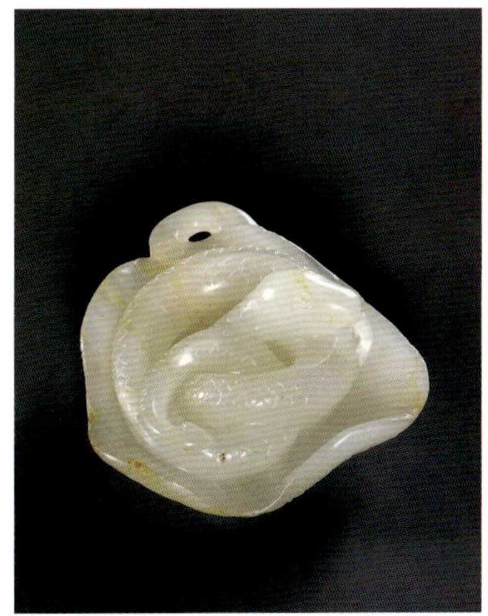

25 明 白玉荷叶盘蛇坠
成交价：RMB 97,750
直径4cm 北京鸿盛祥 2018-12-06

5050 明 白玉镂空转心佩
估 价：RMB 60,000～80,000
成交价：RMB 71,300
直径5.3cm 中贸圣佳 2018-11-25

184 明 黄玉鸟及白玉翁仲
估 价：HKD 50,000～80,000
成交价：RMB 70,850
高5cm 佳士得 2018-10-04

7107 明 白玉佛
估 价：HKD 15,000
成交价：RMB 34,061
长4.7cm；厚0.5cm 万昌斯 2018-11-28

1214 明 白玉沁色鹦鹉佩
估 价：HKD 20,000～30,000
成交价：RMB 22,637
宽5.5cm 中国嘉德 2018-10-02

346 明 黄玉双龙戏珠佩
估 价：RMB 10,000
成交价：RMB 14,950
长3cm；宽2.7cm 浙江佳宝 2018-07-01

767 明 玉雕卧虎
成交价：RMB 13,800
长6cm 北京保利 2018-04-29

2084 明代 青白玉双童子抱犬挂件
估 价：RMB 30,000～50,000
成交价：RMB 34,500
高4.2cm 古天一 2018-06-17

335 18世纪 玉雕龙凤纹佩
估 价：USD 6,000～8,000
成交价：RMB 256,575
纽约苏富比 2018-09-12

180 十八世纪　白玉雕螭龙佩及白玉双獾
估　价：HKD 60,000～80,000
成交价：RMB 266,100
长5cm×2 邦瀚斯 2018-11-27

6513 清乾隆 御制白玉“平定合符”
估　价：HKD 3,000,000
成交价：RMB 5,846,400
总长24.1cm；厚0.8cm 万昌斯 2018-05-30

2145 清初 白玉博古龙凤佩
估　价：RMB 30,000～50,000
成交价：RMB 69,000
高3.3cm 古天一 2018-06-17

182 清乾隆　白玉镂雕金蟾戏荷佩
“御玩”、“子冈”阳文款
估　价：HKD 600,000～800,000
成交价：RMB 643,075
长6cm 邦瀚斯 2018-11-27

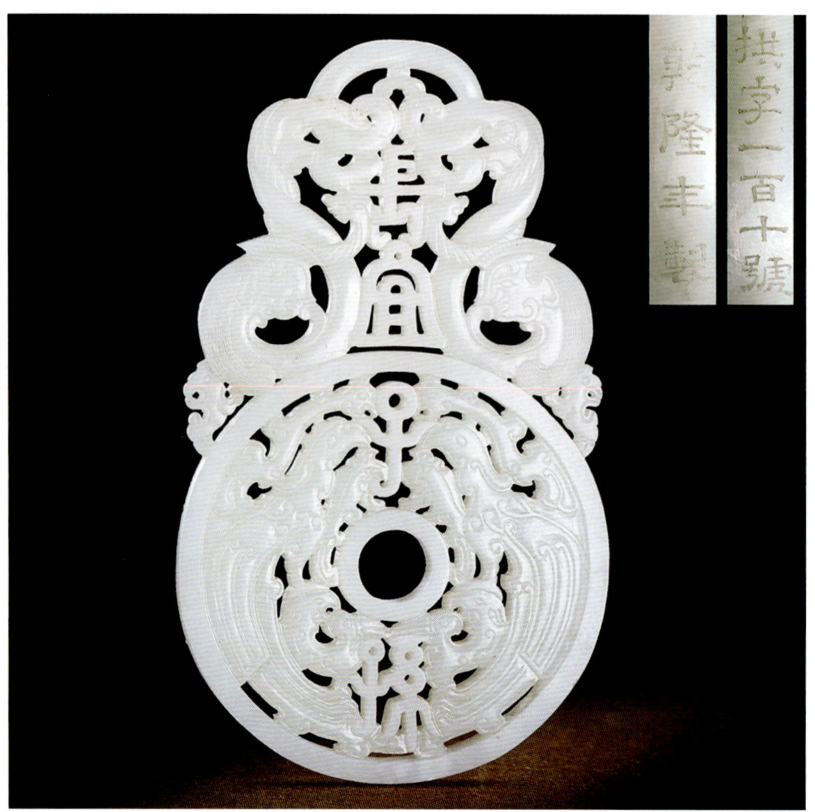

7268 清乾隆 御制白玉长宜子孙佩
“乾隆年制”“拱字一百十号”款
估　价：HKD 1,500,000
成交价：RMB 4,789,800
长13.6cm；厚0.7cm 万昌斯 2018-11-28

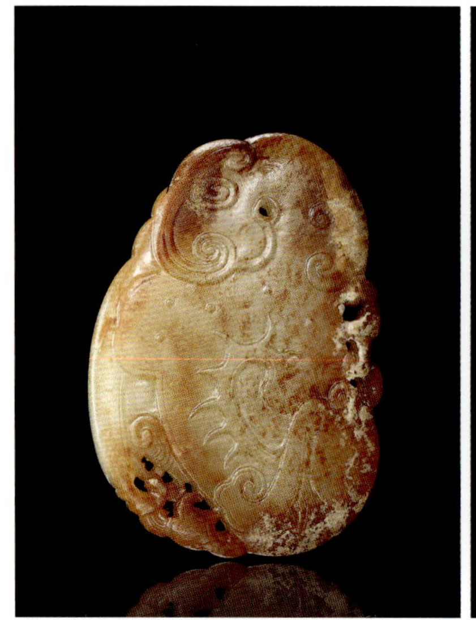

915 清乾隆 白玉仿古龙纹佩
估　价：RMB 300,000～380,000
成交价：RMB 483,000
长7cm 北京东正 2018-06-17

1034 清乾隆 白玉蛇形佩
估　价：RMB 130,000
成交价：RMB 460,000
长8cm 古天一 2018-12-08

142 清乾隆 白玉三螭龙佩
估　价：RMB 250,000～300,000
成交价：RMB 345,000
长7.2cm；宽5.8cm 北京鸿盛祥 2018-06-16

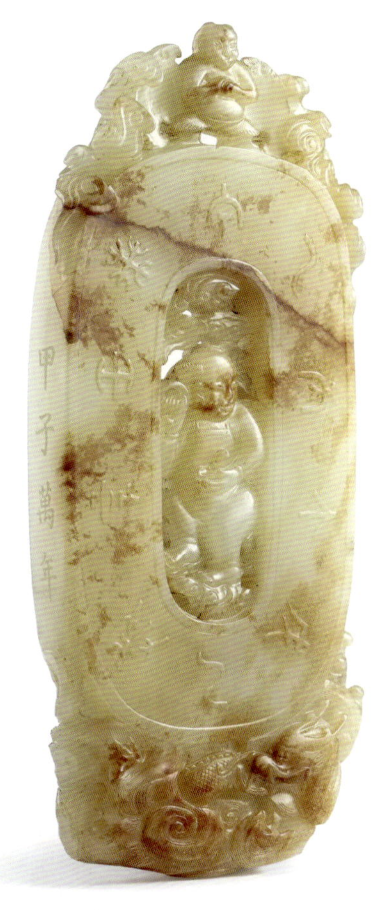

3204 清乾隆 白玉镂空童子甲子万年佩
"乾隆御制"款
估　价：HKD 2,000,000～3,000,000
成交价：RMB 2,825,280
长19.5cm 香港苏富比 2018-10-03

913 清乾隆 白玉镂雕岁寒三友佩
估　价：RMB 150,000～200,000
成交价：RMB 322,000
直径5cm 北京东正 2018-06-17

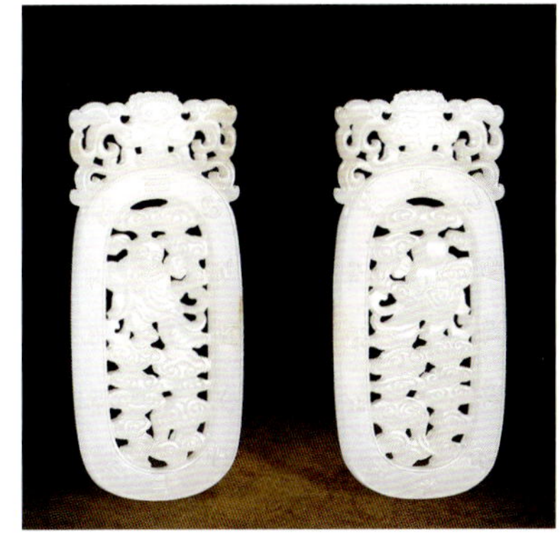

6506 清乾隆 御制白玉迦楼罗天干地支佩
估　价：HKD 80,000
成交价：RMB 341,040
长10.6cm；厚0.6cm 万昌斯 2018-05-30

414 清乾隆 羊脂白玉留红皮俏色瓜瓞延绵坠
估　价：RMB 180,000
成交价：RMB 299,000
长7.2cm；宽4.5cm 浙江佳宝 2018-07-01

6501 清乾隆 黄玉龙纹钟形佩
估　价：HKD 50,000
成交价：RMB 292,320
长6.1cm；厚0.4cm 万昌斯 2018-05-30

1905 清乾隆 白玉喜报三元坠
估　价：RMB 300,000～350,000
成交价：RMB 287,500
长4.9cm 西泠拍卖 2018-07-07

1878 清中期 白玉螭龙纹钟形佩
估　价：RMB 18,000～30,000
成交价：RMB 195,500
高6.4cm 北京翰海 2018-06-30

1905 清中期 白玉教子升天佩
估　价：RMB 40,000～60,000
成交价：RMB 115,000
高7.3cm 北京翰海 2018-06-30

156 清乾隆　白玉雕童子鲤鱼佩
估　价：HKD 80,000～120,000
成交价：RMB 99,788
长75cm 邦瀚斯 2018-11-27

5081 清乾隆 白玉石榴挂件
估　价：RMB 70,000～80,000
成交价：RMB 86,250
长11.4cm 中贸圣佳 2018-11-25

1906 清中期 白玉福禄万代佩
估　价：RMB 120,000～150,000
成交价：RMB 172,500
高6.5cm 北京翰海 2018-06-30

1899 清中期 白玉无双谱诗文佩
估　价：RMB 16,000～32,000
成交价：RMB 115,000
高6cm 北京翰海 2018-06-30

1867 清中期 白玉龙佩
估　价：RMB 16,000～30,000
成交价：RMB 40,250
长8.5cm 北京翰海 2018-06-30

948 清中期 青白玉雕童子击鼓佩
估　价：RMB 10,000～15,000
成交价：RMB 40,250
长5.4cm 北京诚轩 2018-06-17

3312 清道光 白玉梅花仕女佩
边刻“道光己亥七夕”、“槠园包氏清玩”款
估　价：HKD 80,000～120,000
成交价：RMB 87,200
4cm 香港苏富比 2018-10-03

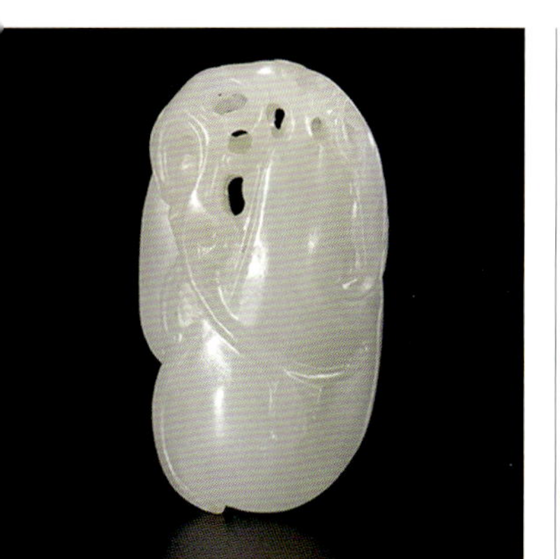

1829 清中期 白玉瓜果坠
估　价：RMB 8,000～12,000
成交价：RMB 51,750
高5.3cm 北京翰海 2018-06-30

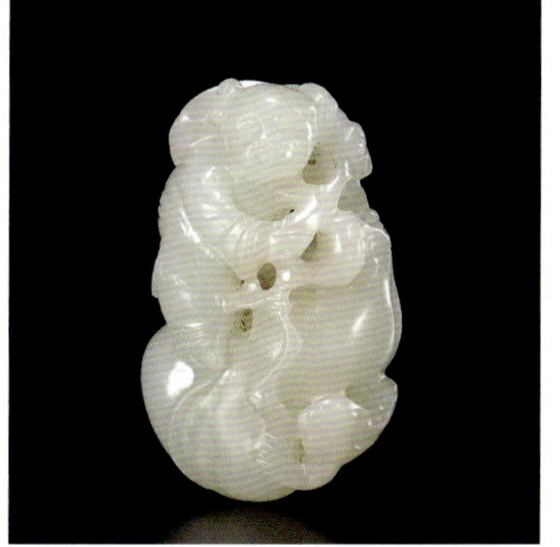

1843 清中期 白玉刘海戏金蟾坠
估　价：RMB 10,000～20,000
成交价：RMB 46,000
高4.8cm 北京翰海 2018-06-30

3348 19世纪 白玉题诗事事如意佩
估　价：HKD 150,000～200,000
成交价：RMB 348,800
6cm 香港苏富比 2018-10-03

3319 18世纪/19世纪 白玉灵芝天保九如佩
估 价：HKD 100,000～150,000
成交价：RMB 327,000
4.8cm 香港苏富比 2018-10-03

957 18世纪/19世纪 白玉和合二仙转心佩
估 价：USD 6,000～8,000
成交价：RMB 256,575
高6.6cm 纽约佳士得 2018-09-13

3329 18世纪/19世纪 白玉风云际会佩
估 价：HKD 180,000～280,000
成交价：RMB 174,400
6.3cm 香港苏富比 2018-10-03

3046 清 白玉龙凤呈祥合符佩
估 价：HKD 380,000～500,000
成交价：RMB 385,700
长7.4cm 佳士得 2018-05-30

985 18世纪/19世纪 白玉鱼化龙佩
估 价：USD 6,000～8,000
成交价：RMB 128,288
高8.2cm 纽约佳士得 2018-09-13

511 19世纪 白玉雕拐子龙长方型佩饰
估 价：HKD 150,000～200,000
成交价：RMB 154,344
高5.7cm 北京匡时 2018-10-03

274 清代 和田玉天鹅挂件
估　价：RMB 350,000～380,000
成交价：RMB 345,000
高4.5cm；长5cm 未来四方 2018-01-20

1909 清 白玉童子洗象坠
估　价：RMB 320,000～380,000
成交价：RMB 322,000
高6.3cm 西泠拍卖 2018-07-07

1059 清代 黄玉龙凤纹佩
估　价：RMB 220,000
成交价：RMB 287,500
6.5cm×4.5cm 古天一 2018-06-17

1051 清代 黄玉凤纹佩
估　价：RMB 26,000
成交价：RMB 276,000
长8cm 古天一 2018-06-17

3316 清 白玉双清题诗佩
估　价：HKD 150,000～200,000
成交价：RMB 261,600
7.3cm 香港苏富比 2018-10-03

5023 清 清宫旧藏白玉镂雕流传百子葫芦佩
估　价：RMB 180,000～200,000
成交价：RMB 218,500
长6.3cm；宽4cm 中贸圣佳 2018-11-25

2087 清 黄玉龙凤纹佩
估 价：RMB 180,000～220,000
成交价：RMB 207,000
长6cm；高4.3cm 中贸圣佳 2018-11-24

5084 清 白玉鹤寿挂件
估 价：RMB 160,000～200,000
成交价：RMB 184,000
长6.5cm 中贸圣佳 2018-11-25

188 清 白玉雕西厢记佩
"芝亭"款
估 价：HKD 80,000～120,000
成交价：RMB 155,225
长49cm 邦瀚斯 2018-11-27

184 清 白玉雕夔凤平安佩
估 价：HKD 50,000～80,000
成交价：RMB 155,225
长54cm 邦瀚斯 2018-11-27

23 清 白玉雕寿桃挂件
估 价：RMB 100,000～120,000
成交价：RMB 140,400
长4.3cm；重55.2g 上海联合 2018-11-25

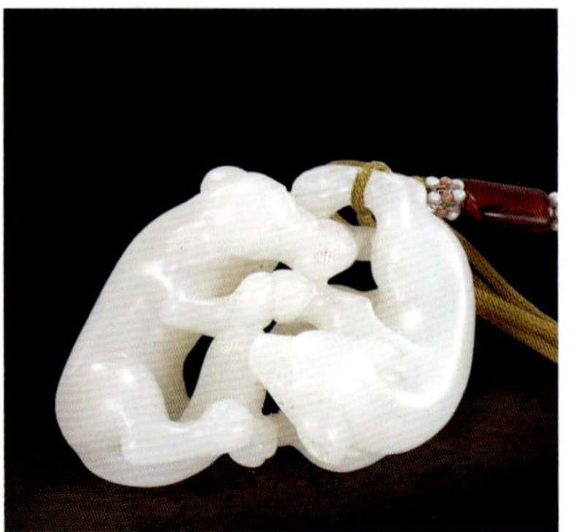

7066 清 白玉双欢
估 价：HKD 80,000
成交价：RMB 138,372
长5.5cm 万昌斯 2018-11-28

1869 清 白玉如心如意佩
题识：如心如意
估 价：RMB 80,000～120,000
成交价：RMB 138,000
高7.8cm 西泠拍卖 2018-07-07

2864 清 白玉子辰佩
估 价：RMB 120,000～150,000
成交价：RMB 138,000
长5cm 中国嘉德 2018-06-19

1834 清 白玉洒金瓜果坠
估　价：RMB 70,000～90,000
成交价：RMB 115,000
高5.7cm 北京翰海 2018-06-30

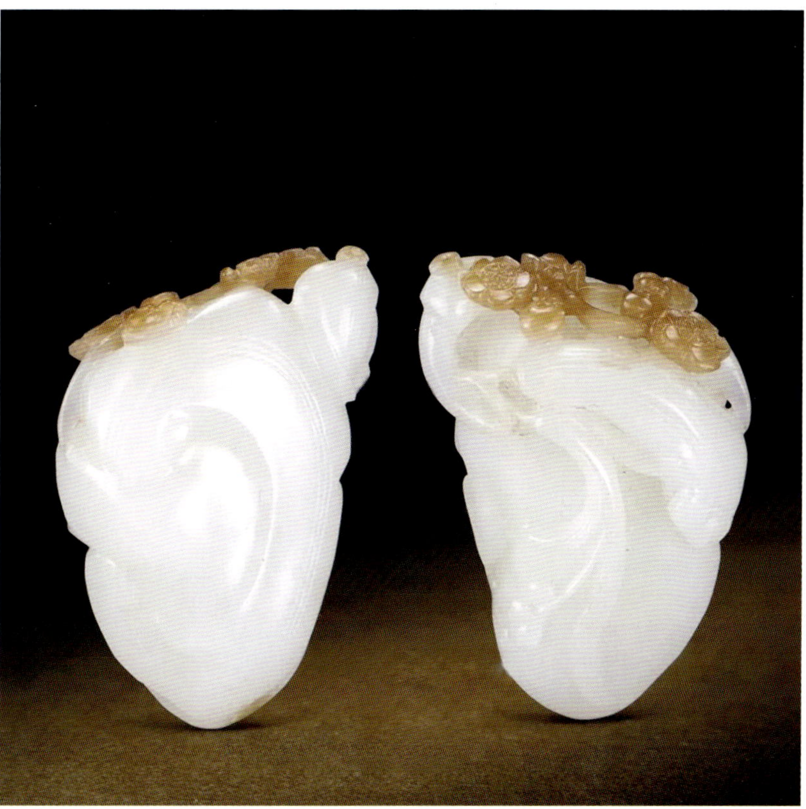

7069 清 白玉留皮巧雕灵芝坠
估　价：HKD 32,000
成交价：RMB 106,440
长4cm 万昌斯 2018-11-28

3949 清 白玉府上有龙佩
估　价：RMB 5,000～8,000
成交价：RMB 112,700
长7cm 中国嘉德 2018-01-14

5027 清 白玉镂雕S形龙佩
估　价：RMB 80,000～90,000
成交价：RMB 92,000
长6.7cm；宽2.5cm 中贸圣佳 2018-11-25

2509 清 白玉浸色狮球平安坠
估　价：RMB 30,000～40,000
成交价：RMB 92,000
高4.2cm 中国嘉德 2018-11-20

41 清 玛瑙镂雕俏色灵猴献寿坠
估　价：RMB 50,000～60,000
成交价：RMB 69,000
长4.6cm；重24g 北京鸿盛祥 2018-06-16

2529 清 白玉留皮瓜蝶佩
估　价：RMB 12,000～20,000
成交价：RMB 74,750
宽4cm 中国嘉德 2018-11-20

2523 清 黄玉留皮龙凤佩
估　价：RMB 60,000～80,000
成交价：RMB 69,000
宽5.6cm 中国嘉德 2018-11-20

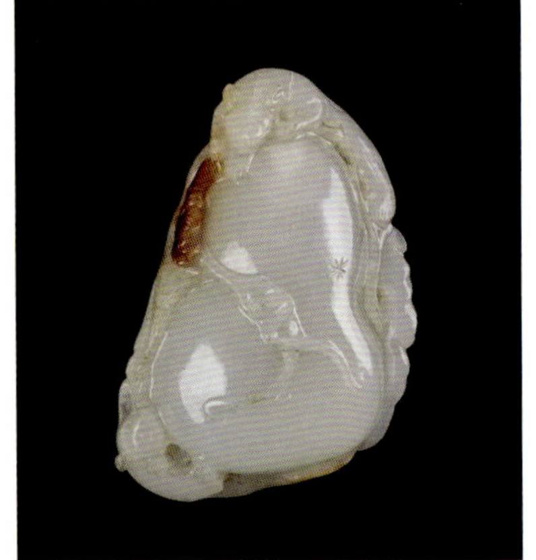

2056 清代 白玉子孙万代佩
成交价：RMB 69,000
高5cm 古天一 2018-06-17

6375 清 白玉留皮松鼠金瓜坠
估　价：HKD 50,000
成交价：RMB 58,464
长6.8cm 万昌斯 2018-05-30

6368 清 白玉喜得连科佩
估　价：HKD 50,000
成交价：RMB 48,720
直径5.7cm；厚0.7cm 万昌斯 2018-05-30

6205 清 白玉留皮鱼化龙佩
估　价：HKD 30,000
成交价：RMB 48,720
直径5.5cm；厚0.6cm 万昌斯 2018-05-30

2542 清 玉留皮葫芦佩
估　价：RMB 45,000～60,000
成交价：RMB 51,750
高5.8cm 中国嘉德 2018-11-20

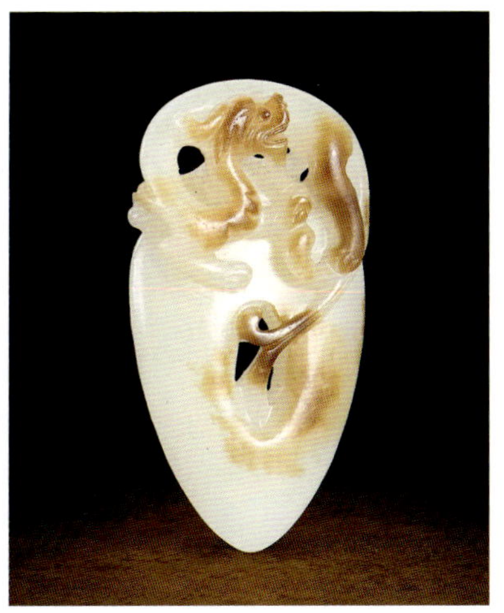

6203 清 白玉带沁龙纹鸡心佩
估 价：HKD 25,000
成交价：RMB 48,720
长6.1cm 万昌斯 2018-05-30

6275 清 白玉法轮转心佩
估 价：HKD 38,000
成交价：RMB 37,027
直径5.8cm 万昌斯 2018-05-30

2051 清 白玉雕童子挂件
估 价：RMB 30,000～40,000
成交价：RMB 48,300
高3.7cm 中贸圣佳 2018-11-24

3812 清 青白玉牡丹纹花形佩
估 价：RMB 1,000～2,000
成交价：RMB 36,800
直径7.7cm 中国嘉德 2018-09-19

2572 清 糖玉麻姑献寿佩
估 价：RMB 25,000～30,000
成交价：RMB 40,250
长4.5cm 中国嘉德 2018-11-20

752 清 白玉留皮瑞兽佩
成交价：RMB 34,500
长6.4cm 北京保利 2018-07-27

149 清 白玉如意童子坠
估 价：RMB 20,000～30,000
成交价：RMB 36,800
长3cm；宽2.2cm 北京鸿盛祥 2018-06-16

1896 清 白玉吉庆有余佩
估 价：RMB 22,000～32,000
成交价：RMB 36,800
高7.5cm 北京翰海 2018-06-30

1897 清 白玉吉庆有余佩
估 价：RMB 12,000～30,000
成交价：RMB 34,500
高5.5cm 北京翰海 2018-06-30

1502 清 玉雕双桃佩
估 价：RMB 30,000
成交价：RMB 34,500
高6cm 北京翰海 2018-09-16

1902 清 黄玉螭龙纹佩
估 价：RMB 10,000～30,000
成交价：RMB 34,500
高4.9cm 北京翰海 2018-06-30

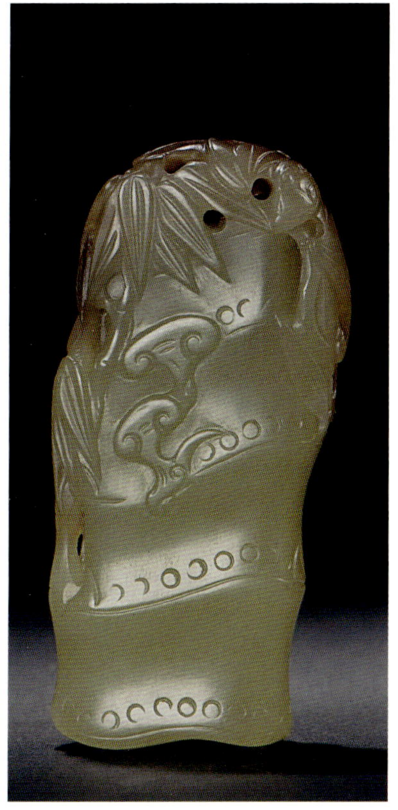

611 清 黄玉竹节佩
估　价：HKD 35,000～45,000
成交价：RMB 33,412
高6cm 中国嘉德 2018-04-02

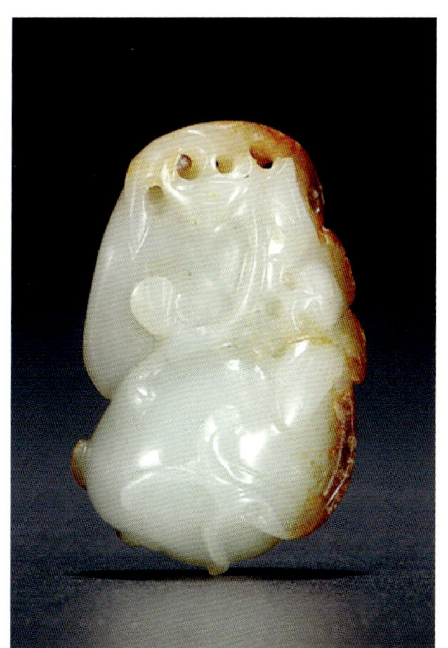

1262 清 白玉雕葫芦佩
估　价：RMB 28,000～35,000
成交价：RMB 32,200
长4.8cm；宽2.8cm 西泠拍卖 2018-07-07

3954 清 三色碧玺双欢坠
估　价：RMB 25,000～35,000
成交价：RMB 28,750
长4cm 中国嘉德 2018-01-14

2914 清 白玉卧女
估　价：RMB 10,000～20,000
成交价：RMB 28,750
长6cm 中国嘉德 2018-06-19

492 清 白玉松鼠葡萄坠
估　价：RMB 15,000～25,000
成交价：RMB 28,750
长6cm 北京保利 2018-01-21

1503 清 玉螭虎佩
估　价：RMB 25,000
成交价：RMB 28,750
高5.5cm 北京翰海 2018-05-13

493 清 白玉凤纹坠
估　价：RMB 15,000～25,000
成交价：RMB 27,600
长6cm 北京保利 2018-01-21

397 清 白玉童子卧读坠
估　价：RMB 22,000
成交价：RMB 25,300
长5.5cm 浙江佳宝 2018-07-01

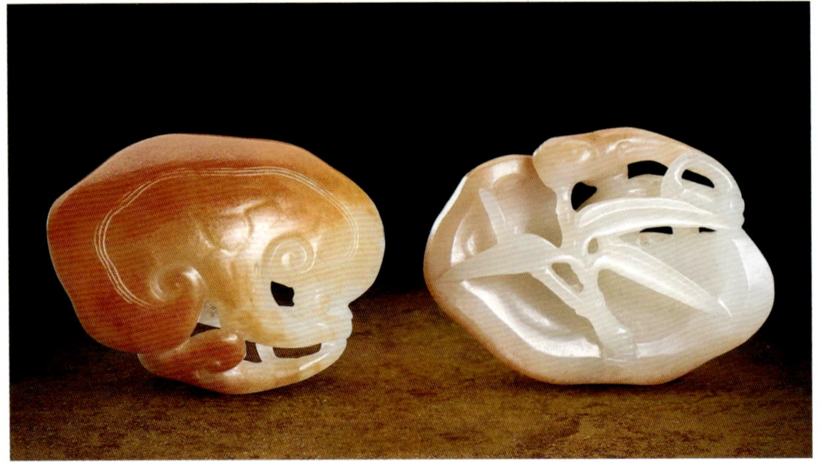

6201 清 白玉带红皮灵芝佩
估　价：HKD 25,000
成交价：RMB 24,360
长4.7cm 万昌斯 2018-05-30

1516 清 白玉雕包袱鸡形佩
估　价：RMB 20,000～30,000
成交价：RMB 23,000
长6.8cm 西泠拍卖 2018-07-07

6308 清 旧玉雕“耄耋”
估　价：RMB 3,000～5,000
成交价：RMB 25,300
长4.3cm 北京保利 2018-06-21

3819 清 青白玉如意万字太平佩
估　价：RMB 15,000～25,000
成交价：RMB 23,000
长5.5cm 中国嘉德 2018-09-19

1510 清 白玉雕三狮戏球纹佩
估　价：RMB 20,000～30,000
成交价：RMB 23,000
长6.5cm 西泠拍卖 2018-07-07

495 清 白玉年年有余坠
估　价：RMB 20,000～30,000
成交价：RMB 23,000
长7.2cm 北京保利 2018-01-21

66 清 白玉留皮年年有余
估　价：RMB 20,000～30,000
成交价：RMB 23,000
长6cm 北京保利 2018-07-27

810 清 白玉马上封侯
成交价：RMB 23,000
长6.5cm 北京保利 2018-04-29

496 清 玛瑙巧雕福寿三多坠
估 价：RMB 10,000～20,000
成交价：RMB 21,850
长4.3cm 北京保利 2018-01-21

409 清 黄玉留皮俏色福寿万代坠
估 价：RMB 15,000
成交价：RMB 17,250
长5.6cm；宽4.5cm 浙江佳宝 2018-07-01

343 清 白玉镂雕夔凤佩
估 价：RMB 8,000
成交价：RMB 13,800
长7.4cm；宽5.7cm 浙江佳宝 2018-07-01

1866 清 白玉鸡佩
估 价：RMB 10,000～30,000
成交价：RMB 13,800
长6cm 北京翰海 2018-06-30

1560 清 白玉雕花卉坠
估 价：RMB 4,000
成交价：RMB 13,800
长4cm 北京翰海 2018-09-16

1563 清 白玉双羊坠
估 价：RMB 2,000
成交价：RMB 13,800
长4cm 北京翰海 2018-09-16

405 清 白玉洒金红皮蜗牛钮坠
估 价：RMB 7,000
成交价：RMB 13,800
高3.6cm 浙江佳宝 2018-07-01

4022 清 碧玺瓜瓞连绵坠
估 价：RMB 1,000～2,000
成交价：RMB 11,500
长4.5cm 中国嘉德 2018-01-14

491 清 白玉糖色巧雕灵芝坠
估　价：RMB 10,000～20,000
成交价：RMB 11,500
长6cm 北京保利 2018-01-21

79 清 巧作连年有余玛瑙佩
估　价：RMB 10,000～20,000
成交价：RMB 11,500
长5.8cm；宽3.5cm 西泠拍卖 2018-05-04

4024 清 玛瑙灵猴献寿坠
估　价：RMB 1,000～2,000
成交价：RMB 11,500
长4.5cm 中国嘉德 2018-01-14

557 当代 和田白玉雕“天官赐福”挂件
估　价：RMB 600,000～800,000
成交价：RMB 920,000
8.5cm×4.5cm 北京荣宝 2018-05-18

341 翟倚卫 双娇 白玉挂件
款识：“卫”
估　价：RMB 800,000～1,200,000
成交价：RMB 896,000
长7.6cm；重81.7g 上海联合 2018-07-01

499 翟倚卫 春随月景 白玉挂件
款识："卫"
估　价：RMB 700,000～1,200,000
成交价：RMB 784,000
长8.5cm；重126g 上海联合 2018-07-01

385 崔磊 赐福镇宅 白玉挂件
估　价：RMB 390,000～550,000
成交价：RMB 429,000
长6.9cm；重100.7g 上海联合 2018-07-01

501 黄杨洪 龟鹤延年 白玉挂件
款识："黄"
估　价：RMB 380,000～550,000
成交价：RMB 425,600
长5.8cm；重94.5g 上海联合 2018-07-01

2470 卢智勇 新疆和田玉籽料大乐自在
款识：沐白
估　价：RMB 580,000
成交价：RMB 667,000
长8.5cm；重96g 尚品润博 2018-01-21

2458 冯涛 新疆和田玉籽料地藏王
估　价：RMB 420,000
成交价：RMB 483,000
长9.7cm；重171g 尚品润博 2018-01-21

1184 范同生 福在眼前 白玉挂件
估　价：RMB 380,000～500,000
成交价：RMB 425,600
长6.3cm；重95.2g 上海联合 2018-11-25

504 青白玉双凤纹佩 （一对）
估 价：GBP 400～600
成交价：RMB 420,420
长6.5cm×2 伦敦苏富比 2018-05-18

403 张克山 钟馗纳福 白玉挂件
估 价：RMB 280,000～350,000
成交价：RMB 313,600
长5.6cm；重49g 上海联合 2018-07-01

559 吴灶发 喜上加喜 白玉挂件
款识："灶"
估 价：RMB 300,000～400,000
成交价：RMB 336,000
长5.7cm；重41g 上海联合 2018-07-01

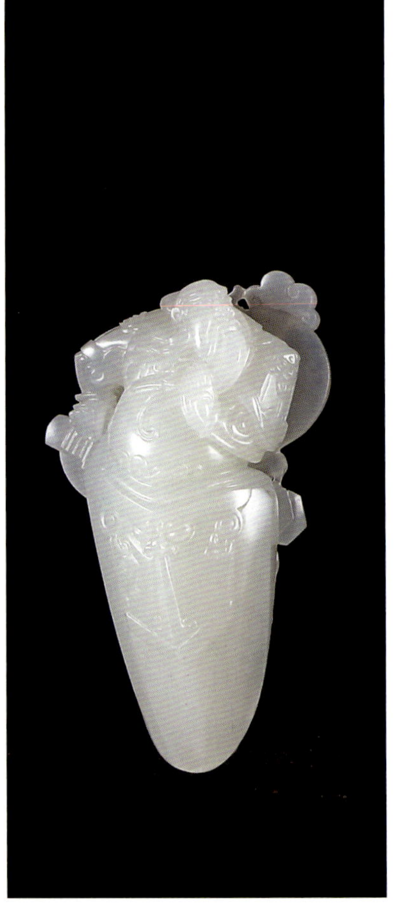

3448 崔磊 关圣帝君 白玉挂件
钤印：崔 青藤
估 价：RMB 200,000～280,000
成交价：RMB 333,500
长6.2cm；重33.2g 西泠拍卖 2018-07-08

409 吴灶发 百年好合 白玉挂件
款识："尚凡"附证书
估 价：RMB 280,000～350,000
成交价：RMB 313,600
长5.2cm；重51g 上海联合 2018-07-01

1345 赵显志 代代封侯 白玉挂件
款识：兆
估 价：RMB 280,000～350,000
成交价：RMB 313,600
长6cm；重47.2g 上海联合 2018-11-25

1342 杨建发 童子击鼓 白玉挂件
估 价：RMB 240,000～300,000
成交价：RMB 268,800
长5.9cm；重104.3g 上海联合 2018-11-25

1210 王金忠 年年有余 白玉挂件
估 价：RMB 220,000～350,000
成交价：RMB 246,400
长5.2cm；重38.3g 上海联合 2018-11-25

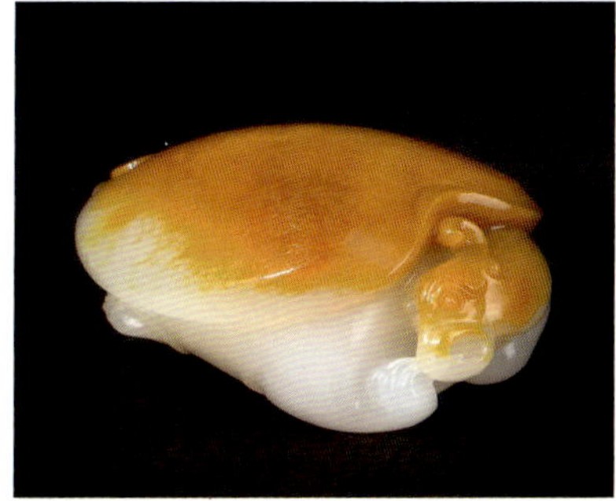

1183 吴金星 金龟 白玉挂件
估 价：RMB 200,000～250,000
成交价：RMB 224,000
长4.5cm；重43g 上海联合 2018-11-25

1208 杨建发 一鸣惊人 白玉挂件
款识：发
估 价：RMB 178,000～220,000
成交价：RMB 199,360
长6.4cm；重36.1g 上海联合 2018-11-25

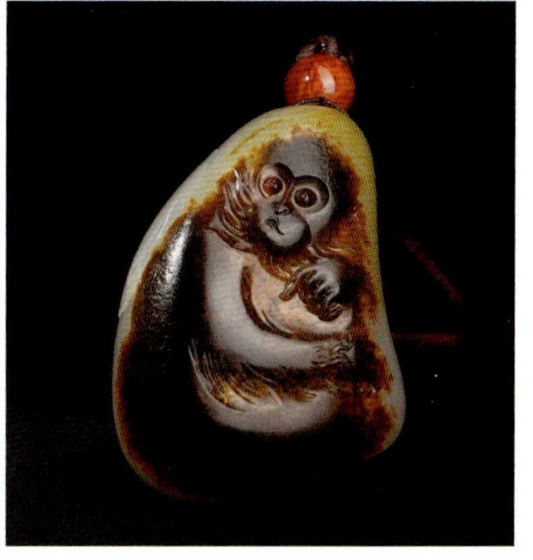

1094 赵显志 大圣出山 白玉挂件
款识：兆
估 价：RMB 168,000～220,000
成交价：RMB 188,160
长5.4cm；重74.8g 上海联合 2018-11-25

3470 张永来 白度母 白玉挂件
估 价：RMB 80,000～100,000
成交价：RMB 92,000
长5.0cm；重29.5g 西泠拍卖 2018-07-08

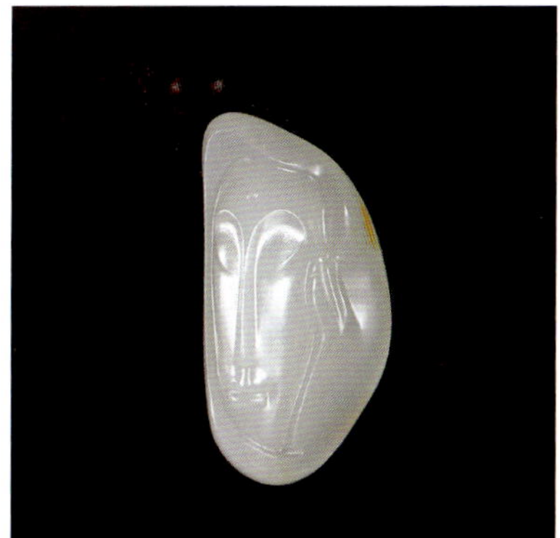

3444 杨曦 慈怀若水 白玉挂件
钤印：龙
估 价：RMB 48,000～55,000
成交价：RMB 55,200
长3.6cm；重13.6g 西泠拍卖 2018-07-08

把玩件

3087 东汉 白玉熊把件
估　价：HKD 800,000～1,200,000
成交价：RMB 812,000
高4cm 佳士得 2018-05-30

143 宋/元　白玉仙人驭龙把件
估　价：HKD 250,000～350,000
成交价：RMB 277,188
长55cm 邦瀚斯 2018-11-27

109 宋或更早　白玉凤鸟把件
估　价：HKD 150,000～200,000
成交价：RMB 166,313
长45cm 邦瀚斯 2018-11-27

115 宋/明 青玉黑褐沁异兽把件
估　价：HKD 30,000～50,000
成交价：RMB 121,963
长65cm 邦瀚斯 2018-11-27

126 元或更早　青玉沁色狮把件
估　价：HKD 80,000～120,000
成交价：RMB 110,875
长56cm 邦瀚斯 2018-11-27

118 元/明 黄玉带皮异兽把件
估　价：HKD 30,000～50,000
成交价：RMB 94,244
高42cm 邦瀚斯 2018-11-27

903 唐/明初 白褐玉胡人把件
估 价：USD 20,000～30,000
成交价：RMB 3,533,893
高6.7cm 纽约佳士得 2018-09-13

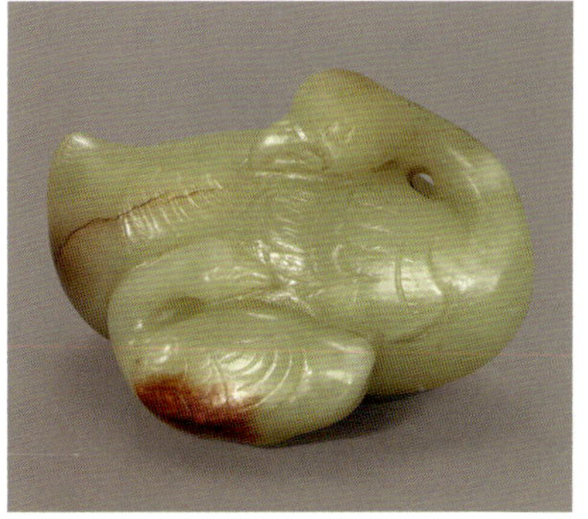

46 明末/清初 黄玉双鹅把件
估 价：GBP 6,000～10,000
成交价：RMB 53,900
长5cm 伦敦佳士得 2018-05-15

136 明 白玉雕鹰熊把件
估 价：HKD 200,000～300,000
成交价：RMB 221,750
宽6cm 邦瀚斯 2018-11-27

149 明 青褐玉辟邪把件
估 价：HKD 120,000～180,000
成交价：RMB 130,800
宽4.8cm 佳士得 2018-10-04

1224 明 黄玉雕瑞羊把件
估 价：RMB 50,000～80,000
成交价：RMB 103,500
长5.2cm 西泠拍卖 2018-07-07

1226 明 玉雕子母鹅把件
估 价：RMB 35,000～50,000
成交价：RMB 48,300
长5cm 西泠拍卖 2018-07-07

654 18世纪 白玉雕童子把件
估 价：USD 5,000～7,000
成交价：RMB 118,988
纽约苏富比 2018-03-21

329 18世纪 白玉雕衔灵瑞兽把件
估 价：USD 5,000～7,000
成交价：RMB 102,630
纽约苏富比 2018-09-12

97 18世纪 墨白玉雕双欢把件
估 价：GBP 5,000～7,000
成交价：RMB 64,680
长6cm 伦敦苏富比 2018-05-16

623 18世纪 琥珀雕子孙和合把件
估 价：USD 6,000～8,000
成交价：RMB 38,076
纽约苏富比 2018-03-21

1870 清乾隆 白玉带皮双欢把件
估 价：RMB 180,000～250,000
成交价：RMB 253,000
长5.3cm 西泠拍卖 2018-07-07

90 清乾隆 白玉鹤寿延年把件
估　价：GBP 4,000~6,000
成交价：RMB 269,500
宽11cm 伦敦佳士得 2018-05-15

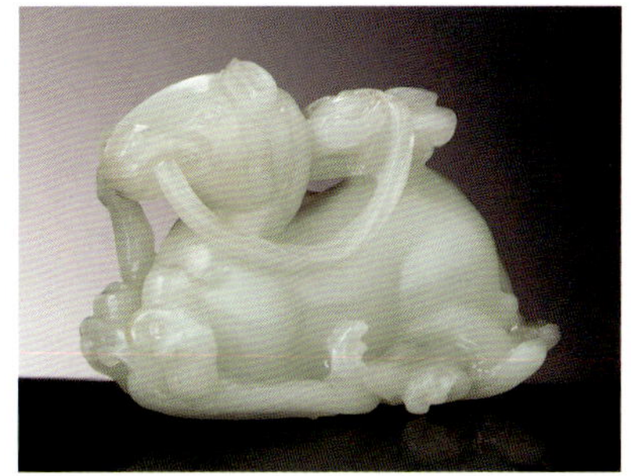

952 18世纪 白玉雕龙马负图把件
估　价：USD 12,000~18,000
成交价：RMB 153,945
宽8.4cm 纽约佳士得 2018-09-13

315 清乾隆 白玉雕卧鸟把件
估　价：USD 10,000~15,000
成交价：RMB 145,393
纽约苏富比 2018-09-12

1179 18世纪 白玉太平有象把件
估　价：USD 15,000~20,000
成交价：RMB 171,050
宽5.2cm 纽约佳士得 2018-09-13

192 18世纪 黄玉童子捧缸把件
估　价：HKD 50,000~80,000
成交价：RMB 76,300
高6cm 佳士得 2018-10-04

940 18世纪 白玉雕福寿把件
估　价：USD 2,000~3,000
成交价：RMB 42,763
宽5.8cm 纽约佳士得 2018-09-13

309 清乾隆 白玉雕福寿双全把件
估　价：USD 8,000~12,000
成交价：RMB 162,498
纽约苏富比 2018-09-12

1205 18世纪 琥珀雕和合二仙把件 （一对）
估　价：USD 8,000~12,000
成交价：RMB 47,039
高6.9cm；高6.8cm 纽约佳士得 2018-09-13

1877 清中期 白玉瑞兽衔芝把件
估　价：RMB 40,000～60,000
成交价：RMB 46,000
长4.1cm 西泠拍卖 2018-07-07

1221 清中期 白玉雕太狮少狮把件
估　价：RMB 20,000～30,000
成交价：RMB 25,300
长7cm 西泠拍卖 2018-07-07

656 清中期 白玉巧色绶带鸟把件
估　价：RMB 8,000～12,000
成交价：RMB 20,700
长7cm 保利厦门 2018-01-08

993 18世纪/19世纪 白玉雕双石榴把件
估　价：USD 6,000～8,000
成交价：RMB 47,039
宽8.3cm 纽约佳士得 2018-09-13

110 19世纪 白玉留皮透雕双鹅把件
估 价：USD 1,000～1,500
成交价：RMB 95,190
长5cm 纽约佳士得 2018-03-20

978 18世纪/19世纪 灰青玉莲生贵子把件
估 价：USD 6,000～8,000
成交价：RMB 81,249
宽5.7cm 纽约佳士得 2018-09-13

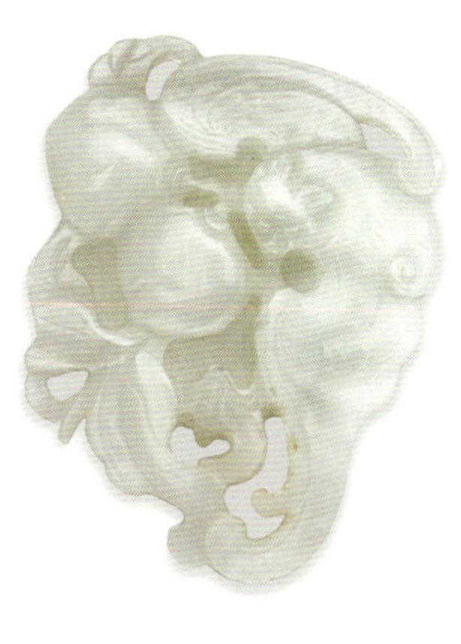

111 18世纪/19世纪 白玉透雕把件 （两件）
估 价：USD 1,000～1,500
成交价：RMB 39,663
长5.6cm×2 纽约佳士得 2018-03-20

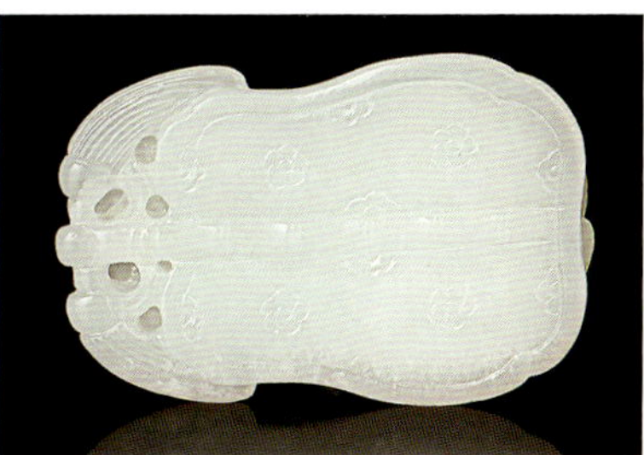

973 18世纪/19世纪 白玉雕双猫把件
估 价：USD 4,000～6,000
成交价：RMB 38,486
长4.8cm 纽约佳士得 2018-09-13

977 18世纪/19世纪 白玉雕瑞兽把件
估 价：USD 5,000～7,000
成交价：RMB 47,039
高5.4cm 纽约佳士得 2018-09-13

156 清 白玉童子持灵芝把件 （两件）
估 价：HKD 60,000～80,000
成交价：RMB 174,400
长4.5cm 佳士得 2018-10-04

3142 清 白玉雕双兔衔灵芝把件
估　价：HKD 80,000～120,000
成交价：RMB 81,200
宽5.1cm 佳士得 2018-05-30

266 清 白玉盘龙把件
估　价：RMB 30,000～50,000
成交价：RMB 43,700
高5.5cm 八益拍卖 2018-04-28

1004 清 白玉连生贵子把件
估　价：USD 3,000～5,000
成交价：RMB 23,947
高6.3cm 纽约佳士得 2018-09-13

2439 林光 新疆和田玉籽料宏博远古把件
款识：林光
估　价：RMB 700,000
成交价：RMB 805,000
长9.0cm；重186.6g 尚品润博 2018-01-21

3455 王一卜 白云生处 白玉把件
钤印：一卜 山人
估　价：RMB 500,000～700,000
成交价：RMB 713,000
6.8cm；重107.8g 西泠拍卖 2018-07-08

1197 杨中伟 晨妆 白玉把件
估　价：RMB 500,000～650,000
成交价：RMB 560,000
长8.3cm；重95.8g 上海联合 2018-11-25

388 吴金星 如意兽 白玉把件
款识："吴"
估　价：RMB 550,000～750,000
成交价：RMB 616,000
长7cm；重88g 上海联合 2018-07-01

2421 新疆和田玉籽料奇石一叶成佛
估　价：RMB 600,000
成交价：RMB 690,000
2.3cm × 1.3cm；重5.5g 尚品润博 2018-01-21

2445 陈良 新疆和田玉籽料志在千里把件
款识：良
估　价：RMB 460,000
成交价：RMB 529,000
长10.5cm；重168g 尚品润博 2018-01-21

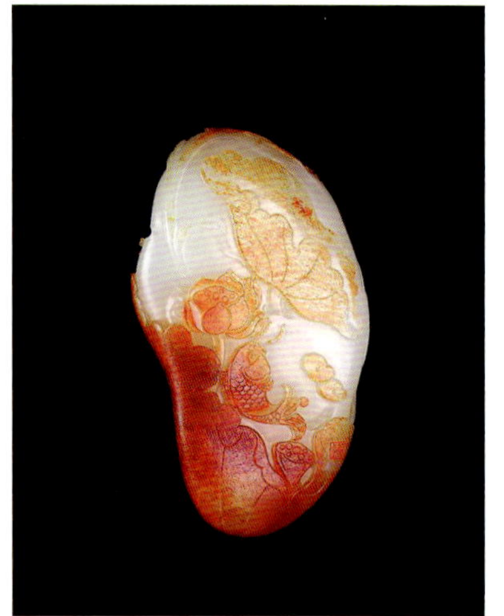

2880 新疆和田玉籽料荷塘情趣把件
估　价：RMB 450,000
成交价：RMB 517,500
长8.5cm；重140g 尚品润博 2018-07-29

550 杨建发 旺财 白玉把件
估　价：RMB 400,000～550,000
成交价：RMB 448,000
长7.7cm；重85.5g 上海联合 2018-07-01

2452 万德旭 新疆和田玉籽料喜事连连把件
款识：卓、誉
估　价：RMB 420,000
成交价：RMB 483,000
长8.2cm；重146g 尚品润博 2018-01-21

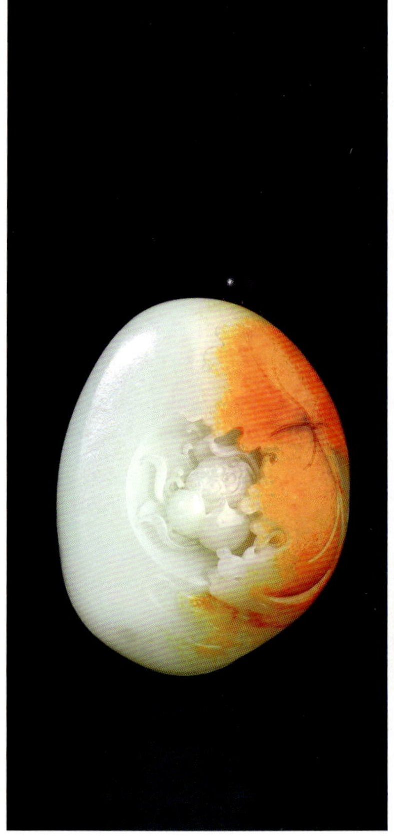

1352 杨建发 荷塘情趣 白玉把件
款识：发
估　价：RMB 380,000～480,000
成交价：RMB 425,600
长6.5cm；重118.7g 上海联合 2018-11-25

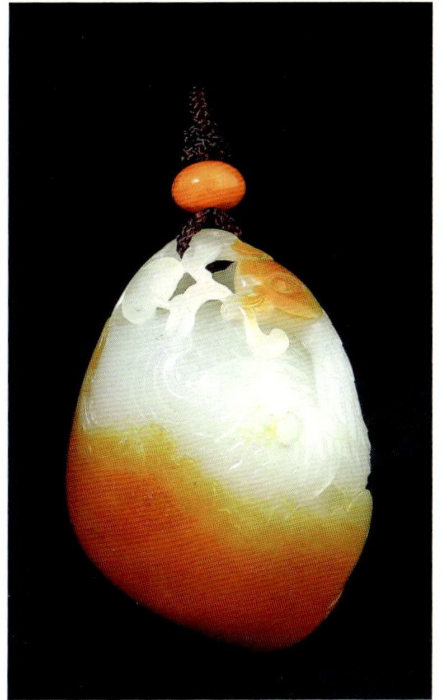

1095 卢开飞 鸿运当头 白玉把件
估　价：RMB 380,000～550,000
成交价：RMB 425,600
长5.7cm；重82.2g 上海联合 2018-11-25

1279 崔磊 府茂财源 白玉把件
款识：崔 青藤
估　价：RMB 350,000～450,000
成交价：RMB 392,000
长6.3cm；重82g 上海联合 2018-11-25

391 杨建发 龙腾四海 白玉把件
估　价：RMB 300,000～400,000
成交价：RMB 336,000
长6.9cm；重93.5g 上海联合 2018-07-01

3447 崔磊 府茂财源 白玉把件
钤印：崔 青藤；题识：府茂 财源
估　价：RMB 320,000～400,000
成交价：RMB 402,500
6.2cm；重82.8g 西泠拍卖 2018-07-08

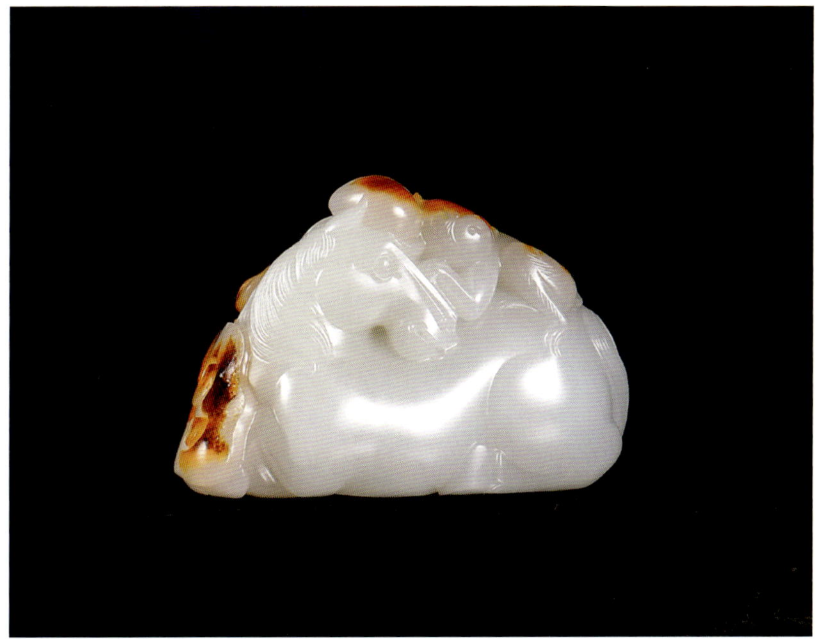

3424 瞿利军 马上封侯 白玉把件
钤印：中鼎
估　价：RMB 280,000～350,000
成交价：RMB 345,000
长6.4cm；重141.4g 西泠拍卖 2018-07-08

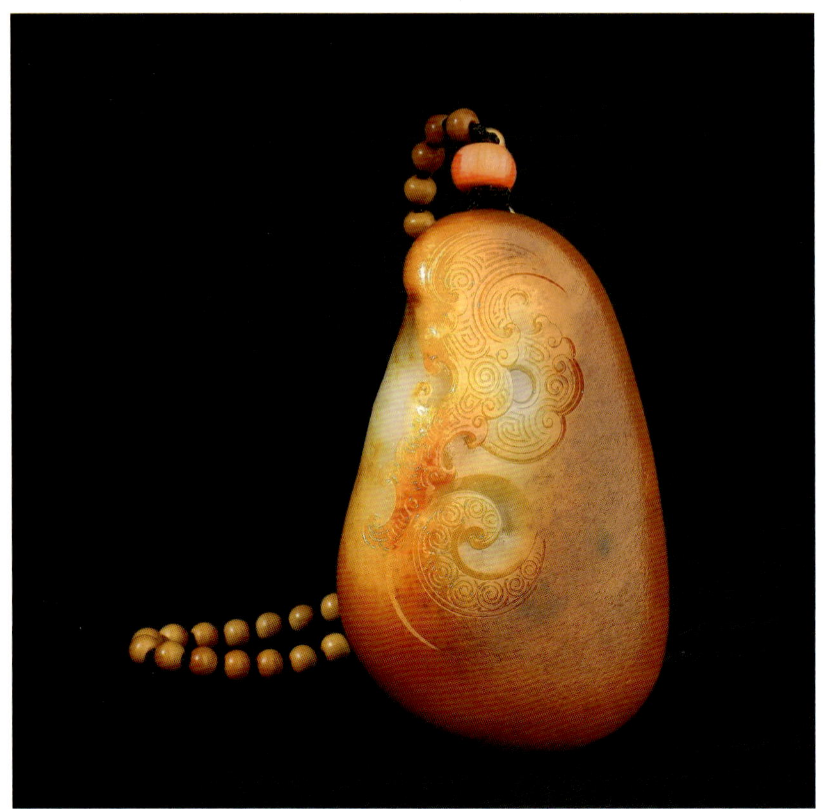

1341 吴金星 仿古 白玉把件
估　价：RMB 300,000～400,000
成交价：RMB 336,000
长8.2cm；重125.4g 上海联合 2018-11-25

390 杨建发 一路高升 白玉把件
估　价：RMB 270,000～350,000
成交价：RMB 302,400
长7.4cm；重64.9g 上海联合 2018-07-01

3431 郭万龙 喜乐有福 白玉把件
估　价：RMB 280,000～350,000
成交价：RMB 322,000
7.2cm；重110.2g 西泠拍卖 2018-07-08

1340 崔磊 苏武牧羊 白玉把件
估　价：RMB 270,000～380,000
成交价：RMB 302,400
长7.7cm；重275g 上海联合 2018-11-25

3425 瞿利军 秋江泛舟 白玉把件
钤印：中鼎
估　价：RMB 250,000～300,000
成交价：RMB 287,500
6.8cm；重144.8g 西泠拍卖 2018-07-08

394 杨建发 一马当先 白玉把件
估　价：RMB 240,000～300,000
成交价：RMB 268,800
长5.2cm；重50.3g 上海联合 2018-07-01

玉兵剑饰

106 宋/元　黄玉沁色虎符
"与上郡太守四为虎符第一"刻款
估　价：HKD 40,000～60,000
成交价：RMB 144,138
长5cm 邦瀚斯 2018-11-27

1764 宋 玉雕斧形佩
估　价：RMB 10,000～20,000
成交价：RMB 11,500
长5cm；宽4.7cm 西泠拍卖 2018-07-07

505 宋／明 白玉螭龙纹璏
估　价：GBP 1,000～1,500
成交价：RMB 102,410
17.7cm 伦敦苏富比 2018-05-18

717 明 青花玉雕圆香铲
估　价：RMB 60,000～80,000
成交价：RMB 69,000
长30.5cm 北京东正 2018-06-17

1943 明以前 孙武玉印、玉虎符 （一组两件）
估　价：RMB 50,000～80,000
成交价：RMB 92,000
虎符4.5cm×2cm 广东崇正 2018-07-05

2021 明以前 黄玉弦纹剑饰
估　价：RMB 20,000～40,000
成交价：RMB 23,000
长5.3cm 广东崇正 2018-07-05

1217 明代 和田玉雕螭龙纹剑璏
估　价：RMB 20,000～30,000
成交价：RMB 69,000
长8cm；宽2.3cm 南京经典 2018-01-06

103 明 白玉浮雕双螭纹剑璏
估　价：RMB 30,000～50,000
成交价：RMB 55,200
长12.3cm；宽2.8cm 北京鸿盛祥 2018-06-16

5437 明 玉剑饰 （四套十六件）
估　价：RMB 5,000～8,000
成交价：RMB 241,500
尺寸不一 中国嘉德 2018-05-19

5136 清 乾隆御题诗旧玉斧
估　价：RMB 110,000～150,000
成交价：RMB 126,500
长13cm；宽5.9cm 中贸圣佳 2018-11-25

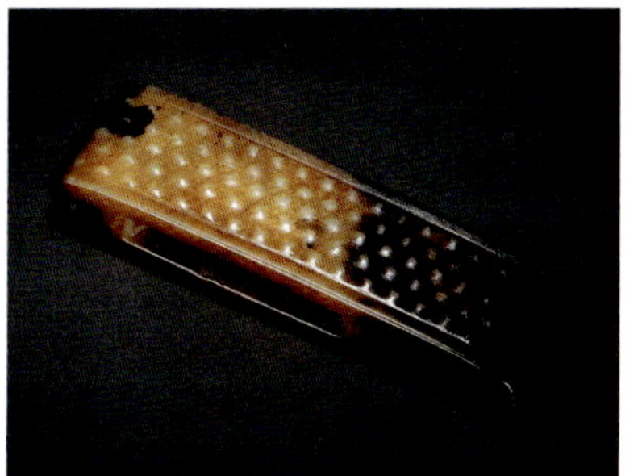

2893 明 旧玉提油剑饰
估　价：RMB 10,000～20,000
成交价：RMB 11,500
长8.2cm 中国嘉德 2018-06-19

1762 明 白玉褐沁蒲纹剑璏
估　价：RMB 10,000～20,000
成交价：RMB 11,500
长10cm；宽2.8cm 西泠拍卖 2018-07-07

7266 清乾隆 丁未年（1787）御制白玉御题诗斧配紫檀盖盒
估　价：HKD 1,000,000
成交价：RMB 2,554,560
长12.1cm；厚0.7cm 万昌斯 2018-11-28

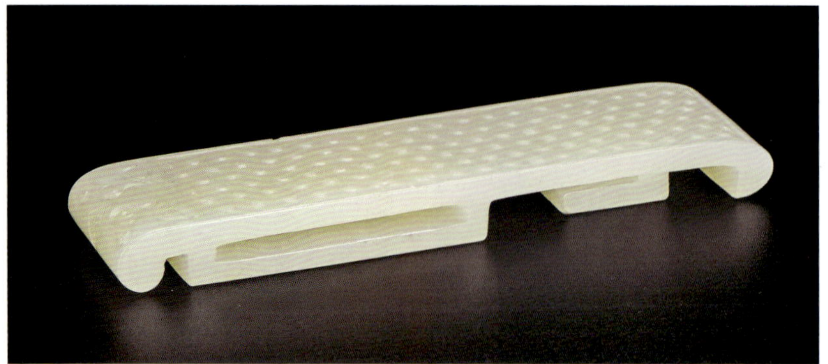

738 清中期 和田玉文带
估 价：RMB 20,000~30,000
成交价：RMB 40,250
长9.6cm；宽2.2cm 南京经典 2018-07-22

1464 清乾隆 白玉麟斧
估 价：RMB 780,000~1,100,000
成交价：RMB 1,265,000
长17.9cm；宽16.6cm 中贸圣佳 2018-06-20

764 清 白玉马首刀柄
成交价：RMB 97,750
长14.4cm 北京保利 2018-07-27

2869 清 白玉羊首刀柄
成交价：RMB 36,800
长12.5cm 北京匡时 2018-06-15

其他佩玩件

7213 新石器时代 红山文化 三兽面纹玉杖顶
估 价：HKD 100,000
成交价：RMB 234,168
直径4.7cm 万昌斯 2018-11-28

7207 新石器时代 红山文化 黄玉勾云形器
估　价：HKD 150,000
成交价：RMB 340,608
长8.5cm；厚0.6cm 万昌斯 2018-11-28

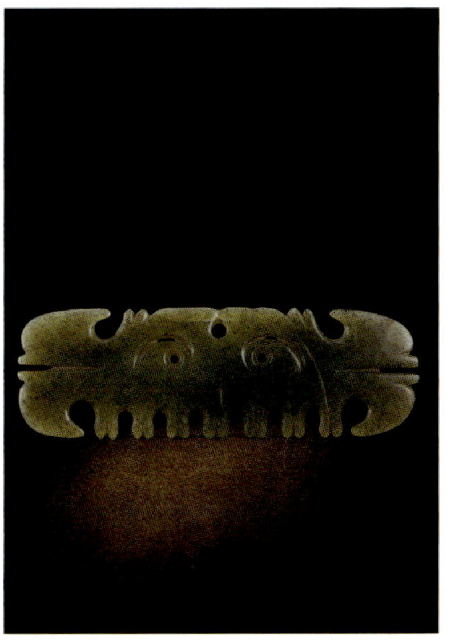

7205 新石器时代 红山文化 黄玉勾云形器
估　价：HKD 100,000
成交价：RMB 191,592
长12.1cm；厚0.5cm 万昌斯 2018-11-28

6415 新石器时代 石家河文化 白玉带灰皮凤鸟纹配饰
估　价：HKD 50,000
成交价：RMB 82,824
长4.7cm 万昌斯 2018-05-30

7254 新石器时代 石家河文化 玉人首
估　价：HKD 150,000
成交价：RMB 202,236
长4.5cm 万昌斯 2018-11-28

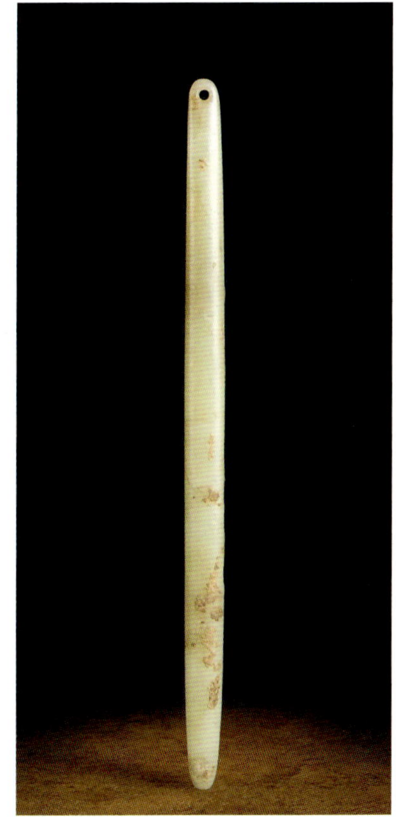

6411 新石器时代 红山文化 黄玉锥形器
估　价：HKD 25,000
成交价：RMB 24,360
长19.6cm 万昌斯 2018-05-30

6414 新石器时代 石家河文化 白玉带沁虎首
估　价：HKD 20,000
成交价：RMB 19,488
长2.4cm 万昌斯 2018-05-30

574 红山 红山腕饰
估　价：HKD 180,000～250,000
成交价：RMB 185,213
长9.5cm 北京匡时 2018-10-03

2708 红山文化 约公元前4000-3000年 青玉带齿兽面纹饰
估　价：HKD 150,000～200,000
成交价：RMB 1,552,250
宽12cm 佳士得 2018-11-28

554 红山 龙形玉觿
估　价：HKD 100,000～120,000
成交价：RMB 102,896
6cm×0.5cm 北京匡时 2018-10-03

564 良渚 锥形器
估 价：HKD 40,000～60,000
成交价：RMB 41,158
长7.3cm；长9.6cm；长11.1cm 北京匡时 2018-10-03

2725 商 玉龙首弭
估 价：HKD 180,000～260,000
成交价：RMB 354,800
长10cm 佳士得 2018-11-28

2718 商晚期 玉对尾双鸟珩
估 价：HKD 250,000～300,000
成交价：RMB 465,675
长13cm 佳士得 2018-11-28

2721 商 玉面纹饰
估 价：HKD 80,000～150,000
成交价：RMB 421,325
宽4cm 佳士得 2018-11-28

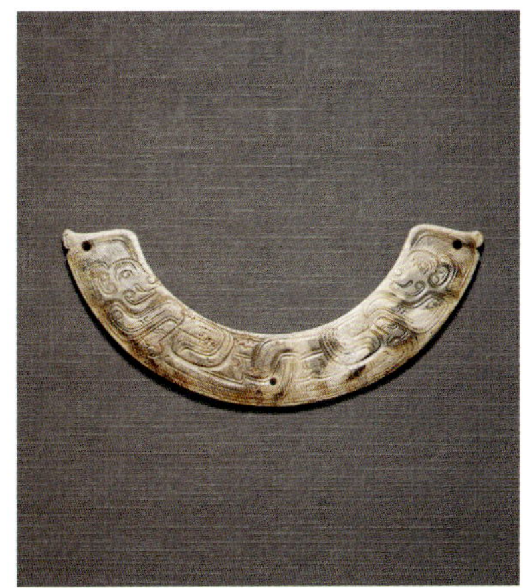

2738 西周 青玉双龙人面纹珩
估 价：HKD 400,000～600,000
成交价：RMB 665,250
长9.4cm 佳士得 2018-11-28

7261 西周 白玉带灰皮人首
估　价：HKD 100,000
成交价：RMB 510,912
长4.3cm 万昌斯 2018-11-28

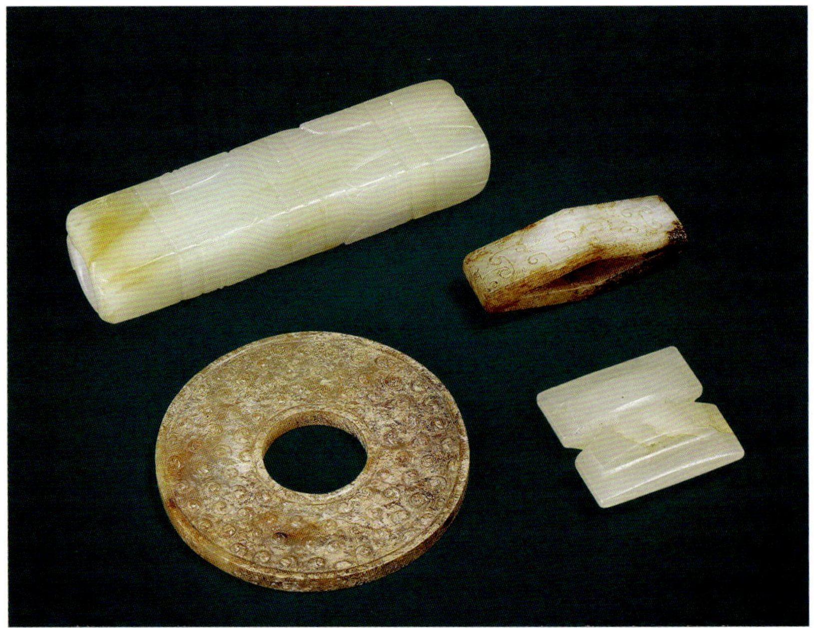

1108 西周-汉 玉饰件 （四件）
估　价：HKD 70,000～90,000
成交价：RMB 113,186
最长7.6cm 中国嘉德 2018-10-02

6247 春秋 兽面虺纹玉板
估　价：HKD 50,000
成交价：RMB 97,440
长20cm；厚0.7cm 万昌斯 2018-05-30

2752 春秋 玉双龙纹珩
估　价：HKD 120,000～180,000
成交价：RMB 310,450
长10cm 佳士得 2018-11-28

2760 战国 青玉龙纹嵌片
估　价：HKD 120,000～200,000
成交价：RMB 421,325
长14.8cm 佳士得 2018-11-28

2747 春秋 青玉龙纹觿
估　价：HKD 150,000～200,000
成交价：RMB 942,438
长10cm 佳士得 2018-11-28

356 春秋晚期 白玉受沁蟠虺纹齿边形饰
估　价：RMB 20,000
成交价：RMB 29,900
长9.5cm；宽2.4cm 浙江佳宝 2018-07-01

568 战国 龙头三件套
估　价：HKD 745,000～900,000
成交价：RMB 771,720
长4cm×2；长5.8cm 北京匡时 2018-10-03

2762 战国 青玉凤纹篦
估　价：HKD 80,000～120,000
成交价：RMB 243,925
长5.2cm 佳士得 2018-11-28

1084 战国 马蹄玉饰件
估　价：HKD 60,000～80,000
成交价：RMB 61,738
高6.5cm 中国嘉德 2018-10-02

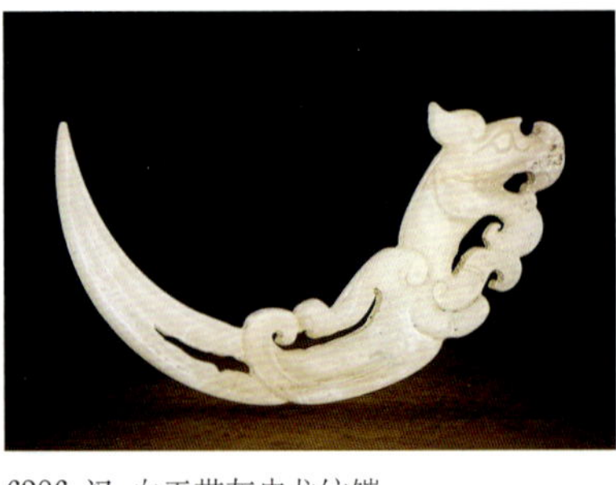

6286 汉 白玉带灰皮龙纹觿
估　价：HKD 50,000
成交价：RMB 68,208
长7.3cm 万昌斯 2018-05-30

3659 南北朝至唐 白玉摩羯鱼饰
估　价：HKD 15,000～25,000
成交价：RMB 36,014
长4.4cm 保利香港 2018-10-02

1129 战国 白玉兽面饰
估　价：HKD 100,000～150,000
成交价：RMB 102,896
高3.5cm 中国嘉德 2018-10-02

1072 汉 玉鸠杖首
估　价：HKD 200,000～300,000
成交价：RMB 205,792
宽10.3cm 中国嘉德 2018-10-02

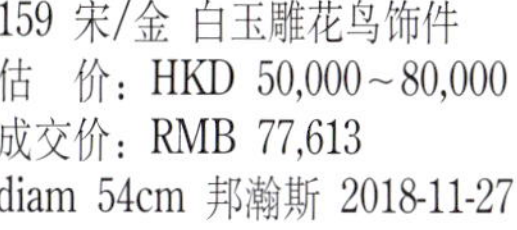

159 宋/金 白玉雕花鸟饰件
估 价：HKD 50,000～80,000
成交价：RMB 77,613
diam 54cm 邦瀚斯 2018-11-27

3658 辽 墨玉云纹饰
估 价：HKD 20,000～50,000
成交价：RMB 36,014
长3.1cm 保利香港 2018-10-02

1196 辽 白玉镂雕秋山饰件
估 价：HKD 80,000～120,000
成交价：RMB 82,317
宽5.8cm 中国嘉德 2018-10-02

3053 金/元 白玉透雕春水顶饰
估 价：HKD 80,000～120,000
成交价：RMB 172,550
宽4.5cm 佳士得 2018-05-30

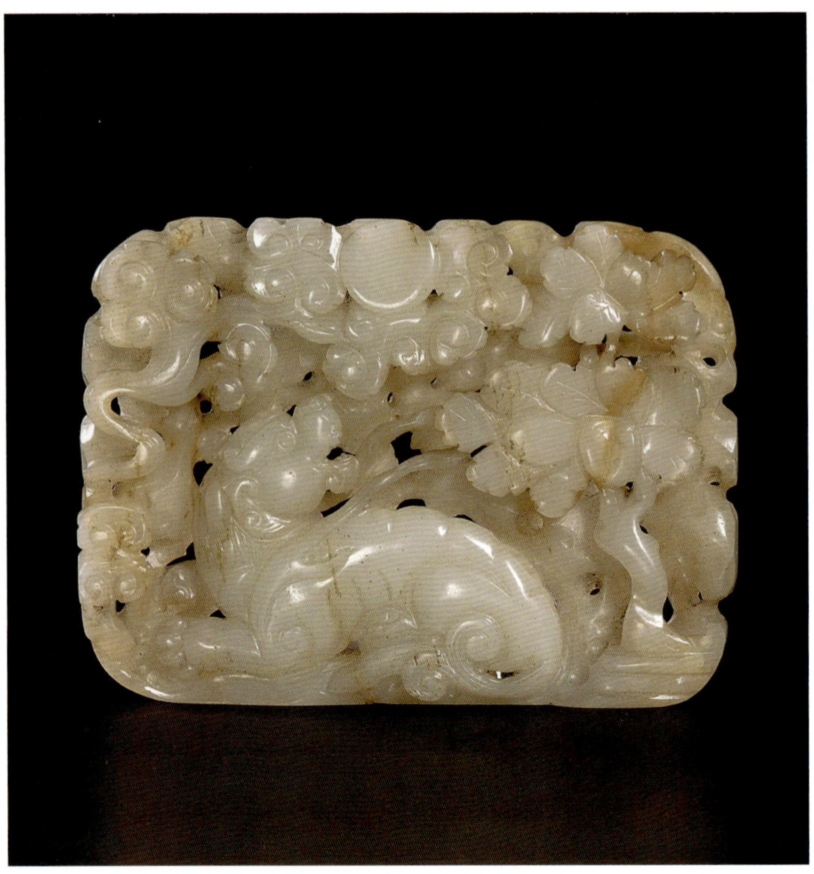

906 元 白玉镂雕瑞兽图饰
估 价：USD 20,000～30,000
成交价：RMB 855,250
宽9.5cm 纽约佳士得 2018-09-13

150 明 黄玉蚕
估 价：RMB 100,000～120,000
成交价：RMB 276,000
长5.8cm 北京鸿盛祥 2018-12-06

2607 明 玉卧猪
估 价：RMB 300,000～500,000
成交价：RMB 598,000
长11.6cm 中国嘉德 2018-11-20

7073 明 白玉带红沁饕餮纹府上有龙
估 价：HKD 120,000
成交价：RMB 191,592
长15.8cm；厚0.8cm 万昌斯 2018-11-28

1451 明 灰白玉鸠杖首
估　价：RMB 250,000～300,000
成交价：RMB 310,500
长13.5cm；高6cm 中贸圣佳 2018-06-20

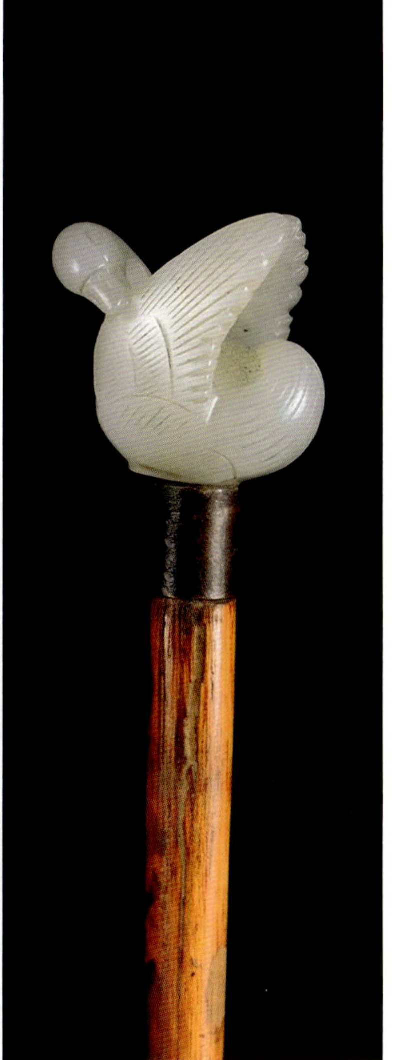

1446 明 白玉鹅钮杖
估　价：RMB 150,000～180,000
成交价：RMB 184,000
长81cm 中贸圣佳 2018-06-20

3168 明 南红玛瑙象棋 （一套）
估　价：RMB 80,000～100,000
成交价：RMB 166,750
直径3.7cm×32 北京匡时 2018-06-15

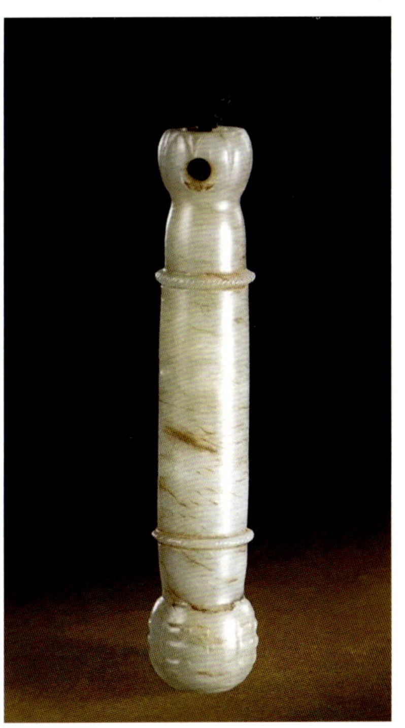

7158 明 青白玉太极八挂纹法器
估　价：HKD 10,000
成交价：RMB 13,837
长7.6cm 万昌斯 2018-11-28

916 明 灰白双色玉镂雕狮戏绣球饰
估　价：USD 8,000～12,000
成交价：RMB 128,288
宽9cm 纽约佳士得 2018-09-13

2575 明 白玉嘎啦哈
估　价：RMB 1,000～2,000
成交价：RMB 57,500
宽2.9cm 中国嘉德 2018-11-20

164 明末清初 白玉巧雕兰花锦地活环饰
估 价：HKD 80,000～120,000
成交价：RMB 144,138
宽11cm 邦瀚斯 2018-11-27

919 明/清初 白玉仿古瑞兽饰
估 价：USD 4,000～6,000
成交价：RMB 76,973
宽8.3cm 纽约佳士得 2018-09-13

181 清乾隆 御制耕作图白玉蹕
"乾隆御咏"隶书刻款
估 价：HKD 150,000～200,000
成交价：RMB 166,313
长58cm 邦瀚斯 2018-11-27

1283 清乾隆 玉别子 （两件）
估 价：HKD 40,000～60,000
成交价：RMB 41,158
最长6.8cm 中国嘉德 2018-10-02

1554 19世纪/20世纪 青玉雕梵文板
估 价：USD 2,000～3,000
成交价：RMB 76,973
纽约苏富比 2018-09-15

3953 清中期 白玉龙首带钩镶青白玉寿字瓦子手镜
估 价：RMB 10,000～20,000
成交价：RMB 57,500
长24cm 中国嘉德 2018-01-14

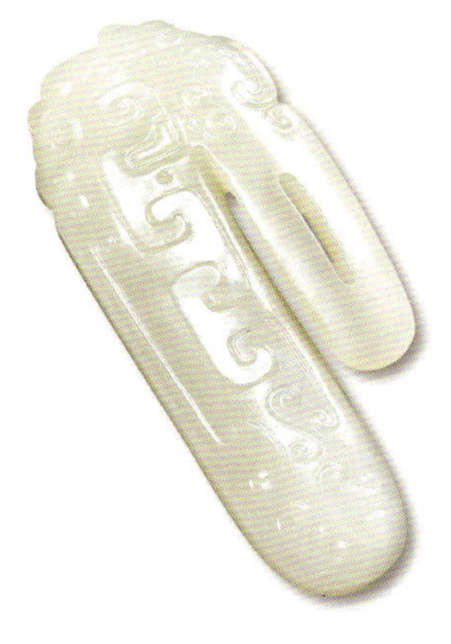

5039 清 白玉螭龙纹玉别子
估 价：RMB 100,000～120,000
成交价：RMB 115,000
长7.1cm；宽2.9cm 中贸圣佳 2018-11-25

348 清 白玉八宝纹如意吉子
估 价：RMB 12,000
成交价：RMB 17,250
长9cm；宽7.7cm 浙江佳宝 2018-07-01

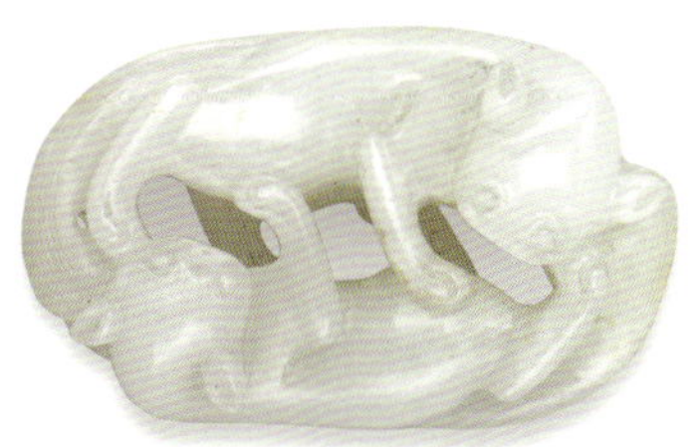

112 18世纪/19世纪 白玉饰 （两件）
估 价：USD 2,000~3,000
成交价：RMB 71,393
across 5cm 纽约佳士得 2018-03-20

981 18世纪/19世纪 白玉竹节式福寿纹扇柄
估 价：USD 6,000~8,000
成交价：RMB 59,868
长14.7cm 纽约佳士得 2018-09-13

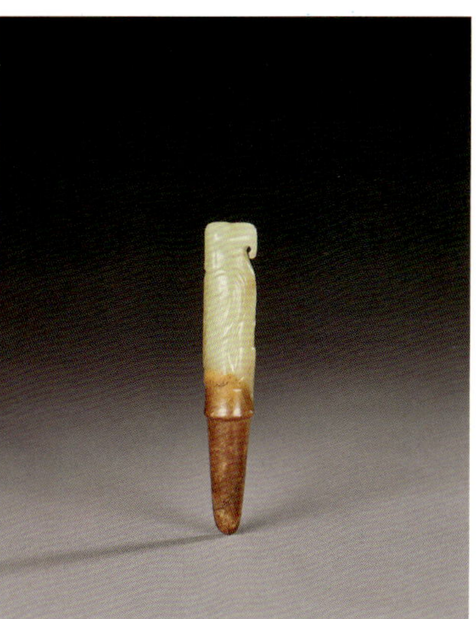

1052 清代 黄玉鹰纹笄
估 价：RMB 380,000
成交价：RMB 782,000
长9cm 古天一 2018-06-17

2141 清代 盾形玉项圈
估 价：RMB 160,000~200,000
成交价：RMB 241,500
最大4.2cm×2.4cm 古天一 2018-06-17

483 清 白玉福禄寿纹提携
估 价：RMB 12,000
成交价：RMB 17,250
长6.5cm；宽3.6cm 浙江佳宝 2018-07-01

6046 清 白玉雕夔龙纹合符
估 价：RMB 15,000~18,000
成交价：RMB 17,250
长6cm 北京保利 2018-12-09

6273 清 白玉雕如意瓦子 （三件）
估 价：RMB 12,000～15,000
成交价：RMB 34,500
长10.6cm；长12cm；长10.5cm 北京保利 2018-06-21

3 清 白玉透雕蝴蝶花片
估 价：RMB 6,000～8,000
成交价：RMB 10,350
长8.5cm 北京保利 2018-07-27

298 现代 老水晶印章戒指
估 价：RMB 26,000
成交价：RMB 34,500
重6.24g 浙江佳宝 2018-07-01

陈设和生活用品

玉 屏

6404 宋 白玉描金柳塘夏雨荻浦归帆插屏
估 价：HKD 60,000
成交价：RMB 155,904
玉长22.6cm 万昌斯 2018-05-30

548 清中期 白玉福禄寿图紫檀插屏
估 价：RMB 120,000
成交价：RMB 230,000
玉高19.5cm 浙江佳宝 2018-07-01

5433 清乾隆 御制玉仿青金石八骏图座屏
估　价：RMB 3,000,000～5,000,000
成交价：RMB 6,095,000
长39.8cm；宽12.8cm；高37.5cm 北京保利 2018-12-12

1675 清乾隆 太平有象白玉插屏 （一对）
估　价：RMB 1,300,000～1,500,000
成交价：RMB 1,380,000
高34cm×2 上海匡时 2018-04-30

5957 清中期 白玉圆插屏 （一对）
估　价：RMB 800,000～1,200,000
成交价：RMB 1,035,000
直径17.2cm×2 北京保利 2018-06-20

1879 清中期 白玉祝寿图插屏
估　价：RMB 500,000～700,000
成交价：RMB 575,000
玉牌高20.5cm 西泠拍卖 2018-07-07

653 清 白玉太平有象圆插屏 （一对）
估 价：HKD 1,200,000～1,500,000
成交价：RMB 987,802
玉高20cm×2 北京匡时 2018-10-03

1008 清 白玉凤穿花紫檀插屏
成交价：RMB 11,500
长12cm 北京保利 2018-01-21

1272 张焕庆 四君子 白玉插牌
估 价：RMB 580,000～750,000
成交价：RMB 638,000
高15.1cm；重384.7g 上海联合 2018-11-25

3466 张永来 白文殊菩萨 白玉插牌
估 价：RMB 1,100,000～1,500,000
成交价：RMB 1,403,000
高16.8cm；重550g 西泠拍卖 2018-07-08

玉如意

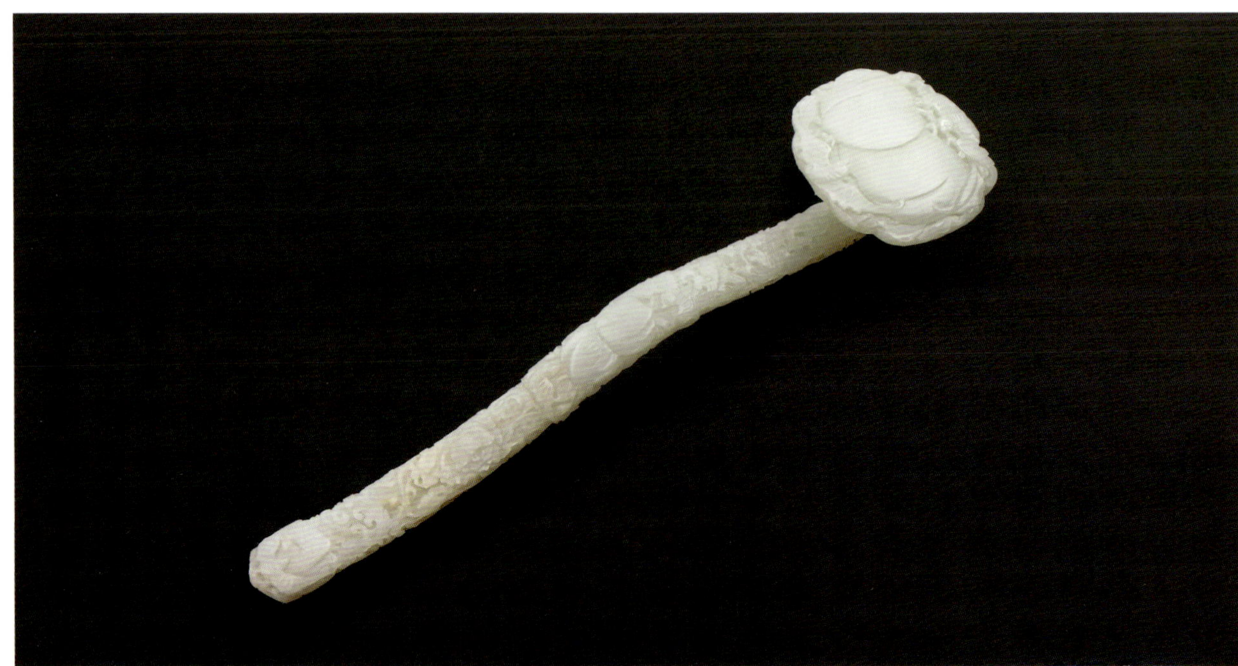

104 18世纪末至19世纪 白玉福寿双全如意
估　价：HKD 1,800,000～2,500,000
成交价：RMB 2,929,920
长47cm 香港苏富比 2018-10-03

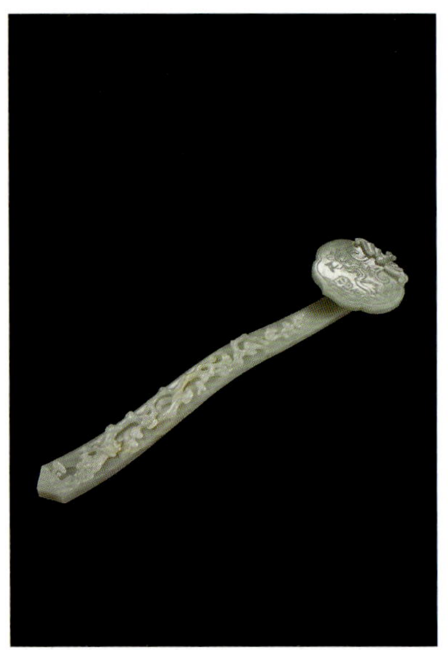

646 18世纪末/19世纪初 青玉雕福寿双全图如意
估　价：USD 60,000～80,000
成交价：RMB 436,288
纽约苏富比 2018-03-21

653 19世纪 青白玉雕福寿双全图如意
估　价：USD 40,000～60,000
成交价：RMB 2,532,054
纽约苏富比 2018-03-21

2377 清乾隆 白玉雕人物故事图如意
估 价：RMB 3,000,000～3,500,000
成交价：RMB 3,450,000
长44cm 中国嘉德 2018-11-20

137 18世纪 碧玉仿古瑞鸟纹如意
估 价：HKD 400,000～600,000
成交价：RMB 926,500
长45.3cm 香港苏富比 2018-10-03

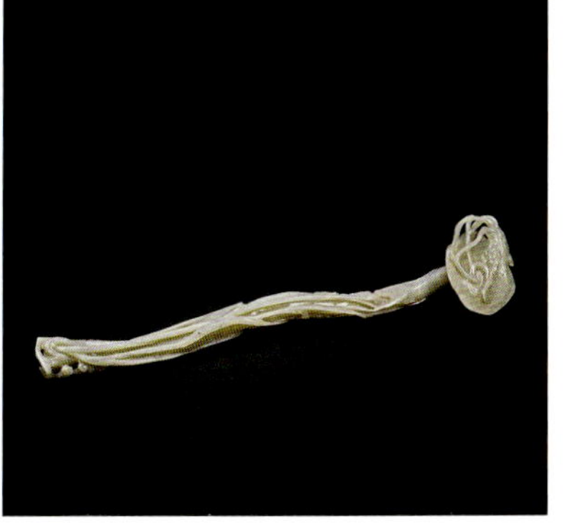

1704 清早期 青白玉岁岁平安如意
估 价：RMB 100,000～150,000
成交价：RMB 149,500
长35.5cm 上海匡时 2018-04-30

3304 清乾隆 白玉富贵有余如意
估 价：HKD 2,000,000～3,000,000
成交价：RMB 2,616,000
长36.8cm 香港苏富比 2018-10-03

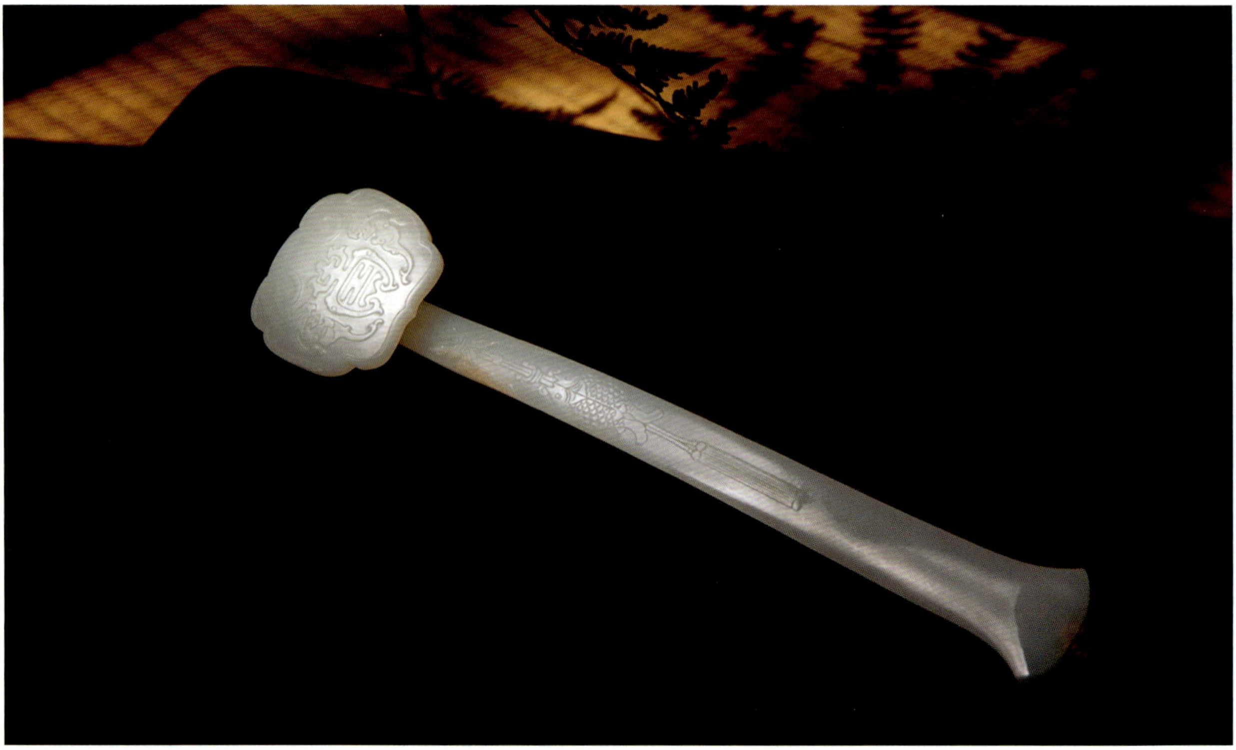

1910 清乾隆 白玉福寿有余如意
估　价：RMB 1,800,000～2,500,000
成交价：RMB 2,070,000
长30.0cm 西泠拍卖 2018-07-07

2376 清乾隆 白玉仿汉谷纹云蝠如意
估　价：RMB 1,800,000～2,800,000
成交价：RMB 2,070,000
长42.5cm 中国嘉德 2018-11-20

4807 清 珊瑚三多如意
估 价：RMB 80,000～96,000
成交价：RMB 126,500
长36cm 中国嘉德 2018-06-18

3631 18世纪/19世纪 白玉嵌宝描金福寿如意
估 价：HKD 1,200,000～1,800,000
成交价：RMB 1,213,500
长42.3cm 香港苏富比 2018-04-03

玉佛手

2086 明代 黄玉佛手花插
估 价：RMB 150,000～180,000
成交价：RMB 195,500
高15.5cm 古天一 2018-12-08

139 18世纪 白玉佛手
估 价：HKD 150,000～180,000
成交价：RMB 981,000
高12.5cm 香港苏富比 2018-10-03

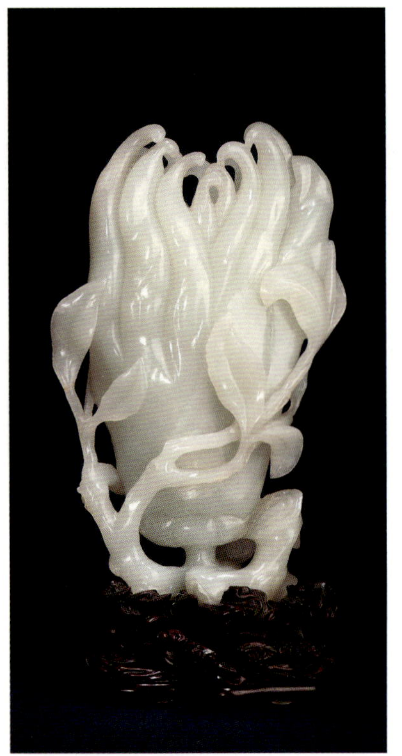

556 清乾隆 白玉佛手摆件
估　价：RMB 400,000
成交价：RMB 575,000
高19.5cm 浙江佳宝 2018-07-01

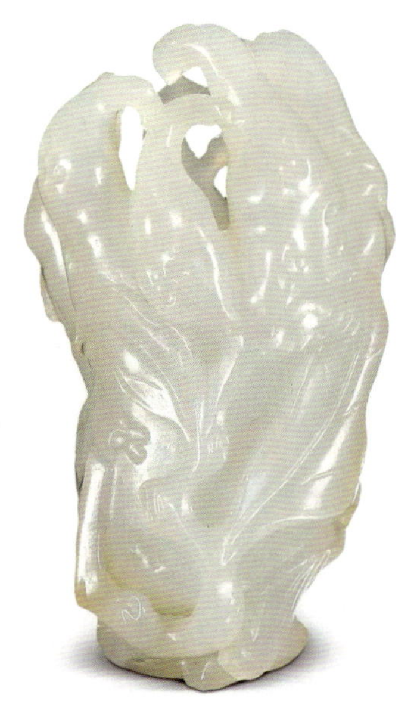

5040 清 白玉圆雕佛手
估　价：RMB 110,000～150,000
成交价：RMB 126,500
高5.8cm 中贸圣佳 2018-11-25

玉山子

3641 金 灰白玉双獬豸纹山子
估　价：HKD 80,000～120,000
成交价：RMB 123,475
宽4.2cm 保利香港 2018-10-02

1512 元 火烧玉雕伏虎罗汉纹山子摆件
估　价：RMB 42,000～60,000
成交价：RMB 48,300
高6cm 西泠拍卖 2018-07-07

2088 明代 黄玉岁寒三友山子
估　价：RMB 280,000～300,000
成交价：RMB 322,000
高6.5cm；长9cm 古天一 2018-12-08

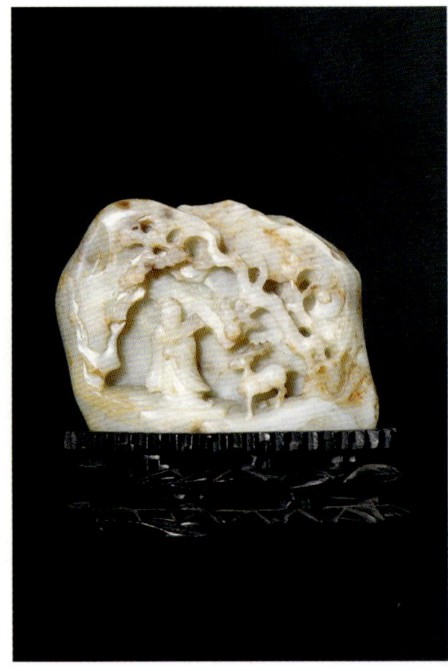

1743 明 带沁白玉山子摆件
估　价：RMB 120,000～160,000
成交价：RMB 138,000
高21.8cm 上海匡时 2018-04-30

94 清乾隆 白玉罗汉修行图山子
估　价：GBP 60,000～80,000
成交价：RMB 6,284,740
高22cm 伦敦佳士得 2018-05-15

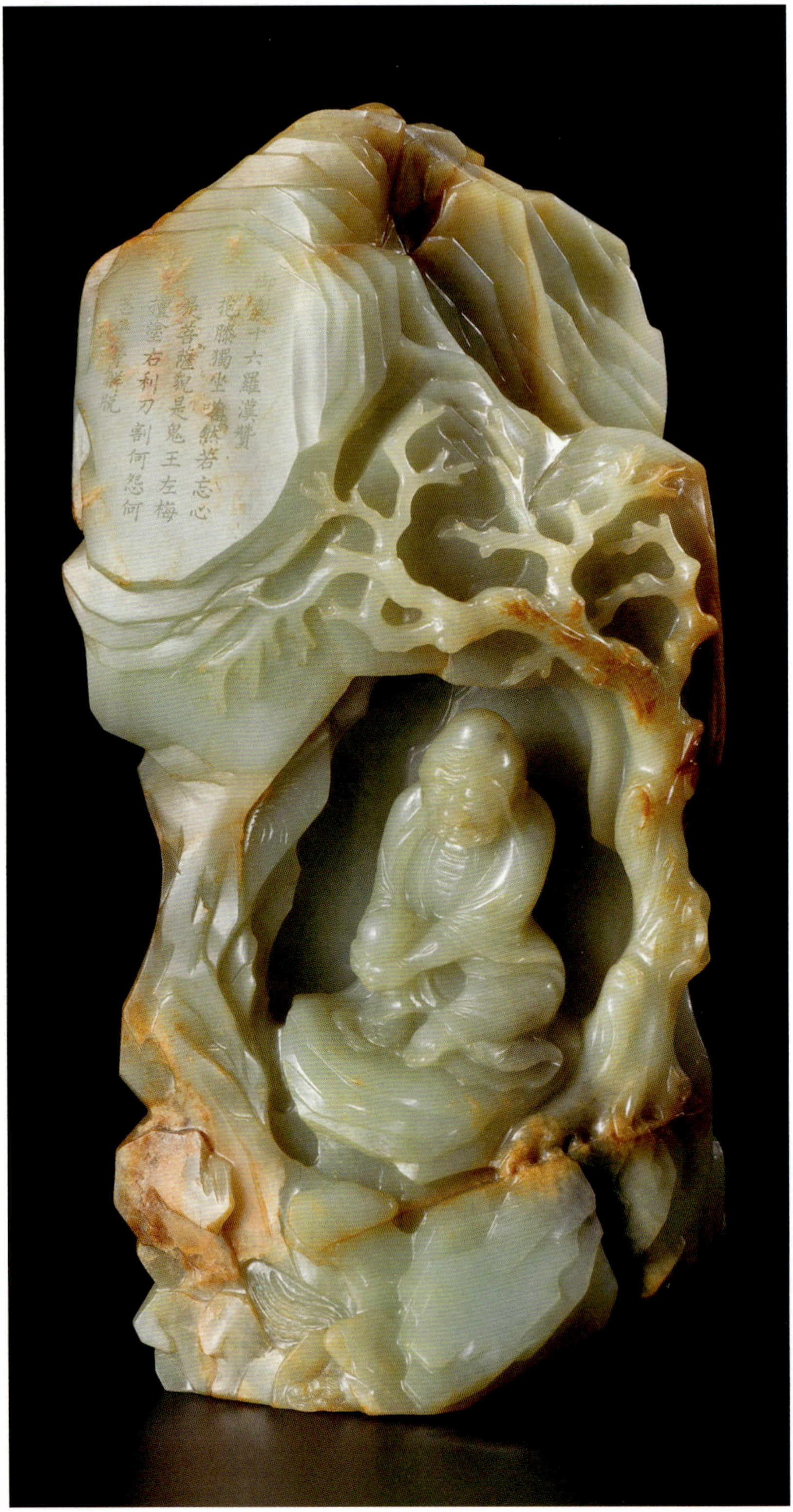

77 清乾隆　青白玉雕御制十六罗汉赞山子
估　价：HKD 600,000～800,000
成交价：RMB 2,856,140
高265cm 邦瀚斯 2018-11-27

80 清乾隆　青白玉雕文殊及迦理迦尊者山子
估　价：HKD 500,000～800,000
成交价：RMB 776,125
高201cm 邦瀚斯 2018-11-27

121 清乾隆 青白玉浮雕山水高士图山子
估　价：HKD 400,000～600,000
成交价：RMB 523,200
19.8cm 香港苏富比 2018-10-03

69 清乾隆　碧玉带皮玉溪送别山子
估　价：HKD 1,200,000～1,500,000
成交价：RMB 1,884,875
长21cm 邦瀚斯 2018-11-27

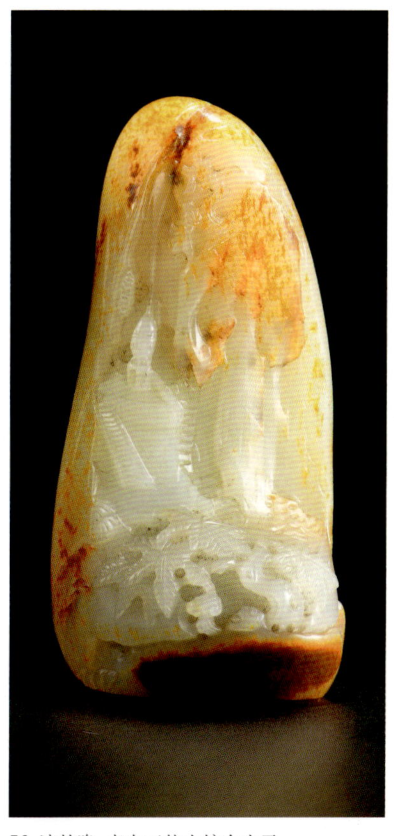

56 清乾隆 青白玉仙山炉台山子
估　价：HKD 100,000～150,000
成交价：RMB 388,063
高124cm 邦瀚斯 2018-11-27

2957 18世纪 白玉雕高士观瀑图山子
估　价：HKD 800,000～1,000,000
成交价：RMB 1,116,500
高15.6cm 佳士得 2018-05-30

2815 清乾隆 御制巧做南红玛瑙罗汉讲经山子
估　价：RMB 150,000～200,000
成交价：RMB 287,500
长6.5cm 北京荣宝 2018-12-03

1298 18世纪 玛瑙苏作人物小山子
估 价：HKD 100,000～150,000
成交价：RMB 123,475
高6.2cm 中国嘉德 2018-10-02

5963 清中期 白玉赤壁夜游图山子
估 价：RMB 600,000～800,000
成交价：RMB 805,000
高18.5cm 北京保利 2018-06-20

170 清 白玉镂雕婴戏图山子
估 价：HKD 300,000～500,000
成交价：RMB 554,375
长11cm 邦瀚斯 2018-11-27

945 19世纪 青玉雕高士图山子
估 价：USD 10,000～15,000
成交价：RMB 59,868
高28.6cm 纽约佳士得 2018-09-13

2046 清 白玉红皮巧雕高士图山子
成交价：RMB 103,500
高8.3cm 中贸圣佳 2018-11-24

7192 清 白玉观音山子
估 价：HKD 100,000
成交价：RMB 149,016
玉长8.9cm 万昌斯 2018-11-28

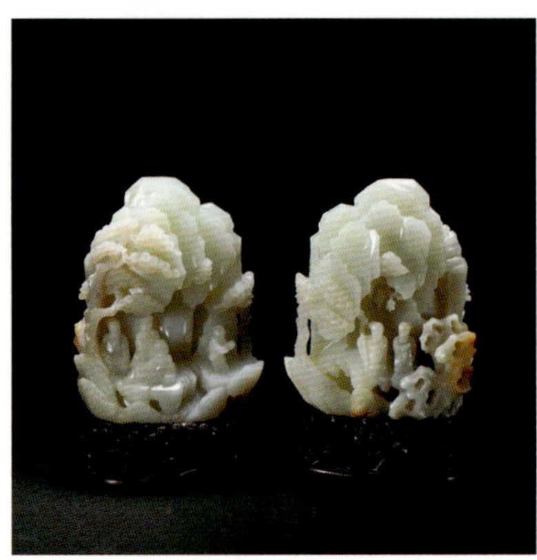

70 清 白玉俏色松下论道山子
估 价：RMB 100,000～120,000
成交价：RMB 161,000
高11.2cm 北京鸿盛祥 2018-06-16

496 顾永俊 游宫图 白玉摆件
估 价：RMB 580,000～800,000
成交价：RMB 649,600
高15.6cm；重699.2g 上海联合 2018-07-01

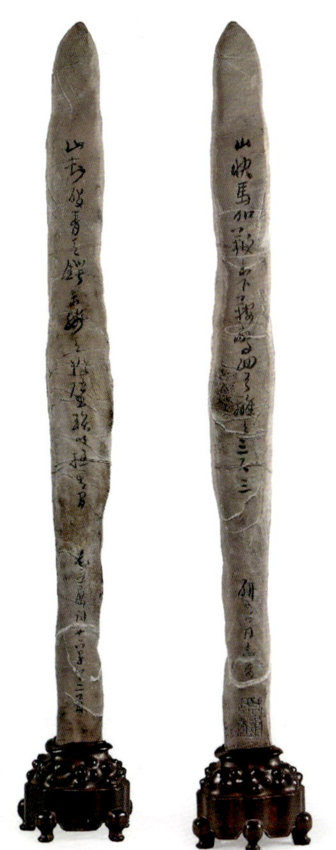

758 来楚生书 沈觉初刻毛主席诗词山子
估 价：RMB 50,000～60,000
成交价：RMB 241,500
高108cm×2 保利厦门 2018-01-08

916 白玉红皮原籽山子
估 价：RMB 300,000～500,000
成交价：RMB 575,000
长14.5cm 北京东正 2018-06-17

人物摆件

7259 新石器时代 红山文化 黄玉神人像
估 价：HKD 500,000
成交价：RMB 1,703,040
长9.8cm 万昌斯 2018-11-28

7056 新石器时代 红山文化 玉人
估 价：HKD 30,000
成交价：RMB 47,898
长5.7cm 万昌斯 2018-11-28

7264 商 青玉跽坐人像
估 价：HKD 800,000
成交价：RMB 1,915,920
长9.9cm 万昌斯 2018-11-28

2712 石家河文化至夏 约公元前2600-1700年
白玉神祖像
估　价：HKD 800,000～1,200,000
成交价：RMB 887,000
高9.5cm 佳士得 2018-11-28

3333 汉 白玉人
估　价：HKD 10,000～15,000
成交价：RMB 123,475
高4cm 保利香港 2018-10-02

3630 汉 白玉人像
估　价：HKD 50,000～100,000
成交价：RMB 51,448
高4.8cm 保利香港 2018-10-02

7118 宋-元 白玉胡人戏狮
估　价：HKD 80,000
成交价：RMB 149,016
高4.8cm 万昌斯 2018-11-28

7114 宋-元 白玉童子
估　价：HKD 30,000
成交价：RMB 202,236
长6.4cm 万昌斯 2018-11-28

142 宋或以后　白玉雕童子戏鱼
估　价：HKD 60,000～80,000
成交价：RMB 121,963
长33cm 邦瀚斯 2018-11-27

7110 宋 玉佛
估　价：HKD 50,000
成交价：RMB 101,118
玉高7cm 万昌斯 2018-11-28

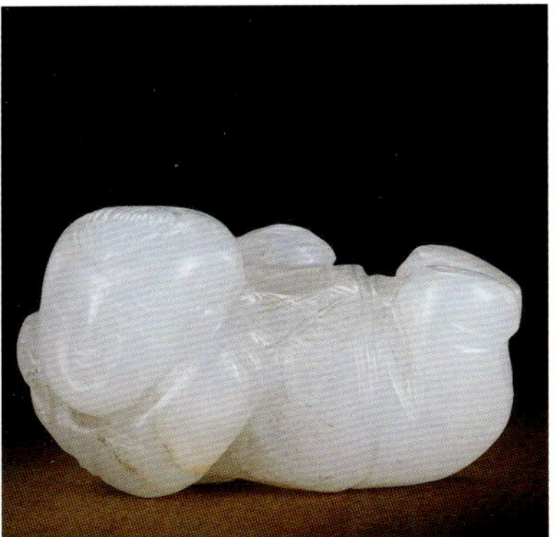

7116 宋 白玉童子
估 价：HKD 30,000
成交价：RMB 106,440
长4.4cm 万昌斯 2018-11-28

6315 宋 白玉持莲童子
估 价：HKD 30,000
成交价：RMB 29,232
高5.9cm 万昌斯 2018-05-30

1087 宋 白玉仙姑
估 价：HKD 80,000～120,000
成交价：RMB 82,317
高7.1cm 中国嘉德 2018-10-02

6317 宋 白玉飞天
估 价：HKD 20,000
成交价：RMB 58,464
长4.4cm；厚1.2cm 万昌斯 2018-05-30

3642 辽 白玉飞天饰
估 价：HKD 50,000～80,000
成交价：RMB 77,172
宽4.1cm 保利香港 2018-10-02

476 金 青白玉童子
估 价：HKD 35,000～45,000
成交价：RMB 33,412
高6cm 中国嘉德 2018-04-02

146 元 白玉双面佛
估 价：HKD 30,000～50,000
成交价：RMB 255,013
高3cm 邦瀚斯 2018-11-27

2115 元代 水晶释迦牟尼佛
估 价：RMB 60,000～90,000
成交价：RMB 69,000
高11.8cm 古天一 2018-12-08

2082 元代 玉雕童子
成交价：RMB 51,750
高3cm 古天一 2018-06-17

436 明末清初 琥珀仙人像
估 价：HKD 420,000～520,000
成交价：RMB 400,940
高17cm 中国嘉德 2018-04-02

1444 明 白玉戏鹅童子
估 价：RMB 600,000～800,000
成交价：RMB 759,000
宽5.5cm；高6.6cm 中贸圣佳 2018-06-20

3302 明 青白玉雕阿弥陀佛
估 价：HKD 50,000～80,000
成交价：RMB 257,240
高10.6cm 保利香港 2018-10-02

184 明 白玉飞天
估　价：RMB 100,000～120,000
成交价：RMB 207,000
长6.6cm 北京鸿盛祥 2018-12-06

1710 明代 青白玉胡人说戏摆件
估　价：RMB 150,000～250,000
成交价：RMB 195,500
高10cm 上海匡时 2018-04-30

5032 明 白玉顶礼罗汉
估　价：RMB 160,000～200,000
成交价：RMB 184,000
高4.8cm 中贸圣佳 2018-11-25

1276 明 白玉三彩沁真武大帝坐像
估　价：HKD 165,000～200,000
成交价：RMB 174,923
高21.5cm 中国嘉德 2018-10-02

1938 明 白玉踏雪寻梅摆件
估　价：RMB 140,000～160,000
成交价：RMB 161,000
高7.0cm 西泠拍卖 2018-07-07

154 明 白玉巧雕童子戏猫
估　价：HKD 40,000～60,000
成交价：RMB 72,069
高35cm 邦瀚斯 2018-11-27

112 明 青玉俏色魁星点斗摆件
估　价：RMB 50,000～60,000
成交价：RMB 57,500
长4.2cm；高8.2cm 北京鸿盛祥 2018-06-16

2083 明代 玉翁仲
估 价：RMB 20,000～30,000
成交价：RMB 48,300
高5cm 古天一 2018-06-17

3173 明 水晶达摩像
估 价：RMB 30,000～50,000
成交价：RMB 40,250
高18.8cm（连座） 北京匡时 2018-06-15

131 18世纪 白玉寿老童子
估 价：HKD 1,800,000～2,500,000
成交价：RMB 2,071,000
22.5cm 香港苏富比 2018-10-03

3311 18世纪 琥珀雕观世音菩萨立像
估　价：HKD 1,000,000～1,500,000
成交价：RMB 1,090,000
23.5cm 香港苏富比 2018-10-03

3353 18世纪 白玉雕戏鸟童子
估　价：HKD 400,000～600,000
成交价：RMB 436,000
7.7cm 香港苏富比 2018-10-03

3334 18世纪 白玉灵芝童子
估　价：HKD 150,000～200,000
成交价：RMB 152,600
4.5cm 香港苏富比 2018-10-03

3017 清初 白玉击鼓童子摆件
估　价：HKD 200,000～300,000
成交价：RMB 465,675
宽7.9cm 佳士得 2018-11-28

1500 清早期 琥珀雕刘海戏金蟾
估　价：RMB 120,000～180,000
成交价：RMB 207,000
高10.5cm 中贸圣佳 2018-06-20

1244 清早期 黄玉胡人戏狮
估　价：HKD 150,000～200,000
成交价：RMB 154,344
高8.2cm 中国嘉德 2018-10-02

2914 清18世纪 白玉天下太平摆件
估　价：HKD 3,000,000～5,000,000
成交价：RMB 4,984,940
高10.4cm 佳士得 2018-11-28

5106 清乾隆 白玉阿弥陀佛坐像
估　价：RMB 200,000～300,000
成交价：RMB 632,500
高7.3cm 北京保利 2018-06-19

204 清乾隆 白玉华封三祝摆件
估　价：RMB 300,000～400,000
成交价：RMB 402,500
长11.8cm；高12.7cm 北京鸿盛祥 2018-06-16

716 18世纪 红珊瑚雕群仙祝寿图摆件
估　价：RMB 350,000～450,000
成交价：RMB 402,500
高29cm；长45cm 保利厦门 2018-07-15

3162 清乾隆 白玉麻姑献寿摆件
估　价：RMB 80,000～100,000
成交价：RMB 92,000
高13cm 北京匡时 2018-06-15

2035 清乾隆 白玉站姿阿弥陀佛
估　价：RMB 300,000～400,000
成交价：RMB 345,000
高20cm 华艺国际 2018-11-17

94 清乾隆 黑白玉俏色钟馗捉鬼
估　价：RMB 120,000～150,000
成交价：RMB 195,500
长5.9cm；高4.4cm 北京鸿盛祥 2018-12-06

52 清乾隆 青白玉童子牧牛摆件
估　价：GBP 3,000～5,000
成交价：RMB 64,680
宽8.3cm 伦敦佳士得 2018-05-15

1850 清中期 白玉和合二仙
估　价：RMB 8,000～12,000
成交价：RMB 51,750
高4.6cm 北京翰海 2018-06-30

1851 清中期 白玉凤阳女
估　价：RMB 26,000～36,000
成交价：RMB 48,300
高6.9cm 北京翰海 2018-06-30

1849 清中期 白玉童子
估　价：RMB 6,000～10,000
成交价：RMB 34,500
高4cm 北京翰海 2018-06-30

110 18世纪/19世纪 青白玉寿星立像
估　价：GBP 40,000～60,000
成交价：RMB 431,200
19.2cm 伦敦苏富比 2018-05-16

34 清中期 玛瑙巧雕仙人乘槎摆件
估　价：RMB 8,000～12,000
成交价：RMB 32,200
长12.5cm 保利厦门 2018-01-08

3301 清 青白玉释迦牟尼
估　价：HKD 50,000～80,000
成交价：RMB 360,136
高8.6cm 保利香港 2018-10-02

079 清晚期 珊瑚仕女像
估　价：RMB 5,000～8,000
成交价：RMB 23,000
高22cm（含座） 中国嘉德 2018-01-14

1407 清 杨玉璇雕白芙蓉东方朔坐像
估　价：RMB 450,000～600,000
成交价：RMB 575,000
通高7.5cm 朵云轩 2018-06-25

1043 清代 和田玉雕喇乎拉尊者
估　价：RMB 280,000
成交价：RMB 322,000
高17cm 古天一 2018-06-17

2108 清 珊瑚提篮观音
估　价：RMB 200,000～250,000
成交价：RMB 230,000
高18.3cm 中贸圣佳 2018-11-24

1775 清代 白玉童子
估　价：RMB 50,000～70,000
成交价：RMB 92,000
高4cm 上海匡时 2018-04-30

180 清 青玉佛头
成交价：RMB 92,000
高26.1cm 北京鸿盛祥 2018-12-06

7193 清 玉寿星摆件
估 价：HKD 150,000
成交价：RMB 319,320
玉高18.5cm 万昌斯 2018-11-28

401 清 白玉麻姑献寿摆件
估 价：RMB 60,000
成交价：RMB 69,000
高10.5cm 浙江佳宝 2018-07-01

7063 清 白玉暗春宫
估 价：HKD 50,000
成交价：RMB 74,508
玉长7.9cm 万昌斯 2018-11-28

1019 清代 玉雕骑木马童子
估 价：RMB 40,000
成交价：RMB 71,300
高8.5cm 古天一 2018-12-08

5134 清 黑白玉南极仙翁座像
成交价：RMB 57,500
高8.3cm 中贸圣佳 2018-11-25

1627 清 白玉雕观音立像
成交价：RMB 57,500
高20.5cm 印千山 2018-01-12

1599 清 南红玛瑙雕山水人物图摆件
估 价：RMB 40,000～60,000
成交价：RMB 55,200
高9.3cm 西泠拍卖 2018-07-07

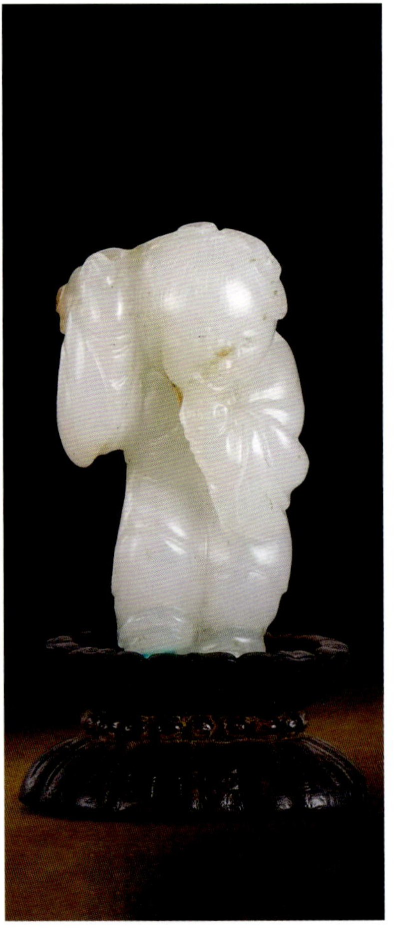

7062 清 白玉刘海戏金蟾
估 价：HKD 30,000
成交价：RMB 53,220
玉高4.5cm 万昌斯 2018-11-28

1118 清代 和田玉提篮童子
估 价：RMB 30,000～40,000
成交价：RMB 51,750
高5.5cm 南京经典 2018-01-06

3178 清 蜜蜡观音立件
估 价：RMB 45,000～50,000
成交价：RMB 51,750
高10.3cm 北京匡时 2018-06-15

1628 清 墨玉巧雕“深山访友”摆件
成交价：RMB 43,700
高22.5cm 印千山 2018-01-12

56 清 白玉胡人戏狮摆件
估　价：RMB 38,000
成交价：RMB 43,700
高10cm 太平洋 2018-06-09

400 清 白玉善财童子
估　价：RMB 30,000
成交价：RMB 36,800
高4.8cm 浙江佳宝 2018-07-01

2866 清 玉雕双童子
估　价：RMB 32,000～40,000
成交价：RMB 36,800
高4cm 中国嘉德 2018-06-19

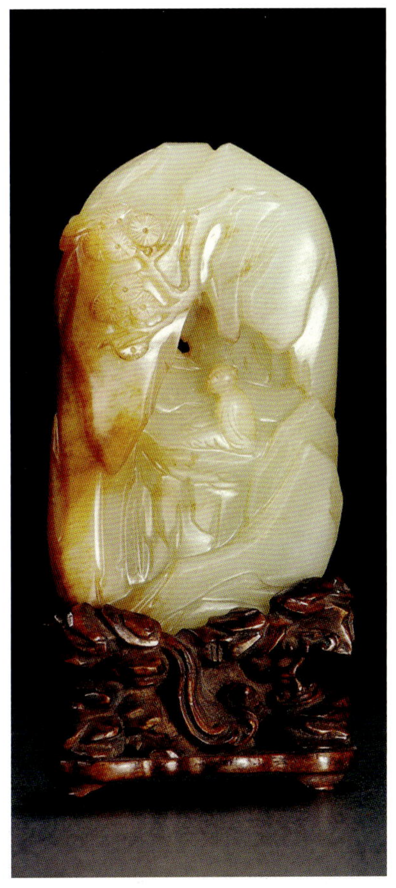

1232 清 白玉镂雕山水人物摆件
估　价：RMB 20,000～30,000
成交价：RMB 34,500
玉摆件长7.5cm 西泠拍卖 2018-07-07

517 清 白玉泛舟人物摆件
估　价：RMB 15,000
成交价：RMB 34,500
长7.2cm 浙江佳宝 2018-07-01

2888 清 红珊瑚执卷观音立像
成交价：RMB 34,500
高16cm 北京匡时 2018-06-15

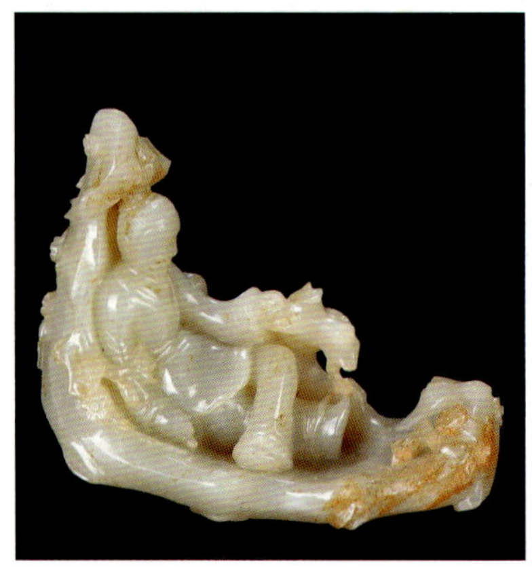

516 清 青白玉仙人乘槎摆件
估　价：RMB 12,000
成交价：RMB 28,750
长10.2cm 浙江佳宝 2018-07-01

171 清 水晶弥勒坐像
估　价：RMB 20,000
成交价：RMB 23,000
高7cm 浙江佳宝 2018-07-01

83 清 水晶雕东方朔立像
估　价：RMB 8,000～12,000
成交价：RMB 13,800
高24cm 北京保利 2018-07-27

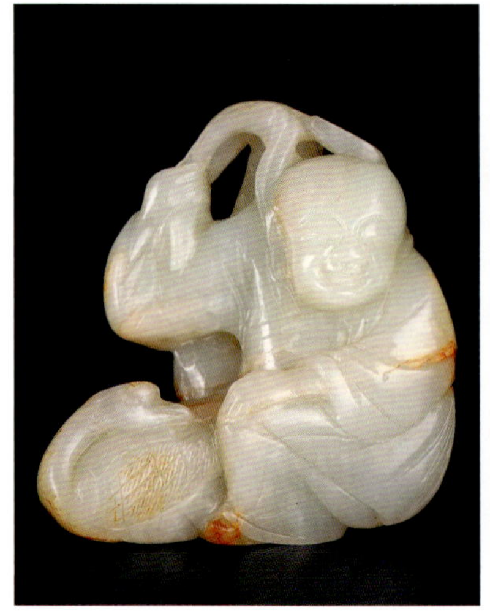

388 清 白玉童子戏鹅摆件
估　价：RMB 12,000
成交价：RMB 13,800
高6.8cm 浙江佳宝 2018-07-01

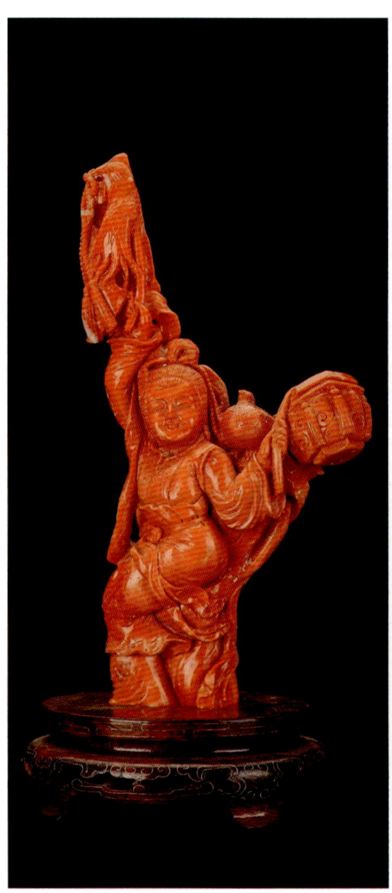

1044 民国 珊瑚人物摆件
估　价：RMB 60,000～80,000
成交价：RMB 69,000
高18.6cm 南京经典 2018-01-06

493 民国 珊瑚雕寿星摆件
估　价：RMB 35,000~55,000
成交价：RMB 40,250
高11cm 北京保利 2018-04-29

482 张焕庆 麻姑献寿白玉摆件
估　价：RMB 880,000~1,200,000
成交价：RMB 985,600
19.8cm×7.7cm×6.4cm；重407g 上海联合 2018-07-01

576 童子戏弥勒 白玉摆件
估　价：RMB 1,350,000~1,800,000
成交价：RMB 2,352,000
14.7cm×11.6cm×6.3cm；重1350g 上海联合 2018-07-01

2614 黄杨洪 新疆和田玉籽料大日如来
款识：黄
估　价：RMB 680,000
成交价：RMB 782,000
6.6cm×4.2cm；重73.9g 尚品润博 2018-04-30

406 王金忠 颜桂明 白玉送子观音摆件
款识："明""忠"
估 价：RMB 1,900,000～3,200,000
成交价：RMB 2,912,000
13.4cm×8.9cm×5cm；重570g 上海联合 2018-07-01

711 白玉雕药师佛摆件
估 价：RMB 900,000～1,600,000
成交价：RMB 1,725,000
高15.5cm 保利厦门 2018-07-15

3467 张永来 金刚手菩萨 白玉摆件
估 价：RMB 600,000～800,000
成交价：RMB 747,500
长9.6cm；重593g 西泠拍卖 2018-07-08

1913 水晶观音摆件
估 价：HKD 550,000～800,000
成交价：RMB 609,813
佳士得 2018-11-27

1423 2018年 思维观音
估　价：RMB 960,000～1,200,000
成交价：RMB 1,414,500
高24.2cmm 华艺国际 2018-11-16

491 张焕庆 自得其乐 白玉摆件
估　价：RMB 480,000～650,000
成交价：RMB 537,600
长11.2cm；重211g 上海联合 2018-07-01

486 渠敬鹏 自在罗汉 白玉摆件
估　价：RMB 380,000～550,000
成交价：RMB 425,600
长17.2cm；重272g 上海联合 2018-07-01

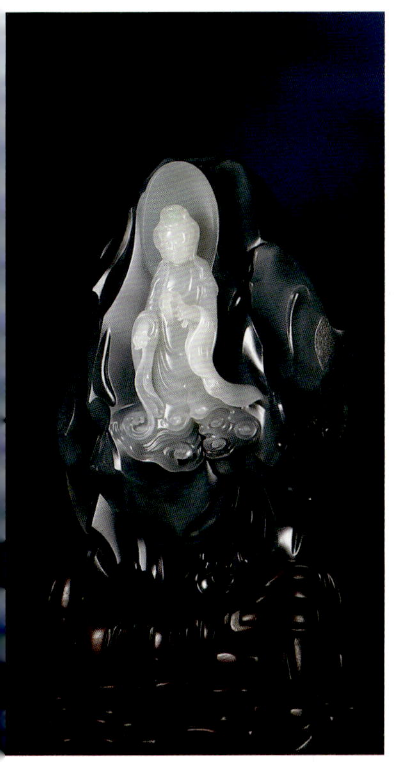

3510 徐志浩 普降甘霖 青花摆件
钤印：浩
估 价：RMB 250,000~300,000
成交价：RMB 287,500
长13.6cm；重861.8g 西泠拍卖 2018-07-08

1421 2018年 白度母
估 价：RMB 150,000~250,000
成交价：RMB 195,500
58.6cm×32.6cm×27.4cm 华艺国际
2018-11-16

动物摆件

7257 新石器时代 红山文化 黄玉鸮
估 价：HKD 200,000
成交价：RMB 298,032
长4.9cm；厚1.1cm 万昌斯 2018-11-28

1097 红山文化 青玉鸟
估 价：HKD 80,000~120,000
成交价：RMB 185,213
宽6.2cm 中国嘉德 2018-10-02

2720 商晚期 玉鸮
估 价：HKD 280,000~350,000
成交价：RMB 443,500
高4.6cm 佳士得 2018-11-28

1086 商 黄玉沁色鸮
估　价：HKD 800,000～1,200,000
成交价：RMB 1,131,856
宽6.6cm 中国嘉德 2018-10-02

1076 西周 黄玉龟
估　价：HKD 60,000～80,000
成交价：RMB 226,371
宽3.6cm 中国嘉德 2018-10-02

1078 西周 玉蚕
估　价：HKD 30,000～50,000
成交价：RMB 226,371
长5cm 中国嘉德 2018-10-02

7167 商 白玉带灰皮夔龙
估　价：HKD 50,000
成交价：RMB 117,084
长8.8cm；厚0.5cm 万昌斯 2018-11-28

2734 西周 青玉鸟形冒
估　价：HKD 400,000～600,000
成交价：RMB 720,688
高4.7cm 佳士得 2018-11-28

7162 西周 玉鱼
估 价：HKD 30,000
成交价：RMB 79,830
长8.3cm；厚0.4cm 万昌斯 2018-11-28

1183 战国 鸡骨白玉谷纹咬尾龙 （一对）
估 价：HKD 60,000～80,000
成交价：RMB 61,738
最长直径3.8cm 中国嘉德 2018-10-02

1137 西汉 黄玉带沁咬尾龙
估 价：HKD 350,000～450,000
成交价：RMB 360,136
高6.1cm 中国嘉德 2018-10-02

108 西汉 白玉雕熊
估 价：HKD 4,000,000～6,000,000
成交价：RMB 5,942,900
长57cm 邦瀚斯 2018-11-27

1080 西汉 白玉沁色母仪天下
估 价：HKD 1,800,000～2,200,000
成交价：RMB 2,881,088
宽8.3cm 中国嘉德 2018-10-02

102 东汉 玉卧羊
估 价：HKD 10,000～15,000
成交价：RMB 388,063
长42cm 邦瀚斯 2018-11-27

460 东汉 白玉受沁辟邪
估 价：RMB 200,000
成交价：RMB 322,000
长6.6cm 浙江佳宝 2018-07-01

7128 汉 玉辟邪
估 价：HKD 120,000
成交价：RMB 127,728
长5.1cm 万昌斯 2018-11-28

7255 汉 白玉带灰皮马
估 价：HKD 280,000
成交价：RMB 340,608
长7.2cm 万昌斯 2018-11-28

459 魏晋 青白玉受沁辟邪
估 价：RMB 180,000
成交价：RMB 253,000
长5.9cm 浙江佳宝 2018-07-01

1713 南北朝 白玉辟邪
估 价：RMB 350,000～550,000
成交价：RMB 402,500
长6.5cm 华艺国际 2018-11-16

1207 晚唐-宋代 玉雕凤鸟
估 价：HKD 250,000～350,000
成交价：RMB 720,272
宽9.5cm 中国嘉德 2018-10-02

7252 唐-宋 白玉鸿运当头鹅
估 价：HKD 180,000
成交价：RMB 351,252
长6.1cm；厚1.8cm 万昌斯 2018-11-28

7153 宋 黄玉带红沁卧犬
估 价：HKD 50,000
成交价：RMB 191,592
长7.5cm 万昌斯 2018-11-28

8017 宋 玉骆驼摆件
估 价：HKD 1,200,000～1,800,000
成交价：RMB 1,774,000
长12.5cm 佳士得 2018-11-26

1088 宋 黄玉狗
估 价：HKD 80,000～120,000
成交价：RMB 226,371
宽7.9cm 中国嘉德 2018-10-02

116 宋/元 青玉褐沁辟邪
估 价：HKD 20,000～30,000
成交价：RMB 177,400
长82cm 邦瀚斯 2018-11-27

103 宋/明 白玉雕三羊
估 价：HKD 40,000～60,000
成交价：RMB 144,138
长51cm 邦瀚斯 2018-11-27

1882 宋 白玉卧犬
估 价：RMB 80,000～120,000
成交价：RMB 143,750
长6.0cm 西泠拍卖 2018-07-07

105 宋或更早 青白玉沁色搔耳狮
估 价：HKD 100,000～150,000
成交价：RMB 887,000
长5cm 邦瀚斯 2018-11-27

111 或宋代 黄玉瑞兽及白玉瑞兽
估 价：HKD 30,000～60,000
成交价：RMB 188,488
宽34cm 宽44cm 邦瀚斯 2018-11-27

2105 金代 黄玉天鸡
估 价：RMB 250,000～300,000
成交价：RMB 448,500
长7.6cm 古天一 2018-12-08

7035 元 黄玉坐龙
估 价：HKD 90,000
成交价：RMB 95,796
长5.2cm；厚1.5cm 万昌斯 2018-11-28

117 宋/明 黄玉褐沁卧犬
估 价：HKD 50,000～80,000
成交价：RMB 99,788
长75cm 邦瀚斯 2018-11-27

3456 元 玉瑞兽
估 价：HKD 600,000～800,000
成交价：RMB 606,750
长9.5cm 香港苏富比 2018-04-03

120 元 青灰玉雕瑞兽
估 价：HKD 20,000～30,000
成交价：RMB 94,244
高4cm 邦瀚斯 2018-11-27

1190 宋 白玉鹅
估 价：HKD 100,000～150,000
成交价：RMB 102,896
宽7.5cm 中国嘉德 2018-10-02

6397 元 玉龟摆件
估 价：HKD 42,000
成交价：RMB 40,925
玉长12.4cm 万昌斯 2018-05-30

1241 元 玉龙首
估 价：RMB 15,000～30,000
成交价：RMB 17,250
长9.8cm 西泠拍卖 2018-07-07

2931 元 白玉兔
估　价：RMB 15,000～20,000
成交价：RMB 17,250
长6.2cm 中国嘉德 2018-06-19

1222 17世纪 白玉沁色狗
估　价：HKD 80,000～120,000
成交价：RMB 144,054
宽8cm 中国嘉德 2018-10-02

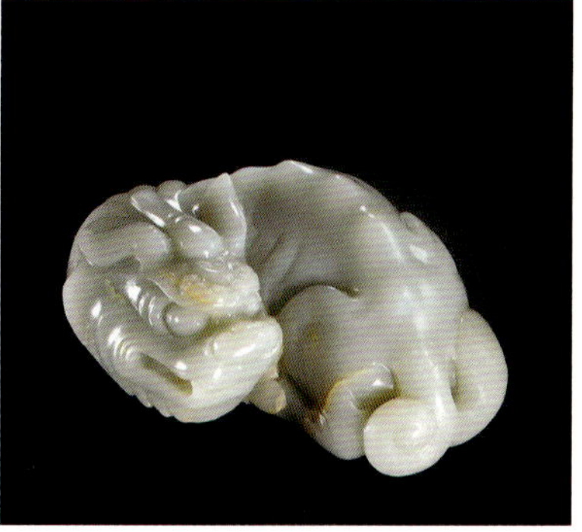

2104 明 青白玉兽摆件
估　价：RMB 400,000～500,000
成交价：RMB 460,000
长18.8cm；高7.8cm 中贸圣佳 2018-11-24

590 明以前 玛瑙雕兔摆件
成交价：RMB 109,250
长5cm 保利厦门 2018-07-15

433 17世纪 灰黑玉卧羊
估　价：HKD 70,000～90,000
成交价：RMB 68,733
宽8.8cm 中国嘉德 2018-04-02

2103 明 白玉带皮辟邪
估　价：RMB 400,000～500,000
成交价：RMB 460,000
长9.7cm；高3.8cm 中贸圣佳 2018-11-24

1223 17世纪 青白玉马
估　价：HKD 350,000～450,000
成交价：RMB 360,136
宽9cm 中国嘉德 2018-10-02

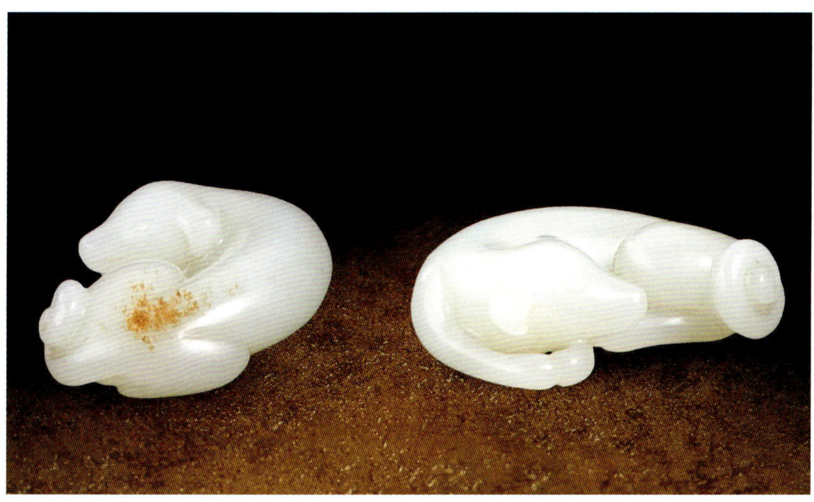

6508 明 白玉卧犬
估　价：HKD 50,000
成交价：RMB 350,784
长5cm 万昌斯 2018-05-30

2392 明 青玉太狮少狮
估 价：RMB 1,200,000～1,800,000
成交价：RMB 1,667,500
长17.7cm 中国嘉德 2018-11-20

1050 明代 黄玉子母狗
估 价：RMB 600,000
成交价：RMB 1,265,000
长8cm；高6.8cm 古天一 2018-06-17

1449 明 白玉瑞兽
估 价：RMB 350,000～450,000
成交价：RMB 517,500
长7cm；高5.5cm 中贸圣佳 2018-06-20

1173 明末 黄褐玉雕异兽
估 价：USD 20,000～30,000
成交价：RMB 299,338
长8.5cm 纽约佳士得 2018-09-13

2104 明代 白玉红沁狗
估 价：RMB 180,000～200,000
成交价：RMB 253,000
长8.5cm 古天一 2018-12-08

129 明 白玉褐沁瑞兽
估 价：HKD 100,000～150,000
成交价：RMB 243,925
长53cm 邦瀚斯 2018-11-27

1220 明 白玉雕宝鸭衔莲摆件
估 价：RMB 120,000～180,000
成交价：RMB 241,500
高10.9cm；长11.8cm 西泠拍卖 2018-07-07

1710 明或更早 玉熊
估 价：RMB 200,000～300,000
成交价：RMB 230,000
长6.5cm 华艺国际 2018-11-16

1709 明或更早 玉卧牛
估 价：RMB 180,000～250,000
成交价：RMB 207,000
长5.3cm 华艺国际 2018-11-16

3409 明 玉雕卧凤
估 价：HKD 200,000～300,000
成交价：RMB 202,250
长9cm 香港苏富比 2018-04-03

131 明 青玉带皮异兽摆件
估 价：HKD 100,000～150,000
成交价：RMB 155,225
长58cm 邦瀚斯 2018-11-27

7025 明 黄玉象
估 价：HKD 50,000
成交价：RMB 127,728
长7.3cm 万昌斯 2018-11-28

124 明或更早 青玉瑞兽
估 价：HKD 20,000～30,000
成交价：RMB 110,875
长5cm 邦瀚斯 2018-11-27

2602 明 白玉羊
估 价：RMB 60,000～80,000
成交价：RMB 105,800
长4.9cm 中国嘉德 2018-11-20

2085 明 玛瑙梅花鹿摆件
估　价：RMB 80,000～120,000
成交价：RMB 103,500
长8cm；高5.3cm 中贸圣佳 2018-11-24

455 明 白玉受沁骆驼
估　价：RMB 70,000
成交价：RMB 86,250
长11.2cm；宽7.6cm 浙江佳宝 2018-07-01

1815 明 黄玉瑞兽
估　价：RMB 30,000～50,000
成交价：RMB 63,250
长7cm 北京翰海 2018-06-30

1221 明 黄玉骆驼
估　价：HKD 100,000～150,000
成交价：RMB 102,896
宽6.2cm 中国嘉德 2018-10-02

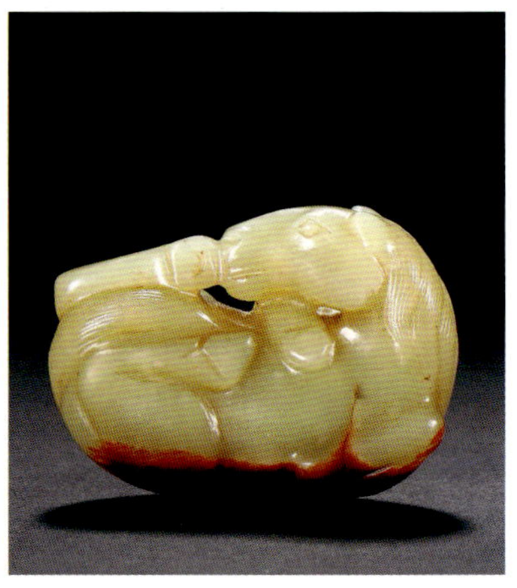
3491 明 黄玉带皮卧马
估　价：HKD 40,000～80,000
成交价：RMB 76,370
长5.8cm 保利香港 2018-04-02

125 明 白玉卷尾麒麟摆件
估　价：RMB 60,000～80,000
成交价：RMB 69,000
长4.9cm；高5.2cm 北京鸿盛祥 2018-06-16

5093 明 黄玉蛇摆件
估　价：RMB 80,000～120,000
成交价：RMB 92,000
长3.4cm；高2.2cm 中贸圣佳 2018-11-25

449 明 白玉受沁瑞兽
估　价：RMB 50,000
成交价：RMB 69,000
长10.5cm 浙江佳宝 2018-07-01

914 明 灰白玉兔
估　价：USD 4,000～6,000
成交价：RMB 59,868
高6cm 纽约佳士得 2018-09-13

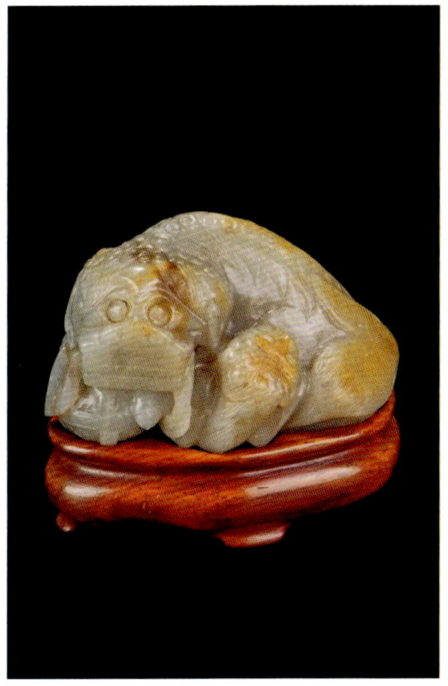

256 明 带皮太狮少狮圆雕
估　价：RMB 40,000～60,000
成交价：RMB 57,500
长6.4cm；高4cm 八益拍卖 2018-04-28

445 明 白玉受沁蹲兽
估　价：RMB 30,000
成交价：RMB 57,500
宽5cm；高6.8cm 浙江佳宝 2018-07-01

2104 明代 绿松石猫
估　价：RMB 50,000～70,000
成交价：RMB 57,500
长5cm 古天一 2018-06-17

1809 明 旧玉瑞兽
估　价：RMB 8,000～12,000
成交价：RMB 57,500
长5cm 北京翰海 2018-06-30

554 明 白玉提油子母龟
估　价：HKD 60,000～80,000
成交价：RMB 57,277
宽5.9cm 中国嘉德 2018-04-02

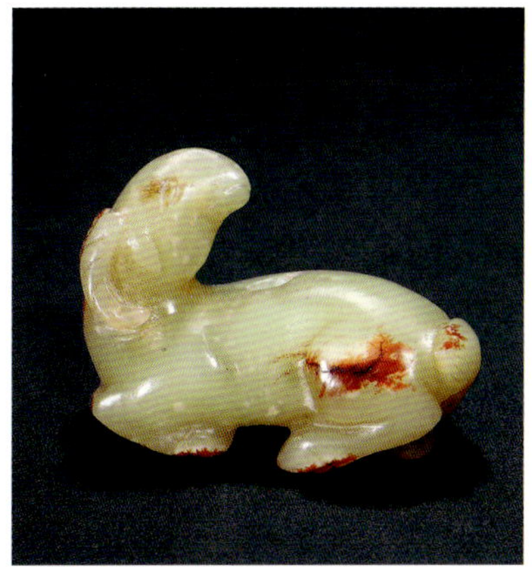

3493 明 黄玉带皮羊
估　价：HKD 40,000～80,000
成交价：RMB 47,731
长5cm 保利香港 2018-04-02

488 明 褐玉太平有象
估　价：HKD 50,000～70,000
成交价：RMB 47,731
宽6cm 中国嘉德 2018-04-02

486 明 玉雕提油卧马
估　价：RMB 40,000～60,000
成交价：RMB 46,000
长15.5cm 北京保利 2018-01-21

122 明 青玉带皮雕坐兽
估 价：HKD 30,000～50,000
成交价：RMB 33,263
高5cm 邦瀚斯 2018-11-27

480 明 青白玉瑞兽
估 价：HKD 20,000～30,000
成交价：RMB 30,548
宽4.7cm 中国嘉德 2018-04-02

2852 明 白玉留皮瑞兽
成交价：RMB 32,200
高5.8cm 北京匡时 2018-06-15

501 18世纪 白玉宝鸭穿莲摆件连紫檀座
估 价：HKD 1,500,000～2,000,000
成交价：RMB 1,543,440
长17cm 北京匡时 2018-10-03

427 明 褐玉雕鸭
估 价：HKD 25,000～35,000
成交价：RMB 23,866
宽6.7cm 中国嘉德 2018-04-02

111 18世纪 白玉瑞兽
估 价：HKD 400,000～600,000
成交价：RMB 545,000
长10.9cm 香港苏富比 2018-10-03

330 18世纪 白玉雕三羊开泰摆件
估 价：USD 10,000～15,000
成交价：RMB 376,310
纽约苏富比 2018-09-12

3459 18世纪 玛瑙甪端
估 价：HKD 300,000～500,000
成交价：RMB 404,500
高：12cm 香港苏富比 2018-04-03

3462 17世纪/18世纪初 青玉卧兔
估 价：HKD 150,000～200,000
成交价：RMB 323,600
长7cm 香港苏富比 2018-04-03

3683 18世纪 白玉卧羊衔芝
估 价：HKD 200,000～300,000
成交价：RMB 202,250
长10.2cm 香港苏富比 2018-04-03

3458 18世纪 鸡骨白玉蟾蜍
估 价：HKD 80,000～120,000
成交价：RMB 131,463
长7.5cm 香港苏富比 2018-04-03

508 18世纪 巧色白玉雕“马上封侯”摆件
估 价：HKD 180,000～250,000
成交价：RMB 185,213
长6.5cm 北京匡时 2018-10-03

3137 清初 黄玉狻猊
估 价：HKD 150,000～250,000
成交价：RMB 243,600
长7cm 佳士得 2018-05-30

1752 清早期 青白玉鹿
估 价：RMB 180,000～250,000
成交价：RMB 207,000
长13cm；高10cm 华艺国际 2018-11-16

3498 清早期 白玉太狮少狮
估 价：HKD 50,000～80,000
成交价：RMB 57,277
高5.7cm；宽9cm 保利香港 2018-04-02

776 清早期 白玉留皮三羊开泰摆件
成交价：RMB 25,300
长7.5cm 北京保利 2018-04-29

5427 清乾隆 白玉太极神羊
估 价：RMB 450,000～650,000
成交价：RMB 667,000
长9.5cm 北京保利 2018-12-12

631 清早期 玉瑞兽
估 价：HKD 30,000～50,000
成交价：RMB 28,639
宽9cm 中国嘉德 2018-04-02

3424 清康熙 青白玉雕麒麟
估 价：HKD 400,000～600,000
成交价：RMB 404,500
长7.7cm 香港苏富比 2018-04-03

3318 清乾隆 白玉太平有象摆件
估 价：HKD 2,500,000～3,500,000
成交价：RMB 2,720,640
16.6cm 香港苏富比 2018-10-03

2913 清乾隆 白玉双马摆件
估 价：HKD 6,000,000～8,000,000
成交价：RMB 7,539,500
宽13.3cm 佳士得 2018-11-28

509 清乾隆 白玉卧鸟摆件
估 价：RMB 2,200,000～3,200,000
成交价：RMB 3,220,000
长14cm 北京保利 2018-01-21

3121 清乾隆 白玉雕猫蝶摆件
估 价：RMB 280,000～350,000
成交价：RMB 322,000
长6cm 北京荣宝 2018-12-03

135 清乾隆 白玉卧马摆件
估　价：HKD 1,000,000～1,500,000
成交价：RMB 1,441,375
长68cm 邦瀚斯 2018-11-27

101 清乾隆 黑白玉巧作麒麟送书
估　价：RMB 150,000～180,000
成交价：RMB 322,000
长4.2cm；高4.4cm 北京鸿盛祥 2018-12-06

3123 清乾隆 白玉安居乐业摆件
估　价：RMB 450,000～500,000
成交价：RMB 517,500
长8cm 北京荣宝 2018-12-03

935 清乾隆 白玉富贵长寿摆件
估　价：RMB 380,000～500,000
成交价：RMB 747,500
长15cm 北京东正 2018-06-17

5964 18世纪 白玉留皮辟邪
估　价：RMB 350,000～550,000
成交价：RMB 805,000
长15cm 北京保利 2018-06-20

2107 清乾隆 珊瑚辈辈封侯
估　价：RMB 150,000～200,000
成交价：RMB 184,000
高7.2cm 中贸圣佳 2018-11-24

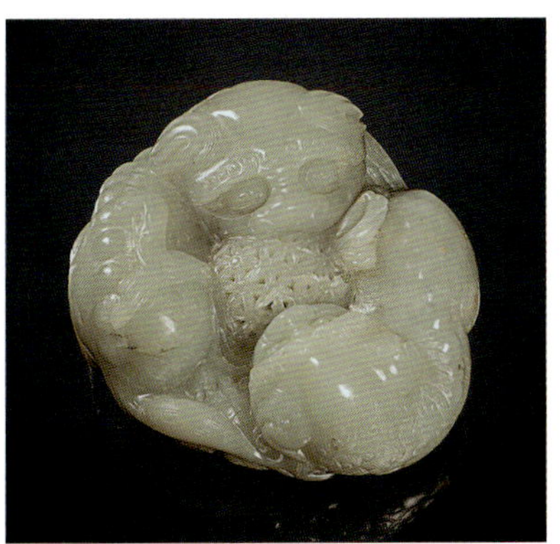

966 17世纪/18世纪 灰青玉太师少师摆件
估 价：USD 10,000～15,000
成交价：RMB 76,973
宽8.6cm 纽约佳士得 2018-09-13

1265 18世纪 白玉沁色兔
估 价：HKD 50,000～70,000
成交价：RMB 51,448
宽6.5cm 中国嘉德 2018-10-02

2895 清中期 白玉猴（带座）
估 价：RMB 250,000～300,000
成交价：RMB 540,500
10.6cm×8.8cm×4.6cm 中国嘉德 2018-06-19

6531 清中期 黄玉瑞兽
估 价：RMB 250,000～350,000
成交价：RMB 287,500
长8.5cm 北京保利 2018-12-09

5109 清中期 白玉飞马
估 价：RMB 80,000～120,000
成交价：RMB 230,000
长10cm 北京保利 2018-06-19

2605 清中期 白玉母子瑞兽
估 价：RMB 100,000～120,000
成交价：RMB 115,000
长8.7cm 中国嘉德 2018-11-20

36 清中期 白玉一路清廉摆件
估 价：RMB 50,000～60,000
成交价：RMB 92,000
长7.1cm；高3.2cm 北京鸿盛祥 2018-12-06

1267 清中期 黄玉仿古鸠
估 价：HKD 80,000～120,000
成交价：RMB 82,317
宽5.8cm 中国嘉德 2018-10-02

1816 清中期 白玉洒金鹅衔枝
估 价：RMB 28,000～38,000
成交价：RMB 92,000
长4.4cm 北京翰海 2018-06-30

3155 清中期 白玉万代有余摆件
估 价：RMB 30,000～50,000
成交价：RMB 69,000
长20.5cm 北京匡时 2018-06-15

561 清中期 白玉太狮少狮摆件
估 价：RMB 50,000～80,000
成交价：RMB 63,250
长13cm 北京保利 2018-01-21

252 清中期 白玉鹿乳奉亲摆件
估 价：RMB 30,000～50,000
成交价：RMB 46,000
高8.5cm；宽2.8cm 八益拍卖 2018-04-28

1812 清中期 白玉瑞兽衔枝
估 价：RMB 10,000～20,000
成交价：RMB 46,000
长4.4cm 北京翰海 2018-06-30

1992 清中期 黑白玉巧雕瑞兽摆件
估 价：RMB 30,000～50,000
成交价：RMB 40,250
带座高6.5cm 广东崇正 2018-07-05

660 清中期 白玉雕马上封侯摆件
估 价：RMB 6,000～8,000
成交价：RMB 40,250
长7cm 保利厦门 2018-01-08

216 19世纪 青白玉太狮少狮
估 价：GBP 1,000～2,000
成交价：RMB 70,070
长8.5cm 伦敦苏富比 2018-05-18

2183 清代 兽面纹玉饰
估 价：RMB 1,200,000～1,400,000
成交价：RMB 1,380,000
8.5cm×5.2cm 古天一 2018-06-17

1056 清代 黄玉鸿运当头瑞兽
估 价：RMB 450,000
成交价：RMB 920,000
高4.5cm；长7.5cm 古天一 2018-06-17

1931 清 白玉海马负书摆件
估 价：RMB 320,000～400,000
成交价：RMB 368,000
长10.8cm 西泠拍卖 2018-07-07

959 清 青白玉雕双骏摆件
估 价：USD 10,000～15,000
成交价：RMB 359,205
长14.2cm 纽约佳士得 2018-09-13

3016 清 白玉双麒麟摆件
估 价：HKD 150,000～260,000
成交价：RMB 354,800
宽8cm 佳士得 2018-11-28

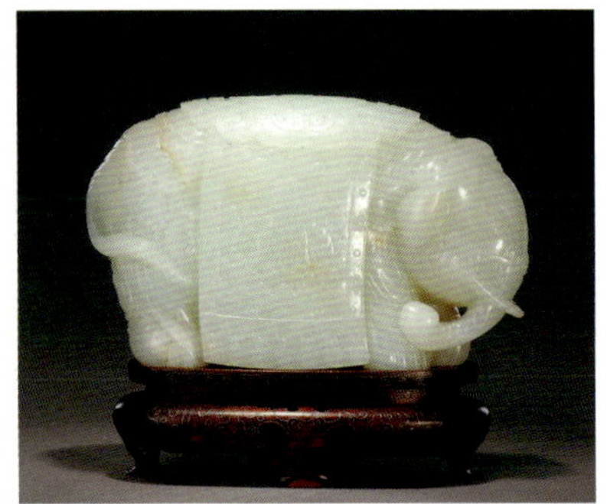

2901 清 白玉太平有象摆件（带座）
估 价：RMB 300,000～500,000
成交价：RMB 632,500
长16.5cm 中国嘉德 2018-06-19

954 清 碧玉大兽
估 价：RMB 300,000～350,000
成交价：RMB 414,000
高17cm；长20cm 北京东正 2018-06-17

2180 清代 玉猪
估 价：RMB 50,000～70,000
成交价：RMB 94,300
长9.5cm 古天一 2018-12-08

955 清 痕都斯坦鱼龙
估 价：RMB 100,000～150,000
成交价：RMB 184,000
长20cm 北京东正 2018-06-17

2592 清 青白玉衔芝瑞鹿
估 价：RMB 80,000～100,000
成交价：RMB 138,000
长14.3cm 中国嘉德 2018-11-20

7067 清 黑白玉巧雕灵猴献寿
估 价：HKD 70,000
成交价：RMB 74,508
长13.1cm 万昌斯 2018-11-28

1585 清 玉鸟
估 价：RMB 60,000
成交价：RMB 69,000
长9.5cm 北京翰海 2018-09-16

7006 清 白玉三阳开泰
估 价：HKD 30,000
成交价：RMB 58,542
玉长5cm 万昌斯 2018-11-28

2599 清 玉留皮象摆件
估 价：RMB 40,000～60,000
成交价：RMB 48,300
长5.5cm 中国嘉德 2018-11-20

6206 清 白玉留皮巧雕年年有余
估　价：HKD 70,000
成交价：RMB 68,208
长6.2cm 万昌斯 2018-05-30

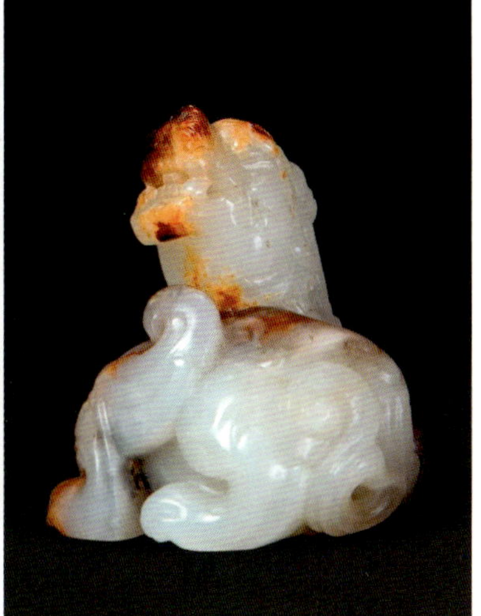

1579 民国 玉兽
估　价：RMB 60,000
成交价：RMB 69,000
高5cm 北京翰海 2018-09-16

484 颜桂明 三羊开泰 白玉摆件
估　价：RMB 580,000～800,000
成交价：RMB 561,600
长15cm；重2050g 上海联合 2018-07-01

485 杨建发 龙凤呈祥白玉摆件
估　价：RMB 2,000,000～2,600,000
成交价：RMB 2,688,000
11.7cm×8cm×5.1cm；重616g 上海联合 2018-07-01

575 路路登科 白玉摆件
估　价：RMB 420,000～550,000
成交价：RMB 492,800
长10.8cm；重434.3g 上海联合 2018-07-01

565 封侯拜相 白玉摆件
估　价：RMB 380,000～520,000
成交价：RMB 425,600
长10.5cmcm；重664g 上海联合 2018-07-01

3561 黄民强 教子图 三彩玉摆件
估　价：RMB 25,000～40,000
成交价：RMB 28,750
长19.5cm；重849g 西泠拍卖 2018-07-08

1472 端方藏旧玉龙
估　价：RMB 100,000～150,000
成交价：RMB 195,500
长34.4cm 中贸圣佳 2018-06-20

2650 殷小金 和田玉黄玉旺财
款识：小金
成交价：RMB 13,800
长4.9cm；重22.8g 尚品润博 2018-04-30

1214 张清雷 辟邪 青玉摆件
估　价：RMB 350,000～450,000
成交价：RMB 392,000
长17.5cm；重853.4g 上海联合 2018-11-25

其他摆件

2705 红山文化 约公元前4000-3000年 青玉马蹄形器
估　价：HKD 100,000～150,000
成交价：RMB 1,663,125
高6.5cm 佳士得 2018-11-28

1152 红山文化 青玉带沁马蹄形器
估　价：HKD 40,000～60,000
成交价：RMB 41,158
高8.8cm 中国嘉德 2018-10-02

1061 文化期 玉马蹄形器
估　价：HKD 80,000～120,000
成交价：RMB 226,371
高6.2cm 中国嘉德 2018-10-02

6252 春秋 青白玉带灰皮虺纹柱形器 （三件）
估　价：HKD 50,000
成交价：RMB 126,672
最大高2.4cm 万昌斯 2018-05-30

220 明 白玉盘长结摆件
估　价：RMB 50,000～60,000
成交价：RMB 126,500
长8.7cm；高17cm 北京鸿盛祥 2018-06-16

487 元 白玉留皮秋山
估　价：RMB 50,000～80,000
成交价：RMB 57,500
长10cm 北京保利 2018-01-21

949 明 白玉仿古交龙纹钟（带链）
估　价：RMB 120,000～150,000
成交价：RMB 299,000
高11cm 北京东正 2018-06-17

622 清乾隆 白玉黄金皮御制古松诗摆件
估　价：RMB 2,300,000～2,800,000
成交价：RMB 3,967,500
高20.5cm；宽17.3cm 中贸圣佳 2018-06-20

167 明 青玉带皮镂空山石摆件
估 价：HKD 50,000～80,000
成交价：RMB 55,438
高23cm 邦瀚斯 2018-11-27

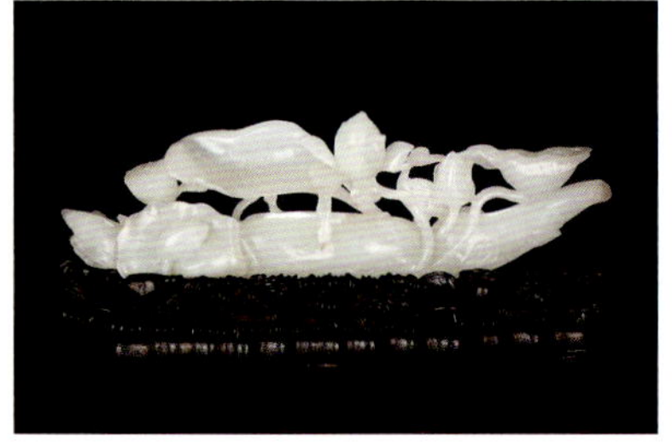

554 清乾隆 白玉莲池春水摆件
估 价：RMB 280,000
成交价：RMB 368,000
长24.5cm；高8cm 浙江佳宝 2018-07-01

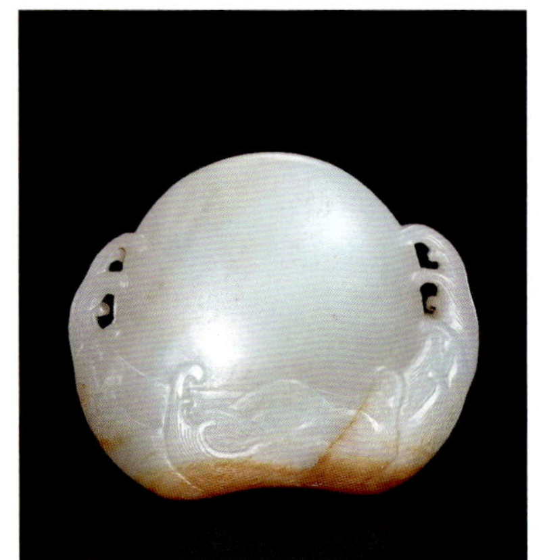

943 18世纪 白玉旭日东升摆件
估 价：RMB 220,000～250,000
成交价：RMB 310,500
长9cm 北京东正 2018-06-17

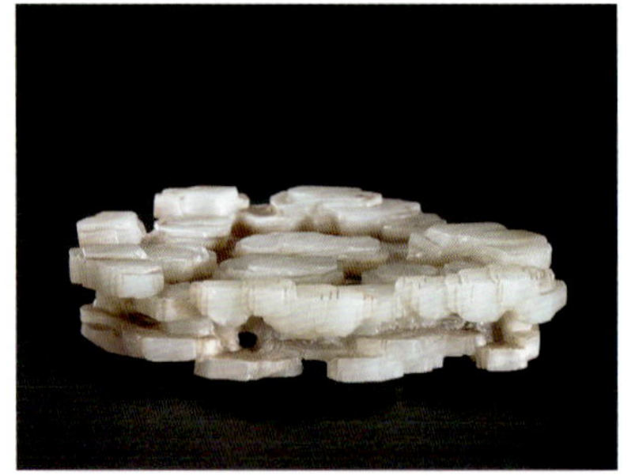

918 清乾隆 白玉山石纹底座
估 价：RMB 100,000～150,000
成交价：RMB 207,000
长12cm 北京东正 2018-06-17

2075 清乾隆 白玉石榴摆件
估 价：RMB 170,000～200,000
成交价：RMB 195,500
长7.1cm；高5.4cm 中贸圣佳 2018-11-24

2816 清乾隆 御用玉雕西蕃莲纹枪托
估 价：RMB 30,000～50,000
成交价：RMB 149,500
长6cm 北京荣宝 2018-12-03

1290 清中期 碧玉活环钮宝莲佛供
估 价：HKD 300,000～500,000
成交价：RMB 308,688
高14cm 中国嘉德 2018-10-02

161 清中期 白玉画舫摆件
估 价：RMB 80,000～100,000
成交价：RMB 166,750
长23.5cm 北京鸿盛祥 2018-06-16

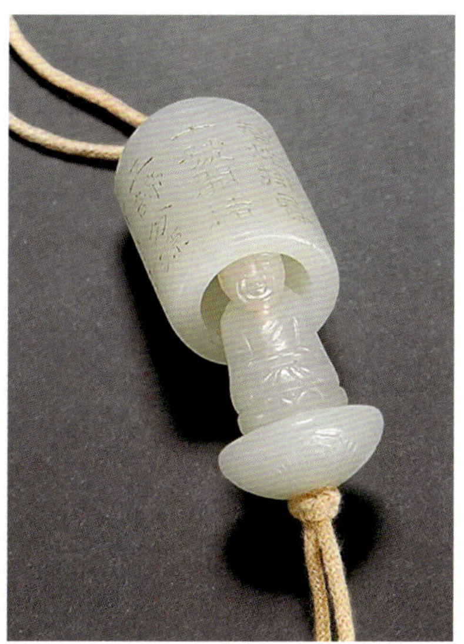

6302 清中期 白玉填金刻经文阿弥陀佛随身佛龛
估 价：RMB 60,000～80,000
成交价：RMB 138,000
长4cm 北京保利 2018-06-21

1740 清中期 松石镂雕荷塘清趣摆件
估 价：RMB 60,000～90,000
成交价：RMB 92,000
长11cm 西泠拍卖 2018-07-07

606 18世纪 黄玉镂雕岁寒三友摆件
估 价：HKD 120,000～150,000
成交价：RMB 123,475
宽9cm 中国嘉德 2018-10-02

533 清中期 白玉船
估 价：RMB 35,000
成交价：RMB 46,000
长10.1cm 浙江佳宝 2018-07-01

100 18世纪/19世纪 白玉张骞乘槎摆件
估 价：GBP 15,000～20,000
成交价：RMB 517,440
长17cm 伦敦苏富比 2018-05-16

202 19世纪 青白玉泛舟摆件
估 价：GBP 3,000～5,000
成交价：RMB 59,290
长12.5cm 伦敦苏富比 2018-05-18

336 18世纪/19世纪 鸡骨玉雕福寿万全摆件
估 价：USD 5,000～7,000
成交价：RMB 42,763
纽约苏富比 2018-09-12

1007 清代 玉雕红沁三叉形器
估 价：RMB 200,000
成交价：RMB 460,000
高6cm 古天一 2018-12-08

3595 清 玉雕瓜瓞绵绵摆件
估 价：HKD 100,000～150,000
成交价：RMB 102,896
长5.6cm 保利香港 2018-10-02

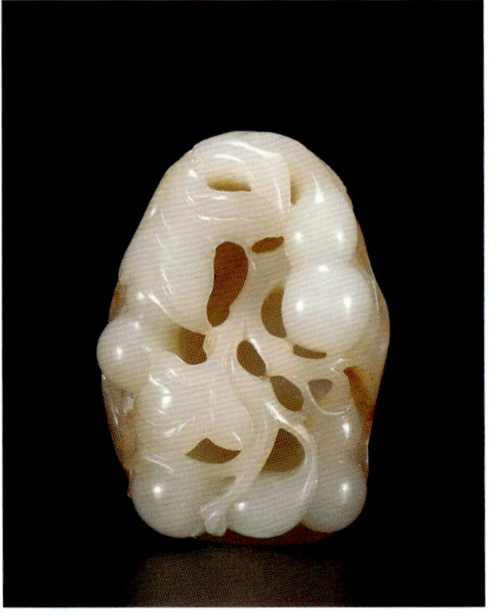

1624 清 白玉籽料雕福禄绵延
成交价：RMB 89,700
高6.5cm 印千山 2018-01-12

1233 清 玉雕白菜
估 价：RMB 60,000～80,000
成交价：RMB 86,250
带座高13.5cm；高10.5cm 西泠拍卖 2018-07-07

520 清 白玉糖色花卉摆件
估 价：RMB 15,000～25,000
成交价：RMB 17,250
长4.9cm 北京保利 2018-01-21

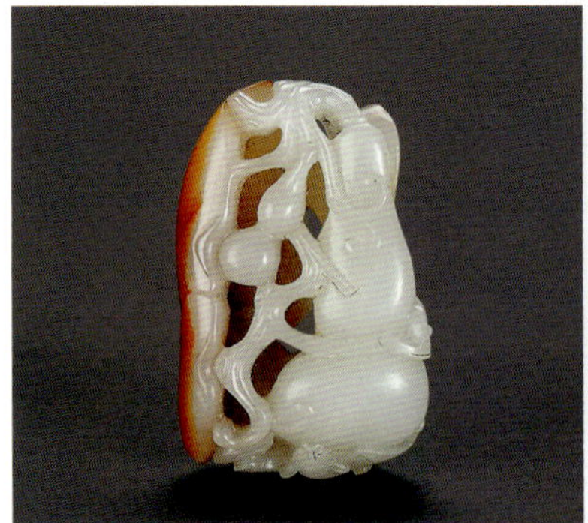

6310 20世纪 白玉带皮镂雕福禄万代
估 价：RMB 8,000～12,000
成交价：RMB 92,000
长5.5cm 北京保利 2018-06-21

3663 20世纪 黄福寿碧玉雕美丽的痕迹
估　价：HKD 50,000~80,000
成交价：RMB 77,172
高24cm 保利香港 2018-10-02

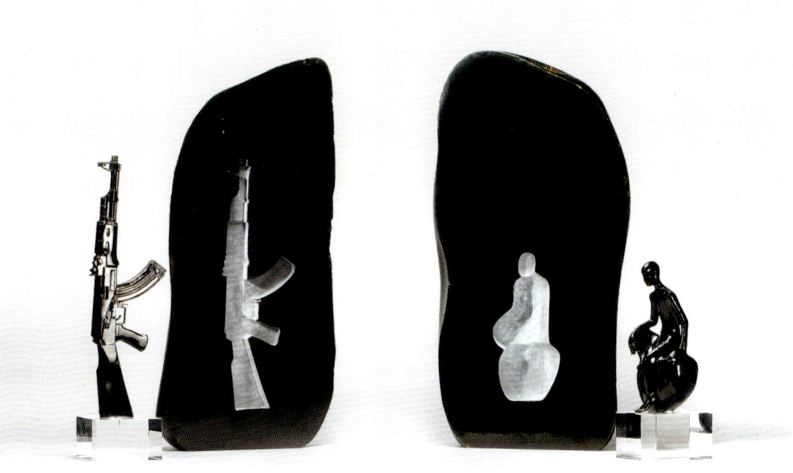

901 鸠摩罗什与枪
估　价：HKD 1,800,000~2,200,000
成交价：RMB 1,852,128
原玉62cm×36cm×11cm；原玉62cm×30cm×12cm 保利香港 2018-10-01

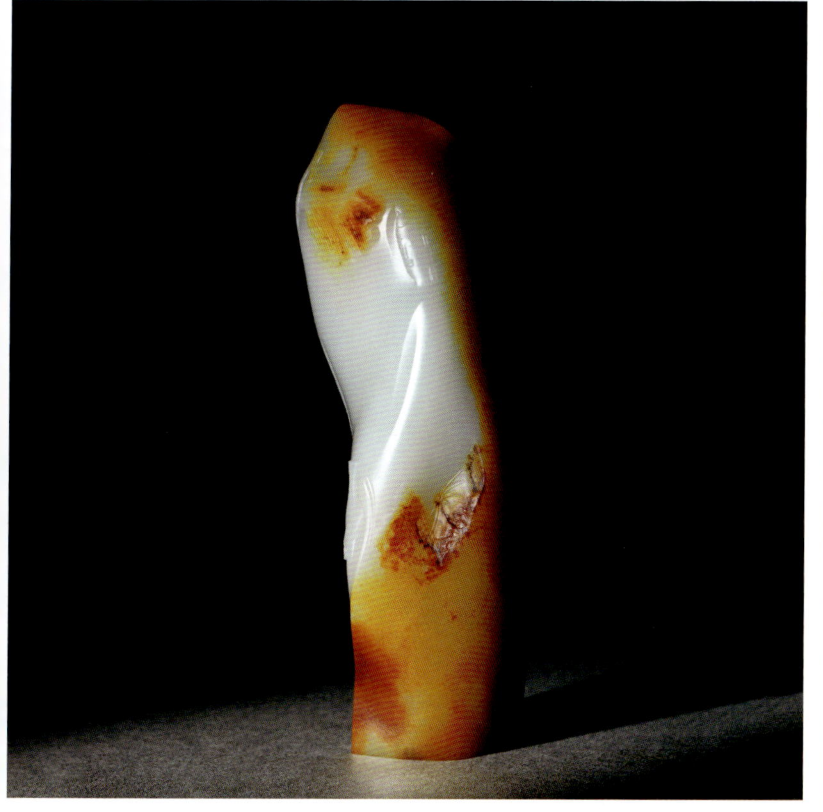

3456 王一卜 月光里 白玉摆件
钤印：一卜 山人 题识：月光莲动，石上泉声，识天地自然鸣佩；玉容冰清，水心云影，观乾坤自在妙文。岁次丁酉一卜敬造于吴郡。
估　价：RMB 1,800,000~2,500,000
成交价：RMB 2,357,500
17cm×5.8cm×4.3cm；重719g 西泠拍卖 2018-07-08

1112 汪文辉 静心 白玉摆件
估　价：RMB 500,000~700,000
成交价：RMB 560,000
长9.2cm；重258.6g 上海联合 2018-11-25

930 溪山行旅
估　价：HKD 3,200,000~4,200,000
成交价：RMB 3,292,672
23.5cm×8.5cm×26.4cm 保利香港 2018-10-01

1285 颜桂明 鹅如意 白玉摆件
款识：明
估　价：RMB 450,000~650,000
成交价：RMB 504,000
长23cm 上海联合 2018-11-25

1201 孙有庚 秋韵 白玉摆件
估　价：RMB 500,000~700,000
成交价：RMB 550,000
长12.8cm；重1500g 上海联合 2018-11-25

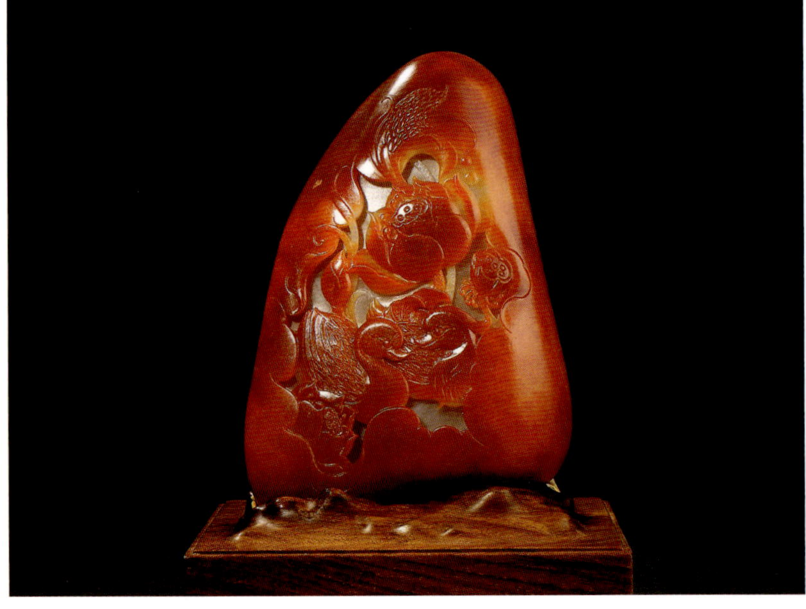

1199 王金忠 私语 白玉摆件
估　价：RMB 1,880,000~2,200,000
成交价：RMB 2,105,600
11.5cm×7.7cm×4cm；重547.8g 上海联合 2018-11-25

572 万伟作品 和田籽玉瓜瓞绵绵
估　价：RMB 1,200,000～1,300,000
成交价：RMB 1,380,000
长10.5cm；重648.4g 上海匡时 2018-04-30

1185 唐春峰 歌舞升平 白玉摆件
估　价：RMB 1,000,000～1,500,000
成交价：RMB 1,120,000
13.4cm×6.9cm×5.9cm；重551.6g 上海联合 2018-11-25

312 白玉船型摆件
估　价：RMB 500,000～600,000
成交价：RMB 632,500
高5.5cm；长17cm 未来四方 2018-01-20

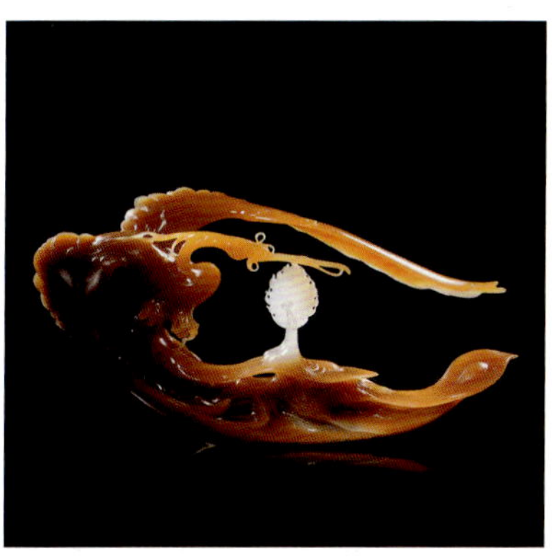

927 涅盘
估　价：HKD 450,000～580,000
成交价：RMB 565,928
17.5cm×4cm×9.6cm 保利香港 2018-10-01

1167 顾永骏 群仙祝寿 白玉摆件
款识：中国工艺美术大师顾永骏
估　价：RMB 500,000～700,000
成交价：RMB 560,000
长31cm；重7300g 上海联合 2018-11-25

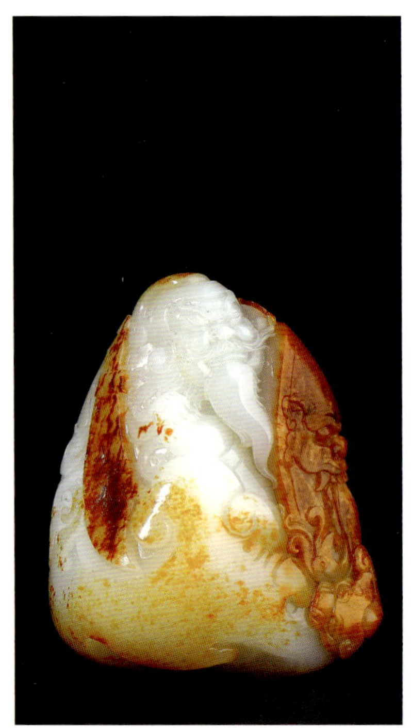

1198 王正夆 攻守兼备 白玉摆件
估 价：RMB 380,000~450,000
成交价：RMB 425,600
长7.8cm；重236g 上海联合 2018-11-25

316 刘海 百财 黄玉摆件
估 价：RMB 40,000~60,000
成交价：RMB 44,800
长7.8cm；重130g 上海联合 2018-07-01

玉 瓶

47 宋 青玉胆瓶
估 价：HKD 60,000~80,000
成交价：RMB 89,645
高18cm 香港诚昌 2018-05-30

1891 明 青玉仿古龙纹双耳瓶
估 价：RMB 140,000~160,000
成交价：RMB 172,500
高22.0cm 西泠拍卖 2018-07-07

101 18世纪 白玉如意纹双耳瓜棱瓶
估 价：GBP 15,000~20,000
成交价：RMB 172,480
高10.2cm 伦敦苏富比 2018-05-16

651 18世纪 白玉浮雕云龙纹凤耳盖瓶
估 价：HKD 1,500,000~1,800,000
成交价：RMB 1,543,440
高27.5cm 北京匡时 2018-10-03

3636 18世纪 黄玉仿古龙纹瑞兽背瓶盖瓶
估 价：HKD 1,200,000~1,800,000
成交价：RMB 13,202,880
高23.1cm 香港苏富比 2018-04-03

510 清乾隆 白玉兽面纹盖瓶
估 价：RMB 650,000~1,000,000
成交价：RMB 1,265,000
高25cm 北京保利 2018-01-21

3065 清雍正/乾隆 白玉浮雕云龙纹六方瓶
估 价：HKD 4,500,000~4,800,000
成交价：RMB 4,295,790
高25.5cm 保利香港 2018-04-02

6528 清乾隆 碧玉浮雕莲花梅瓶
“乾隆年制”款
估 价：RMB 600,000~800,000
成交价：RMB 897,000
高20.5cm 北京保利 2018-12-09

3638 清雍正 仿官釉贯耳瓶
“大清雍正年制”款
估　价：HKD 1,000,000～1,500,000
成交价：RMB 1,090,000
高31.5cm 香港苏富比 2018-10-03

6530 清乾隆 白玉云蝠双凤耳葫芦盖瓶
估　价：RMB 200,000～300,000
成交价：RMB 782,000
高27.5cm 北京保利 2018-12-09

906 清乾隆 白玉镂雕盘龙盖瓶
估　价：RMB 380,000～450,000
成交价：RMB 724,500
高15cm 北京东正 2018-06-17

53 清乾隆 青玉松下凤凰双联瓶
估　价：GBP 3,000～5,000
成交价：RMB 86,240
宽11.7cm 伦敦佳士得 2018-05-15

1033 清乾隆 白玉雕寿字纹瓶
估　价：RMB 800,000～1,200,000
成交价：RMB 1,058,000
高21cm 华艺国际 2018-05-23

5960 清中期 白玉鹤鹿同春山水人物双飞龙耳盖瓶
估　价：RMB 1,100,000～1,800,000
成交价：RMB 1,322,500
高28cm 北京保利 2018-06-20

1242 清中期 白玉雕兽面纹瓶
估　价：RMB 40,000～60,000
成交价：RMB 57,500
高9.4cm 西泠拍卖 2018-07-07

6529 清中期 白玉提梁盖瓶
估　价：RMB 400,000～600,000
成交价：RMB 529,000
高21cm 北京保利 2018-12-09

3304 清中期 黄玉雕花卉纹双耳扁瓶
估　价：HKD 100,000～150,000
成交价：RMB 771,720
高21.4cm 保利香港 2018-10-02

944 19世纪 灰青玉仿古纹兽面耳活环盖瓶
估　价：USD 8,000～12,000
成交价：RMB 162,498
高21cm 纽约佳士得 2018-09-13

410 18世纪/19世纪 琥珀螭龙耳瓶
估　价：HKD 80,000～120,000
成交价：RMB 119,328
高21cm 中国嘉德 2018-04-02

935 18世纪/19世纪 灰白玉雕兽耳扁盖瓶
估　价：USD 4,000～6,000
成交价：RMB 59,868
高17cm 纽约佳士得 2018-09-13

1739 清光绪 光绪年制款虎睛石兽面纹赏瓶
铭文：光绪年制
估　价：RMB 10,000～30,000
成交价：RMB 32,200
高15.2cm 西泠拍卖 2018-07-07

1904 清 白玉龙凤纹瓶
估　价：RMB 700,000～1,000,000
成交价：RMB 977,500
高15.8cm 西泠拍卖 2018-07-07

566 清 白玉双耳环龙纹盖瓶
估　价：RMB 300,000～500,000
成交价：RMB 437,000
高29cm 上海匡时 2018-04-30

6514 清 黄玉饕餮纹大方瓶 （一对）
估 价：HKD 200,000
成交价：RMB 409,248
最大高27cm 万昌斯 2018-05-30

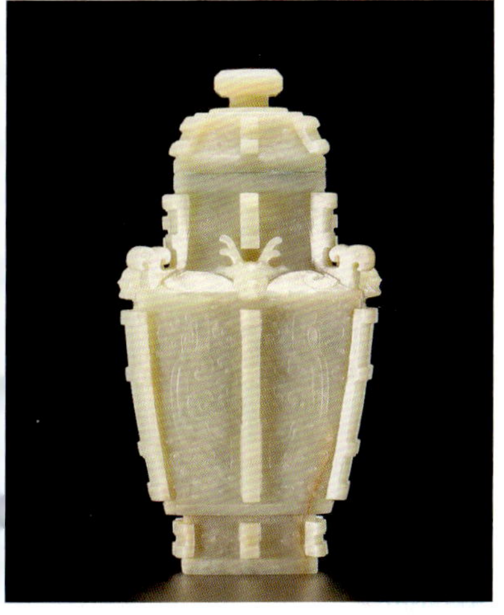

1305 清 黄玉雕兽面纹瓶
估 价：RMB 80,000～120,000
成交价：RMB 207,000
高23.5cm 印千山 2018-01-12

7197 清 白玉龙凤纹瓶
估 价：HKD 95,000
成交价：RMB 149,016
玉高24.2cm 万昌斯 2018-11-28

1915 清 白玉三兔足龙凤纹瓶
估 价：RMB 120,000～150,000
成交价：RMB 138,000
高11.5cm 西泠拍卖 2018-07-07

547 清 白玉岁寒三友螭龙纹菱形瓶
估 价：RMB 80,000
成交价：RMB 115,000
高16.8cm 浙江佳宝 2018-07-01

1433 清 青白玉高浮雕龙纹瓶
估 价：RMB 60,000～80,000
成交价：RMB 92,000
玉瓶高29.5cm 西泠拍卖 2018-09-29

543 清 碧玉狮钮双象耳衔环花鸟纹扁瓶
估 价：RMB 45,000
成交价：RMB 80,500
高37.3cm 浙江佳宝 2018-07-01

1622 清 白玉雕双龙耳出戟玉瓶
成交价：RMB 55,200
高22cm 印千山 2018-01-12

3164 清 绿松石镂雕岁寒三友盖瓶
估　价：RMB 30,000～50,000
成交价：RMB 34,500
高10cm 北京匡时 2018-06-15

1964 清 水晶荷塘鸳鸯纹铺首衔环盖瓶
成交价：RMB 28,750
高15.5cm 广东崇正 2018-07-05

5415 民国 水晶花卉耳瓶
估　价：RMB 5,000～8,000
成交价：RMB 11,500
高12.5cm 中国嘉德 2018-05-19

3497 杨光 官上加官 白玉瓶
估　价：RMB 320,000～400,000
成交价：RMB 368,000
高12.1cm；重213.0g 西泠拍卖 2018-07-08

2476 王广安 新疆和田玉籽料一带一路瓶
估　价：RMB 300,000
成交价：RMB 345,000
高14.5cm×2；重315g 尚品润博 2018-01-21

317 颜桂明 净瓶观音 白玉摆件
估 价：RMB 350,000～600,000
成交价：RMB 392,000
高9.5cm；重246.5g 上海联合 2018-07-01

3939 白玉缠枝莲纹链瓶
估 价：RMB 1,000～2,000
成交价：RMB 57,500
高66cm（含架） 中国嘉德 2018-01-14

3883 青白玉缠枝莲团寿字链瓶 （一对）
估 价：RMB 1,000～2,000
成交价：RMB 32,200
高54cm×2（含架） 中国嘉德 2018-01-14

575 马庆华作品 和田籽玉炉瓶 （三件套）
成交价：RMB 34,500,000
高6.8cm；高21cm；高21cm 上海匡时 2018-04-30

玉 尊

5958 清乾隆 白玉兽面纹童子方尊
估 价：RMB 1,000,000～1,600,000
成交价：RMB 1,322,500
长10.4cm 北京保利 2018-06-20

6337 明 青玉螭龙觥
估 价：HKD 75,000
成交价：RMB 107,184
玉高16.4cm 万昌斯 2018-05-30

玉觥、玉觞、玉觯

230 明 白玉龙凤纹觥杯
估 价：RMB 150,000～200,000
成交价：RMB 218,500
高10.9cm 北京鸿盛祥 2018-12-06

1169 明/清初 青玉仿古龙纹觥
估 价：USD 15,000～25,000
成交价：RMB 1,282,875
高22.9cm 纽约佳士得 2018-09-13

3014 清乾隆 青白玉仿古瑞兽纹觥
“乾隆仿古”刻款
估 价：HKD 300,000~400,000
成交价：RMB 554,375
宽16.5cm 佳士得 2018-11-28

2878 清乾隆 白玉仿古兽面纹龙耳觥
成交价：RMB 345,000
高8.5cm 北京匡时 2018-06-15

5309 明 水晶羽觞
估 价：RMB 200,000~300,000
成交价：RMB 437,000
长8.6cm 北京保利 2018-12-08

904 宋/明 灰青玉仿古玉觯
估 价：USD 3,000~5,000
成交价：RMB 41,052
高8.6cm 纽约佳士得 2018-09-13

5308 明 玛瑙羽觞
估 价：RMB 500,000~600,000
成交价：RMB 1,035,000
长8.5cm 北京保利 2018-12-08

玉 觚

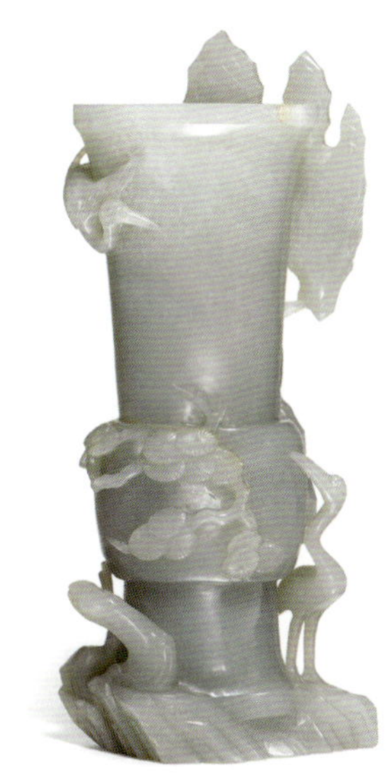

453 18世纪 青白玉松鹤纹觚
估 价：GBP 2,000~3,000
成交价：RMB 102,410
高20.5cm 伦敦苏富比 2018-05-18

1027 清乾隆 白玉仿古饕餮纹出戟方觚
估 价：RMB 580,000
成交价：RMB 828,000
高19.5cm 古天一 2018-12-08

5205 清乾隆 白玉兽面纹活环方觚
估　价：RMB 1,500,000～2,000,000
成交价：RMB 2,415,000
高17.2cm 北京保利 2018-06-19

4662 清中期 玉觚
估　价：RMB 480,000～580,000
成交价：RMB 552,000
高9.4cm 中国嘉德 2018-06-18

1051 清代 黄玉麒麟龙纹花觚
估　价：RMB 850,000
成交价：RMB 977,500
高15cm 古天一 2018-12-08

玉　鼎

118 18世纪 白玉朝冠耳方鼎
估　价：HKD 500,000～700,000
成交价：RMB 599,500
宽16.6cm 香港苏富比 2018-10-03

6408 清乾隆 白玉狮纹方鼎
估　价：HKD 300,000
成交价：RMB 974,400
高15.1cm 万昌斯 2018-05-30

玉 壶

3080 明 子冈款白玉梅花方壶
估 价：HKD 1,600,000~2,000,000
成交价：RMB 1,527,392
高13cm 保利香港 2018-04-02

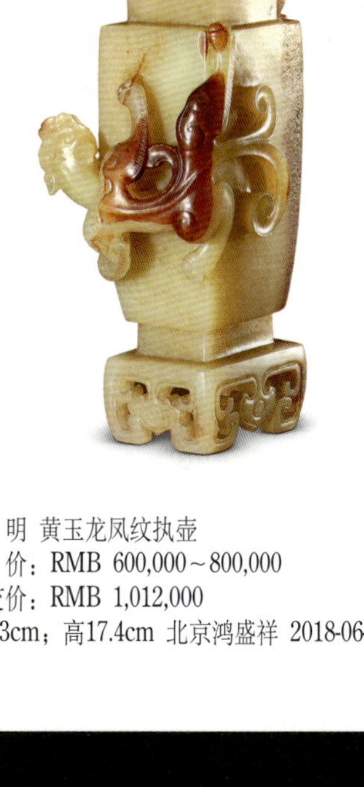

162 明 黄玉龙凤纹执壶
估 价：RMB 600,000~800,000
成交价：RMB 1,012,000
长7.3cm；高17.4cm 北京鸿盛祥 2018-06-16

58 明 青玉缠枝莲纹三足盖壶
估 价：GBP 8,000~12,000
成交价：RMB 86,240
高15cm 伦敦佳士得 2018-05-15

126 清乾隆 白玉茶壶
估 价：HKD 2,000,000~3,000,000
成交价：RMB 2,720,640
高17cm 香港苏富比 2018-10-03

3638 清乾隆 和阗青玉兽首衔环凫鱼壶
“乾隆仿古”款
估 价：HKD 18,000,000～24,000,000
成交价：RMB 17,571,480
高41.5cm 香港苏富比 2018-04-03

5438 清乾隆 水晶雕螭龙纹四方茶壶
估 价：RMB 400,000～500,000
成交价：RMB 805,000
高15cm；长18cm 北京保利 2018-12-12

1218 清乾隆 恭王府旧藏白玉雕海水云龙纹执壶
估 价：RMB 480,000～800,000
成交价：RMB 920,000
壶高21.5cm 西泠拍卖 2018-07-07

3680 清乾隆 青白玉福寿夔龙纹三牺式茶壶
估 价：HKD 1,000,000～1,500,000
成交价：RMB 1,011,250
高16.7cm 香港苏富比 2018-04-03

277 清 水晶雕花果纹茶壶及水晶雕龙首杯带托
估 价：GBP 3,000～4,000
成交价：RMB 118,580
茶壶高16.5cm 伦敦苏富比 2018-05-18

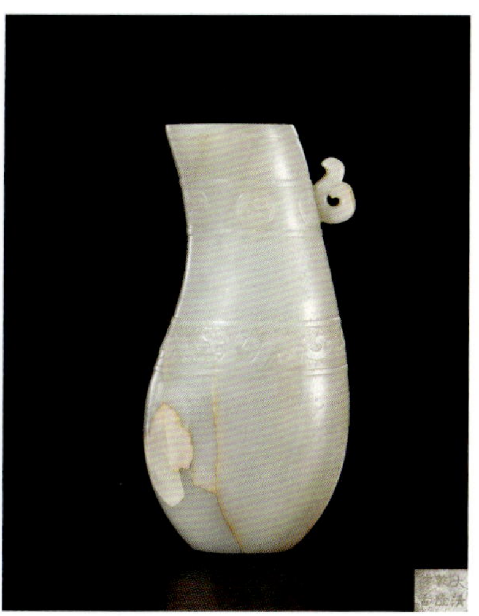

3083 清乾隆 青白玉仿古螭龙纹壶
阴刻“大清乾隆仿古”六字三行楷书款
估 价：HKD 400,000～450,000
成交价：RMB 381,848
高22.8cm 保利香港 2018-04-02

447 清 白玉山水人物诗文方壶
估 价：RMB 30,000～40,000
成交价：RMB 82,800
高6cm 北京东正 2018-06-17

278 19世纪 青白玉八方执壶
估 价：GBP 5,000～7,000
成交价：RMB 91,630
高21.5cm 伦敦苏富比 2018-05-18

6333 清 白玉小扁壶
估 价：RMB 30,000～50,000
成交价：RMB 34,500
高16.5cm 北京保利 2018-06-21

1107 宋鸣放 白玉壶
款识：鸣
估 价：RMB 650,000～800,000
成交价：RMB 728,000
8.2cm×13cm×6.3cm；重288.7g 上海联合
2018-11-25

2146 清代 玉钫
估 价：RMB 150,000～180,000
成交价：RMB 287,500
高21cm 古天一 2018-12-08

玉 卣

2930 清乾隆 御制朱彩镌黄玉雕提梁禾亭卣
"乾隆年制"篆书刻款 铭文："永宝用"，"禾亭"
估 价：HKD 12,000,000~18,000,000
成交价：RMB 14,697,200
高15.3cm 佳士得 2018-05-30

1494 清乾隆 翡翠提梁卣
估 价：RMB 800,000~1,200,000
成交价：RMB 1,150,000
（翡翠）高14.5cm 中贸圣佳 2018-06-20

玉 罐

3660 明 灰玉灵芝纹六角罐
估 价：HKD 50,000~80,000
成交价：RMB 77,172
高8.6cm 保利香港 2018-10-02

650 18世纪 白玉痕都斯坦式罐
估 价：USD 8,000~12,000
成交价：RMB 253,840
纽约苏富比 2018-03-21

1188 17世纪/18世纪 青白玉痕都斯坦式刻花小盖罐附铜匙
估 价：USD 8,000~12,000
成交价：RMB 239,470
高7.3cm 纽约佳士得 2018-09-13

2940 清18世纪 黄玉双系椭圆形罐
估 价：HKD 300,000~500,000
成交价：RMB 332,625
长12cm 佳士得 2018-11-28

223 19世纪/20世纪 白玉痕都斯坦式菊花纹盖罐
估 价：GBP 6,000~8,000
成交价：RMB 64,680
高18.5cm 伦敦佳士得 2018-05-15

玉 匜

2613 清 青白玉菊纹匜
估 价：RMB 30,000~50,000
成交价：RMB 34,500
长15.5cm 中国嘉德 2018-11-20

358 玉梅花匜
成交价：RMB 18,552
宽9cm 香港普艺 2018-10-06

玉 炉

589 元/明 青白玉镂雕双扣如意纹香熏
估 价：HKD 80,000~100,000
成交价：RMB 144,054
高7.8cm 中国嘉德 2018-10-02

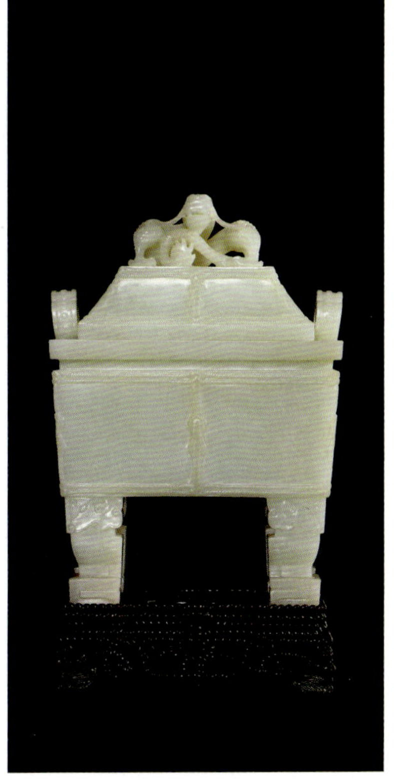

957 清乾隆 白玉龙钮鼎式方炉
估 价：RMB 800,000~1,500,000
成交价：RMB 920,000
高18cm 保利厦门 2018-07-15

3305 清乾隆 碧玉饕餮纹双活环耳出戟盖炉 配 白玉座
估 价：HKD 400,000~600,000
成交价：RMB 1,199,000
高21.4cm 香港苏富比 2018-10-03

1890 清乾隆 白玉镂雕狮钮活环耳三足盖炉
估 价：RMB 3,500,000～5,000,000
成交价：RMB 6,095,000
高13.3cm；通径19.5cm 西泠拍卖 2018-07-07

7200 清乾隆 御制白玉天鸡耳三足炉
估 价：HKD 600,000
成交价：RMB 1,224,060
玉高15.1cm 万昌斯 2018-11-28

3141 18世纪 白玉雕饕餮纹三足炉
估 价：HKD 800,000～1,200,000
成交价：RMB 812,000
高19.5cm 佳士得 2018-05-30

106 清乾隆 白玉莲耳镂空香熏
估 价：RMB 200,000～250,000
成交价：RMB 368,000
长12.5cm 北京鸿盛祥 2018-12-06

1020 清乾隆 白玉雕螭龙小炉
估 价：RMB 150,000
成交价：RMB 207,000
高4.2cm 古天一 2018-12-08

3157 清乾隆 白玉镂空繁花熏炉
估 价：RMB 80,000～100,000
成交价：RMB 184,000
高10.5cm 北京匡时 2018-06-15

1177 18世纪 白玉炉
估 价：USD 15,000～25,000
成交价：RMB 111,183
宽21.5cm 纽约佳士得 2018-09-13

41 清中期 白玉狮耳活环兽钮炉
估 价：RMB 180,000～200,000
成交价：RMB 437,000
长10.4cm；高11.3cm 北京鸿盛祥 2018-12-06

142 18世纪/19世纪 白玉雕龙活环龙首三足盖炉
估 价：HKD 2,500,000～3,500,000
成交价：RMB 2,720,640
高29.6cm 香港苏富比 2018-10-03

1846 18世纪/19世纪 碧玉簋式炉
估 价：USD 3,000～5,000
成交价：RMB 47,595
纽约苏富比 2018-03-24

233 清嘉庆 碧玉凤纹炉
“嘉庆年制”刻款
估 价：GBP 25,000～30,000
成交价：RMB 280,280
高9.5cm 伦敦佳士得 2018-05-15

3105 清中期 碧玉兽面纹双耳衔环熏炉
估 价：RMB 20,000～30,000
成交价：RMB 55,200
高11cm 北京匡时 2018-12-05

1281 清 白玉镂雕牡丹花熏
估 价：RMB 550,000～650,000
成交价：RMB 632,500
高8.7cm；通径13.4cm 西泠拍卖 2018-07-07

550 清 白玉盘龙钮饕餮纹双兽耳三足炉
估　价：RMB 130,000
成交价：RMB 207,000
宽16.5cm；高11cm 浙江佳宝 2018-07-01

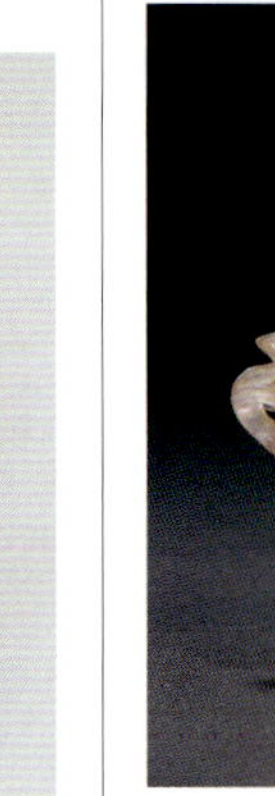

1066 清 青白玉双耳香炉
估　价：RMB 80,000～120,000
成交价：RMB 92,000
长18cm；高10cm 北京华辰 2018-11-19

1873 清 白玉象耳簋式炉
估　价：RMB 50,000～70,000
成交价：RMB 80,500
通高10.4cm 西泠拍卖 2018-07-07

1598 清 玛瑙雕兽钮活环耳香炉
估　价：RMB 38,000～50,000
成交价：RMB 46,000
通径12.5cm 西泠拍卖 2018-07-07

1597 清 水晶雕龙纹铺首耳香炉
估　价：RMB 20,000～30,000
成交价：RMB 23,000
通径10.5cm 西泠拍卖 2018-07-07

168 20世纪初 白玉龙首活环耳三足盖炉
估　价：HKD 300,000～500,000
成交价：RMB 381,500
19.1cm 佳士得 2018-10-04

1534 19世纪/20世纪 青白玉痕都斯坦式透雕莲纹高足盖炉
估　价：USD 3,000～5,000
成交价：RMB 72,696
纽约苏富比 2018-09-15

玉　盒

1603 辽-金 玛瑙雕春山秋水纹寿桃形盖盒
估　价：RMB 20,000～30,000
成交价：RMB 23,000
长7cm；宽6.3cm 西泠拍卖 2018-07-07

6309 唐 白玉花卉纹盖盒
估　价：HKD 38,000
成交价：RMB 37,027
长3.6cm 万昌斯 2018-05-30

492 朱玉峰 双耳碧玉香炉
估　价：RMB 220,000～300,000
成交价：RMB 246,400
高9.1cm；重207.4g 上海联合 2018-07-01

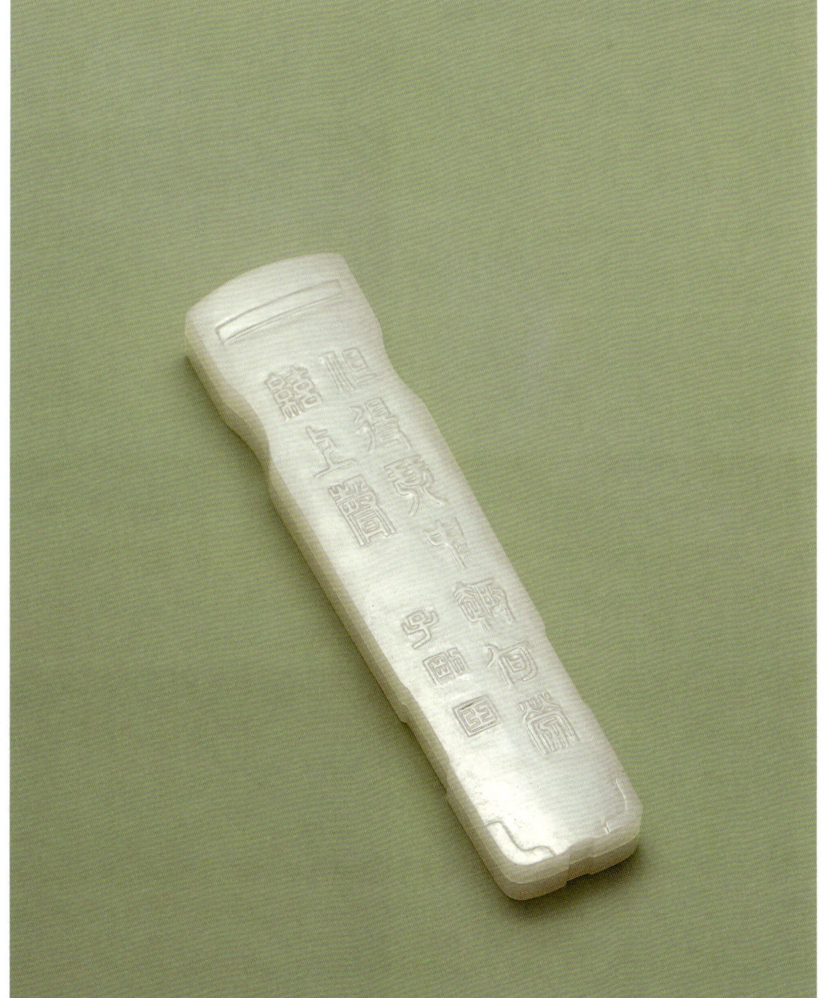

5102 明 陆子冈至白玉题诗琴形盒
“高山流水”款
估　价：RMB 700,000～900,000
成交价：RMB 1,495,000
长9.7cm 北京保利 2018-06-19

2153 明 白玉荔枝纹香盒
估　价：RMB 250,000～300,000
成交价：RMB 368,000
直径5.5cm；高2.7cm 中贸圣佳 2018-11-24

2671 清乾隆 白玉鹌鹑盖盒 （一对）
估　价：RMB 800,000～1,000,000
成交价：RMB 920,000
宽9.5cm×2 中国嘉德 2018-06-18

3314 清乾隆 白玉嵌宝灵芝纹四方盖盒
估　价：HKD 500,000～700,000
成交价：RMB 872,000
直径8.2cm 香港苏富比 2018-10-03

914 18世纪 白玉年年有余方盒 （一对）
估 价：RMB 1,000,000～1,500,000
成交价：RMB 2,070,000
8cm×8cm×4.5cm×2 北京东正 2018-06-17

2907 清乾隆 白玉榴开百子连枝盒
估 价：HKD 300,000～500,000
成交价：RMB 304,500
长8.3cm 佳士得 2018-05-30

104 清乾隆 青白玉穿云游龙纹盖盒
估 价：GBP 40,000～60,000
成交价：RMB 539,000
直径10cm 伦敦苏富比 2018-05-16

172 清乾隆 青白玉番莲纹盖盒
估 价：HKD 70,000～100,000
成交价：RMB 155,225
宽76cm 邦瀚斯 2018-11-27

6283 清中期 水晶雕福寿盖盒
估 价：RMB 8,000～12,000
成交价：RMB 78,200
宽10.2cm 北京保利 2018-06-21

2091 清乾隆 白玉菊花香盒
估 价：RMB 160,000～200,000
成交价：RMB 184,000
直径6.2cm；高3.7cm 中贸圣佳 2018-11-24

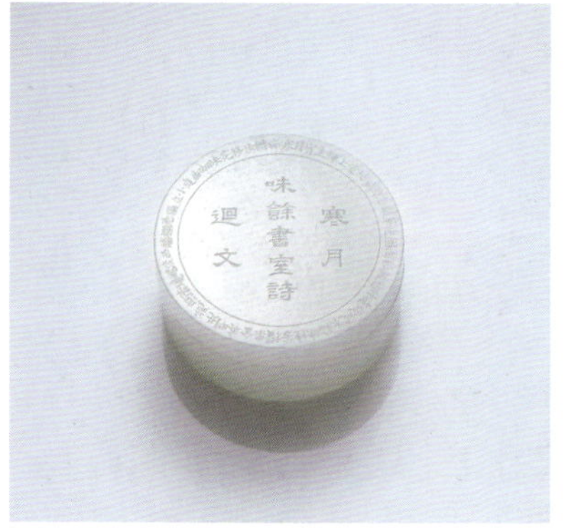

4661 清嘉庆 御题回文诗白玉盖盒
估 价：RMB 400,000～480,000
成交价：RMB 575,000
直径5.8cm；高2.9cm 中国嘉德 2018-06-18

737 清中期 和田玉福寿如意纹香盒
估 价：RMB 30,000～40,000
成交价：RMB 40,250
长9.5cm；宽5.5cm 南京经典 2018-07-22

1820 19世纪 白玉雕宝鹅形盖盒
估　价：USD 3,000～5,000
成交价：RMB 79,325
纽约苏富比 2018-03-24

3047 清 白玉镂雕仙鹤灵芝盖盒
估　价：HKD 400,000～600,000
成交价：RMB 426,300
总高14cm 佳士得 2018-05-30

910 清 白玉鹅型盖盒
估　价：RMB 100,000～150,000
成交价：RMB 218,500
高11cm 北京东正 2018-06-17

1047 清代 黄玉阴刻山水人物盖盒
估　价：RMB 120,000
成交价：RMB 230,000
直径5.5cm 古天一 2018-12-08

3143 黄玉雕兔形盖盒
估　价：HKD 150,000～250,000
成交价：RMB 223,300
宽8.3cm 佳士得 2018-05-30

5494 白玉留皮盖盒
估　价：RMB 1,000～2,000
成交价：RMB 40,250
长17cm 中国嘉德 2018-05-19

玉　奁

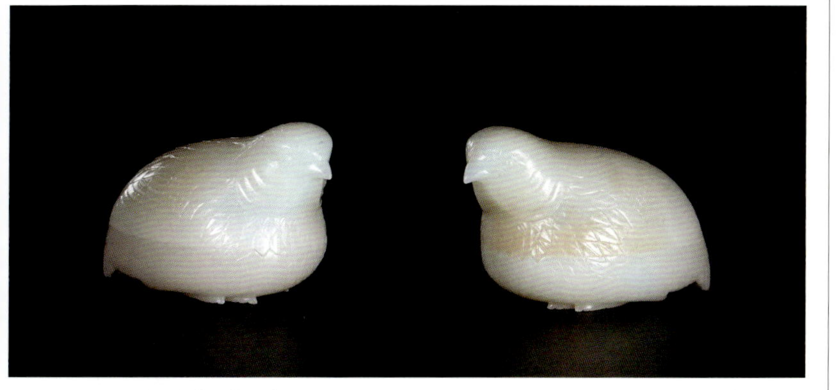

712 民国 白玉鹌鹑盖盒 （一对）
估　价：RMB 20,000～40,000
成交价：RMB 115,000
长10.5cm×2 保利厦门 2018-07-15

5956 清乾隆 白玉年年有余如意纹盖奁
估　价：RMB 650,000～850,000
成交价：RMB 805,000
宽12.2cm 北京保利 2018-06-20

931 清乾隆 白玉莲纹三羊开泰五蝠纽奁
估 价：RMB 3,000,000～3,500,000
成交价：RMB 6,095,000
高15cm 北京东正 2018-06-17

6522 清乾隆 白玉兽面纹双兽耳盖奁
估 价：RMB 350,000～550,000
成交价：RMB 483,000
宽14.5cm 北京保利 2018-12-09

玉 盘

905 宋 黄玉盏托
估 价：USD 8,000～12,000
成交价：RMB 256,575
直径11.7cm 纽约佳士得 2018-09-13

771 明 玉雕万寿长春茶盘
估 价：RMB 25,000～35,000
成交价：RMB 28,750
长18cm 北京保利 2018-04-29

45 清乾隆 白玉乾隆御制款盘
估 价：RMB 150,000～180,000
成交价：RMB 212,750
直径13.8cm 北京鸿盛祥 2018-12-06

241 清乾隆 碧玉菊瓣盘
估 价：RMB 60,000～100,000
成交价：RMB 69,000
直径14cm 北京保利 2018-04-29

1183 清嘉庆 白玉六瓣花口盘
“嘉庆年制”四字楷书刻款
估 价：USD 15,000～25,000
成交价：RMB 427,625
直径14.8cm 纽约佳士得 2018-09-13

3338 清乾隆 白玉杯连盏托
盏托："乾隆御用"、"嘉庆御用"款 杯："道光御用"款
估 价：HKD 1,200,000~1,800,000
成交价：RMB 1,308,000
盏托17.3cm；杯6.7cm 香港苏富比 2018-10-03

924 玉镶金口盘
估 价：RMB 600,000~800,000
成交价：RMB 920,000
直径13.3cm 北京东正 2018-06-17

1042 清代 描金松树纹碧玉赏盘
估 价：RMB 180,000
成交价：RMB 207,000
直径31cm 古天一 2018-06-17

1288 清 大清乾隆年制款碧玉浮雕海晏河清图盘
"大清乾隆年制"款
估 价：RMB 30,000~50,000
成交价：RMB 80,500
直径8.3cm 西泠拍卖 2018-07-07

6526 清乾隆 青白玉雕双龙戏珠盏托及双龙耳杯
估 价：RMB 500,000~600,000
成交价：RMB 678,500
宽16.5cm；宽11.5cm 北京保利 2018-12-09

7190 清 白玉痕都斯坦式椭圆形碟
估 价：HKD 40,000
成交价：RMB 42,576
长17.2cm 万昌斯 2018-11-28

3308 清乾隆 黄玉碗 （一对）
估 价：HKD 5,000,000～7,000,000
成交价：RMB 5,859,840
直径13.8cm×2 香港苏富比 2018-10-03

玉 碗

889 宋 玛瑙葵口碗
估 价：HKD 30,000～50,000
成交价：RMB 463,032
直径10.8cm 中国嘉德 2018-10-02

3202 清乾隆 御题和阗白玉碗
“乾隆乙酉季夏月”、“乾隆年制”款；“比德”、“朗润”印
估 价：HKD 4,000,000～6,000,000
成交价：RMB 4,290,240
直径12.7cm 香港苏富比 2018-10-03

3605 清康熙至雍正 玛瑙葵花式浅碗
估 价：HKD 800,000～1,000,000
成交价：RMB 1,090,000
直径18.5cm 香港苏富比 2018-10-03

1038 清康熙 白玉九鱼八吉祥纹碗
估 价：RMB 400,000
成交价：RMB 747,500
高6cm；直径18cm 古天一 2018-06-17

102 17世纪 青白玉痕都斯坦式缠枝花卉纹碗
估 价：GBP 10,000～20,000
成交价：RMB 188,650
直径13.6cm 伦敦苏富比 2018-05-16

128 清乾隆 白玉碗（一对）
估 价：HKD 2,000,000～3,000,000
成交价：RMB 2,180,000
直径15.8cm×2 香港苏富比 2018-10-03

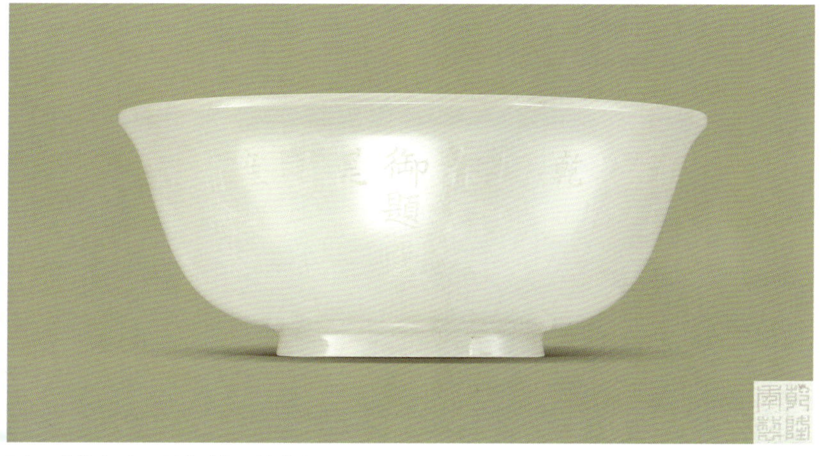

5108 清乾隆 白玉刻乾隆御题诗茶盅
“乾隆年制”款
估 价：RMB 2,200,000～3,200,000
成交价：RMB 3,910,000
直径10.8cm 北京保利 2018-06-19

1495 清乾隆 翡翠碗 （一对）
估 价：RMB 500,000～600,000
成交价：RMB 713,000
直径14.1cm×2 中贸圣佳 2018-06-20

923 清乾隆 白玉碗 （一对）
估 价：RMB 2,000,000～2,600,000
成交价：RMB 3,220,000
直径13cm×2 北京东正 2018-06-17

2025 清代 紫檀嵌百宝饕餮碗
估 价：RMB 20,000～30,000
成交价：RMB 57,500
高6cm；直径14.5cm 古天一 2018-12-08

5437 清乾隆 白玉盖碗 （一对）
估 价：RMB 800,000～1,000,000
成交价：RMB 1,495,000
直径12cm×2 北京保利 2018-12-12

3008 18世纪 白玉描金刻三多碗 （一对）
估 价：HKD 1,000,000～1,500,000
成交价：RMB 1,015,000
直径15.2cm×2 佳士得 2018-05-30

1031 清乾隆 白玉宫碗
估 价：RMB 800,000～1,200,000
成交价：RMB 862,500
直径12.3cm 华艺国际 2018-05-23

2863 清乾隆 仿琥珀料河塘鸳鸯碗
“乾隆年制”款
估 价：RMB 100,000～150,000
成交价：RMB 115,000
直径16.7cm 北京荣宝 2018-12-03

1267 清 白玉描金山水纹碗
估 价：RMB 80,000～120,000
成交价：RMB 115,000
高4.2cm；口径12cm 西泠拍卖 2018-07-07

3309 清 白玉秋葵式碗
估 价：HKD 80,000～120,000
成交价：RMB 87,200
直径12.5cm 香港苏富比 2018-10-03

1033 清代 玉贡碗 （一套）
估 价：RMB 50,000
成交价：RMB 57,500
高5cm；直径12cm 古天一 2018-06-17

269 清末 碧玉饕餮纹菊瓣碗
估 价：GBP 3,000～5,000
成交价：RMB 51,744
直径23.5cm 伦敦苏富比 2018-05-18

玉 杯

166 宋/明 玉雕仿古龙凤纹牛首来通杯
估 价：HKD 200,000～300,000
成交价：RMB 343,713
高86cm 邦瀚斯 2018-11-27

1883 宋 白玉提油单耳杯
估 价：RMB 30,000～40,000
成交价：RMB 55,200
长7.9cm 西泠拍卖 2018-07-07

944 元 玉雕菊瓣杯
估 价：RMB 30,000～40,000
成交价：RMB 115,000
直径5.3cm 北京诚轩 2018-06-17

797 元 玛瑙斗笠盏
估 价：RMB 8,000～12,000
成交价：RMB 66,700
直径11.5cm 保利厦门 2018-01-08

84 17世纪 青白玉花鸟纹题诗杯
估 价：GBP 1,500～2,500
成交价：RMB 70,070
宽10cm 伦敦佳士得 2018-05-15

317 明 白玉雕龙耳杯
“乾隆御用”款；“嘉庆御用”后加款
估 价：USD 20,000～30,000
成交价：RMB 273,680
纽约苏富比 2018-09-12

920 明 灰白玉螭龙耳杯
“福寿永昌”款
估 价：USD 4,000～6,000
成交价：RMB 145,393
宽14cm 纽约佳士得 2018-09-13

5732 明 白玉寿字花卉纹杯托 （一对）
估 价：RMB 150,000～200,000
成交价：RMB 230,000
长21.3cm×2 北京保利 2018-06-20

1521 明 青白玉雕兽面耳斗杯 （一组两件）
估 价：RMB 80,000～120,000
成交价：RMB 92,000
长8cm×2 西泠拍卖 2018-07-07

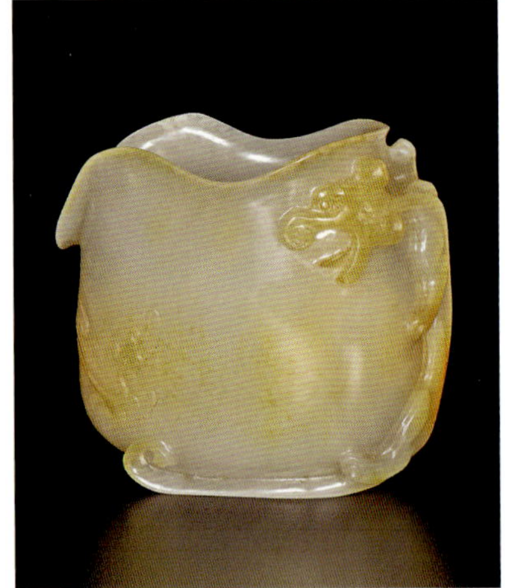

326 18世纪 玛瑙雕螭龙纹小杯
估 价：USD 4,000～6,000
成交价：RMB 64,144
纽约苏富比 2018-09-12

1602 清早期 玉杯
估 价：RMB 70,000
成交价：RMB 80,500
长8cm 北京翰海 2018-05-13

6298 清早期 白玉雕双万耳杯、浅浮雕高仕诗文带扣
估 价：RMB 3,000～5,000
成交价：RMB 51,750
宽8cm 北京保利 2018-06-21

3091 清雍正 雍正年制白玉杯 （一对）
估 价：RMB 1,000,000～1,300,000
成交价：RMB 1,610,000
直径7.4cm×2 中贸圣佳 2018-11-24

648 清乾隆 白玉灵芝小丞杯连座
估 价：HKD 600,000～800,000
成交价：RMB 843,747
高4.7cm 北京匡时 2018-10-03

1894 清乾隆 白玉花卉纹双耳活环薄胎杯
估 价：RMB 120,000～150,000
成交价：RMB 172,500
长15.0cm 西泠拍卖 2018-07-07

3301 清乾隆 白玉如意足小杯
估 价：HKD 300,000～500,000
成交价：RMB 763,000
直径7.2cm 香港苏富比 2018-10-03

2682 清乾隆 白玉三足酒杯
估 价：RMB 50,000～60,000
成交价：RMB 57,500
直径5.1cm 北京匡时 2018-12-05

220 19世纪 青白玉菊瓣杯
估 价：GBP 1,000~2,000
成交价：RMB 102,410
直径7.2cm 伦敦苏富比 2018-05-18

725 清 青玉雕痕都斯坦式花耳菊瓣杯
估 价：RMB 20,000~30,000
成交价：RMB 69,000
直径8cm 北京东正 2018-06-17

1522 清 白玉雕双螭纹觥形杯
估 价：RMB 20,000~30,000
成交价：RMB 25,300
通径7.8cm 西泠拍卖 2018-07-07

2099 宫廷旧藏白玉灵芝双鹿杯
估 价：RMB 500,000~800,000
成交价：RMB 575,000
长10.6cm 中贸圣佳 2018-11-24

1525 20世纪 青白玉雕仿古爵
估 价：USD 2,000~3,000
成交价：RMB 29,934
纽约苏富比 2018-09-15

6104 清乾隆 白玉灵芝纹小盏
估 价：RMB 35,000~55,000
成交价：RMB 55,200
直径8.5cm 北京保利 2018-12-09

玉 缸

4002 云龙纹大缸
估 价：RMB 1,000~2,000
成交价：RMB 59,800
直径95cm 中国嘉德 2018-01-14

玉盆、玉钵

276 清 青白玉四季花卉花盆
估 价：RMB 80,000~120,000
成交价：RMB 92,000
19.5cm × 14cm × 7.6cm 八益拍卖 2018-04-28

3993 碧玉云龙纹钵
“乾隆年制”款
估 价：RMB 1,000~2,000
成交价：RMB 36,800
直径16.5cm 中国嘉德 2018-01-14

玉花插 盆景

2010 明末清初 青白玉螭龙纹双联瓶花插
估 价：RMB 100,000～150,000
成交价：RMB 172,500
带座高23cm 广东崇正 2018-07-05

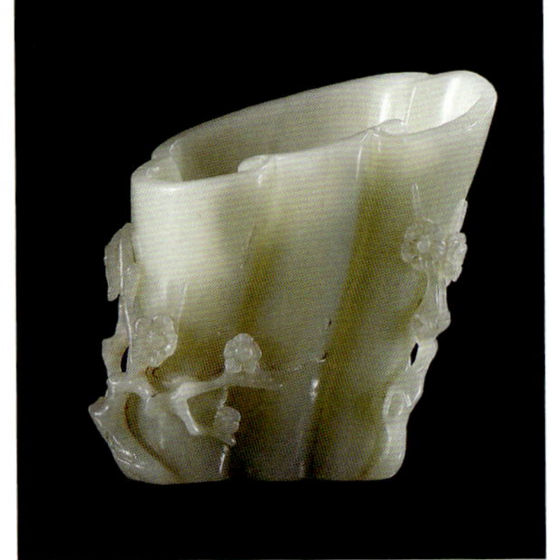

1913 清早期 白玉梅花纹花插
估 价：RMB 100,000～120,000
成交价：RMB 115,000
高8.0cm 西泠拍卖 2018-07-07

2090 明末清初 黄玉鱼化龙花插
估 价：RMB 120,000～150,000
成交价：RMB 138,000
高15.5cm 古天一 2018-12-08

5204 清乾隆 白玉百宝盆景 （一对）
估 价：RMB 1,600,000～2,600,000
成交价：RMB 2,530,000
高32cm×2 北京保利 2018-06-19

3403 清乾隆 晶石巧雕游龙戏凤花插
估 价：HKD 1,000,000～1,500,000
成交价：RMB 1,011,250
高16.5cm 香港苏富比 2018-04-03

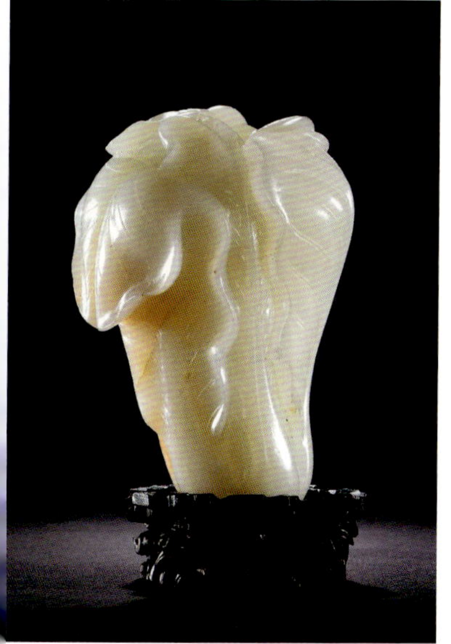

2101 清乾隆 白玉雕白菜花插
估 价：RMB 300,000～350,000
成交价：RMB 345,000
高9.8cm 中贸圣佳 2018-11-24

1600 清乾隆 南红玛瑙雕英雄纹花插
估 价：RMB 70,000～90,000
成交价：RMB 86,250
高7cm 西泠拍卖 2018-07-07

5478 清乾隆 南红玛瑙福寿花插
估 价：RMB 38,000～58,000
成交价：RMB 43,700
高8.3cm 中国嘉德 2018-05-19

1912 清中期 碧玉双鱼花插
估 价：RMB 120,000～200,000
成交价：RMB 184,000
高20cm 北京翰海 2018-06-30

1219 清 碧玉嵌珐琅水仙盆景 （一对）
估 价：RMB 80,000～120,000
成交价：RMB 195,500
带盆高25cm；带盆高24.5cm 西泠拍卖 2018-07-07

2637 清 黄玉玉兰花插（带座）
估 价：RMB 150,000～200,000
成交价：RMB 172,500
高16cm 中国嘉德 2018-11-20

2880 清 白玉兰花形花插
成交价：RMB 66,700
高15.5cm 北京匡时 2018-06-15

90 清 红珊瑚高浮雕龙纹花插
估 价：RMB 42,000～48,000
成交价：RMB 48,300
高10.3cm 西泠拍卖 2018-05-04

玉香插

321 明末 青玉雕瑞兽香插
估 价：USD 4,000～6,000
成交价：RMB 34,210
纽约苏富比 2018-09-12

3850 清早期 玉雕海棠形花觚式小香插
估 价：RMB 22,000～32,000
成交价：RMB 25,300
高6.8cm 中国嘉德 2018-09-19

玉香筒

147 清乾隆 白玉镂雕溪山高隐香筒 （一对）
估 价：RMB 1,200,000～1,500,000
成交价：RMB 1,978,000
高24.8cm×2 北京鸿盛祥 2018-06-16

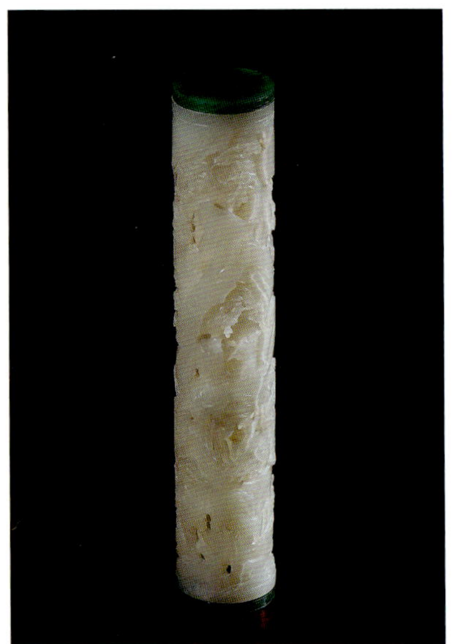

1916 清 白玉山水人物香筒
估 价：RMB 650,000～850,000
成交价：RMB 920,000
高23.5cm 西泠拍卖 2018-07-07

2082 清中期 白玉透雕山旅图香筒
估 价：RMB 120,000～150,000
成交价：RMB 138,000
高19.5cm 古天一 2018-12-08

玉烛台

486 18世纪 碧玉海晏河清烛台 （一对）
估 价：HKD 960,000～1,200,000
成交价：RMB 977,512
高22.5cm×2 北京匡时 2018-10-03

2813 清乾隆 御制白玉落花流水烛台
估 价：RMB 200,000～300,000
成交价：RMB 230,000
高16cm 北京荣宝 2018-12-03

其他生活用品

5731 元 白玉酒勺
估 价：RMB 60,000～80,000
成交价：RMB 92,000
长9cm 北京保利 2018-06-20

948 明 灰白玉仿古拐子龙凤纹玉卮
估 价：USD 20,000～30,000
成交价：RMB 239,470
高8.5cm 纽约佳士得 2018-09-13

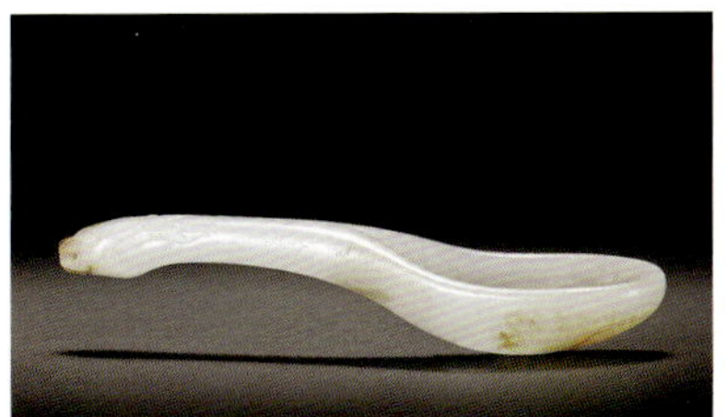

3385 清乾隆 白玉雕龙柄御勺
估 价：RMB 200,000～400,000
成交价：RMB 471,500
长11cm 北京荣宝 2018-06-14

3681 清 青玉雕云龙纹嵌鸂鶒木描金御制诗冠架
估 价：HKD 200,000～300,000
成交价：RMB 384,275
高29cm 香港苏富比 2018-04-03

3452 王一卜 茶禅一则 青玉茶则
钤印：卜
估 价：RMB 50,000～80,000
成交价：RMB 115,000
长17.4cm；重61.9g 西泠拍卖 2018-07-08

文房用品

玉 笔

917 18世纪 白玉大锋笔
估 价：RMB 150,000～200,000
成交价：RMB 264,500
长30cm 北京东正 2018-06-17

37 清嘉庆 白玉嘉庆款携琴访友玉笔 （一对）
估 价：RMB 30,000～40,000
成交价：RMB 66,700
长15.5cm×2 北京鸿盛祥 2018-12-06

86 十八/十九世纪 青白玉雕梅桩大笔海
估 价：HKD 1,800,000～2,400,000
成交价：RMB 3,814,100
高21cm 邦瀚斯 2018-11-27

953 17-18世纪 灰白玉山水人物笔筒
估 价：RMB 400,000～450,000
成交价：RMB 517,500
高11cm 北京东正 2018-06-17

2094 清乾隆 碧玉云龙纹笔筒
估 价：RMB 400,000～600,000
成交价：RMB 460,000
高12.7cm 中贸圣佳 2018-11-24

玉笔筒

3167 清早期 南红玛瑙雕梅花笔筒
估 价：RMB 50,000～60,000
成交价：RMB 57,500
高13.5cm 北京匡时 2018-06-15

107 清乾隆 白玉笔筒
估 价：HKD 250,000～350,000
成交价：RMB 654,000
高10.8cm 香港苏富比 2018-10-03

627 清中期 碧玉雕山水诗文笔筒
估 价：RMB 8,000～12,000
成交价：RMB 57,500
高16cm 保利厦门 2018-01-08

5535 碧玉山水人物御题诗文笔筒
估 价：RMB 1,000～2,000
成交价：RMB 32,200
直径21cm 中国嘉德 2018-05-19

玉笔架

2650 元 白玉山形笔架
估 价：RMB 450,000～550,000
成交价：RMB 517,500
长13.4cm 北京匡时 2018-12-05

6095 清18世纪 白玉喜上眉梢笔架
估 价：RMB 120,000～150,000
成交价：RMB 138,000
长13cm 北京保利 2018-12-09

1932 清中期 白玉五峰笔架
估 价：RMB 50,000～70,000
成交价：RMB 97,750
长14cm 北京翰海 2018-06-30

2872 清 碧玉山形笔架
成交价：RMB 55,200
长23.5cm 北京匡时 2018-06-15

714 清 白玉雕松鼠葡萄纹笔搁
估 价：RMB 120,000～150,000
成交价：RMB 138,000
长5.9cm 北京东正 2018-06-17

7188 清 白玉巧雕百鸟朝凤笔架
估 价：HKD 60,000
成交价：RMB 90,474
玉长16cm 万昌斯 2018-11-28

3091 18世纪 青白玉海浪式笔搁
估 价：HKD 80,000～120,000
成交价：RMB 161,800
长16cm 香港苏富比 2018-04-02

玉印盒

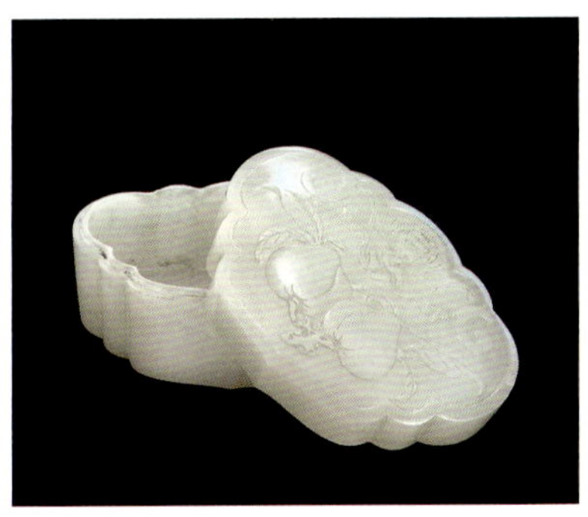

2370 清 白玉福寿如意形印盒
估 价：RMB 80,000～120,000
成交价：RMB 101,200
宽7.2cm 中国嘉德 2018-11-20

1213 清代 和田玉盘龙纹印盒
估 价：RMB 20,000～28,000
成交价：RMB 28,750
直径4.6cm 南京经典 2018-01-06

玉墨床

59 明 白玉龙凤饕餮纹墨床
估 价：RMB 30,000～50,000
成交价：RMB 55,200
长8.8cm 北京鸿盛祥 2018-12-06

82 明 望子成龙玉墨床
估 价：RMB 24,000～28,000
成交价：RMB 27,600
长8.7cm 西泠拍卖 2018-05-04

2892 清中期 黑白玉巧雕梅花纹墨床
估 价：RMB 120,000～150,000
成交价：RMB 138,000
2.5cm×8.5cm×3cm 中国嘉德 2018-06-19

3656 清 鸡骨白玉三才纹墨床
估 价：HKD 30,000～50,000
成交价：RMB 46,303
宽13cm 保利香港 2018-10-02

玉水丞

590 明 黄玉瓜形水丞
估 价：HKD 60,000～80,000
成交价：RMB 72,027
宽5.5cm 中国嘉德 2018-10-02

3350 18世纪 白玉浮雕龙纹水盂
估 价：HKD 400,000～600,000
成交价：RMB 436,000
9.8cm 香港苏富比 2018-10-03

51 18世纪 白玉宝鸭形水盂
估 价：GBP 3,000～5,000
成交价：RMB 134,750
宽7cm 伦敦佳士得 2018-05-15

2614 清乾隆 青白玉雕福寿水丞（砚滴）
估 价：RMB 100,000～120,000
成交价：RMB 115,000
宽7cm 中国嘉德 2018-11-20

259 清乾隆 白玉痕都斯坦水盂
估 价：RMB 30,000～50,000
成交价：RMB 207,000
长12.5cm 八益拍卖 2018-04-28

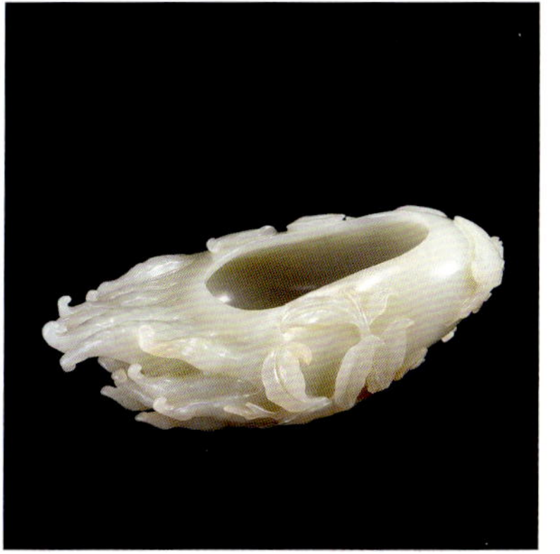

1942 清中期 青白玉佛手水丞
成交价：RMB 80,500
长15cm 华艺国际 2018-11-17

3496 清 白玉雕佛手水呈
估 价：HKD 30,000～50,000
成交价：RMB 42,958
宽15.5cm 保利香港 2018-04-02

2863 清 黄玉绳纹水盂
成交价：RMB 69,000
高5.8cm 北京匡时 2018-06-15

3084 明 黑白玉雕虎形水呈
估 价：HKD 400,000～450,000
成交价：RMB 381,848
宽25cm 保利香港 2018-04-02

6091 清 白玉浅足水盂
估 价：RMB 50,000～80,000
成交价：RMB 172,500
宽5.5cm 北京保利 2018-12-09

3158 清中期 白玉富甲一方水呈
估 价：RMB 80,000～100,000
成交价：RMB 92,000
长20.3cm 北京匡时 2018-06-15

1923 清中期 白玉云龙纹水呈
估 价：RMB 10,000～30,000
成交价：RMB 57,500
长8.5cm 北京翰海 2018-06-30

玉砚滴

1881 清 白玉卧兽形砚滴
估 价：RMB 100,000～120,000
成交价：RMB 172,500
长10.9cm 西泠拍卖 2018-07-07

602 18世纪 白玉宝鸭水滴
估 价：HKD 120,000～150,000
成交价：RMB 205,792
宽8.5cm 中国嘉德 2018-10-02

玉笔洗

2023 明代 蜜蜡雕玉兰花洗
估 价：RMB 150,000～180,000
成交价：RMB 184,000
长9.8cm 古天一 2018-12-08

1127 西汉 和田籽料白玉铺首活环洗（带原装金箔）
估 价：HKD 3,800,000～4,200,000
成交价：RMB 3,395,568
宽15cm 中国嘉德 2018-10-02

1888 明 白玉“仙人乘槎”水洗
估 价：RMB 70,000～80,000
成交价：RMB 80,500
长8.8cm 西泠拍卖 2018-07-07

1486 明 黄玉秋葵纹小洗
估 价：RMB 50,000～80,000
成交价：RMB 57,500
直径7.5cm 中贸圣佳 2018-06-20

651 17世纪 青玉雕荷叶形洗
估 价：USD 20,000～30,000
成交价：RMB 158,650
纽约苏富比 2018-03-21

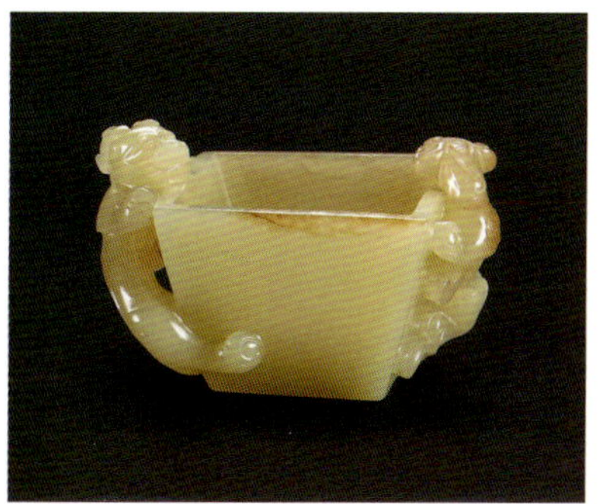

3332 18世纪 黄玉双龙斗式洗
估 价：HKD 300,000～500,000
成交价：RMB 708,500
宽7.3cm 香港苏富比 2018-10-03

1892 清乾隆 白玉如意双福洗
估 价：RMB 1,400,000～1,800,000
成交价：RMB 1,610,000
直径10.8cm 西泠拍卖 2018-07-07

109 清雍正至乾隆 白玉瑞蝠灵芝洗
估 价：HKD 2,000,000～3,000,000
成交价：RMB 2,825,280
宽18.8cm 香港苏富比 2018-10-03

89 十八世纪 青灰玉三足洗
估 价：HKD 400,000～600,000
成交价：RMB 332,625
通径119cm 邦瀚斯 2018-11-27

946 清乾隆 白玉雕五福捧寿纹龙耳活环洗
估 价：USD 150,000～250,000
成交价：RMB 4,026,517
宽26cm 纽约佳士得 2018-09-13

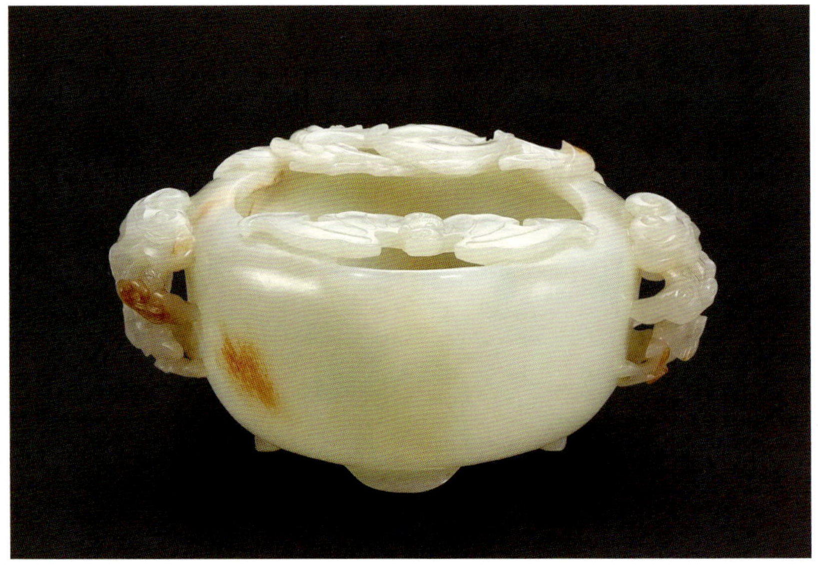

3327 清乾隆 白玉福寿纹灵芝耳洗
估 价：HKD 1,500,000～2,000,000
成交价：RMB 2,398,000
宽14.2cm 香港苏富比 2018-10-03

1465 清乾隆 白玉烤色双鱼洗
估 价：RMB 1,200,000～1,800,000
成交价：RMB 1,495,000
直径14.7cm 中贸圣佳 2018-06-20

1235 清乾隆 白玉雕螭龙纹双蝶耳活环洗
估 价：HKD 1,500,000～2,000,000
成交价：RMB 1,543,440
宽18.7cm 中国嘉德 2018-10-02

5428 清乾隆 白玉双龙抱珠洗
估 价：RMB 1,200,000～1,800,000
成交价：RMB 1,380,000
直径13.5cm 北京保利 2018-12-12

5043 清乾隆 青白玉镂空雕荷花洗
估 价：RMB 500,000～600,000
成交价：RMB 678,500
长25.5cm 北京匡时 2018-06-15

45 清乾隆 白玉雕九如灵芝洗连盖及座
估 价：HKD 280,000～500,000
成交价：RMB 487,200
高16cm 香港诚昌 2018-05-30

2941 清18世纪 碧玉如意洗
估 价：HKD 300,000～500,000
成交价：RMB 554,375
宽19cm 佳士得 2018-11-28

2938 清乾隆 白玉双龙活环耳洗
估 价：HKD 2,600,000～3,500,000
成交价：RMB 2,856,140
宽24cm 佳士得 2018-11-28

945 清乾隆 白玉梅花洗
估 价：RMB 800,000～1,000,000
成交价：RMB 1,265,000
长12cm 北京东正 2018-06-17

2373 清乾隆 白玉倭角长方形洗
估 价：RMB 350,000～450,000
成交价：RMB 402,500
长11.5cm 中国嘉德 2018-11-20

2625 清乾隆 玉雕双鱼御灵芝兽面纹圆洗（带座）
估 价：RMB 250,000～300,000
成交价：RMB 287,500
直径14.3cm 中国嘉德 2018-11-20

942 清乾隆 碧玉雕花卉八棱洗连紫檀座
估 价：HKD 50,000
成交价：RMB 124,561
宽25cm 香港诚昌 2018-05-28

48 清中期 碧玉连年富贵笔洗
估 价：RMB 200,000～250,000
成交价：RMB 230,000
长37.3cm 北京鸿盛祥 2018-06-16

1920 清中期 墨玉瓜形笔洗
估 价：RMB 30,000～50,000
成交价：RMB 172,500
长13.5cm 北京翰海 2018-06-30

326 19世纪 碧玉痕都斯坦式双活环耳菊瓣洗
估 价：GBP 8,000～12,000
成交价：RMB 75,460
宽35cm 伦敦苏富比 2018-05-18

1810 19世纪 青白玉雕寿桃形洗
“子刚”仿款
估 价：USD 4,000～6,000
成交价：RMB 51,561
纽约苏富比 2018-03-24

4492 清 白玉龙纹包袱笔洗
估 价：RMB 100,000～200,000
成交价：RMB 207,000
长13cm 中国嘉德 2018-11-20

1885 清 白玉留皮荷叶洗
估 价：RMB 70,000～100,000
成交价：RMB 86,250
长11.0cm 西泠拍卖 2018-07-07

227 清 白玉螭龙纹洗
估 价：GBP 25,000～30,000
成交价：RMB 1,185,800
宽9.8cm 伦敦佳士得 2018-05-15

2905 清 白玉荷塘清趣水洗
估 价：RMB 50,000～60,000
成交价：RMB 74,750
直径7cm 中国嘉德 2018-06-19

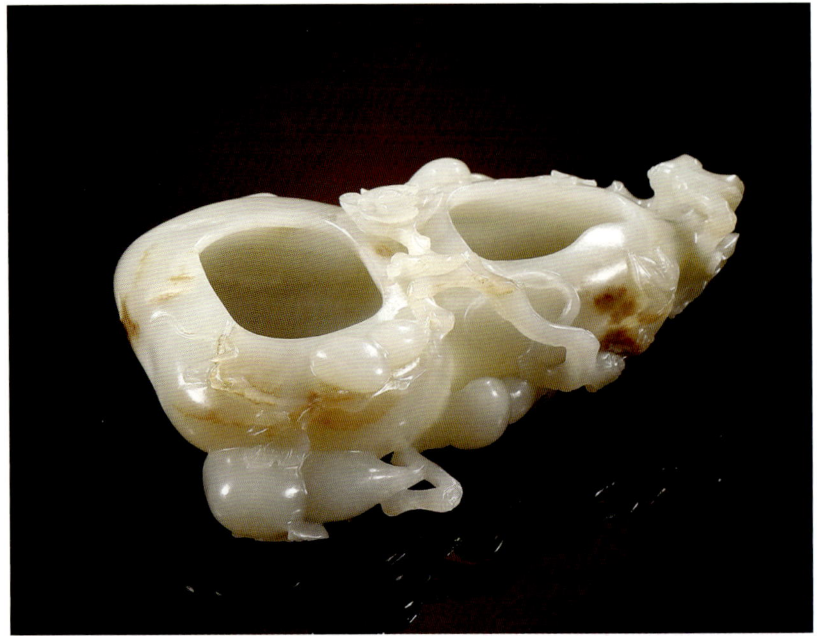

1914 清 白玉葫芦洗
估 价：RMB 800,000～1,000,000
成交价：RMB 920,000
长14.4cm 西泠拍卖 2018-07-07

1641 清 黄玉双螭龙海棠洗
估 价：RMB 60,000～90,000
成交价：RMB 69,000
长12.5cm 广东崇正 2018-07-05

2626 清 黄玉荷叶兰花洗
估 价：RMB 1,000～2,000
成交价：RMB 48,300
宽10.3cm 中国嘉德 2018-11-20

玉笔舔

1726 清 白玉雕桑叶蚕虫笔舔
估 价：RMB 30,000～50,000
成交价：RMB 55,200
长9.1cm 西泠拍卖 2018-07-07

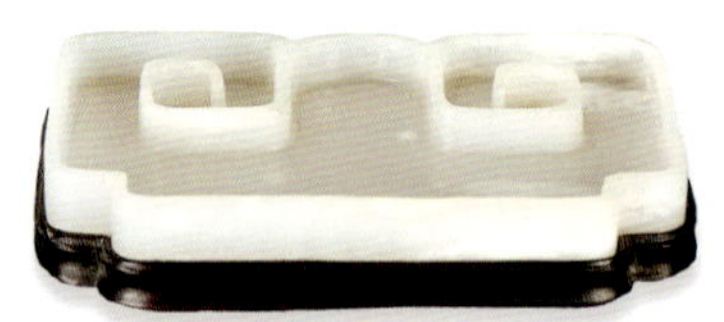

833 清 白玉如意纹笔舔
成交价：RMB 17,250
长9cm 北京保利 2018-04-29

玉纸镇

1753 宋／元 玉雕螭龙镇纸
估 价：RMB 280,000～380,000
成交价：RMB 322,000
长4.5cm 华艺国际 2018-11-16

3052 宋／明 青褐玉鹅形镇纸
估 价：HKD 180,000～260,000
成交价：RMB 182,700
宽11cm 佳士得 2018-05-30

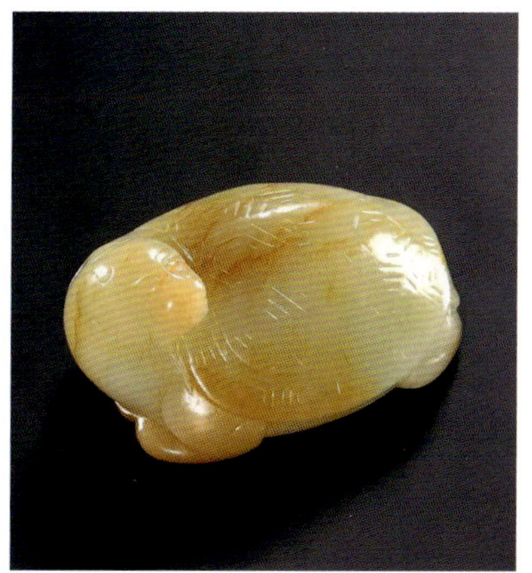

107 明 黄玉龙龟纸镇
估 价：RMB 150,000～200,000
成交价：RMB 402,500
长5.1cm 北京鸿盛祥 2018-12-06

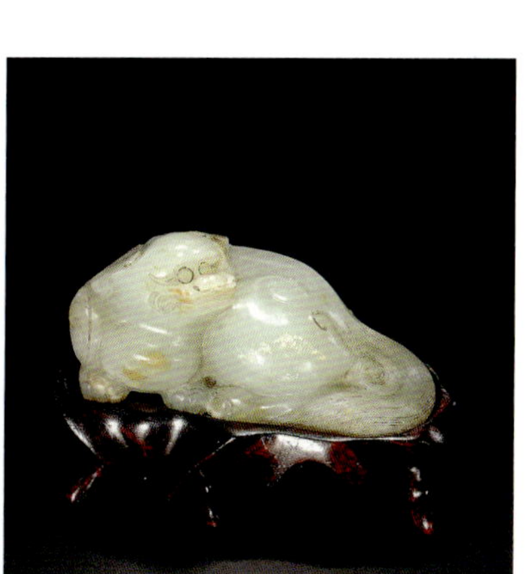

2611 明 白玉兽纸镇（带座）
估 价：RMB 80,000～100,000
成交价：RMB 92,000
长7.4cm 中国嘉德 2018-11-20

6336 明 玉云龙纹纸镇
估 价：HKD 80,000
成交价：RMB 77,952
长8.2cm 万昌斯 2018-05-30

133 明 青玉雕滚地马镇纸
估 价：HKD 30,000～40,000
成交价：RMB 72,069
长7cm 邦瀚斯 2018-11-27

1600 明 楠木嵌白玉螭龙镇纸
成交价：RMB 78,200
长35.5cm 华艺国际 2018-11-16

3356 清乾隆 白玉随形雕凤凰镇纸
估 价：HKD 220,000～280,000
成交价：RMB 218,000
长10cm 香港苏富比 2018-10-03

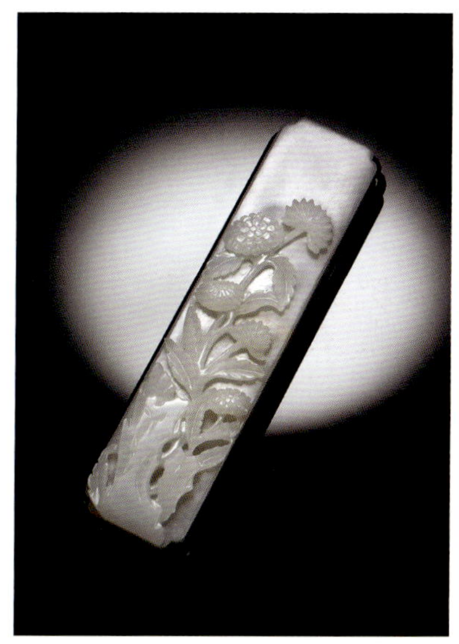

562 清乾隆 白玉雕菊花纹纸镇
估 价：RMB 120,000～150,000
成交价：RMB 138,000
长16cm 保利厦门 2018-07-15

2612 清 白玉浸色蟹纸镇（带座）
估 价：RMB 50,000～60,000
成交价：RMB 103,500
宽9.2cm 中国嘉德 2018-11-20

6330 清 白玉雕“福寿双全”镇
估 价：RMB 35,000～55,000
成交价：RMB 46,000
长5cm 北京保利 2018-06-21

玉砚台

1933 明 旧玉钟式砚
估 价：RMB 26,000～36,000
成交价：RMB 138,000
长13.8cm 北京翰海 2018-06-30

2954 明 旧玉鸠形砚
估 价：RMB 80,000～100,000
成交价：RMB 97,750
长14cm 北京荣宝 2018-12-03

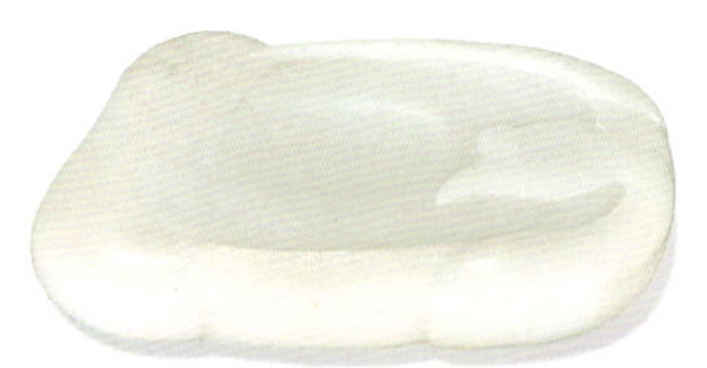

770 清 白玉鹅形诗文砚
成交价：RMB 57,500
长10.5cm 北京保利 2018-07-27

玉 玺

141 十九世纪 碧玉双龙钮玺
估 价：HKD 600,000～800,000
成交价：RMB 665,250
13cm×129cm 邦瀚斯 2018-11-27

5042 清嘉庆 “敷春堂宝”交龙钮玉玺
印文：敷春堂宝
估 价：RMB 10,000,000～12,000,000
成交价：RMB 14,950,000
12.3cm×12.3cm×9.5cm 北京匡时 2018-06-15

956 晚清 碧玉雕龙钮小玺 （一组三件）
印文：宜春堂 俾尔戬谷 惟春之祺
估 价：USD 25,000～35,000
成交价：RMB 769,725
高6cm×2；高5.7cm 纽约佳士得 2018-09-13

玉印章

2770 西汉 玉方印
印文：郭寄
估 价：HKD 120,000～180,000
成交价：RMB 266,100
宽2cm 佳士得 2018-11-28

2881 明 玉浸色龟钮兔钮印章
估 价：RMB 30,000～50,000
成交价：RMB 34,500
兔钮3cm×3.2cm×2.5cm；龟钮3cm×2.8cm×2.8cm 中国嘉德 2018-06-19

6228 汉 白玉带灰皮龟钮印
估 价：HKD 20,000
成交价：RMB 19,488
高1.7cm 万昌斯 2018-05-30

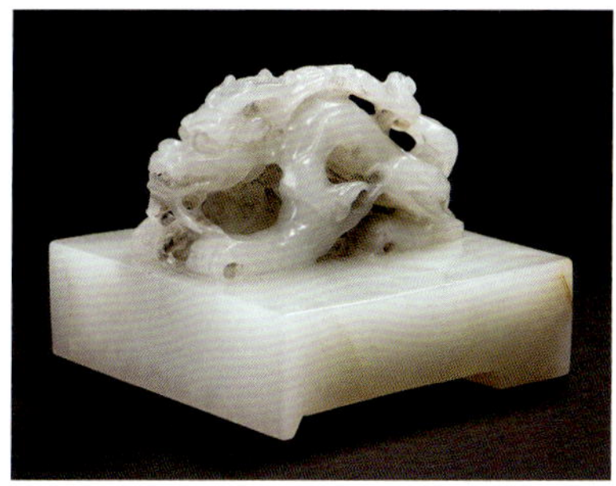

1227 元 白玉龙纽印
估 价：RMB 800,000～1,200,000
成交价：RMB 920,000
5.5cm×5.5cm×6cm 华艺国际 2018-11-16

314 宋至明 玉印 （五方）
印文：“□□篆行”、“谦甫讷印”、“屈灵均印”、“醴陵侯印”、“陶侃”
估 价：HKD 1,000
成交价：RMB 138,420
1.3cm×2.8cm×2.8cm 中国嘉德 2018-04-02

1361 明 龙钮玉押
估 价：RMB 10,000～20,000
成交价：RMB 23,000
高5.5cm；长5.2cm；宽5.2cm 西泠拍卖
2018-09-29

6231 明 老提油玉独角兽钮印
印文："□泉之璽"
估 价：HKD 30,000
成交价：RMB 73,080
高4.1cm 万昌斯 2018-05-30

3192 明 白玉 广武君印官印
估 价：RMB 600,000～800,000
成交价：RMB 2,185,000
2.5cm×2.5cm×2cm 北京匡时 2018-12-05

3191 明 白玉魏庆印
估 价：RMB 200,000～300,000
成交价：RMB 506,000
2.4cm×2.4cm×1.7cm 北京匡时 2018-12-05

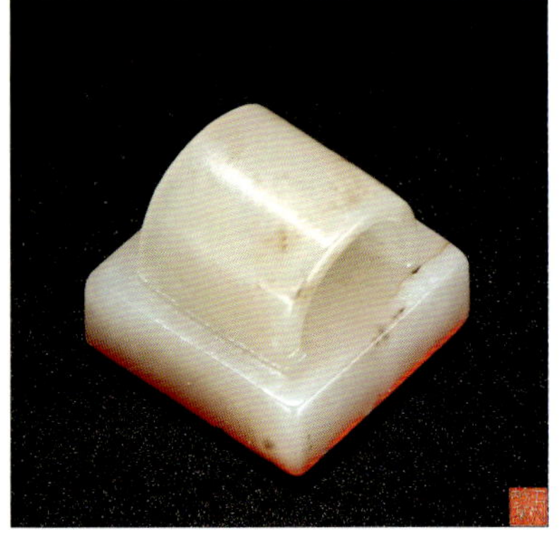

534 明末清初 白玉"衲亭氏"拱钮印章
估 价：RMB 65,000
成交价：RMB 138,000
2.3cm×2.3cm×2cm 浙江佳宝 2018-07-01

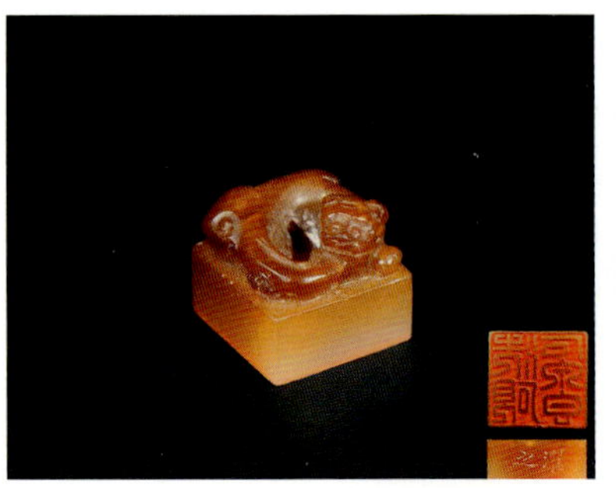

4405 明末清初 江濯之刻糖玉俏色兽钮印
边款："濯之"、印文"洗砚石泉香"
估 价：RMB 50,000～80,000
成交价：RMB 97,750
长1.5cm 中国嘉德 2018-05-18

596 清早期 白玉童子钮“允功”印
估 价：RMB 60,000
成交价：RMB 69,000
2.3cm × 1.4cm × 3.53cm 浙江佳宝 2018-07-01

1113 清早期 白玉雕螭龙双联印
估 价：RMB 20,000～30,000
成交价：RMB 48,300
长4.5cm 华艺国际 2018-03-30

167 清乾隆 白玉留皮螭衔灵芝钮印章
估 价：RMB 50,000～60,000
成交价：RMB 92,000
长3cm；高4.7cm 北京鸿盛祥 2018-06-16

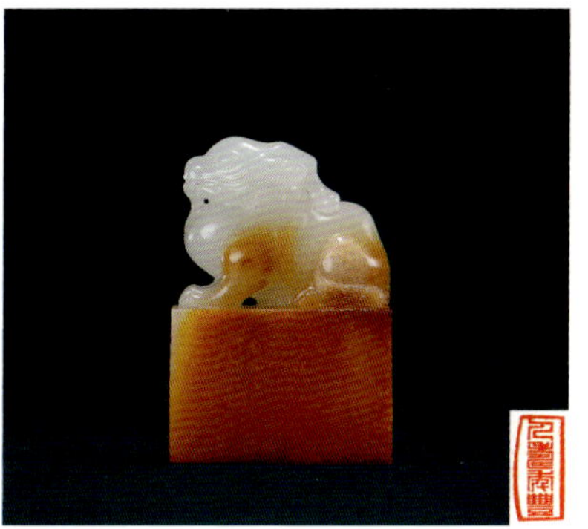

1228 清中期 白玉瑞兽钮印
印文：人寿年丰
估 价：HKD 100,000～150,000
成交价：RMB 277,819
高6.2cm 中国嘉德 2018-10-02

2832 清中期 黄玉瓦钮云纹兰菊清芬印章
印文：兰菊清芬
估 价：RMB 50,000～80,000
成交价：RMB 57,500
2.8cm × 2.2cm × 2.2cm 北京荣宝 2018-12-03

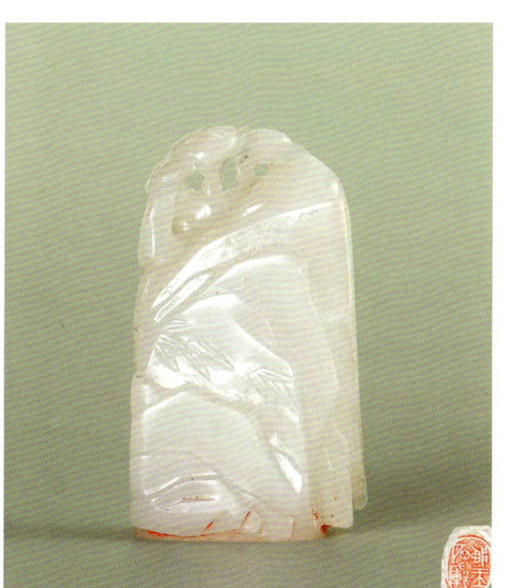

5104 18世纪 白玉山水纹钮印
估 价：RMB 100,000～150,000
成交价：RMB 230,000
2.3cm × 1.7cm × 4cm 北京保利 2018-06-19

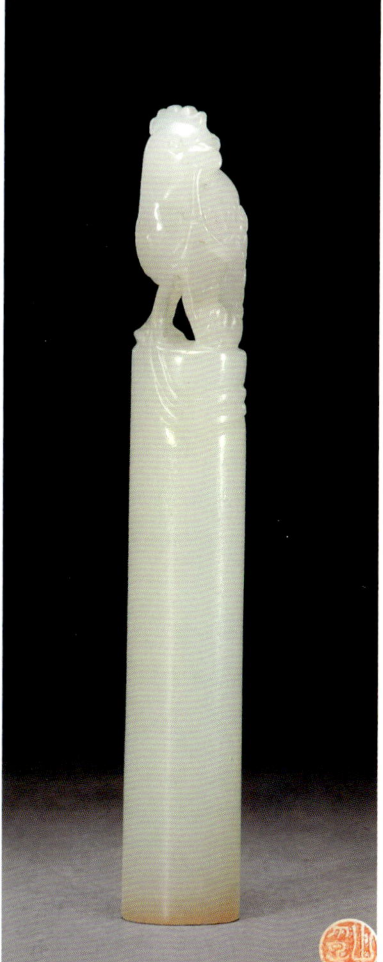

2854 清 白玉雕鸡柱形园章
估 价：RMB 40,000～60,000
成交价：RMB 59,800
高6.1cm 中国嘉德 2018-06-19

4177 清 阮元旧藏善经堂玉印
印文：善坙堂 边款：1.琅嬛仙馆。2.无咎。
估　价：RMB 50,000～70,000
成交价：RMB 345,000
3.7cm×3.7cm×3.4cm 西泠拍卖 2018-07-08

4175 南宋 宋理宗赵昀御用塔形玉押
估　价：RMB 800,000～1,200,000
成交价：RMB 2,530,000
2.8cm×2.8cm×4.3cm 西泠拍卖 2018-07-08

2966 18世纪/19世纪 翠玉螭龙钮方章
估　价：HKD 200,000～300,000
成交价：RMB 284,200
高5.5cm 佳士得 2018-05-30

1115 吴金星 祥瑞 白玉印章
估　价：RMB 550,000～700,000
成交价：RMB 616,000
5.8cm×2.6cm×2.4cm 上海联合 2018-11-25

319 周立祥 虚怀若谷 碧玉印
估 价：RMB 250,000～380,000
成交价：RMB 392,000
6.4cm×2.8cm×2.1cm 上海联合 2018-07-01

玉臂搁

1662 民国 经亨颐铭碧玉诗文臂搁
估 价：RMB 30,000～50,000
成交价：RMB 316,250
长14.6cm 广东崇正 2018-07-05

砚 屏

5134 元 白玉仙女图小砚屏
估 价：RMB 600,000～800,000
成交价：RMB 690,000
长16.2cm×5cm×14.7cm 北京保利 2018-06-19

2882 清 白玉山水纹砚屏 （一对）
成交价：RMB 322,000
19cm×13cm×2 北京匡时 2018-06-15

927 18世纪 白玉留皮砚屏
估　价：RMB 1,500,000～1,800,000
成交价：RMB 2,300,000
17.5cm×12.5cm 北京东正 2018-06-17

1753 清早期 溪山高隐白玉砚屏
估　价：RMB 200,000～250,000
成交价：RMB 230,000
高9cm 上海匡时 2018-04-30

葬　玉

1073 战国 玉蝉
估　价：HKD 20,000～30,000
成交价：RMB 25,724
高5.1cm 中国嘉德 2018-10-02

6278 西汉 玉佩蝉
估　价：HKD 12,000
成交价：RMB 11,693
长3.8cm 万昌斯 2018-05-30

1069 汉 玉猪 （一对）
估 价：HKD 200,000～300,000
成交价：RMB 802,589
长11cm×2 中国嘉德 2018-10-02

7125 汉 白玉带红沁覆面及唅蝉 （一套五件）
估 价：HKD 100,000
成交价：RMB 170,304
最大长6.2cm；厚0.7cm 万昌斯 2018-11-28

3488 汉 玉沁蝉
估 价：HKD 30,000～60,000
成交价：RMB 162,285
长4.6cm 保利香港 2018-04-02

7126 汉 青白玉带灰皮唅蝉
估 价：HKD 30,000
成交价：RMB 47,898
长6.4cm；厚0.7cm 万昌斯 2018-11-28

1125 汉 白玉猪 （一对）
估 价：HKD 150,000～200,000
成交价：RMB 205,792
长11cm×2 中国嘉德 2018-10-02

2782 东汉 青玉握猪 （两件）
估 价：HKD 180,000～260,000
成交价：RMB 554,375
长11.8cm 佳士得 2018-11-28

2781 东汉 青玉握猪 （一对）
估 价：HKD 200,000～300,000
成交价：RMB 720,688
长11.9cm×2 佳士得 2018-11-28

7123 汉 白玉带红沁晗蝉
估 价：HKD 20,000
成交价：RMB 44,705
玉长6cm；厚0.8cm 万昌斯 2018-11-28

原 石

3388 金风玉露 满红皮和田玉籽料原石
估　价：RMB 2,500,000～3,500,000
成交价：RMB 3,680,000
22.3cm×15.2cm×11.5cm；重5140g 西泠拍卖 2018-07-08

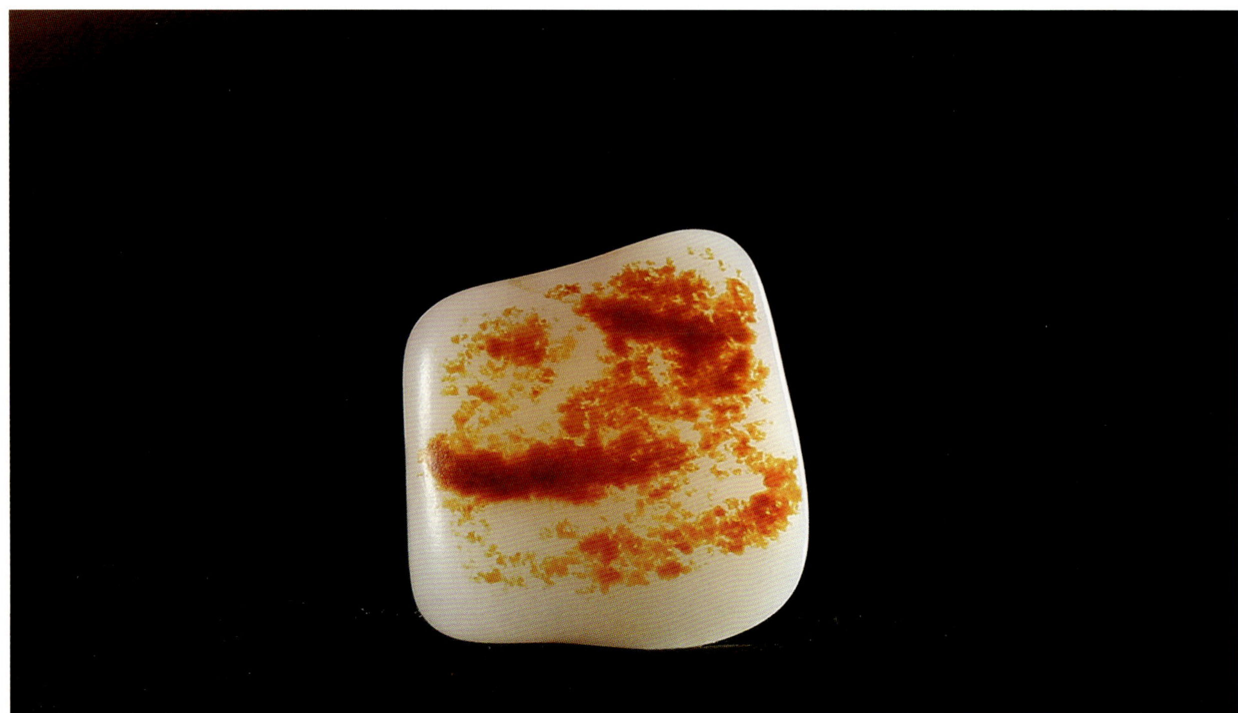

3372 温冰暖雪 聚红皮和田玉籽料原石
估 价：RMB 1,500,000～1,800,000
成交价：RMB 2,070,000
5.7cm×4.6cm×2.4cm；重100.6g 西泠拍卖 2018-07-08

3394 洒金皮和田玉籽料原石
估 价：RMB 1,350,000～1,600,000
成交价：RMB 1,725,000
10.3cm×8.5cm×4.3cm；重563.8g 西泠拍卖 2018-07-08

2018玉器拍卖成交汇总

(成交价RMB：1万元以上)

拍品名称	物品尺寸	成交价RMB	拍卖公司	拍卖日期
一 礼玉				
新石器时代 红山文化 玉人面（三件）	最大长4.3cm；厚0.4cm	74,508	万昌斯	2018-11-28
玉璜				
新石器时代 齐家文化 玉三联璜	最大长12.3cm；厚0.6cm	43,848	万昌斯	2018-05-30
新石器时代 红山文化 黄玉璜形器	长11.3cm；厚0.5cm	37,254	万昌斯	2018-11-28
商晚期 灰玉龙纹璜	长7.2cm	266,100	佳士得	2018-11-28
商晚期 褐玉龙纹璜	长9.7cm	44,350	佳士得	2018-11-28
西周 青玉龙首虎纹璜	长10.3cm	388,063	佳士得	2018-11-28
西周中期 青玉龙纹璜	长11.3cm	388,063	佳士得	2018-11-28
西周 青玉三璜联璧	长10cm	221,750	佳士得	2018-11-28
西周晚期 玉人龙纹璜形佩	高7.2cm	221,750	佳士得	2018-11-28
西周 白玉带红沁镂空龙凤纹璜	长9.5cm；厚0.5cm	74,508	万昌斯	2018-11-28
东周 白玉带沁楚式晋式双面工龙纹璜	长14.7cm；厚0.4cm	101,118	万昌斯	2018-11-28
春秋 双龙头玉璜	16.1×3.6×0.7cm×2	802,589	北京匡时	2018-10-03
春秋 青玉龙纹璜形佩（一对）	长15.6cm	1,663,125	佳士得	2018-11-28
春秋 青玉双龙首扭丝纹璜	长8.2cm	554,375	佳士得	2018-11-28
春秋 玉龙纹璜（一对）	最大长9.1cm；厚0.2cm	146,160	万昌斯	2018-05-30
春秋 玉双龙首璜（两件）	最大长7.3cm；厚0.3cm	116,928	万昌斯	2018-05-30
春秋 青玉带沁龙纹璜	宽8.4cm	95,462	中国嘉德	2018-04-02
春秋 卧蚕纹玉璜	宽10.2cm	90,548	中国嘉德	2018-10-02
春秋 玉雕蟠虺纹龙形玉璜（一对）	宽9.5cm	66,823	中国嘉德	2018-04-02
战国 镂空玉璜	6.7cm×0.3cm	164,634	北京匡时	2018-10-03
战国 青玉双龙纹璜	长10cm	266,100	佳士得	2018-11-28
战国 玉雕夔龙纹璜	9cm	91,630	伦敦苏富比	2018-05-18
战国/汉 玉龙纹璜（一对）	长13.2cm	32,340	伦敦苏富比	2018-05-18
周 玉三联璜璧	最长一件：10.9cm	30,184	伦敦苏富比	2018-05-18
秦 青白玉镂空蟠虺纹秦式璜	长12.5cm	107,184	万昌斯	2018-05-30
秦 青白玉带沁秦式璜（两件）	最大长12.4cm；厚0.4cm	106,440	万昌斯	2018-11-28
秦 鸡骨白玉镂空蟠虺纹秦式璜	长10.5cm	58,464	万昌斯	2018-05-30
明 白玉双龙纹玉璜（一对）	长12.8cm	195,500	北京鸿盛祥	2018-12-06
明 白玉云龙纹玉璜	长10.4cm	57,500	北京鸿盛祥	2018-12-06
明 五色玉璜	长18.1cm	48,300	北京鸿盛祥	2018-12-06
18世纪 黄玉雕双龙璜	长5cm	20,579	北京匡时	2018-10-03
清乾隆 御题玉璜	宽7.5cm	115,000	中国嘉德	2018-06-19
玉璜等礼器（十二件）	尺寸不一	23,000	中国嘉德	2018-09-18
白玉璜	高32.3cm（含架）	13,800	中国嘉德	2018-05-19
玉琥				
新石器时代 石家河文化 白玉虎首	长2.8cm	202,236	万昌斯	2018-11-28
商 青玉琥佩	长5.2cm	354,800	佳士得	2018-11-28
商 白玉虎纹勒	长5cm	53,220	万昌斯	2018-11-28
西周早期 白玉受沁琥	长6.7cm；宽1.7cm	57,500	浙江佳宝	2018-07-01
西周 玉虎（一对）	宽2.3cm	617,376	中国嘉德	2018-10-02
西周 玉虎	宽8.3cm	25,724	中国嘉德	2018-10-02
春秋 白玉带灰皮虎	长3cm	266,100	万昌斯	2018-11-28
东汉 白玉乳丁螭虎瑞兽纹出廓璧	高25cm	1,884,875	佳士得	2018-11-28
宋 玉虎	长4.9cm	37,254	万昌斯	2018-11-28
宋 玉虎	长6.4cm；厚1.5cm	21,288	万昌斯	2018-11-28
宋-清 墨玉熊、白玉连珠纹饰及琥珀兔	最大长3.8cm	12,773	万昌斯	2018-11-28

拍品名称	物品尺寸	成交价RMB	拍卖公司	拍卖日期
玉璧				
新石器时代 公元前三至两千年 褐青玉璧	直径18.2cm	153,945	纽约佳士得	2018-09-13
新石器时代 良渚文化 大玉璧	直径19.6cm；厚1cm	243,600	万昌斯	2018-05-30
新石器时代 良渚文化 大玉璧	直径19.5cm；厚1.1cm	212,880	万昌斯	2018-11-28
新石器时代 红山文化 玉多联璧五件 玉璧两件及玉瑗一件	最大长8.8cm；厚0.4cm	79,830	万昌斯	2018-11-28
新石器时代 红山文化 黄玉璧（一组三件）	最大长8.1cm；厚0.4cm	74,508	万昌斯	2018-11-28
新石器时代 红山文化 玉璧（一组五件）	最大长4.9cm；厚0.3cm	58,542	万昌斯	2018-11-28
龙山文化 约公元前2800–2000年 青玉镂空鸟纹出廓牙璧	直径15cm	2,643,260	佳士得	2018-11-28
龙山文化 约公元前2800–2000年 青玉牙璧	宽13cm	887,000	佳士得	2018-11-28
齐家文化 约公元前2300–1500年 青玉璧	直径22cm	166,313	佳士得	2018-11-28
文化期–明 白玉带红沁小璧及玉龙胎（一组三件）	最大长3.4cm；厚0.6cm	29,803	万昌斯	2018-11-28
文化期 双连璧	高8cm	55,368	中国嘉德	2018-04-02
文化期 玉璧	直径12.8cm	51,448	中国嘉德	2018-10-02
夏家店下层文化 约公元前2200–1600年 青玉璧	直径12.8cm	310,450	佳士得	2018-11-28
西周中期 青玉龙纹璧	直径6.1cm	388,063	佳士得	2018-11-28
春秋 青白玉带水银沁虺纹璧	直径9.4cm；厚0.5cm	58,464	万昌斯	2018-05-30
春秋 玉虺纹璧	直径7cm；厚0.4cm	37,027	万昌斯	2018-05-30
战国 五色素璧	6.6cm×0.6cm	185,213	北京匡时	2018-10-03
战国 青玉螭龙纹璧形佩	长3.6cm	887,000	佳士得	2018-11-28
战国 玉璧	直径4.3cm	131,950	佳士得	2018-05-30
战国 白玉带灰皮凤纹觿 谷纹璧及三才瑗	最大直径15.7cm；厚0.7cm	191,592	万昌斯	2018-11-28
战国 青玉带灰皮谷纹璧	直径14.8cm；厚0.4cm	36,053	万昌斯	2018-05-30
战国 螭龙纹璧及佩（三件）	尺寸不一	77,952	香港诚昌	2018-05-30
战国 青玉蒲纹璧 连 乾隆御题诗紫檀座	璧12.6cm；座14.1cm	545,000	香港苏富比	2018-10-03
战国 白玉红沁卧蚕纹双龙出廓璧	长6.1cm；宽3.8cm	115,000	浙江佳宝	2018-07-01
战国 榖纹玉璧	直径7.6cm	236,661	中国嘉德	2018-10-02
战国 榖纹玉璧	直径7.7cm	205,792	中国嘉德	2018-10-02
战国 玉雕谷纹璧	直径13.8cm	114,554	中国嘉德	2018-04-02
战国 玉雕谷纹璧	直径13.9cm	41,158	中国嘉德	2018-10-02
公元前二至一千年 玉璧（两件）	直径10.2cm	47,039	纽约佳士得	2018-09-13
战汉 螭龙纹出廓青玉璧	重52g	716,320	奥斯汀	2018-06-18
汉代 和田青玉镂空雕玉璧	重68g	617,826	奥斯汀	2018-06-18
汉 玉璧		97,750	广东崇正	2018-07-05
汉 青白玉带灰皮兽面纹大璧	直径23.6cm；厚0.5cm	194,880	万昌斯	2018-05-30
汉 白玉谷纹素璧	直径4.2cm；厚0.4cm	68,208	万昌斯	2018-05-30
汉 白玉素璧	直径4.3cm；厚0.5cm	40,447	万昌斯	2018-11-28
汉 白玉红沁高浮雕龙凤纹璧	高1.3cm；直径4.64cm	103,500	浙江佳宝	2018-07-01
汉 白玉受沁谷纹璧	高0.6cm；直径6.8cm	23,000	浙江佳宝	2018-07-01
汉 兽面纹玉璧	直径12.8cm	100,838	中国嘉德	2018-10-02
汉 玉蒲纹璧	直径15cm	57,277	中国嘉德	2018-04-02
宋 白玉带红沁出廓璧	长11.2cm；厚1.6cm	212,880	万昌斯	2018-11-28
宋 高浮雕三螭纹玉璧	长7.5cm；厚1.4cm	51,091	万昌斯	2018-11-28

*查看图片请参照凡例4方法

2018玉器拍卖成交汇总

(成交价RMB：1万元以上)

拍品名称	物品尺寸	成交价RMB	拍卖公司	拍卖日期
宋 白玉螭龙璧	直径8.2cm	46,771	万昌斯	2018-05-30
宋 白玉双螭纹璧	直径7.1cm	172,500	西泠拍卖	2018-07-07
宋 谷纹玉璧	外径4.7cm；内径1.7cm	36,800	西泠拍卖	2018-07-07
金代 如意纹玉璧	直径11.5cm	63,250	古天一	2018-12-08
元 白玉带灰皮云龙璧	玉直径10cm；总高16.5cm；厚0.8cm	127,728	万昌斯	2018-11-28
元 双螭玉璧	外径9.8cm；内径3.7cm	18,400	西泠拍卖	2018-05-04
元 高浮雕双螭纹玉方璧	长7.8cm；宽6cm；高1.8cm	34,500	浙江佳宝	2018-07-01
明/清初 16世纪至17世纪 白玉雕仿古螭龙纹璧（两件）	直径5.8cm；6.8cm	64,144	纽约佳士得	2018-09-13
明-清白玉、旧玉雕龙纹等璧（四件）	尺寸不一	25,300	北京保利	2018-06-21
明 黄玉璧	直径6.8cm	20,700	北京保利	2018-12-09
明 白玉洒金璧	直径4.7cm	59,800	北京翰海	2018-06-30
明 白玉谷纹璧	直径7.5cm	184,000	北京鸿盛祥	2018-06-16
明 白玉双螭云纹璧	直径10.2cm	115,000	北京鸿盛祥	2018-06-16
明 白玉浮雕螭龙璧	直径6.6cm	109,250	北京鸿盛祥	2018-12-06
明 白玉勾连云纹璧	直径12cm	92,000	北京鸿盛祥	2018-06-16
明 白玉蒲纹璧	直径5.7cm	69,000	北京鸿盛祥	2018-12-06
明 白玉璧	直径6.5cm	69,000	北京鸿盛祥	2018-06-16
明 白玉苍龙教子海棠形玉璧	长8.2cm；宽7cm	63,250	北京鸿盛祥	2018-12-06
明 白玉如意云纹璧	直径7.4cm	55,200	北京鸿盛祥	2018-06-16
明 白玉双螭谷纹出廓璧	长5.1cm；宽4.2cm	40,250	北京鸿盛祥	2018-06-16
明 白玉谷纹璧	直径4.4cm	40,250	北京鸿盛祥	2018-12-06
明 白玉出廓双螭璧	长8cm；宽6.2cm	36,800	北京鸿盛祥	2018-12-06
明 白玉云纹璧	直径6.5cm	25,300	北京鸿盛祥	2018-12-06
明 青玉兽面云纹璧	直径7.4cm	23,000	北京鸿盛祥	2018-06-16
明 灰青玉刻龙凤纹圭璧	高27.3cm	273,680	纽约佳士得	2018-09-13
明 玉雕仿古螭龙纹璧（两件）	直径9.5cm；7.5cm	42,763	纽约佳士得	2018-09-13
明 青玉带沁螭纹鸡心璧	玉长16.2cm；厚0.7cm	146,160	万昌斯	2018-05-30
明 白玉带灰皮龙纹出廓璧	长9.4cm；厚0.8cm	73,080	万昌斯	2018-05-30
明 白玉带沁云龙三现系璧	直径7.6cm；厚1.6cm	53,220	万昌斯	2018-11-28
明 白玉带沁龙纹圭璧	长8.1cm；厚1.1cm	31,932	万昌斯	2018-11-28
明 黄玉螭龙纹璧	直径5.7cm	172,500	西泠拍卖	2018-07-07
明 沁色玉仿古玉璧	直径11.0cm	92,000	西泠拍卖	2018-07-07
明 白玉雕四神璧	外径8.2cm；内径1.8cm	63,250	西泠拍卖	2018-07-07
明 白玉红沁乳钉纹璧	高0.6cm；直径5.3cm	17,250	浙江佳宝	2018-07-01
明 旧玉谷纹璧	直径8cm	103,500	中国嘉德	2018-11-20
明 玉雕双螭璧	直径4.9cm	69,000	中国嘉德	2018-11-20
明 白玉带泌圭璧	高5.9cm	55,200	中贸圣佳	2018-11-25
明 玉带沁双螭纹璧	直径8.7cm	20,700	中贸圣佳	2018-11-25
清早期 白玉螭龙纹圭璧	高8.5cm	28,750	北京保利	2018-12-09
清早期 青白玉雕螭龙锁甲纹璧	直径5.8cm	20,700	北京保利	2018-06-21
清初 白玉螭龙璧	长6.8cm	80,500	古天一	2018-12-08
18世纪 白玉龙凤璧	直径5.5cm	55,200	北京东正	2018-06-17
清乾隆 白玉兽面璧	高15cm	92,000	北京荣宝	2018-06-14
清乾隆 白玉龙纹璧	直径5cm	34,500	广东崇正	2018-07-05
18世纪 白玉仿古出廓璧	高8.7cm	42,763	纽约佳士得	2018-09-13
清乾隆 黄玉圭璧	长13.3cm；厚0.9cm	510,912	万昌斯	2018-11-28
清乾隆 白玉双龙璧	长7.7cm；宽5.1cm	253,000	中贸圣佳	2018-11-24
清中期 白玉浮雕螭龙璧、仿古兽面纹璧（两件）	直径4.7cm；长3.9cm	97,750	北京保利	2018-12-09
清中期 黄玉螭龙纹璧	直径6.5cm	17,250	北京翰海	2018-06-30
清中期 白玉“长毋相忘”如意云纹璧	高0.5cm；直径5.3cm	23,000	浙江佳宝	2018-07-01
18世纪/19世纪 青白玉雕螭龙纹璧		119,735	纽约苏富比	2018-09-15
清 玉龙纹璧	高29cm	23,000	北京保利	2018-04-29
清 白玉璧、黄玉环（两件）	直径4.3cm；直径5.5cm	13,800	北京保利	2018-04-29
清 玉螭虎璧	直径5.5cm	34,500	北京翰海	2018-09-16
清 白玉兽面纹方璧	长4.3cm	23,000	北京鸿盛祥	2018-06-16
清代 玉镂雕龙纹璧	直径8cm	713,000	古天一	2018-06-17
清代 白玉红沁谷纹璧	直径10cm	460,000	古天一	2018-12-08
清代 谷纹玉璧	直径4.5cm	402,500	古天一	2018-12-08
清代 黄玉螭龙纹璧	直径5.6cm	184,000	古天一	2018-12-08
清代 青玉雕蟠龙璧	直径6cm	172,500	古天一	2018-06-17
清代 青玉谷纹璧	直径12.7cm	172,500	古天一	2018-06-17
清代 翡翠小璧	直径2.8cm	48,300	古天一	2018-06-17
清代 和田白玉苍龙教子玉璧	直径5.6cm	57,500	南京经典	2018-01-06
清 青白玉小仿古璧（三件）	直径5.5cm；5.7cm	32,500	纽约佳士得	2018-09-13
清 白玉带沁螭纹璧	直径4.9cm；厚1.2cm	37,254	万昌斯	2018-11-28
清 白玉蝶形佩，龙形佩及龙纹出廓璧	最大长7.6cm；厚0.7cm	24,360	万昌斯	2018-05-30
清 白玉螭龙衔芝璧	直径5.8cm	97,750	西泠拍卖	2018-07-07
清 白玉太师少师璧	直径5.8cm	69,000	西泠拍卖	2018-07-07
清白玉高浮雕苍龙教子蒲纹出廓璧	长7cm；宽5.5cm	40,250	浙江佳宝	2018-07-01
清 白玉浮雕太师少师纹璧	高1cm；直径5.5cm	20,700	浙江佳宝	2018-07-01
清 白玉螭龙谷纹璧	直径5.7cm	69,000	中国嘉德	2018-09-19
清 白玉双螭璧	长3.8cm	13,800	中国嘉德	2018-05-19
清 青白玉兽面纹玉璧	直径5.1cm	48,300	中贸圣佳	2018-11-25
清 青白玉乳钉纹双龙璧	直径5.2cm	23,000	中贸圣佳	2018-11-25
清 白玉镂空勾云纹宝杵同心璧	直径5.4cm；高0.5cm	20,700	中贸圣佳	2018-11-25
谷丁纹玉璧	直径7.3cm；重41g	1,220,800	爱艺拍	2018-09-27
和田青白玉玉璧	重35g	1,325,192	奥斯汀	2018-06-18
和田玉玉璧	直径5.5cm	436,955	奥斯汀	2018-06-18
五福透雕玉璧	5.2×5.7cm	358,160	奥斯汀	2018-06-18
战国玉雕龙纹璧		26,729	保利香港	2018-04-01
仿古玉璧（一组五件）	最大一件：12.5cm	129,360	伦敦苏富比	2018-05-18
仿古玉璧（一组三件）	最大一件：14.5cm	80,850	伦敦苏富比	2018-05-18
仿古玉璧（一组四件）	最大一件：17cm	64,680	伦敦苏富比	2018-05-18
仿古玉璧（一组五件）	最大一件：9.5cm	23,716	伦敦苏富比	2018-05-18
红山文化·玉璧	外径5.9cm；内径1cm	25,300	西泠拍卖	2018-07-07
白玉勾连纹璧	高28cm（含座）	23,000	中国嘉德	2018-01-14
玉璧 环（十五件）	尺寸不一	23,000	中国嘉德	2018-09-18
端方藏旧玉璧	直径19cm	368,000	中贸圣佳	2018-06-20
玉琮				
新石器时代至周 约公元前6500-256年 玉镯形琮	宽7.2cm	421,325	佳士得	2018-11-28
新石器时代 良渚文化 兽面纹三角琮式勒	长3.8cm	31,932	万昌斯	2018-11-28
良渚文化 约公元前3300-2300年 玉兽面纹琮	高4.1cm	3,494,780	佳士得	2018-11-28

拍品名称	物品尺寸	成交价RMB	拍卖公司	拍卖日期
良渚文化晚期／约公元前3000–2500年 玉神人兽面纹琮	宽6.5cm	3,004,400	佳士得	2018-05-30
良渚文化 约公元前3300–2300年 白玉兽面纹琮	高13.3cm	2,217,500	佳士得	2018-11-28
良渚文化至战国 玉佩饰一对及小玉琮	长5cm	76,300	佳士得	2018-10-04
齐家文化·玉琮	高4.3cm；长6.5cm；宽6.5cm	310,500	西泠拍卖	2018-07-07
良渚文化·玉琮	高9cm；长6cm；宽6；cm	178,250	西泠拍卖	2018-07-07
文化期 兽面纹受沁玉琮	长8.87cm；宽8.84cm；高7.12cm	230,000	浙江佳宝	2018-07-01
文化期 玉琮	宽7.5cm	3,910,048	中国嘉德	2018-10-02
文化期 玉琮等饰件（五件）	高4cm	59,186	中国嘉德	2018-04-02
西周 青玉受沁琮	宽4.3cm；高6.3cm	69,000	浙江佳宝	2018-07-01
西周早期 黄玉受沁琮	长4.22cm；宽4.22cm；高2cm	23,000	浙江佳宝	2018-07-01
商–西周 玉琮	高8.5cm	113,186	中国嘉德	2018-10-02
汉 黄玉琮	高3.4cm；长4.5cm；宽4.4cm	23,000	西泠拍卖	2018-07-07
宋 黄玉琮	高3.7cm	97,751	保利香港	2018-10-02
宋至明 灰墨玉琮	长6cm	172,480	伦敦苏富比	2018-05-18
宋 玉琮	高3cm；长5cm；宽5cm	63,250	西泠拍卖	2018-07-07
明 黄玉琮	长6.4cm；高6.4cm	304,750	北京鸿盛祥	2018-12-06
明 玉琮	长7.4cm；高3.9cm	230,000	北京鸿盛祥	2018-12-06
明 玉琮	长4.2cm；高2.4cm	126,500	北京鸿盛祥	2018-12-06
明 青黄玉琮	长5.6cm；高4cm	69,000	北京鸿盛祥	2018-12-06
明 云龙纹玉琮	长3.9cm；高2.1cm	59,800	北京鸿盛祥	2018-06-16
明 玉琮	长5cm；高3cm	57,500	北京鸿盛祥	2018-12-06
明 玉琮形勒	长5.3cm	23,000	北京鸿盛祥	2018-12-06
明或更早 玉琮	4.5cm×6.2cm	287,500	华艺国际	2018-11-16
明或更早玉琮	4.3×4.3×2.5cm	57,500	华艺国际	2018-11-16
明 玉琮式勒	高6.8cm	12,667	万昌斯	2018-05-30
明 玉琮	高3.2cm；长4.8cm；宽4.8cm	23,000	西泠拍卖	2018-07-07
明 白玉红沁素琮	长7.3cm；高8.4cm	230,000	中贸圣佳	2018-11-24
清乾隆 仿古玉琮	直径7.8cm；高8cm	86,250	中贸圣佳	2018-06-20
清　玉兽面纹琮	长8cm	34,500	北京翰海	2018-05-13
清代 青玉红沁大玉琮	高9.5cm；7.2cm×7.2cm	483,000	古天一	2018-12-08
清或以前 仿古黑青玉琮	高28.5cm	153,945	纽约佳士得	2018-09-13
仿古玉琮（一组五件）	最大一件：22.5cm	107,800	伦敦苏富比	2018-05-18
旧玉琮（一对）	长6.4cm；宽6.4cm；高6.8cm；长6.7cm；宽6.8cm；高7.3cm	8,970,000	中贸圣佳	2018-06-20
旧玉人面琮	高3.5cm	460,000	中贸圣佳	2018-11-25
玉圭				
商 玉圭	长28cm	110,875	佳士得	2018-11-28
西周 圭冠青玉鸟（两件）	长6.3cm	887,000	佳士得	2018-11-28
周 玉珪	长20.7cm	75,460	伦敦苏富比	2018-05-18
明代 双龙玉圭	长20cm	115,000	古天一	2018-12-08
明代 双龙灰玉圭	长28cm	51,750	古天一	2018-12-08
清 白玉十二章圭	高22.5cm	20,700	北京保利	2018-07-27
玉璋				
新石器时代 石峁文化 青玉牙璋	长37.5cm	3,494,880	香港苏富比	2018-04-02
玉册				
清乾隆 御制白玉刻羲协龢声册页（十开）	高13.8cm；宽10.3cm	5,144,800	保利香港	2018-10-02
清乾隆 青白玉浅刻填金乾隆御笔玉杯记玉册八片	宽9.5cm；长24cm	5,290,000	北京保利	2018-06-19
清乾隆 青白玉描金御题兰亭序册页	22cm×10.3cm	258,720	伦敦苏富比	2018-05-16
清乾隆 碧玉御制五福五代堂记册	长20cm	2,427,000	香港苏富比	2018-04-03
清代 和田玉舍利弗尊者玉册一页	长12cm；宽5.3cm；厚0.3cm	80,500	南京经典	2018-01-06
玉刀				
新石器时代 青玉刀	长39.7cm	202,250	香港苏富比	2018-04-02
石峁文化 玉刀	长15cm；宽6cm	55,200	西泠拍卖	2018-07-07
西周–春秋 玉鱼形刀及龙纹耳勺	最大长9.2cm；厚0.4cm	19,488	万昌斯	2018-05-30
战国 玉凤纹环首削刀	长17cm	88,700	佳士得	2018-11-28
石峁文化 约公元前2300–1800年 墨绿玉刀	长46.3cm	443,500	佳士得	2018-11-28
2014年 金刚杵、钺刀（一组）	刚杵16.5cm；钺刀16.7cm	32,200	华艺国际	2018-11-16
玉戈				
商 青玉戈	长32.5cm	776,125	佳士得	2018-11-28
商 青玉凤鸟纹戈	长17cm；宽4cm	57,500	浙江佳宝	2018-07-01
仿古玉戈（一组三件）	最大一件：24.7cm	34,496	伦敦苏富比	2018-05-18
玉钺				
新石器时代 石钺	长19.5cm	151,688	香港苏富比	2018-04-02
战国 和田白玉钺	重70g	1,416,855	奥斯汀	2018-01-21
玉斧				
新石器时代 龙山文化 玉斧	长16.8cm；厚0.8cm	51,091	万昌斯	2018-11-28
文化期 玉斧	高20.5cm	84,375	中国嘉德	2018-10-02
文化期 黄玉斧	长12.8cm	82,317	中国嘉德	2018-10-02
石峁文化至商 约公元前2300–1100年 玉斧	长18.5cm	310,450	佳士得	2018-11-28
商 玉戚	长8.9cm	59,290	伦敦苏富比	2018-05-18
周 玉斧	11.2cm	12,936	伦敦苏富比	2018-05-18
玉剑首				
战国 玉龙纹剑首	直径4.7cm	388,063	佳士得	2018-11-28
西汉 青玉谷纹出戟剑首	宽7cm	421,325	佳士得	2018-11-28
汉 谷纹玉剑首	4.6cm×0.7cm	113,186	北京匡时	2018-10-03
汉 白玉带灰皮蛇纹剑首	直径3.6cm；厚1.4cm	766,368	万昌斯	2018-11-28
玉剑格				
西汉 龙凤玉剑格	5.5×2.1×1.2cm	185,213	北京匡时	2018-10-03
玉剑璏				
战国 青玉龙凤纹剑璏	长7cm	1,385,938	佳士得	2018-11-28
战国 玉螭虺纹剑璏	长11cm	406,000	佳士得	2018-05-30
战国或以后 白玉螭虺纹剑璏	长6cm	304,500	佳士得	2018-05-30
战国 勾连纹兽面剑璏	长10.9cm	102,896	中国嘉德	2018-10-02
东汉 白玉受沁龙凤纹剑璏	长10.8cm；宽2.4cm；高1.75cm	80,500	浙江佳宝	2018-07-01
东汉 白玉受沁兽面纹剑璏	长11.2cm	74,750	浙江佳宝	2018-07-01
东汉 白玉带沁云纹剑璏	宽4.1cm	51,448	中国嘉德	2018-10-02
汉 褐白玉龙熊纹剑璏	长9cm	332,625	佳士得	2018-11-28
汉 玉螭虺纹剑璏（两件）	长11cm	203,000	佳士得	2018-05-30
汉 玉璏	6.4cm	12,936	伦敦苏富比	2018-05-18

2018玉器拍卖成交汇总

（成交价RMB：1万元以上）

拍品名称	物品尺寸	成交价RMB	拍卖公司	拍卖日期
汉 白玉红沁双螭纹剑璏	长9.3cm；宽2.4cm；高2.3cm	103,500	浙江佳宝	2018-07-01
仿古玉璏（一组六件）	最大一件：9.5cm	15,092	伦敦苏富比	2018-05-18
玉剑珌				
春秋 青玉兽面纹剑珌	长4.7cm	243,925	佳士得	2018-11-28
战国至西汉 玉卷云纹剑饰一套三件及玉剑珌一件	直径5cm；宽5.5cm；长7.5cm；4cm	310,450	佳士得	2018-11-28
西汉 白玉受沁剑珌包金佩	长5.4cm	21,850	浙江佳宝	2018-07-01
玉剑璲				
春秋 白玉带灰皮螭虎食虺纹剑璲	长5.5cm	155,904	万昌斯	2018-05-30
战国 白玉带沁勾云纹剑璲	长3.5cm	38,976	万昌斯	2018-05-30
西汉 白玉镂空高浮雕龙纹剑璲	长8.7cm	292,320	万昌斯	2018-05-30
东汉 白玉带红沁高浮雕熊龙纹剑璲	长7.6cm	341,040	万昌斯	2018-05-30
东汉 白玉带灰皮高浮雕龙纹剑璲	长6.4cm	77,952	万昌斯	2018-05-30
汉 白玉带灰皮龙纹剑璲	长7.2cm	149,016	万昌斯	2018-11-28
汉 螭龙纹玉剑璲	高2.5cm；长6.8cm；宽2.5cm	23,000	西泠拍卖	2018-07-07
玉虎符				
其他（玉刀剑饰）				
新石器时代 红山文化 黄玉手握及匕形器	最大长9.4cm；厚0.4cm	34,061	万昌斯	2018-11-28
春秋 饕餮纹玉剑饰	4.3×2.3×4cm	123,475	北京匡时	2018-10-03
春秋 鸡骨白玉秦式匕首	宽15.5cm	76,370	中国嘉德	2018-04-02
二 佩玩件				
玉玦				
新石器时代 红山文化 黄玉柱形玦	直径2.7cm	155,904	万昌斯	2018-05-30
新石器时代 红山文化 黄玉柱形玦	高2.9cm	138,372	万昌斯	2018-11-28
新石器时代 红山文化 黄玉玦（一对）	最大直径4.1cm；厚1.3cm	58,542	万昌斯	2018-11-28
新石器时代 红山文化 黄玉圆柱形玉玦	高1.9cm	38,976	万昌斯	2018-05-30
新石器时代 红山文化 黄玉玦	直径3.5cm	24,360	万昌斯	2018-05-30
西周 白玉龙纹玦（一对）	最大直径4.5cm；厚0.4cm	95,796	万昌斯	2018-11-28
东周至春秋战国 玉夔龙纹玦及青白玉佩（三件）	玉玦：4.8cm	23,716	伦敦苏富比	2018-05-18
春秋 玉蟠虺纹玦	5cm	16,170	伦敦苏富比	2018-05-18
春秋 白玉带灰皮龙纹玦（两对）	最大直径3.3cm；厚0.6cm	149,016	万昌斯	2018-11-28
春秋 白玉虺纹柱形玦（一对）	最大直径1.8cm；厚0.9cm	17,030	万昌斯	2018-11-28
明 黄玉人面玦	长4cm；宽3.7cm	82,800	北京鸿盛祥	2018-12-06
明 青黄玉玦	直径4.1cm	46,000	北京鸿盛祥	2018-06-16
明 玉玦	直径3.2cm	46,000	北京鸿盛祥	2018-06-16
明 黄玉玦	直径4.5cm	34,500	北京鸿盛祥	2018-12-06
明 玉雕龙凤纹玦	外径5.7cm；内径1.7cm	32,200	西泠拍卖	2018-07-07
清代 青玉玦形龙	直径4.8cm	356,500	古天一	2018-12-08
清代 玉玦（两件）	直径4cm	46,000	古天一	2018-12-08
玉璇玑				
新石器时代 龙山文化 黄玉璇玑	直径12.7cm；厚0.8cm	467,712	万昌斯	2018-05-30
商 玉内缘起凸三牙璇玑	长9.2cm	117,084	万昌斯	2018-11-28
商 玉璇玑	直径13.7cm；厚0.3cm	77,952	万昌斯	2018-05-30
玉环、玉瑗				
新石器时代 龙山文化 黄玉出戟瑗	直径9.1cm；厚0.5cm	90,474	万昌斯	2018-11-28
新石器时代 红山文化 黄玉瑗	长8.6cm；厚1cm	58,542	万昌斯	2018-11-28
新石器时代 红山文化 黄玉环	直径5cm；厚1.1cm	37,254	万昌斯	2018-11-28
新石器时代 文化期 白玉环	长5.6cm；厚0.7cm	37,254	万昌斯	2018-11-28
文化期 玉环	直径10.3cm	74,085	中国嘉德	2018-10-02
商 白玉七玄鸟纹瑗	直径9cm；厚0.5cm	830,232	万昌斯	2018-11-28
商 玉龙首环形饰件	宽2.4cm	17,183	中国嘉德	2018-04-02
西周 玉镂雕人龙环	直径9cm	226,371	中国嘉德	2018-10-02
东周 玉雕蟠虺纹环	直径11cm	76,370	中国嘉德	2018-04-02
春秋 玉绞丝环	直径5.5cm；厚0.6cm	85,152	万昌斯	2018-11-28
战国 玛瑙环（两件/组）	直径6.3cm；直径4.2cm	2,180,000	爱艺拍	2018-09-27
战国至西汉早期 玉镂空龙纹环	宽9.5cm	7,007,300	佳士得	2018-11-28
战国 玛瑙环（一组三件）	最大一件：6cm	11,858	伦敦苏富比	2018-05-18
战国 白玉绞丝环	直径6.7cm；厚0.4cm	92,568	万昌斯	2018-05-30
战国 白玉带灰皮绞丝环	直径4.1cm；厚0.7cm	44,705	万昌斯	2018-11-28
战国 玉雕谷纹环	直径15.5cm	85,916	中国嘉德	2018-04-02
战国 玉雕谷纹带沁环	直径11.4cm	82,317	中国嘉德	2018-10-02
战国 白玉三才环	直径6.2cm	76,370	中国嘉德	2018-04-02
战国 三才玉环	直径5.5cm	61,738	中国嘉德	2018-10-02
东汉 玉出廓龙纹环	宽16cm	507,500	佳士得	2018-05-30
汉 青白螭龙戏珠玉环	重46.8g	1,736,790	奥斯汀	2018-01-21
汉 玉凤纹出廓瑗	长6cm	203,000	佳士得	2018-05-30
汉 白玉带灰皮蒲纹瑗	直径6.2cm；厚0.4cm	146,160	万昌斯	2018-05-30
汉 白玉带灰皮勾云纹环	直径5.1cm；厚0.5cm	51,091	万昌斯	2018-11-28
汉 白玉带沁咬尾龙环	宽5.3cm	334,117	中国嘉德	2018-04-02
唐 白玉卧狮纹带环	宽4cm	66,882	保利香港	2018-10-02
元 白玉交节竹纹七边环	宽4cm	32,927	保利香港	2018-10-02
元代 玛瑙海棠形环	8cm×6.5cm	34,500	古天一	2018-12-08
明 白玉谷纹环	直径5.8cm	19,550	八益拍卖	2018-04-28
明 白玉绞丝环	直径6cm	172,500	北京东正	2018-06-17
明 玉龙环	直径2.2cm	322,000	北京鸿盛祥	2018-06-16
明 白玉龙纹环	长3cm	293,250	北京鸿盛祥	2018-12-06
明 咬尾龙环	直径2.3cm	253,000	北京鸿盛祥	2018-12-06
明 白玉绞丝环（一对）	直径4.1cm	218,500	北京鸿盛祥	2018-12-06
明 青玉云纹双层玉环（一对）	直径4.4cm	201,250	北京鸿盛祥	2018-12-06
明 黄玉带铭文玉环	直径4.3cm	195,500	北京鸿盛祥	2018-12-06
明 黑白玉留皮巧色双螭绦环	长8cm；宽6.1cm	195,500	北京鸿盛祥	2018-12-06
明 铭文玉环	直径5.8cm	172,500	北京鸿盛祥	2018-06-16
明 玉环	直径7.5cm	143,750	北京鸿盛祥	2018-06-16
明 玉绞丝环	直径5.5cm	138,000	北京鸿盛祥	2018-06-16
明 白玉云谷纹双联环	长6.1cm；宽3.3cm	126,500	北京鸿盛祥	2018-06-16
明 青黄玉双龙纹玉环	直径5.7cm	112,700	北京鸿盛祥	2018-12-06
明 玉卷云纹龙环	长4.6cm；宽4cm	80,500	北京鸿盛祥	2018-06-16
明 白玉谷纹环	直径3.4cm	71,300	北京鸿盛祥	2018-12-06
明 白玉谷纹环	直径3.7cm	43,700	北京鸿盛祥	2018-06-16
明 白玉仿古三龙环	直径4.4cm	32,200	北京鸿盛祥	2018-12-06
明代 玉雕双螭龙云纹环	5.8×4.2cm	57,500	古天一	2018-12-08
明 玉雕人形佩及玉环（一组两件）	佩长7cm；玉环外径6cm；内径4.8cm	16,100	西泠拍卖	2018-09-29
明 玉雕螭龙环（两件）	直径5.8cm	38,185	中国嘉德	2018-04-02
清乾隆 白玉勾连云纹环	直径4.3cm	46,000	北京鸿盛祥	2018-12-06

拍品名称	物品尺寸	成交价RMB	拍卖公司	拍卖日期
17世纪/18世纪 白玉雕螭龙纹带环	宽11.5cm	171,050	纽约佳士得	2018-09-13
清中期 白玉螭龙纹环	直径5.4cm	112,700	北京翰海	2018-06-30
清中期 白玉龙凤纹环	直径8cm	57,500	北京翰海	2018-06-30
清中期 白玉绳纹环	直径3.5cm	55,200	北京翰海	2018-06-30
清中期 白玉雕莲子型镶金手环（一对）		28,750	北京荣宝	2018-12-03
清 白玉云纹环	直径4.1cm	28,750	北京保利	2018-07-27
清 玉雕螭虎勾云环	长7.5cm	40,250	北京翰海	2018-09-16
清 白玉云龙环	直径9.5cm	20,700	北京翰海	2018-01-14
清 白玉浮雕双螭龙纹环	直径4.5cm	74,750	北京鸿盛祥	2018-06-16
清代 勾连云纹玉环	直径6cm	322,000	古天一	2018-06-17
清代 黄玉咬尾龙纹环	直径5cm	184,000	古天一	2018-06-17
清代 红沁玉环	直径3.5cm	92,000	古天一	2018-12-08
清代 红缟玛瑙环	直径7.2cm	86,250	古天一	2018-06-17
清代 和田玉竹节环	直径5.2cm	23,000	南京经典	2018-01-06
清 白玉九子连环	高1.7cm；直径7cm	25,300	浙江佳宝	2018-07-01
清 白玉螭龙纹环	直径3.3cm	184,000	中国嘉德	2018-11-20
清 白玉环	直径5.5cm	103,500	中国嘉德	2018-11-20
清 白玉螭龙环	宽5.5cm	23,000	中国嘉德	2018-06-19
20世纪 黄玉龙纹环	长17.5cm	28,750	北京保利	2018-12-09
玛瑙环（两件/组）	重15.1g；直径3.4cm	436,000	爱艺拍	2018-09-27
白玉环、青白玉鸳鸯牌各一件	直径5.2cm；长4.6cm	13,800	中国嘉德	2018-09-20
白玉三联环	长13.5cm	11,500	中国嘉德	2018-01-14
玉管、玉勒				
新石器时代 红山文化 白玉带灰皮长管勒	长9.6cm	207,558	万昌斯	2018-11-28
新石器时代 红山文化 黄玉鼓形勒	长3.6cm	159,660	万昌斯	2018-11-28
新石器时代 红山文化 黄玉蝉形勒	长3.6cm	116,928	万昌斯	2018-05-30
新石器时代 良渚文化 玉勒项饰（八件）	最大长5.1cm；总长86.4cm	116,928	万昌斯	2018-05-30
新石器时代 良渚文化 玉勒（一对）	最大直径3cm；长2.3cm	106,440	万昌斯	2018-11-28
新石器时代 良渚文化 玉勒	长3.5cm	95,796	万昌斯	2018-11-28
新石器时代 良渚文化 黄玉带沁神人面纹勒	长3.6cm	85,152	万昌斯	2018-11-28
新石器时代 良渚文化 玉管	长7.3cm	79,830	万昌斯	2018-11-28
新石器时代 良渚文化 玉勒	高6cm	58,464	万昌斯	2018-05-30
新石器时代 良渚文化 玉管	长5.1cm	40,447	万昌斯	2018-11-28
新石器时代 良渚文化 玉勒	长5.7cm	27,283	万昌斯	2018-05-30
良渚文化 玉勒珠饰	珠径最大1.5cm；最小1cm	32,200	西泠拍卖	2018-07-07
良渚文化 玉雕琮形兽面纹勒	高3.3cm	20,579	中国嘉德	2018-10-02
良渚文化 玉雕兽面纹勒	高2.4cm	20,579	中国嘉德	2018-10-02
文化期 三节琮式兽面纹玉勒	长0.95cm；宽0.94cm；高3cm	48,300	浙江佳宝	2018-07-01
文化期 满红沁玉勒	宽1.4cm；高3cm	17,250	浙江佳宝	2018-07-01
文化期 玉勒子	高3.3cm	226,371	中国嘉德	2018-10-02
文化期或更晚 玉勒（三件）	长9.2cm	57,277	中国嘉德	2018-04-02
夏家店文化 黄玉勒子	长5.2cm	34,061	万昌斯	2018-11-28
商 黄玉龙纹勒	高3.8cm	126,672	万昌斯	2018-05-30
西周 素玉勒	7cm×2.4cm	205,792	北京匡时	2018-10-03
西周 白玉凤纹管	长6.7cm	1,219,625	佳士得	2018-11-28
西周 白玉龙纹勒	高6.4cm	311,808	万昌斯	2018-05-30
西周 白玉束腰勒（一对）	最大长6.5cm	180,948	万昌斯	2018-11-28
西周 黄玉龙纹勒	高4.9cm	146,160	万昌斯	2018-05-30
西周 黄玉龙纹勒	高2.4cm	48,720	万昌斯	2018-05-30
西周 白玉龙纹勒（两件）	最大高3cm	11,693	万昌斯	2018-05-30

拍品名称	物品尺寸	成交价RMB	拍卖公司	拍卖日期
西周 黄玉素腰勒	高5cm	42,003	香港诚昌	2018-04-02
西周 勾云纹玉勒子	长7cm	288,109	中国嘉德	2018-10-02
西周-战国 玉勒子（一串）	长4.8cm	114,554	中国嘉德	2018-04-02
西周 黄玉带沁龙纹三角形勒	高3.9cm	20,579	中国嘉德	2018-10-02
春秋 青玉龙纹管	长13.3cm	354,800	佳士得	2018-11-28
春秋 白玉带灰皮虺纹勒	高1.9cm	224,112	万昌斯	2018-05-30
春秋 玉龙纹扁勒	长6.6cm；厚0.4cm	19,488	万昌斯	2018-05-30
春秋早期 白玉受沁龙纹勒	长5.65cm；宽3cm；高1.4cm	103,500	浙江佳宝	2018-07-01
春秋 卧蚕纹玉勒	高6.8cm	41,158	中国嘉德	2018-10-02
战国 谷纹玉勒	4.1cm×1.6cm	61,738	北京匡时	2018-10-03
战国 青玉谷纹柄形管	长12.5cm	221,750	佳士得	2018-11-28
战国 青白玉受沁谷纹圆勒	长4.9cm；直径1.6cm	32,200	浙江佳宝	2018-07-01
宋或较晚 白玉刻《心经》	长66cm	665,250	邦瀚斯	2018-11-27
宋-明 白玉带钉金沁螭龙纹竹节勒	长5.4cm	58,542	万昌斯	2018-11-28
元 白玉龙纹勒子	长4cm	322,000	北京东正	2018-06-17
明 白玉双勾诗文勒	高5.6cm	1,150,000	北京翰海	2018-06-30
明 旧玉勒（五件）	高1.8-2.3cm	40,250	北京翰海	2018-06-30
明 白玉八棱玉勒	长3.7cm	178,250	北京鸿盛祥	2018-12-06
明 青黄玉弦纹勒子	长6.7cm	172,500	北京鸿盛祥	2018-06-16
明 白玉喇叭形玉勒（一对）	直径3.6cm；高4cm	161,000	北京鸿盛祥	2018-12-06
明 玉弦纹勒子	直径5.4cm	143,750	北京鸿盛祥	2018-06-16
明 黄玉勒	长6.7cm	80,500	北京鸿盛祥	2018-12-06
明 弦纹玉勒	长4cm	69,000	北京鸿盛祥	2018-12-06
明 黄玉长勒	长6.6cm	63,250	北京鸿盛祥	2018-12-06
明 白玉红沁谷纹玉勒	长4cm	59,800	北京鸿盛祥	2018-12-06
明 玉勒项饰五颗	尺寸不一	57,500	北京鸿盛祥	2018-12-06
明 黄玉仿古勒	长4.3cm；宽2.3cm	40,250	北京鸿盛祥	2018-12-06
明 云纹玉勒	长2cm	34,500	北京鸿盛祥	2018-12-06
明代 玉雕红沁博古纹勒子	高4cm	46,000	古天一	2018-06-17
明 白玉受沁弦纹喇叭形勒	长5.2cm；直径3.2cm	34,500	浙江佳宝	2018-07-01
明 青玉雕龙文勒子	高4cm	402,500	中贸圣佳	2018-06-20
明 旧玉琮式勒子	长4.6cm	230,000	中贸圣佳	2018-06-20
清早期 白玉龙纹勒子	高7.4cm	109,250	上海匡时	2018-04-30
清早期 白玉螭龙纹圆勒	高2.4cm；直径1.5cm	16,100	浙江佳宝	2018-07-01
清乾隆 白玉万寿无疆诗文勒子	长8cm	1,725,000	中国嘉德	2018-06-18
清中期 白玉留红皮翎管	长6.5cm；宽1.8cm	97,750	浙江佳宝	2018-07-01
清中期 白玉配银鎏金原装翎管	长5.7cm；宽1.3cm	20,700	浙江佳宝	2018-07-01
清 白玉别子、翎管（共三件）	尺寸不一	69,000	北京保利	2018-12-09
清 白玉翎管	长7.8cm	13,800	北京保利	2018-01-21
清 旧玉兽面纹勒	高3.8cm	57,500	北京翰海	2018-06-30
清 白玉留皮翎管	长7.6cm	57,500	北京鸿盛祥	2018-06-16
清 白玉留皮蝙蝠纹翎管	长8.2cm	36,800	北京鸿盛祥	2018-12-06
清 红珊瑚人物勒子	高3.7cm	23,000	北京荣宝	2018-06-14
清代 青黄玉素勒子	长8cm	517,500	古天一	2018-12-08
清代 白玉勾云纹扁勒	长5.3cm	184,000	古天一	2018-12-08
清代 白玉洒金弦纹管	高3.5cm	172,500	古天一	2018-12-08
清代 玉雕弦纹橄榄形勒子	长4.5cm	115,000	古天一	2018-12-08
清代 白玉阴刻几何纹勒子	长3cm	69,000	古天一	2018-06-17
清代 玉勒子	长5cm	59,800	古天一	2018-12-08
清代 青黄玉素勒子（一对）	长4cm	59,800	古天一	2018-12-08
清代 素玉勒子	高2.8cm	34,500	古天一	2018-12-08
清代 卷云龙纹方形玉勒子	长5.6cm	32,200	古天一	2018-06-17
清代 青玉素勒子	高3.5cm	28,750	古天一	2018-06-17

2018玉器拍卖成交汇总

(成交价RMB：1万元以上)

拍品名称	物品尺寸	成交价RMB	拍卖公司	拍卖日期
清 白玉翎管、灵猴及人物（一组四件）	最大长7.1cm	34,061	万昌斯	2018-11-28
清 白玉带沁诗文勒	高2.3cm	12,667	万昌斯	2018-05-30
清 白玉花卉子冈款勒子	长5.7cm	32,200	中国嘉德	2018-11-20
清 白玉谷纹管形饰	直径1.1cm；高9.3cm	115,000	中贸圣佳	2018-11-24
心经玉管	高6.8cm	897,000	中贸圣佳	2018-11-24
玉扳指				
明 白玉竹节纹扳指	直径3.1cm；2.1cm；高2.2cm	46,000	北京鸿盛祥	2018-12-06
明 白玉扳指	直径2.9cm；2.1cm；高2.4cm	36,800	北京鸿盛祥	2018-12-06
明、清 玉扳指（十二只）	尺寸不一	379,500	中国嘉德	2018-05-19
十八世纪 白玉镂雕龙纹扳指	Diam 28cm	46,568	邦瀚斯	2018-11-27
清乾隆 白玉扳指	直径3.8cm	357,520	爱艺拍	2018-09-27
清乾隆 白玉御题诗文扳指	直径3cm	46,000	八益拍卖	2018-04-28
清乾隆 白玉御题诗搬指	直径2cm	172,500	北京保利	2018-06-19
清乾隆 白玉御题诗扳指	直径3cm	23,000	北京保利	2018-04-29
清乾隆 1774年 白玉御题清静无为扳指	直径3.1cm	86,240	伦敦佳士得	2018-05-15
清乾隆 白玉扳指	直径3.2cm	43,120	伦敦佳士得	2018-05-15
清乾隆 白玉、黄玉御题诗扳指	尺寸不一	690,000	中贸圣佳	2018-11-24
清乾隆 黄玉御题《玉韘诗》扳指	直径2.9cm；高2.3cm	586,500	中贸圣佳	2018-06-20
清乾隆 白玉勾连纹扳指	直径2.9cm；高2cm	66,700	中贸圣佳	2018-11-25
清中期 白玉龙纹扳指	宽2.8cm	17,250	北京保利	2018-04-29
清中期 白玉双骏图扳指	高2.6cm；直径3.3cm	69,000	古天一	2018-06-17
清中期 白玉金皮狩猎纹扳指	高2.6cm；直径3.3cm	51,750	古天一	2018-06-17
清中期 和田玉留皮雕桃树纹扳指	高2.5cm	74,750	南京经典	2018-07-22
清中期 白玉扳指	内径2.15cm	20,700	浙江佳宝	2018-07-01
18世纪/19世纪 青白玉扳指（一组三件）	直径3.2cm	53,900	伦敦佳士得	2018-05-15
18世纪/19世纪 扳指（一组两件）	直径3.5cm	21,560	伦敦佳士得	2018-05-15
清 和田玉扳指	直径3.2cm	402,930	奥斯汀	2018-06-18
清 玉扳指	直径3.2cm	268,620	奥斯汀	2018-06-18
清 白玉留皮扳指	直径3.4cm	26,450	北京保利	2018-04-29
清 白玉浮雕秋猎图御题诗扳指	直径3.7cm	23,000	北京保利	2018-12-09
清 黄鱼法轮梵文扳指	直径3.3cm	17,250	北京保利	2018-07-27
清 白玉御题诗文扳指	内直径2.1cm	36,800	北京翰海	2018-06-30
清 玉扳指	高2.5cm	18,400	北京翰海	2018-05-13
清 玉扳指	高2cm	18,400	北京翰海	2018-09-16
清 玉扳指	高2.5cm	13,800	北京翰海	2018-05-13
清 玉扳指	高2.5cm	12,650	北京翰海	2018-05-13
清 白玉诗文人物扳指	直径2.8cm；2cm；高2.3cm	63,250	北京鸿盛祥	2018-12-06
清 白玉子辰纹扳指	高2.4cm；直径3cm；1.9cm	55,200	北京鸿盛祥	2018-06-16
清 琮式扳指、涡纹扳指	直径2.8cm；1.8cm；高2.8cm；直径2.9cm；2cm；高2.5cm	48,300	北京鸿盛祥	2018-12-06
清 白玉素面扳指	高2.8cm；直径3.4cm；2cm	46,000	北京鸿盛祥	2018-06-16
清 白玉双骏图扳指	直径2.8cm；1.8cm；高2.5cm	20,700	北京鸿盛祥	2018-12-06
清代 白玉红皮扳指	高2.8cm；直径3.5cm	126,500	古天一	2018-06-17

拍品名称	物品尺寸	成交价RMB	拍卖公司	拍卖日期
清代 白玉红沁四喜扳指	高2.8cm；直径3cm	86,250	古天一	2018-06-17
清代 白玉洒金皮扳指	高2.5cm；直径3.2cm	40,250	古天一	2018-06-17
清 各种材质扳指（一组十只）	尺寸不一	92,000	广东崇正	2018-07-05
清 黄玉云纹扳指	高2.6cm	23,000	广东崇正	2018-07-05
清 沉香扳指、斋戒牌（一套）	直径3.2cm；长5.5cm	126,500	华艺国际	2018-11-16
清 青玉扳指	直径3cm	243,925	佳士得	2018-11-28
清代 和田白玉扳指	高3cm；宽3.5cm	92,000	南京经典	2018-01-06
清 白玉扳指（两件）		68,420	纽约苏富比	2018-09-15
清 白玉勾云纹扳指	高2.4cm	115,000	西泠拍卖	2018-07-07
清 白玉镂雕螭龙衔灵芝扳指	外径3.8cm；内径2.6cm	21,850	西泠拍卖	2018-09-29
清 白玉留皮扳指	内径2cm	66,700	中国嘉德	2018-05-19
清 玉留皮扳指（一组三个）	25×3×28cm；26×3.1×32cm；2×27×27cm	34,500	中国嘉德	2018-11-20
清 玉、翡翠扳指（三只）	内径2.3cm；内径2cm；内径2cm	17,250	中国嘉德	2018-01-14
和田玉扳指	高2.6cm；内径2.2cm	749,920	爱艺拍	2018-09-27
玉扳指（一组三件）	最大一件：4.8cm	30,184	伦敦苏富比	2018-05-18
19世纪/20世纪 玉扳指（四件）		13,485	纽约苏富比	2018-03-24
龚克勤 龙行天下 白玉扳指	4×3.6×2.4cm；重59g	76,160	上海联合	2018-11-25
瞿利军 新疆和田玉籽料扳指	5.4×4.2×3.7cm；重195.6g	575,000	尚品润博	2018-01-21
徐凯 新疆和田玉籽料龙扳指	4.0×3.0×1.5cm；重23g	51,750	尚品润博	2018-07-29
葛洪 新疆和田玉龙凤扳指	2.1×3.4×2.3cm；重36g	36,800	尚品润博	2018-04-30
和田白玉扳指	外直径3.7cm	18,676	维理达	2018-05-27
玉带板				
唐 白玉乐伎带板	长5cm；厚1cm	255,456	万昌斯	2018-11-28
金-元 白玉芦雁纹带板	长4.2cm；宽3.5cm	23,000	浙江佳宝	2018-07-01
元 墨玉竹寿字纹带板	宽6.5cm	43,216	保利香港	2018-10-02
元 黑白玉巧色雕云龙纹带板	长5.7cm	115,000	北京保利	2018-06-19
元 黑白玉巧色雕獬豸纹带板	长6.7cm	92,000	北京保利	2018-06-21
元 白玉巧雕秋山图带板	长6.2cm；宽3cm	34,500	西泠拍卖	2018-07-07
明 白玉透雕龙纹带板	长11cm	51,750	北京保利	2018-12-09
明 白玉麒麟带板	长8.5cm	43,700	北京保利	2018-06-21
明 白玉镂雕鹅穿莲花带板	长9.4cm；宽4.2cm	82,800	北京鸿盛祥	2018-06-16
明 白玉镂雕蟠螭如意团寿纹带板	长10.5cm；宽9.5cm	40,250	北京鸿盛祥	2018-06-16
明代 和田玉万寿龙纹带板	9.1cm×6.5cm	46,000	北京荣宝	2018-06-14
明 白玉龙纹带板（一对）	长7.5—8.5cm	69,000	华艺国际	2018-11-17
明代 和田玉海水龙纹带板	长8.7cm；宽3cm；厚0.6cm	51,750	南京经典	2018-01-06
明 青玉透雕云龙纹镶银带板一套		317,300	纽约苏富比	2018-03-21
明 白玉带板（一套）	最大长6cm；厚0.5cm	79,830	万昌斯	2018-11-28
明 白玉透雕穿莲龙纹带板	长7cm	152,600	香港苏富比	2018-10-03
明 白玉飞廉纹桃形带板	宽5.3cm；高0.7cm	13,800	浙江佳宝	2018-07-01
明 白玉带板（一组）	尺寸不一	172,500	中国嘉德	2018-11-20
明 玉龙纹鹿纹带板（两件）	长4.1cm；长4.2cm	40,250	中国嘉德	2018-11-20
明 青白玉云龙纹带板	长8.2cm	28,750	中国嘉德	2018-09-19
明 白玉高浮雕龙纹带板	长7.4cm；宽4.3cm	28,750	中贸圣佳	2018-11-25

拍品名称	物品尺寸	成交价RMB	拍卖公司	拍卖日期
白玉透雕如意带板	宽4cm	34,095	香港普艺	2018-10-06
玉带饰（铊尾）				
唐 白玉女式蹀躞带饰（一组五件）	长2.2cm；宽1.5cm	17,250	浙江佳宝	2018-07-01
宋-元 珍罕白玉长命百岁龟鹤纹带饰（一套四件）	最大长5.3cm；厚1cm	202,236	万昌斯	2018-11-28
辽 白玉海东青立莲纹带饰	每件长2.2cm	230,000	北京保利	2018-06-19
辽金 白玉海东青啄雁带饰	长7cm	175,392	万昌斯	2018-05-30
辽-金 黑白玉巧雕鸳鸯带饰	长8.7cm；厚0.9cm	95,796	万昌斯	2018-11-28
辽-金 青白玉鹿纹秋山带饰	长5cm；厚0.7cm	23,417	万昌斯	2018-11-28
元 白玉春水图带饰	长9.5cm	138,000	北京保利	2018-06-19
元代 玉雕秋山带饰	6.8×4.5cm	63,250	古天一	2018-12-08
元/明 白玉镂雕螭龙灵芝纹带饰	宽16.8cm	68,420	纽约佳士得	2018-09-13
元 白玉龙纹带饰	长5.4cm；厚1cm	63,864	万昌斯	2018-11-28
元 白玉天鹅纹带饰	玉长8.9cm；总长11.8cm	29,232	万昌斯	2018-05-30
明 白玉带皮镂空雕瑞兽月牙形带饰	长55cm	133,050	邦瀚斯	2018-11-27
明 白玉沁色镂雕花鸟带饰	直径6cm	17,250	北京保利	2018-01-21
明 黑白玉俏色三层镂雕云龙纹带饰	长8.2cm；宽6.6cm	276,000	北京鸿盛祥	2018-06-16
明 玉双龙首纹带饰	长3cm；宽2.8cm	126,500	北京鸿盛祥	2018-06-16
明 白玉红沁弦纹带饰	长4.7cm；宽3cm	97,750	北京鸿盛祥	2018-12-06
明 白玉连珠纹带饰	长4.8cm	43,700	北京鸿盛祥	2018-12-06
明 白玉龙纹带饰	长4.3cm	17,250	北京鸿盛祥	2018-06-16
明代 和田玉雕麒麟带饰	长7.5cm；宽6.5cm	103,500	南京经典	2018-01-06
明 白玉穿花龙纹大带銙（一对）	最大长16.5cm；厚0.7cm	194,880	万昌斯	2018-05-30
明 白玉带沁镂空龙纹带饰	长6.4cm；厚0.6cm	51,091	万昌斯	2018-11-28
清乾隆 白玉蝴蝶带饰（一对）	长7.4cm；宽4cm	109,250	北京鸿盛祥	2018-06-16
清 白玉镂雕八吉祥纹带饰	7cm	17,105	纽约佳士得	2018-09-13
清 白玉盘长纹带饰	长9.4cm；厚0.7cm	23,417	万昌斯	2018-11-28
玉带钩(龙钩)				
战国 青玉龙首格纹带钩	长17cm	498,938	佳士得	2018-11-28
战国晚期 白玉褐沁龙首带钩	长7cm	443,500	佳士得	2018-11-28
战国早期 白玉受沁勾连云纹龙形带钩	长11.7cm；宽2.1cm	161,000	浙江佳宝	2018-07-01
西汉早期 白玉龙首带钩	长9.8cm	1,330,500	佳士得	2018-11-28
汉 白玉龙首带钩	长3.6cm	85,152	万昌斯	2018-11-28
宋 白玉雁形带钩	长7.5cm	345,000	华艺国际	2018-11-16
元 白玉留皮螭纹龙首带钩	长11.7cm	31,181	万昌斯	2018-05-30
明早期 白玉苍龙教子带钩	高9.5cm	138,000	古天一	2018-12-08
明 白玉龙凤纹带钩	总长115cm	94,244	邦瀚斯	2018-11-27
明 白玉龙凤兽面纹带钩	长7.7cm；高2.5cm	281,750	北京鸿盛祥	2018-12-06
明 白玉带钩	高2.8cm	66,700	北京鸿盛祥	2018-06-16
明 黄玉龙纹带钩	长8cm；高1.8cm	40,250	北京鸿盛祥	2018-12-06
明代 玉雕龙钩（两件）	长8.5cm；长10cm	13,800	古天一	2018-06-17
明 白玉带灰皮龙首带钩	长9.3cm	42,576	万昌斯	2018-11-28
明 白玉龙首带钩	长8cm	11,693	万昌斯	2018-05-30
明 玉马首带钩	12cm	76,300	香港苏富比	2018-10-03
明、清 玉带钩（十二件）	尺寸不一	287,500	中国嘉德	2018-05-19
明 马头龙钩	长8.2cm	310,500	中贸圣佳	2018-06-20
18世纪 白玉瑞兽带钩	长9.9cm	196,200	香港苏富比	2018-10-03
17世纪/18世纪 白玉雕牡丹螭龙首带钩	长17cm	87,200	香港苏富比	2018-10-03
18世纪 白玉透雕螭龙灵芝纹带钩	11.1cm	76,300	香港苏富比	2018-10-03
18世纪 白玉浮雕螭龙灵芝纹带钩	12.5cm	59,950	香港苏富比	2018-10-03
18世纪 白玉瑞兽带钩	9.8cm	52,320	香港苏富比	2018-10-03
清乾隆 白玉有凤来仪带钩	长9cm；高1.9cm	178,250	北京鸿盛祥	2018-12-06
清乾隆 碧玉九如福寿纹带钩	长8.1cm；高1.9cm	172,500	北京鸿盛祥	2018-12-06
清乾隆 白玉马首卷叶纹带钩	长8.3cm	69,000	北京鸿盛祥	2018-06-16
清乾隆 白玉龙纹带钩	长9.2cm；高2cm	63,250	北京鸿盛祥	2018-12-06
清乾隆 白玉浅浮雕兽面纹龙首带钩	长8.9cm	59,800	北京鸿盛祥	2018-06-16
清乾隆 白玉龙凤呈祥带钩	长9.1cm；高2.5cm	36,800	北京鸿盛祥	2018-12-06
清乾隆 御制碧玉夔龙纹带钩	长9cm	57,500	北京荣宝	2018-12-03
18世纪 白玉苍龙教子带钩（两件）	宽7.6cm	64,144	纽约佳士得	2018-09-13
清乾隆 白玉浮雕螭龙灵芝纹带钩	12cm	130,800	香港苏富比	2018-10-03
清乾隆 白玉浮雕双龙带钩	14.9cm	119,900	香港苏富比	2018-10-03
18世纪 白玉凤首带钩	长10.5cm	123,475	中国嘉德	2018-10-02
18世纪 白玉龙钩（两件）	最长7.8cm	39,100	中国嘉德	2018-10-02
清中期 白玉雕苍龙教子带钩	长12.3cm	64,400	北京保利	2018-06-21
清中期 白玉苍龙教子带钩	长13cm	46,000	北京保利	2018-12-09
清中期 白玉苍龙教子带钩	长10.5cm	34,500	北京保利	2018-12-09
清中期 白玉灵芝带钩	长11.5cm	379,500	北京翰海	2018-06-30
清中期 白玉龙首螭龙纹带钩	长16.5cm	92,000	北京翰海	2018-06-30
清中期 白玉龙首螭龙纹带钩	长13.7cm	92,000	北京翰海	2018-06-30
清中期 白玉龙首螭龙纹带钩	长14.8cm	63,250	北京翰海	2018-06-30
清中期 白玉龙首螭龙纹带钩	长14cm	48,300	北京翰海	2018-06-30
清中期 白玉螳螂捕蝉带钩	长8.8cm	36,800	北京翰海	2018-06-30
清中期 白玉龙首螭龙纹带钩	长10.5cm	34,500	北京翰海	2018-06-30
清中期 水晶龙纹带钩	长11.8cm	23,000	北京翰海	2018-06-30
清中期 白玉锦地花卉纹龙首带钩	长11.2cm；宽2.6cm；高2.3cm	23,000	浙江佳宝	2018-07-01
清18及19世纪 白玉雕螭龙纹带钩（两件）	长14cm	51,744	伦敦佳士得	2018-05-15
19世纪/20世纪初 白玉龙纹带钩	长10.4cm	68,420	纽约佳士得	2018-09-13
19世纪 青白玉雕螭龙纹带钩		25,384	纽约苏富比	2018-03-24
清 黄玉雕蝉纹带钩	长10cm	959,200	爱艺拍	2018-09-27
清 白玉龙钩	长12.7cm	48,300	北京保利	2018-10-28
清 玉带钩（两件）	长9.3cm；长10cm	23,000	北京保利	2018-12-09
清 玉龙钩	长14cm	101,200	北京翰海	2018-05-13
清 黄玉龙首带钩	长11cm	71,300	北京翰海	2018-06-30
清 玉龙钩	长15cm	51,750	北京翰海	2018-09-16
清 玉龙钩	长12.5cm	46,000	北京翰海	2018-09-16
清 玉龙钩	长13cm	43,700	北京翰海	2018-05-13
清 玉龙钩	长12cm	34,500	北京翰海	2018-05-13
清 玉龙钩	长13cm	34,500	北京翰海	2018-05-13
清 玉龙钩	长12cm	32,200	北京翰海	2018-09-16
清 玉龙钩	长14.5cm	29,900	北京翰海	2018-05-13
清 玉龙钩	长12.5cm	25,300	北京翰海	2018-09-16
清 玉龙钩	长12cm	23,000	北京翰海	2018-09-16
清 黄玉苍龙教子带钩	长14.3cm；高2.6cm	184,000	北京鸿盛祥	2018-12-06
清 白玉马上封侯带钩	长9.5cm	149,500	北京鸿盛祥	2018-06-16
清 白玉苍龙教子带钩	长13.7cm	78,200	北京鸿盛祥	2018-06-16
清 白玉苍龙教子带钩	长14.1cm；高3cm	43,700	北京鸿盛祥	2018-12-06
清 白玉苍龙教子带钩	长11.3cm；高3.1cm	40,250	北京鸿盛祥	2018-12-06
清 白玉苍龙教子带钩	长11.7cm；高2.6cm	34,500	北京鸿盛祥	2018-12-06
清 白玉龙首素面带钩	长10.6cm	23,000	北京鸿盛祥	2018-06-16
清末至20世纪 玉带钩（一组十二件）		15,072	纽约苏富比	2018-03-24
清 白玉龙首带钩（两件）	最大长12.3cm	27,283	万昌斯	2018-05-30
清 白玉发簪 黄玉带钩及白玉交颈鹅（一组五件）	最大长14.6cm	19,159	万昌斯	2018-11-28
清 白玉龙首带钩	玉长11.4cm	14,616	万昌斯	2018-05-30

2018玉器拍卖成交汇总

(成交价RMB：1万元以上)

拍品名称	物品尺寸	成交价RMB	拍卖公司	拍卖日期
清 翠玉浮雕螭龙纹带钩	9cm	65,400	香港苏富比	2018-10-03
清 白玉透雕盘长带钩	9.6cm	45,780	香港苏富比	2018-10-03
清 白玉苍龙教子带钩	长13cm	69,000	印千山	2018-01-12
清 白玉浸色凤首带钩	长9.1cm	23,000	中国嘉德	2018-11-20
清 白玉龙首带钩	长12.2cm	17,250	中国嘉德	2018-01-14
清 白玉凤头带钩	长10cm	17,250	中国嘉德	2018-11-20
清 青白玉龙首带钩	长12.5cm	13,800	中国嘉德	2018-01-14
清 白玉苍龙教子带钩（两件）	尺寸不一	207,000	中贸圣佳	2018-06-20
玉带钩 带扣（八件）	尺寸不一	94,300	中国嘉德	2018-09-18
白玉带钩（两件）	长11cm；长9cm	57,500	中国嘉德	2018-05-19
清 白玉带沁龙钩	长13cm	63,250	中国嘉德	2018-11-20
玉带扣				
汉-宋 汉代玉甲虫及宋代白玉镂空龙凤纹带扣	最大长6cm	117,084	万昌斯	2018-11-28
辽-金 白玉留皮巧雕虎纹秋山带扣	长4.5cm；厚1.4cm	101,118	万昌斯	2018-11-28
元 白玉龙纹凹形带扣	长6.3cm	17,250	北京荣宝	2018-12-03
明 旧玉雕“龟鹤延年”带扣	宽6cm	57,500	北京保利	2018-06-21
明 铜鎏金嵌玉带扣	长6.9cm；长6.7cm	181,700	北京鸿盛祥	2018-06-16
明 黄玉浮雕七螭纹带扣	长5.4cm；长4.7cm	115,000	北京鸿盛祥	2018-06-16
明 白玉浮雕螭龙纹带扣	长5.1cm；宽3.1cm	23,000	浙江佳宝	2018-07-01
明 白玉镂雕八仙纹带扣	长7.6cm；宽5.9cm	13,800	浙江佳宝	2018-07-01
明 白玉带扣	长13cm	23,000	中国嘉德	2018-11-20
18世纪 青白玉雕子孙连连纹带扣		64,144	纽约苏富比	2018-09-12
18世纪 白玉雕螭龙纹带扣		47,039	纽约苏富比	2018-09-12
清早期 旧玉雕螭龙、莲叶、海屋添筹带扣（共三件）	长5.3cm；长7.8cm；长6.5cm	34,500	北京保利	2018-12-09
清乾隆 白玉浮雕龙纹带扣	长12.6cm；高2.4cm	115,000	北京鸿盛祥	2018-12-06
清乾隆 仿金珀料螭龙纹带扣	长6.7cm	25,300	北京荣宝	2018-12-03
清乾隆 白玉云龙纹带扣	长9.4cm；宽4.7cm	80,500	浙江佳宝	2018-07-01
清中期 白玉雕马上封侯带扣	长8cm	46,000	北京保利	2018-06-21
清中期 白玉绳纹带扣	长7.4cm	57,500	北京翰海	2018-06-30
清中期 白玉浮雕螭衔灵芝带扣	长6.5cm；5.6cm；宽4.7cm；4.5cm	74,750	北京鸿盛祥	2018-06-16
清中期 白玉龙纹带扣	长10cm	16,100	华艺国际	2018-03-30
清中期 白玉太师少师纹带扣	长8.8cm；宽6.2cm	51,750	浙江佳宝	2018-07-01
18世纪/19世纪 白玉瑞兽带扣	宽7.5cm	23,716	伦敦佳士得	2018-05-15
18世纪/19世纪 青玉雕螭龙衔芝纹带扣		63,460	纽约苏富比	2018-03-24
清 白玉带皮嵌碧玺带扣	长7cm	28,750	北京保利	2018-06-21
清 白玉龙纹带扣	长8.6cm	27,600	北京保利	2018-01-21
清 玉螭虎带扣	长10cm	92,000	北京翰海	2018-05-13
清 玉带扣（两件）	长11cm	34,500	北京翰海	2018-05-13
清 玉雷纹带扣	长6cm	29,900	北京翰海	2018-05-13
清 白玉带扣（一组）	尺寸不一	135,700	北京鸿盛祥	2018-12-06
清 墨白玉俏色镂雕双螭纹带扣	长5.3cm；长4.9cm	126,500	北京鸿盛祥	2018-06-16
清 白玉龙纹带扣	长11.4cm；高3.7cm	103,500	北京鸿盛祥	2018-12-06
清 白玉透雕螭龙纹带扣	宽7.4cm	32,700	佳士得	2018-10-04
清末 青玉雕瓜瓞绵绵纹带扣		15,865	纽约苏富比	2018-03-24
清 白玉留皮巧雕龙纹带扣	总长12.2cm	107,184	万昌斯	2018-05-30
清 白玉螭纹带扣	长8.5cm	21,288	万昌斯	2018-11-28
清 白玉雕勾云纹带扣	长6.4cm；宽3cm	20,700	西泠拍卖	2018-09-29
清 白玉螭龙纹带扣	长10cm	63,250	印千山	2018-01-12
清 白玉蟠螭带扣	2cm×12.5cm×5cm	78,200	中国嘉德	2018-06-19
清 青白玉带扣	长10.8cm	43,700	中国嘉德	2018-09-19
清 玉砚形带扣	长7.6cm	43,700	中国嘉德	2018-06-19
清 青白玉梅花纹带扣	长8.3cm	34,500	中国嘉德	2018-09-19

拍品名称	物品尺寸	成交价RMB	拍卖公司	拍卖日期
清 玉龙纹螭纹带扣	4.7×7×1.3cm；4.7×6.4×1.3cm	34,500	中国嘉德	2018-06-19
清 白玉龙凤纹带扣	长7cm；长6.8cm	34,500	中国嘉德	2018-01-14
清 白玉太狮少狮带扣	长8.6cm	20,700	中贸圣佳	2018-11-25
和田玉皮带扣		13,800	北京瀚古	2018-01-28
白玉龙纹带扣	5.5×2.4×2.2cm；重42.6g	31,360	上海联合	2018-07-01
玉锁				
明 白玉受沁龙凤纹锁形佩	长9cm	36,800	浙江佳宝	2018-07-01
清乾隆 白玉天官龙纹玉锁	长7.9cm；宽6.2cm	59,800	北京鸿盛祥	2018-12-06
清 白玉福寿万代玉锁	长12.5cm	36,800	北京保利	2018-04-30
清 青白玉雕玉堂富贵梅花纹锁	长9.5cm	20,700	北京保利	2018-06-21
清 白玉福寿双全龙纹锁	长9cm；宽6.5cm	17,250	北京鸿盛祥	2018-12-06
清 白玉鲤鱼跃龙门锁及镂空锁（一组三件）	最大长9.6cm；厚0.5cm	24,360	万昌斯	2018-05-30
玉磬				
明 青白玉人物纹磬	长15.6cm；厚0.6cm	26,610	万昌斯	2018-11-28
明 白玉桂鱼磬	长44cm	195,500	印千山	2018-01-12
清乾隆 御制青玉描金龙纹“林钟”磬	长42cm	184,000	印千山	2018-01-12
清中期 玉磬	长13cm	57,500	北京翰海	2018-05-13
清 白玉梅花磬	长11.2cm	20,700	北京保利	2018-04-29
清 碧玉描金龙纹磬	长30.7cm	17,250	北京保利	2018-10-28
清 白玉吉庆有余组磬	长7.7cm；长16.8cm；长8.5cm	92,000	北京匡时	2018-12-05
清 白玉双龙捧寿磬	玉长18.7cm；厚0.8cm	92,568	万昌斯	2018-05-30
清 白玉鱼化龙磬及佩饰（一组四件）	最大长12.8cm；厚0.9cm	15,966	万昌斯	2018-11-28
碧玉描金云龙纹磬	高35.5cm	11,500	中国嘉德	2018-09-20
玉刚卯 严卯				
汉 白玉带沁刚卯	高2.5cm	51,091	万昌斯	2018-11-28
元 青白玉刚卯	1.2×1.1×2.5cm	138,000	北京保利	2018-06-21
明 白玉严卯坠	长3.4cm	25,300	北京鸿盛祥	2018-06-16
明代 白玉刚卯	高2.8cm	57,500	古天一	2018-06-17
明 白玉刚卯	长2.7cm；通径1.7cm	57,500	西泠拍卖	2018-07-07
清 白玉刚卯（一对）	高2.2cm；长1.2cm；宽1.2cm；高2.2cm；长1.2cm；宽1.2cm	13,800	西泠拍卖	2018-09-29
清 白玉刚卯	1.1×1.1×2.1cm	97,750	中贸圣佳	2018-06-20
玉刚卯 勒子（十四件）	尺寸不一	253,000	中国嘉德	2018-09-18
白玉刚卯	1.2×1.2×2.3cm	149,500	中贸圣佳	2018-11-25
玉柄形器				
新石器时代 红山文化 黄玉柄形器	长8.3cm；厚0.8cm	37,254	万昌斯	2018-11-28
文化期 玉柄形器	长14.5cm	51,448	中国嘉德	2018-10-02
西周 玉柄	15.9cm	30,184	伦敦苏富比	2018-05-18
明 玉浸色柄形器	长17.7cm	80,500	中国嘉德	2018-11-20
清代 青白玉柄形器	长10.8cm	59,800	古天一	2018-12-08
玉炉顶				
宋/金 白玉雕炉顶及镂雕花鸟饰件	宽35cm；宽36cm	144,138	邦瀚斯	2018-11-27
元代 白玉莲鹭纹炉顶	高5cm	92,000	古天一	2018-12-08
元 白玉透雕龙穿莲纹炉顶	宽7.2cm	406,000	佳士得	2018-05-30
元 玉双兔炉顶	玉长4.5cm	24,360	万昌斯	2018-05-30
元 白玉雕一路连科炉顶	高3.6cm	138,000	中贸圣佳	2018-06-20
明 黄玉带皮龙纹炉顶	高62cm	155,225	邦瀚斯	2018-11-27
明 白玉留皮镂雕四鹤炉顶	长4.4cm；高4.2cm	138,000	北京鸿盛祥	2018-06-16
明 白玉鸳鸯戏荷炉顶	长4.6cm；高3.9cm	112,700	北京鸿盛祥	2018-06-16

拍品名称	物品尺寸	成交价RMB	拍卖公司	拍卖日期
明 白玉镂雕巧做五鹤炉顶	长4.3cm；高4.8cm	112,700	北京鸿盛祥	2018-06-16
明 白玉龙纹炉顶	高5.7cm	80,500	北京匡时	2018-12-05
明 白玉透雕穿莲龙炉顶	高7.3cm	348,800	香港苏富比	2018-10-03
明 白玉花鸟纹炉顶	长5.5cm；宽4.7cm；高3.2cm	32,200	浙江佳宝	2018-07-01
明 青白玉穿花龙炉顶	高6.3cm	253,000	中国嘉德	2018-09-19
明 青白玉一路连科炉顶	长5.2cm	59,800	中国嘉德	2018-09-19
明 青玉一路连科炉顶	高3cm	23,000	中国嘉德	2018-05-19
清代 玉雕秋山炉顶	高3.5cm	80,500	古天一	2018-12-08
白玉镂雕一鹭莲科炉顶	高4.8cm	126,500	中贸圣佳	2018-11-25
玉香囊				
清乾隆 碧玉镂雕荷包式香囊	高8.8cm；长7cm	345,000	古天一	2018-12-08
清乾隆 白玉镂雕仙人图香囊	高6.1cm	153,945	纽约佳士得	2018-09-13
清 蜜蜡香囊、项链（两件）	长7cm；长54cm	20,700	北京保利	2018-06-21
清 白玉镂雕蟠螭云纹筒形香囊	长6.4cm	59,800	北京鸿盛祥	2018-06-16
清 白玉镂空龙纹寿字香囊	长6.1cm	155,904	万昌斯	2018-05-30
清 白玉子孙万代香囊	长6.4cm	24,360	万昌斯	2018-05-30
清 白玉镂空花卉纹香囊	直径6cm	25,300	印千山	2018-01-12
张焕庆 福在眼前 白玉香囊	6.3×3.7×1.8cm；重31.4g	60,500	上海联合	2018-11-25
玉珠串、项链（朝珠、手串）				
新石器时代 红山文化 黄玉多宝串（三件）	最大长3.5cm	127,728	万昌斯	2018-11-28
新石器时代 良渚文化 玉挂坠及玉勒手串（十一颗及十三颗）（两条）	最大总长11.8cm；挂坠长2.6cm	85,152	万昌斯	2018-11-28
新石器时代 良渚文化 玉勒手串（七颗）	最大长3.2cm；总长19.7cm	68,208	万昌斯	2018-05-30
新石器时代 良渚文化 玉勒及锥形器多宝串（两件）	最大长5.6cm	68,208	万昌斯	2018-05-30
新石器时代 良渚文化-清 玉勒多宝串（三件）	最大长2.4cm	58,542	万昌斯	2018-11-28
新石器时代 红山文化 黄玉勒子手串	玉长3.2cm；串长17cm	29,803	万昌斯	2018-11-28
良渚 玉珠串饰		123,475	北京匡时	2018-10-03
商 玉兔项饰	长20cm	257,240	北京匡时	2018-10-03
商 玛瑙手串（二十四颗）	最大长1.7cm；总长24.4cm	155,904	万昌斯	2018-05-30
汉 多宝项链	尺寸不一	13,225	浙江佳宝	2018-07-01
唐 白玉舞凤戏火珠纹饰	宽6.4cm	56,593	保利香港	2018-10-02
明以前 玉印、玉手串（一组两件）	玉印2.4×2.4×2cm	36,800	广东崇正	2018-07-05
明 兔羊瑞兽多宝串	尺寸不一	126,500	北京鸿盛祥	2018-12-06
明 玉勒多宝串	尺寸不一	92,000	北京鸿盛祥	2018-12-06
明 司南多宝串	尺寸不一	69,000	北京鸿盛祥	2018-12-06
明 玉质多宝串	长最小1.6cm；最大2.6cm	64,400	北京鸿盛祥	2018-06-16
明 青玉菊瓣纹鼓珠	直径2.8cm；高1.8cm	57,500	北京鸿盛祥	2018-06-16
明 云雷纹坠多宝串	长4.1cm；2cm	36,800	北京鸿盛祥	2018-06-16
明 白玉沁红多宝串	尺寸不一	34,500	北京鸿盛祥	2018-12-06
明 玉质多宝串	长最小1.5cm；最大4.1cm	32,200	北京鸿盛祥	2018-06-16
明 三环多宝串	尺寸不一	32,200	北京鸿盛祥	2018-12-06
明 翁仲，司南多宝串	长3cm；5.8cm	17,250	北京鸿盛祥	2018-06-16
明 玉韘形佩多宝串	尺寸不一	17,250	北京鸿盛祥	2018-12-06
明 玉多宝串（三件）	最大长3.7cm；总长9.7cm	24,360	万昌斯	2018-05-30
明-清 白玉带沁瑞兽多宝串（三件）	最大长3.2cm	13,642	万昌斯	2018-05-30
明 玉雕多宝串	尺寸不一	55,200	西泠拍卖	2018-07-07
明 玉剑珌、多宝串（三件）	长13.5cm；长7.3cm；长7.3cm	17,250	中国嘉德	2018-05-19

拍品名称	物品尺寸	成交价RMB	拍卖公司	拍卖日期
明 旧玉串	长32.5cm	287,500	中贸圣佳	2018-06-20
明 玉串饰三件	尺寸不一	253,000	中贸圣佳	2018-11-24
清乾隆 绿松石朝珠	长138cm	172,500	北京匡时	2018-06-15
清中期 水晶手串（21粒）		40,250	北京翰海	2018-06-30
清中期 东珠朝珠	单珠直径约1.5cm	80,500	南京经典	2018-07-22
清中期 血珀朝珠108颗	单颗直径1.5cm	138,000	浙江佳宝	2018-07-01
19世纪 蜜蜡、琥珀手串、手链（十串）	尺寸不一	17,250	中国嘉德	2018-01-14
清代 蜜蜡十八罗汉佛珠（一件）	重367g	286,528	奥斯汀	2018-06-18
清 玉件多宝串	尺寸不一	32,200	八益拍卖	2018-04-28
清 白玉十八罗汉串珠	长23.5cm	241,500	北京保利	2018-12-09
清 珊瑚项链	长43cm	126,500	北京保利	2018-10-28
清 珊瑚项链	长28cm	71,300	北京保利	2018-10-28
清 蜜蜡朝珠	长85cm	69,000	北京保利	2018-06-21
清 珊瑚项链	长21cm	69,000	北京保利	2018-10-28
清 珊瑚项链	长28.5cm	36,800	北京保利	2018-10-28
清 珊瑚项链	长34.5cm	34,500	北京保利	2018-10-28
清 珊瑚朝珠	长80cm	25,300	北京保利	2018-10-28
清 琥珀项链	长69cm	23,000	北京保利	2018-04-29
清 松香蜜蜡九籽、十二籽（两件）	长12cm；长10.5cm	21,850	北京保利	2018-12-09
清 珊瑚项链	长31cm	20,700	北京保利	2018-10-28
清 琥珀、沉香粉珠串（共三串）	尺寸不一	17,250	北京保利	2018-12-09
清 琥珀朝珠一串108颗	直径1.2cm；重120g	34,500	北京鸿盛祥	2018-06-16
清 珊瑚辑米珠朝珠		92,000	北京荣宝	2018-06-14
清代 白玉杏核形手串	白玉14粒；珊瑚4粒	184,000	古天一	2018-06-17
清代 玉雕勒子手串	19粒，最大长3.5cm	149,500	古天一	2018-06-17
清代 白玉多宝串（十件）	尺寸不一	115,000	古天一	2018-12-08
清代 白玉十二生肖串	最大高3.2cm	51,750	古天一	2018-12-08
清代 白玉博古螭龙佩多宝串	4×4.2cm	36,800	古天一	2018-06-17
清代 玉锥形器、玉环多宝串	高7.2cm	27,600	古天一	2018-06-17
清代 白玉兽钮印多宝串	高2cm	23,000	古天一	2018-06-17
清代 白玉鹦鹉佩多宝串	高2cm；高4cm	17,250	古天一	2018-06-17
清代 白玉和合二仙多宝串	高3.2cm	17,250	古天一	2018-06-17
清 白玉核雕项链	长73.5cm	388,063	佳士得	2018-11-28
晚清 琥珀青金石十八子手串	长36.5cm	87,200	佳士得	2018-10-04
清 红宝石朝珠	长116cm	92,208	羅芙奧	2018-12-01
清末 琥珀朝珠		27,764	纽约苏富比	2018-03-24
清 白玉琴棋书画印多宝串	最大长3.9cm；总长9.3cm	27,283	万昌斯	2018-05-30
清 痕都斯坦玉镶金嵌宝石项链	直径71cm；玉链长25cm；大珠长7.5cm	172,500	西泠拍卖	2018-07-07
清 蜜蜡朝珠	珠径1.2cm	51,750	西泠拍卖	2018-07-07
清 琥珀朝珠	珠径1.8cm	23,000	西泠拍卖	2018-07-07
民国 蜜蜡手串		17,250	北京荣宝	2018-06-14
琥珀手串（8颗）（一件）		601,680	爱艺拍	2018-09-27
近代 蜜蜡配珊瑚手串	直径7.5cm	18,400	北京保利	2018-01-21
“圆融”绿松石配南红玛瑙手串		40,250	北京荣宝	2018-09-14
“金刚无畏”六瓣金刚配松石玛瑙佛珠		13,800	北京荣宝	2018-09-14
“欢喜”珊瑚配松石千足金项链		13,800	北京荣宝	2018-09-14
罗汉 白玉手串	尺寸不一；总重116g	124,200	上海联合	2018-07-01
刘海 金刚菩提十八子 糖玉手持	18颗；重112.9g	61,600	上海联合	2018-11-25
白玉原籽项链	30颗；重75.7g	44,800	上海联合	2018-11-25
白玉原籽手链	8颗；重61.7g	40,320	上海联合	2018-11-25
青花圆珠手串	直径2cm；重151.7g	34,560	上海联合	2018-07-01

2018玉器拍卖成交汇总

(成交价RMB：1万元以上)

拍品名称	物品尺寸	成交价RMB	拍卖公司	拍卖日期
白玉珠串	直径0.8cm；重84g	22,400	上海联合	2018-07-01
新疆和田玉籽料原石手串	重80g	1,495,000	尚品润博	2018-07-29
王永祥 新疆和田玉籽料罗汉手串	重122g	207,000	尚品润博	2018-01-21
新疆和田玉籽料原石手串	重77g	195,500	尚品润博	2018-11-24
新疆和田玉籽料原石手串（天然无修）	重95g	149,500	尚品润博	2018-01-21
新疆和田玉籽料原石手串	重56g	92,000	尚品润博	2018-11-24
新疆和田玉籽料原石手串	重76g	69,000	尚品润博	2018-01-21
新疆和田玉籽料原石手串	重45.8g	66,700	尚品润博	2018-04-30
新疆和田玉籽料原石手串	重46g	63,250	尚品润博	2018-01-21
新疆和田玉籽料原石手串（天然无修）	重38g	51,750	尚品润博	2018-01-21
新疆和田玉黄玉籽料原石手串	重38.8g	43,700	尚品润博	2018-04-30
新疆和田玉籽料原石项链	尺寸不一；重40g	43,700	尚品润博	2018-04-30
翡翠翎管、旧玉多宝串各一件	长25cm；长10.1cm	20,700	中国嘉德	2018-01-14
官帽、青金石朝珠各一件	长81cm；直径21cm	13,800	中国嘉德	2018-05-19
珊瑚串饰	长37cm；珊瑚直径0.6cm	13,800	中国嘉德	2018-09-20
玉镯				
新石器时代 褐黄玉镯	直径8.8cm	3,814,100	佳士得	2018-11-28
新石器时代 良渚文化 玉镯	外径8.5cm；厚1.1cm	90,474	万昌斯	2018-11-28
新石器时代 良渚文化 玉镯	外径4.7cm；厚1.8cm	53,592	万昌斯	2018-05-30
新石器时代 良渚文化 玉镯	外直径8.4cm；内直径6.7cm；厚0.7cm	53,220	万昌斯	2018-11-28
新石器时代 良渚文化 黄玉镯	外径6.8cm；厚1.6cm	48,720	万昌斯	2018-05-30
新石器时代 良渚文化 玉镯	外直径9.3cm；内直径6.1cm；厚2cm	40,925	万昌斯	2018-05-30
商 白玉带灰皮高浮雕蝉纹镯	外径7.4cm；厚0.6cm	478,980	万昌斯	2018-11-28
唐 和田玉白玉手镯	重136g；底径5.9cm	548,460	奥斯汀	2018-01-21
元代 白玉红沁双龙戏珠手镯	直径8cm	402,500	古天一	2018-06-17
明 青黄玉仿古篆书八卦玉镯	直径8.5cm；6.5cm；宽2.9cm	112,700	北京鸿盛祥	2018-06-16
明 白玉竹节纹玉镯	直径8.1cm；6.2cm	94,300	北京鸿盛祥	2018-12-06
明 玉镯	直径8.2cm；5.9cm	63,250	北京鸿盛祥	2018-12-06
明 黄玉浮雕神兽纹镯	直径8cm；6cm	57,500	北京鸿盛祥	2018-06-16
明 浮雕博古篆书玉镯	直径7.7cm；6.1cm；宽1.3cm	23,000	北京鸿盛祥	2018-06-16
明代 白玉红沁手镯	直径7.8cm	138,000	古天一	2018-06-17
明代 白玉红沁手镯（一对）	直径7.5cm	57,500	古天一	2018-12-08
清早期 白玉双龙戏珠玉镯	直径7.6cm；5.7cm	59,800	北京鸿盛祥	2018-12-06
18世纪 白玉双联手镯	直径7cm	184,000	北京东正	2018-06-17
清中期 琥珀手镯（两件）	内直径5.4cm	74,750	北京翰海	2018-06-30
清中期 白玉二龙戏珠手镯（两件）	内直径5.9cm	43,700	北京翰海	2018-06-30
清中期 白玉连珠二龙戏珠手镯（两件）	内直径5.7cm	17,250	北京翰海	2018-06-30
清中期 白玉雕螭龙纹仿圈	外径13.6cm；内径11.2cm	97,750	西泠拍卖	2018-07-07
清中期 白玉藕节纹手镯	内径5.4cm	40,250	浙江佳宝	2018-07-01
清晚期 白玉手镯（一对）	直径5.5cm×2	40,250	北京荣宝	2018-06-14
清 黑白玉手镯	内径8.5cm	1,264,400	爱艺拍	2018-09-27
清代 青白玉镯	内直径7.0cm	465,608	奥斯汀	2018-06-18
清 和田青花白玉手镯	重85g；底径6.1cm	164,538	奥斯汀	2018-01-21

拍品名称	物品尺寸	成交价RMB	拍卖公司	拍卖日期
清 白玉手镯（一对）	内径5.8cm	46,000	八益拍卖	2018-04-28
清 白玉雕缠枝莲圆手镯 白玉雕四君子椭圆手镯	直径72cm×2	121,963	邦瀚斯	2018-11-27
清 白玉双龙戏珠手镯（一对）	宽7.7cm	34,500	北京保利	2018-06-21
清 白玉双龙镯（一对）	直径7.3cm	34,500	北京保利	2018-07-27
清 白玉带皮龙纹镯	直径7.8cm	20,700	北京保利	2018-12-09
清 白玉手镯（两件）	内直径5.8cm	78,200	北京翰海	2018-06-30
清 白玉绳纹手镯	直径7.7cm	69,000	北京翰海	2018-05-13
清 白玉龙纹手镯	直径7.7cm	57,500	北京翰海	2018-05-13
清 白玉手镯（两件）	内直径5.7cm	40,250	北京翰海	2018-06-30
清 黄玉手镯	内直径5.6cm	28,750	北京翰海	2018-06-30
清 白玉手镯	内直径5.8cm	28,750	北京翰海	2018-06-30
清 白玉祥云手镯（2件）	直径5.8cm	25,300	北京翰海	2018-01-14
清 洒金皮白玉镯	直径7.8cm；5.6cm	57,500	北京鸿盛祥	2018-06-16
清 白玉手镯（一对）	直径5.5cm	34,500	北京荣宝	2018-12-03
清代 白玉藕节纹手镯（一对）	直径7cm	115,000	古天一	2018-12-08
清代 红沁玉手镯	直径7.5cm	89,700	古天一	2018-12-08
清代 博古龙纹玉手镯	直径8cm	36,800	古天一	2018-06-17
清代 红沁手镯	直径7.8cm	28,750	古天一	2018-12-08
清 白玉镯	直径7.5cm	34,500	广东崇正	2018-01-21
清 白玉绳纹手镯	内径57cm	29,900	广东崇正	2018-07-05
清 白玉红沁圆镯	直径8.1cm	66,700	西泠拍卖	2018-07-07
清 白玉手镯	外径7.2cm；内径6cm	28,750	西泠拍卖	2018-09-29
清 白玉手镯	外径8.6cm；内径6cm	25,300	西泠拍卖	2018-07-07
清 蜜蜡手镯	外径8.3cm；内径6cm；重28g	25,300	西泠拍卖	2018-07-07
清 白玉受沁竹节纹绞丝手镯	内径5.9cm	11,500	浙江佳宝	2018-07-01
清 珊瑚手镯（一对）	直径7.3cm	368,000	中贸圣佳	2018-06-20
现代 白玉手镯	口直径5.7cm	26,450	浙江佳宝	2018-07-01
现代 白玉龙纹戏珠手镯	内直径5.9cm	25,300	浙江佳宝	2018-07-01
现代 白玉手镯（一对）	口直径5.7cm	23,000	浙江佳宝	2018-07-01
现代 白玉手镯	内直径5.7cm	13,800	浙江佳宝	2018-07-01
现代 白玉竹节纹手镯	内直径5.7cm	12,650	浙江佳宝	2018-07-01
和田青白玉手镯	直径7.5cm	784,800	爱艺拍	2018-09-27
青白玉手镯	重92g；底径5.8cm	685,575	奥斯汀	2018-01-21
和田碧玉手镯	重85g	639,870	奥斯汀	2018-01-21
青白玉雕龙首镯（一对）		38,486	纽约苏富比	2018-09-15
白玉手镯	内径5.6cm；厚0.9cm；宽1.8cm；重73.1g	201,600	上海联合	2018-07-01
白玉手镯	内径5.6cm；宽2cm；厚1.1cm；重104.5g	145,600	上海联合	2018-11-25
白玉手镯	宽1.7cm；厚1cm；重86.6g	100,800	上海联合	2018-07-01
吴金星 新疆和田玉籽料手镯	直径5.7cm；重93g	322,000	尚品润博	2018-01-21
白玉红皮手镯	内径6cm	30,661	香港诚昌	2018-05-28
白玉镯（一对）	内径6cm	17,250	中国嘉德	2018-05-19
青白玉镯（一对）	内径6cm	17,250	中国嘉德	2018-09-20
玉蝉、玉兽、螭龙纹镯各一件	内径6.7cm；长4cm；长4cm	13,800	中国嘉德	2018-05-19
翡翠手镯	直径7.8cm	97,750	中贸圣佳	2018-06-20
玉发器 【玉簪 玉笈 玉钗 玉梳（玉箍）发冠】				
新石器时代 良渚文化 玉冠饰	长5.3cm；厚0.5cm	82,824	万昌斯	2018-05-30
新石器时代 良渚文化 玉发箍	长6.1cm；厚1.8cm	47,898	万昌斯	2018-11-28
文化期 素面玉箍	高2.4cm；直径4.46cm	80,500	浙江佳宝	2018-07-01
文化期 鸟首玉簪	长9.2cm	277,819	中国嘉德	2018-10-02

拍品名称	物品尺寸	成交价RMB	拍卖公司	拍卖日期
商 黄玉发箍	直径5.4cm	42,576	万昌斯	2018-11-28
唐 白玉花卉纹梳背	宽13.2cm	102,896	保利香港	2018-10-02
唐 白玉凤凰石榴花纹发簪头	长15cm	80,259	保利香港	2018-10-02
唐 白玉孔雀石榴花纹发簪头	长15.3cm	77,172	保利香港	2018-10-02
唐 白玉双股钗（两件）	最大长12.3cm	42,576	万昌斯	2018-11-28
宋 玉雕饕餮纹发箍	直径5.8cm	195,500	华艺国际	2018-11-16
明 白玉子冈款螭龙纹玉簪	长12.3cm	80,500	北京鸿盛祥	2018-06-16
明 玉凤头簪子（三件）	长17.8cm；长16.3cm；长14.6cm	34,500	中国嘉德	2018-11-20
清早期 青白玉雕发冠、发簪（一组）	宽5cm；长12cm	23,000	北京保利	2018-06-21
清 白玉龙纹簪	长10.5cm	51,750	北京翰海	2018-06-30
清 白玉云龙纹簪	长15.5cm	94,300	北京鸿盛祥	2018-06-16
清 白玉喜上眉梢簪子	长18.4cm	34,500	北京鸿盛祥	2018-12-06
清代 玉簪子	长15cm	126,500	古天一	2018-06-17
清代 白玉嵌宝莲花纹扁方	长32.5cm	57,500	古天一	2018-12-08
清 白玉发冠	长14.5cm	43,700	华艺国际	2018-03-30
清 白玉扁方	长24.8cm	34,500	华艺国际	2018-11-17
清 白玉龙纹簪子	长23cm	40,250	中国嘉德	2018-11-20
约1930年 比利时 圣朗博Val Saint Lambert 双层套色水晶梳妆台（四件套）	尺寸不一	21,850	保利厦门	2018-01-08
唐 白玉带灰皮双股钗（两件）	最大长16.3cm	82,824	万昌斯	2018-05-30
清 白玉发钗	直径14.5cm	13,800	广东崇正	2018-01-21
玉韘形佩（鸡心佩）				
战国 青玉受沁韘	长5.3cm；宽3cm	17,250	浙江佳宝	2018-07-01
西汉 白玉龙纹韘形佩	长5cm	310,450	佳士得	2018-11-28
汉 象牙白玉龙纹韘形佩	长7.4cm	370,272	万昌斯	2018-05-30
汉 白玉带沁凤鸟纹韘形佩	长6.6cm；厚0.6cm	43,848	万昌斯	2018-05-30
元代 白玉螭龙纹韘形佩	5.5cm × 7cm	43,700	古天一	2018-12-08
明 白玉浮雕三螭龙纹鸡心佩	长7cm；宽4.6cm	59,800	北京鸿盛祥	2018-12-06
明 玉鸡心佩	长4.2cm	57,500	北京鸿盛祥	2018-12-06
明代 蜜腊雕螭龙纹鸡心佩	8.5cm × 6.5cm	97,750	古天一	2018-06-17
明 白玉螭龙纹鸡心佩	高7.7cm	23,000	中贸圣佳	2018-11-25
清中期 白玉螭龙韘形佩	7cm × 5cm	230,000	古天一	2018-12-08
清 白玉雕螭龙鸡心佩	长7cm	61,738	保利香港	2018-10-02
清 白玉龙凤鸡心佩	长4.4cm	80,500	北京鸿盛祥	2018-06-16
清代 白玉龙凤纹鸡心佩	高7.2cm	690,000	古天一	2018-12-08
清代 玉雕凤纹鸡心佩	长5.2cm	63,250	古天一	2018-06-17
清 白玉雕双螭龙纹鸡心佩	高7.8cm	368,000	西泠拍卖	2018-07-07
清 白玉巧雕螭龙纹鸡心佩	长7cm；宽4.5cm	63,250	西泠拍卖	2018-07-07
清 白玉双龙鸡心佩	高7.8cm	55,200	中国嘉德	2018-11-20
白玉龙凤鸡心佩	长7.5cm	3,910,000	北京东正	2018-06-17
玉司南佩（工字佩）				
明 旧玉工字佩	长3.6cm	40,250	北京翰海	2018-06-30
清中期 旧玉猴、鸡、工字佩（三件）	高3cm；长5cm；高3.5cm	23,000	北京翰海	2018-06-30
玉牌				
战汉 神兽纹玉牌	重23.5g	402,930	奥斯汀	2018-06-18
明末／清初 白玉透雕葫芦形福禄龙纹牌	长7.1cm	101,500	佳士得	2018-05-30
明末清初 黄玉大吉大喜葫芦形牌	长7.5cm	91,630	伦敦佳士得	2018-05-15
明 白玉镂雕松鹿牌	长7.6cm	34,500	北京保利	2018-12-09
明 白玉留皮双龙牌	长6.1cm；宽3.9cm	59,800	北京鸿盛祥	2018-12-06
明 白玉透雕穿花龙纹牌		59,868	纽约苏富比	2018-09-15
明 青玉透雕一品富贵图牌		42,763	纽约苏富比	2018-09-12
明 青白玉透雕穿花龙纹牌		35,921	纽约苏富比	2018-09-15
明 青白玉透雕封侯进禄图牌		11,899	纽约苏富比	2018-03-24
明 五福呈祥玉牌	5.6 × 4.7 × 1cm	28,000	上海驰翰	2018-03-09
明 白玉喜上眉梢诗文牌	长4.4cm；厚1cm	31,181	万昌斯	2018-05-30
明 青玉雕胡人戏狮牌	4.5cm × 3cm	135,700	中国嘉德	2018-06-19
18世纪 糖玉老虎图子冈牌	高5.5cm	61,738	北京匡时	2018-10-03
清早期 白玉梅兰诗文牌	4.5 × 2.2cm	46,000	古天一	2018-12-08
清早期 白玉人物诗文牌	长6.5cm	23,000	中国嘉德	2018-09-20
清乾隆 白玉山水清音牌	长5.4cm；宽4cm	34,500	八益拍卖	2018-04-28
清乾隆 白玉无双谱孙伯符子冈牌	长6.1cm	637,955	保利香港	2018-10-02
清18世纪 白玉山水诗文牌（一对）	长6cm	345,000	北京保利	2018-12-09
清乾隆 白玉米芾拜石子冈小牌	长3.5cm	138,000	北京保利	2018-06-21
18世纪 白玉诗文榴开百子牌	3.5cm × 5cm	276,000	北京东正	2018-06-17
清乾隆 白玉龙纹四喜呈祥牌	8.5cm × 4.5cm	230,000	北京东正	2018-06-17
18世纪 白玉花甲重周牌	4cm × 6cm	126,500	北京东正	2018-06-17
清乾隆 苏作玛瑙刘海戏金蟾牌	长5.4cm；宽3.7cm	322,000	北京鸿盛祥	2018-12-06
清乾隆 白玉乾隆御题山水诗文牌	长5.5cm；宽3.4cm	115,000	北京鸿盛祥	2018-06-16
清乾隆 白玉留皮福寿纹插牌	8.3cm × 10.5cm	57,500	北京匡时	2018-06-15
清乾隆 白玉大吉牌	高12.5cm	138,000	北京荣宝	2018-12-03
清乾隆 涅白地套红料弥勒、无量寿佛牌子	高4cm	17,250	北京荣宝	2018-12-03
清乾隆 白玉梅寿牌	长5.4cm	71,300	北京中汉	2018-04-15
清乾隆 芝亭款白玉滕王阁诗文牌	7cm × 5cm	690,000	古天一	2018-12-08
清18世纪 黄玉双夔龙斋戒牌	长5cm	121,963	佳士得	2018-11-28
18世纪 白玉卓文君抚琴诗文牌	长5.3cm	101,500	佳士得	2018-05-30
18世纪 青白玉戏珠龙牌	长63cm	161,700	伦敦佳士得	2018-05-15
18世纪 白玉牧牛童玉符牌	高5.7cm	91,630	伦敦佳士得	2018-05-15
17世纪/18世纪 白玉镂雕鹦鹉纹牌	长4.7cm	37,730	伦敦佳士得	2018-05-15
18世纪 白玉长宜子孙牌	高8.1cm	1,624,975	纽约佳士得	2018-09-13
18世纪 白玉米芾拜石图诗文牌	高4.8cm	470,388	纽约佳士得	2018-09-13
18世纪 车渠云蝠纹斋戒牌	高5cm	97,440	香港诚昌	2018-05-30
清乾隆 白玉如意头和合同心纹牌	长5.5cm；宽4.6cm；高0.7cm	94,300	浙江佳宝	2018-07-01
清乾隆 白玉童子嬉戏诗文牌	高3.8cm	218,500	中国嘉德	2018-11-20
18世纪 黄玉人物诗文子冈牌	高4.8cm	185,213	中国嘉德	2018-10-02
清乾隆白玉莲年多子多寿牌（带座）	直径6.8cm	103,500	中国嘉德	2018-06-19
18世纪 绿松石斋戒牌	长6cm	38,185	中国嘉德	2018-04-02
清乾隆 西厢人物白玉子冈牌	5.7cm × 4.3cm	1,380,000	中贸圣佳	2018-06-20
清乾隆 白玉雕踏雪寻梅牌	6.8cm × 4.8cm	690,000	中贸圣佳	2018-06-20
清乾隆 苏作巧色雕仙人乘槎牌	5.3cm × 4.6cm	517,500	中贸圣佳	2018-06-20
清乾隆 天保九如如意云纹牌	5.7cm × 3.5cm	517,500	中贸圣佳	2018-06-20
清乾隆 苏作玛瑙巧色讲经牌	5.3cm × 4.4cm	437,000	中贸圣佳	2018-06-20
清乾隆 子冈款西厢记白玉牌	5.1cm × 3.9cm	402,500	中贸圣佳	2018-11-24
清乾隆 白玉宜子戏蝶子冈牌	5.7cm × 4.3cm	287,500	中贸圣佳	2018-11-25
清乾隆 岁岁平安白玉牌	长5.7cm；宽4cm	57,500	中贸圣佳	2018-11-25
清中期 白玉雕芝亭款佛牌	长6cm	103,500	保利厦门	2018-01-08
清中期 白玉雕螭龙纹牌式双联佩	长8.8cm	164,634	保利香港	2018-10-02
清中期 白玉大吉大利葫芦牌（一对）	高19.5cm	632,500	北京保利	2018-12-09
清中期 白玉“题西林壁”牌	长5.5cm	92,000	北京保利	2018-04-29
清中期 白玉事事如意云梯昂步牌	长5.9cm	80,500	北京保利	2018-12-09
清中期 白玉一路平安牌	长5.6cm	57,500	北京保利	2018-12-09
清中期 白玉雕片舟款诗文佛手牌	长5.2cm	28,750	北京保利	2018-12-09
清中期 白玉喜字牌	长5.1cm	17,250	北京保利	2018-07-27
清中期 黄玉兰石牌	长4.2cm	17,250	北京保利	2018-12-09
清中期 九世同堂玉牌	长7.2cm；宽4.8cm	178,250	北京鸿盛祥	2018-12-06
清中期 白玉雕太平有象牌	4.8cm × 7cm	40,250	北京匡时	2018-06-15
清中期 白玉米芾拜石牌子	4.1 × 2.3cm	34,500	北京荣宝	2018-12-03
清中期 白玉山水诗文牌	4 × 6cm	241,500	古天一	2018-12-08

2018玉器拍卖成交汇总

（成交价RMB：1万元以上）

拍品名称	物品尺寸	成交价RMB	拍卖公司	拍卖日期
清中期 和田玉双龙纹喜字牌	长5.8cm；宽4cm；厚0.6cm	20,700	南京经典	2018-07-22
清中期 平升三级白玉牌子	高5.9cm	138,000	上海匡时	2018-04-30
清中期 白玉高浮雕太师少师纹牌	长5.6cm；宽4cm；高1.1cm	78,200	浙江佳宝	2018-07-01
清中期 白玉双龙纹斋戒牌	长5.5cm；宽4.8cm	49,450	浙江佳宝	2018-07-01
清中期 白玉人物诗文牌	长5.5cm；宽3.4cm	46,000	中贸圣佳	2018-11-25
18世纪/19世纪 白玉大吉天喜葫芦形牌（两件）	长7.7cm	142,100	佳士得	2018-05-30
18世纪/19世纪 白玉高士赏莲图题诗牌	高6cm	409,640	伦敦佳士得	2018-05-15
18世纪/19世纪 白玉花鸟纹囍字牌	高6.5cm	75,460	伦敦佳士得	2018-05-15
18世纪/19世纪 白玉吉祥如意牌	高4.8cm	53,900	伦敦佳士得	2018-05-15
18世纪/19世纪 白玉太平有象牌	高6.3cm	410,520	纽约佳士得	2018-09-13
18世纪/19世纪 白玉放鹤图牌	高5.3cm	222,365	纽约佳士得	2018-09-13
18世纪/19世纪 白玉乘槎访帝孙牌	高5.9cm	85,525	纽约佳士得	2018-09-13
18世纪/19世纪 白玉松下高士图诗文牌	高5.5cm	81,249	纽约佳士得	2018-09-13
18世纪/19世纪 白玉吉庆有余牌	高5.2cm	68,420	纽约佳士得	2018-09-13
18世纪/19世纪 青白玉诗文牌（两件）	高5.5cm；5.3cm	64,144	纽约佳士得	2018-09-13
19世纪 白玉花篮牌（一对）	高6.3cm	59,868	纽约佳士得	2018-09-13
18世纪/19世纪 白玉蝶形牌	宽7.8cm	38,486	纽约佳士得	2018-09-13
19世纪 青白玉雕李白醉酒图牌		51,315	纽约苏富比	2018-09-12
清晚期 白玉荷花喜字牌	长7cm	40,250	中国嘉德	2018-05-19
清 玛瑙巧雕观音牌	长5.5cm；宽3.8cm	34,500	八益拍卖	2018-04-28
清 白玉带皮雕岁岁平安挂牌	长6cm	72,069	邦瀚斯	2018-11-27
清 黄玉仕女诗文牌	长5.5cm	92,000	北京保利	2018-06-21
清 白玉童子牌	长5.9cm	63,250	北京保利	2018-01-21
清 白玉雕张果老诗文牌	长6cm	48,300	北京保利	2018-06-21
清 白玉游子吟诗文牌	长6cm	23,000	北京保利	2018-12-09
清 白玉莲托梵文牌	长5.5cm	17,250	北京保利	2018-07-27
清 白玉博古纹牌	长5.5cm	17,250	北京保利	2018-10-27
清 白玉武将牌	长6.2cm	13,800	北京保利	2018-10-28
清 白玉童子祝寿诗文牌	长5cm；宽3.3cm	322,000	北京鸿盛祥	2018-06-16
清 白玉诗文人物子冈牌	长5.5cm；宽3.7cm	218,500	北京鸿盛祥	2018-06-16
清 白玉凤鸣岐山牌	长4.9cm；宽4.2cm	207,000	北京鸿盛祥	2018-06-16
清 白玉诗文牌	长7cm；宽4.6cm	109,250	北京鸿盛祥	2018-06-16
清 白玉山水诗文牌	长6.9cm；宽5.2cm	94,300	北京鸿盛祥	2018-06-16
清 白玉携童访友诗文牌	长6cm；宽3.9cm	69,000	北京鸿盛祥	2018-06-16
清 玛瑙俏色鱼跃龙门牌	6.2cm×4cm；重67g	46,000	北京鸿盛祥	2018-06-16
清 白玉镂雕龙纹玉牌	长6.8cm；宽5.4cm	34,500	北京鸿盛祥	2018-06-16
清 宫廷造金丝包琥珀斋戒牌	9cm×5.5cm	115,000	北京华辰	2018-11-19
清 红珊瑚欢天喜地牌	直径4.5cm	92,000	北京荣宝	2018-06-14
清 白玉童子牌	高5.5cm	34,500	北京荣宝	2018-06-14
清代 白玉镂雕天官赐福牌	直径6cm	483,000	古天一	2018-12-08
清代 白玉花篮吉祥如意牌	6.8cm×4.3cm	184,000	古天一	2018-12-08
清代 苏作玛瑙米芾拜石牌	4.5×3cm	94,300	古天一	2018-12-08
清代 铜四兽形牌饰	长7.8cm	28,750	古天一	2018-06-17
清代 白玉菱口花鸟牌	直径5.2cm	23,000	古天一	2018-06-17
清 白玉五福临门纹牌	直径5.2cm	34,500	广东崇正	2018-01-21
清 玛瑙雕骑射诗文腰牌	长5.4cm	78,200	华艺国际	2018-11-17
清 白玉张骞乘槎图牌	高5.7cm	243,925	佳士得	2018-11-28
清 白玉人物纹牌	高5cm	182,700	佳士得	2018-05-30
清 白玉雕双龙玉牌	长7.7cm	152,250	佳士得	2018-05-30
清 白玉诗文牌	长5.1cm	101,500	佳士得	2018-05-30
清 白玉仿西班牙银币牌	直径5.7cm	53,900	伦敦佳士得	2018-05-15
清代 和田玉富贵牡丹双龙牌	长5.4cm；宽4cm；厚0.5cm	34,500	南京经典	2018-01-06
清代 和田玉和合二仙挂牌	长12.3cm；宽8.7cm	17,250	南京经典	2018-01-06
清 和田白玉诗文刘海喜金蟾子冈牌	6.5×4×0.5cm	66,700	上海嘉禾	2018-06-25
清 白玉诗文螭凤牌（一对）	高29cm	57,500	上海匡时	2018-04-30
清 白玉天禄牌、花卉纹佩及福字佩	最大长7.6cm；厚0.6cm	44,822	万昌斯	2018-05-30
清 药香斋戒牌	长7.6cm；厚1.9cm	42,576	万昌斯	2018-11-29
清 白玉一路连升牌	长4.9cm；厚0.9cm	34,104	万昌斯	2018-05-30
清 白玉带灰皮九思牌	长6.4cm；厚0.2cm	19,488	万昌斯	2018-05-30
清 白玉大雨时行龙纹牌	长5.2cm；厚0.7cm	19,488	万昌斯	2018-05-30
清 黄玉凤凰来仪玉牌	高7.2cm	805,000	西泠拍卖	2018-07-07
清 白玉“子冈”款亭榭人物牌	长7.0cm	149,500	西泠拍卖	2018-07-07
清 白玉雕玉堂锦绣牌	高5.9cm	126,500	西泠拍卖	2018-07-07
清 白玉雕狄仁杰子冈牌	长6.7cm；宽4.5cm	92,000	西泠拍卖	2018-09-29
清 黄玉镂雕斋戒牌	长6.4cm；宽4.2cm	86,250	西泠拍卖	2018-07-07
清 白玉梅花纹牌	高6.6cm	80,500	西泠拍卖	2018-07-07
清 白玉雕平安喜乐牌	5.3cm×3.8cm	57,500	西泠拍卖	2018-07-07
清 白玉雕吉庆有余牌	5.8cm×5cm	46,000	西泠拍卖	2018-09-29
清 黄玉太白醉酒牌	高4.9cm	46,000	西泠拍卖	2018-07-07
清 白玉雕赏乐子冈牌	长6cm；宽4cm	36,800	西泠拍卖	2018-09-29
清 白玉竹凤纹诗纹挂牌	高5cm；宽2.5cm	48,686	香港诚昌	2018-04-02
清 白玉刘海戏蟾方牌	高4cm	30,084	香港普艺	2018-10-06
清 白玉雕“一路连科”对牌	径8cm×2	92,000	印千山	2018-01-12
清 玛瑙巧色牛郎织女诗文牌	高5.5cm	63,250	印千山	2018-01-12
清 玛瑙巧色驯马图牌	高4.5cm	20,700	印千山	2018-01-12
清 黄玉十二生肖牌	7.4cm×5cm	74,750	浙江佳宝	2018-07-01
清 白玉云头梅寿纹牌	5.7cm×4cm	48,300	浙江佳宝	2018-07-01
清 白玉长宜子孙文玩牌	8.2cm×2.8cm	20,700	浙江佳宝	2018-07-01
清 白玉童子牧归图牌	长6cm；宽4cm	20,125	浙江佳宝	2018-07-01
清 白玉洗桐图文玩牌	长6cm；宽4.1cm；高0.7cm	17,250	浙江佳宝	2018-07-01
清 黄玉云头喜得连科纹牌	长5.7cm；宽3.6cm	17,250	浙江佳宝	2018-07-01
清 白玉龙凤呈祥图牌	长6.1cm；宽4.1cm	17,250	浙江佳宝	2018-07-01
清 白玉龙凤纹开光山水人物诗文牌	长6.8cm；宽3.2cm	13,800	浙江佳宝	2018-07-01
清 白玉童子牌、青白玉梅花牌各一件	长5.4cm；长5.1cm	43,700	中国嘉德	2018-05-19
清 白玉福寿灵芝牌	4.5×2cm	36,800	中国嘉德	2018-06-19
清 白玉和合童子圆牌	直径5.6cm	34,500	中国嘉德	2018-11-20
清 白玉诸仙祝寿双龙纹牌	高4.5cm	15,434	中国嘉德	2018-10-02
清 白玉瓶生福寿牌	长6.3cm	13,800	中国嘉德	2018-05-19
清 白玉平安无字牌	长6.3cm 宽4.2cm	115,000	中贸圣佳	2018-11-24
清 白玉福寿人物牌	长6.1cm；宽4.1cm	97,750	中贸圣佳	2018-11-25
清 白玉荷塘童子诗文牌	长5.7cm；宽4.1cm	80,500	中贸圣佳	2018-11-25
清 白玉高士文玩牌	长5cm；宽3.5cm	46,000	中贸圣佳	2018-11-24
清 白玉菊花子冈牌	长4.7cm；宽4.1cm	43,700	中贸圣佳	2018-11-25
清 白玉梅花香雪牌	长5.9cm；宽3.7cm	40,250	中贸圣佳	2018-11-25
清 白玉福寿长春锁牌	长7.6cm；宽5.6cm	13,800	中贸圣佳	2018-11-25
民国 白玉雕海天旭日诗文牌	直径5.5cm	40,250	北京保利	2018-12-09
民国 玉牌（四件）	尺寸不一	16,100	北京保利	2018-12-09
民国 和田玉人物纹子罔牌	长4.8cm；宽3.2cm；厚0.6cm	23,000	南京经典	2018-07-22
青白玉雕龙纹方牌	长8cm；宽5.5cm；重73g	164,538	奥斯汀	2018-01-21
白玉雕庭院婴戏图牌	6.3cm×3.8cm	80,500	北京中汉	2018-09-21
张焕庆作品 官上加官大玉牌	高12.7cm；重399g	1,725,000	上海匡时	2018-04-30

拍品名称	物品尺寸	成交价RMB	拍卖公司	拍卖日期
周立祥 高标逸韵 白玉套牌	8.9×4.2×1cm×4；重95g×4	5,376,000	上海联合	2018-07-01
忠荣玉典 护佑 白玉牌	高10.5cm；重226.3g	1,232,000	上海联合	2018-07-01
翟倚卫 虎啸风生 白玉挂牌	高7.5cm；重70.55g	481,600	上海联合	2018-11-25
周立祥 道德经语录 白玉挂牌	高6.2cm；重71.5g	369,600	上海联合	2018-07-01
崔磊 妙乐之境 白玉牌	高10.9cm；重146g	367,360	上海联合	2018-11-25
张成西 西方三圣 白玉牌	7.2×3.5×1.1cm；重66g	246,400	上海联合	2018-11-25
杨红展 慈航 白玉挂牌	高6.6cm；重45.9g	224,000	上海联合	2018-07-01
旧玉牌（四块）		179,200	上海联合	2018-11-25
渔归 白玉挂牌	6.8×3.4×1.2cm；重64.9g	145,600	上海联合	2018-11-25
龚克勤 貔貅 白玉挂牌	6.3×3.4×1.5cm；重64.8g	112,000	上海联合	2018-11-25
姚圣国 郊游图 白玉挂牌	6.3×3.5×1cm；重54g	106,400	上海联合	2018-11-25
姚方方 清雅高洁 白玉挂牌	6.2×2.6×1cm；重39.8g	61,600	上海联合	2018-11-25
张良 远浦帆归 白玉挂牌	7.7×4.3×1cm；重65.6g	44,800	上海联合	2018-11-25
高俊华 寒江独钓 青花挂牌	8.2×4.1×0.9cm；重81.1g	35,840	上海联合	2018-07-01
张成西 和和美美 白玉牌	4.1×2.9×1cm；重25.5g	13,216	上海联合	2018-11-25
万德旭 新疆和田玉籽料天马牌	高8.3cm；重106g	287,500	尚品润博	2018-07-29
陆宜南 新疆和田玉籽料春江待渡牌	10×6×1.1cm；重155g	184,000	尚品润博	2018-01-21
杨曦 新疆和田玉籽料龙凤对牌	4.7×2.5×0.7cm；4.7×2.6×0.7cm；重40.3g	138,000	尚品润博	2018-07-29
瞿利军 新疆和田玉籽料鸿运当头祝福牌	5.0×2.7×1.2cm；重32.8g	92,000	尚品润博	2018-01-21
姚圣国 新疆和田玉青花籽料听涛图牌	7.2×3.6×1.1cm；重75g	92,000	尚品润博	2018-01-21
殷小金 和田玉翠青一枝独秀牌	5.6×2.7×1.0cm；重35.8g	74,750	尚品润博	2018-01-21
王炯恒 和田玉翠青连年有余牌	6.3×3.2×1.1cm；重55g	57,500	尚品润博	2018-01-21
胡玮 新疆和田玉籽料达摩悟道牌	5.4×3.1×1.0cm；重31g	57,500	尚品润博	2018-01-21
林光 河磨玉汉隆长乐牌	6.6×3.6×1.1cm；重75.5g	57,500	尚品润博	2018-01-21
胡玮 和田玉鸭蛋青耄耋富贵长春对牌	7.1×3.3×1.1cm；7.1×3.3×1.1cm；重75g；72g	57,500	尚品润博	2018-07-29
陈良 新疆和田玉籽料马到成功牌	6.1×2.6×1.7cm；重39g	57,500	尚品润博	2018-07-29
河磨玉牌片	7.7×4.0×1.0cm；重90g	46,000	尚品润博	2018-01-21
瞿利军 新疆和田玉籽料一帆风顺牌	4.1×3.0×0.8cm；重22g	46,000	尚品润博	2018-01-21
唐奇伟 新疆和田玉籽料平安无事牌	5.0×3.0×1.0cm；重41g	36,800	尚品润博	2018-07-29
陆宜南 和田玉苹果绿平安对牌	6.9×2.9×1.0cm；7.4×2.9×1.0cm；重53g；重53g	34,500	尚品润博	2018-04-30
郁立雄 新疆和田玉籽料虎牌	6.1×3.2×1.1cm；重54.9g	34,500	尚品润博	2018-07-29
郭万龙 守护 白玉套牌	高10cm×4；重167.2g；169.6g；194.9g；201.1g	1,782,500	西泠拍卖	2018-07-08

拍品名称	物品尺寸	成交价RMB	拍卖公司	拍卖日期
卢云峰 十八罗汉 玛瑙套牌（一组）	尺寸不一	1,150,000	西泠拍卖	2018-07-08
赵琦 四大菩萨 白玉套牌	尺寸不一	517,500	西泠拍卖	2018-07-08
黄杨洪 慧愿宏深 白玉牌	高6.7cm；含链重130.4g	460,000	西泠拍卖	2018-07-08
赵琦 般若 白玉牌	高10.3cm；重147.0g	402,500	西泠拍卖	2018-07-08
庞然 心经 白玉牌	高9.9cm；重171.7g	345,000	西泠拍卖	2018-07-08
杨曦 翩舞 白玉牌	高5.5cm；重44.1g	322,000	西泠拍卖	2018-07-08
张永来 绿度母 析木玉牌	高7.7cm；重125.8g	230,000	西泠拍卖	2018-07-08
庞然 溪山访友 墨玉牌	高4.7cm；重274.8g	218,500	西泠拍卖	2018-07-08
庞然 六君子图 白玉牌	高7.3cm；重88.2g	207,000	西泠拍卖	2018-07-08
张永来 长寿佛 白玉牌	76×38×18mm；重76.2g	184,000	西泠拍卖	2018-07-08
杨曦 龙飞凤舞 白玉对牌	50×28×7mm；37×28×7mm；重24.0g；17.8g	172,500	西泠拍卖	2018-07-08
庞然 香远益清 白玉牌	65×36×10mm；重50.5g	161,000	西泠拍卖	2018-07-08
殷小金 龙腾四海 白玉牌	66×35×19mm；重84.3g	149,500	西泠拍卖	2018-07-08
瞿利军 一帆风顺 白玉牌	55×32×17mm；重75.5g	138,000	西泠拍卖	2018-07-08
庞然 为而不争 白玉牌	76×28×12mm；重50.3g	138,000	西泠拍卖	2018-07-08
侯晓锋、庞然 开怀 白玉牌	88×34×10mm；重68.6g	138,000	西泠拍卖	2018-07-08
陈冠军 加官进爵 白玉牌	58×37×15mm；重62.1g	97,750	西泠拍卖	2018-07-08
聚红皮和田玉牌片原料	76×53×25mm；重174.7g	80,500	西泠拍卖	2018-07-08
瞿利军 青山揽胜 白玉牌	60×33×10mm；重52.4g	80,500	西泠拍卖	2018-07-08
郭万龙 如日方升 白玉牌	46×35×10mm；重28.2g	80,500	西泠拍卖	2018-07-08
赵琦 慈航普度 白玉牌	高6.5cm；重51.5g	74,750	西泠拍卖	2018-07-08
黄罕勇 祥瑞添禄 白玉牌	74×31×9mm；重45.3g	69,000	西泠拍卖	2018-07-08
杨曦 花开富贵 白玉牌	32×31×9mm；重25.2g	69,000	西泠拍卖	2018-07-08
殷小金 连年有余 白玉牌	78×42×13mm；重75.9g	69,000	西泠拍卖	2018-07-08
顾铭 平安无事 白玉牌	51×39×11mm；重40.0g	55,200	西泠拍卖	2018-07-08
葛洪 观自在 白玉牌	60×32×8mm；重31.2g	40,250	西泠拍卖	2018-07-08
侯晓锋 财源广进 黄玉牌	61×47×18mm；重71.0g	34,500	西泠拍卖	2018-07-08
殷小金 出水芙蓉 白玉牌	48×28×11mm；重34.7g	32,200	西泠拍卖	2018-07-08
林金波 相映成趣 黄玉对牌	45×22×8mm；44×15×4mm；重17.7g；6.3g	28,750	西泠拍卖	2018-07-08
侯晓锋 笑迎福来 黄玉牌	51×29×14mm；重26.0g	28,750	西泠拍卖	2018-07-08
卢云峰 小狐仙 玛瑙玉牌	58×46×22mm；重66.6g	28,750	西泠拍卖	2018-07-08
葛洪 玄武 白玉牌	38×30×11mm；重28.0g	25,300	西泠拍卖	2018-07-08
殷小金 大帅 黄玉牌	50×27×11mm；重35.1g	25,300	西泠拍卖	2018-07-08
林金波 蕙质兰心 白玉牌	41×23×5mm；重11.0g	17,250	西泠拍卖	2018-07-08
白玉观音子冈牌	高6cm	21,080	香港诚昌	2018-05-28

2018玉器拍卖成交汇总

(成交价RMB：1万元以上)

拍品名称	物品尺寸	成交价RMB	拍卖公司	拍卖日期
白玉长宜子孙福禄牌	长7.2cm	69,000	中国嘉德	2018-01-14
白玉、青白玉牌（三件）	长6.8cm；长6.3cm；长5.3cm	36,800	中国嘉德	2018-09-20
青白玉牌（四件）	尺寸不一	25,300	中国嘉德	2018-09-20
白玉、青白玉牌（五件）	尺寸不一	23,000	中国嘉德	2018-09-20
白玉、青白玉高士图牌（三件）	长7cm；长6.3cm；长6.1cm	20,700	中国嘉德	2018-09-20
黄玉八仙图牌	长6.1cm	17,250	中国嘉德	2018-01-14
白玉三羊开泰花卉牌	长6.6cm	17,250	中国嘉德	2018-01-14
白玉、青白玉牌（十件）	尺寸不一	13,800	中国嘉德	2018-05-19
佩挂件				
新石器时代 红山文化 玉猪龙	长14.7cm	925,680	万昌斯	2018-05-30
新石器时代 红山文化 玉猪龙	长7.4cm	745,080	万昌斯	2018-11-28
新石器时代 红山文化 玉猪龙	长8.3cm	389,760	万昌斯	2018-05-30
新石器时代 红山文化 黄玉猪龙	长5cm；厚1.8cm	234,168	万昌斯	2018-11-28
新石器时代 红山文化 黄玉蝉	长7.4cm；厚1.4cm	202,236	万昌斯	2018-11-28
新石器时代 红山文化 玉猪龙	长6.3cm	196,914	万昌斯	2018-11-28
新石器时代 红山文化 黄玉及墨玉蝉	最大长6.1cm	138,372	万昌斯	2018-11-28
新石器时代 红山文化 玉人面	长4cm	11,693	万昌斯	2018-05-30
红山文化 约公元前4000-3000年 青玉蝉（一对）	宽5.5cm	665,250	佳士得	2018-11-28
红山文化晚期约公元前3500-3000年 青玉鸟形佩	长3cm	324,800	佳士得	2018-05-30
红山文化 青玉猪龙	高5.6cm	1,131,856	中国嘉德	2018-10-02
良渚文化至战国 玉佩饰（三件）	宽5cm	152,600	佳士得	2018-10-04
文化期 玉猪龙	高8.5cm	360,136	中国嘉德	2018-10-02
文化期 青玉勾云佩	宽8.5cm	267,294	中国嘉德	2018-04-02
文化期 双人面带网格纹玉佩	宽5.1cm	51,448	中国嘉德	2018-10-02
文化期 黄玉双孔佩	长7.2cm	19,092	中国嘉德	2018-04-02
商 玉猪龙	2.3×1.6×1cm	154,344	北京匡时	2018-10-03
商 玉鸟	5.9cm×0.5cm	92,606	北京匡时	2018-10-03
商 青玉龙佩	长3.6cm	443,500	佳士得	2018-11-28
商晚期 玉鸟形佩	长8.5cm	332,625	佳士得	2018-11-28
商 玉虎及玉佩（一组四件）	长4cm	223,300	佳士得	2018-05-30
商 白玉带灰皮龙首佩	长8.2cm；厚0.7cm	243,600	万昌斯	2018-05-30
商 白玉带沁夔龙	长5.7cm；厚1.2cm	51,091	万昌斯	2018-11-28
商至汉 玉佩饰(一组七件)	4cm；4.5cm；4.8cm；6.5cm；6.9cm；7.7cm；9.3cm	303,375	香港苏富比	2018-04-02
西周 牛头和田玉挂件	重62.5g	492,470	奥斯汀	2018-06-18
西周 玉组佩	长62cm	668,824	北京匡时	2018-10-03
西周 青玉人龙纹佩	长10cm	887,000	佳士得	2018-11-28
西周 青玉鹿形佩（两件）	宽8cm	665,250	佳士得	2018-11-28
西周 青黄玉龙纹佩	宽4.5cm	443,500	佳士得	2018-11-28
西周 玉蜂形佩	长5.6cm	421,325	佳士得	2018-11-28
商至西周 青玉鱼形佩	长7.9cm	332,625	佳士得	2018-11-28
西周 青玉鸟佩	宽8cm	243,925	佳士得	2018-11-28
西周 青玉龙纹人形佩	长8.7cm	166,313	佳士得	2018-11-28
西周中期 鸟形佩	长5.7cm	99,788	佳士得	2018-11-28
西周 玉蝉组佩（一对）	长2cm	35,480	佳士得	2018-11-28
西周 黄玉人龙佩（一对）	最大长6.3cm；厚0.3cm	149,016	万昌斯	2018-11-28
西周 白玉带灰皮龙纹佩	长3.4cm；厚0.6cm	106,440	万昌斯	2018-11-28
西周 白玉人龙佩	长13.2cm；厚0.4cm	63,864	万昌斯	2018-11-28
西周 白玉龙凤佩	长4.9cm；厚0.4cm	63,336	万昌斯	2018-05-30
西周 白玉带红沁人形佩	长5.3cm；厚0.9cm	58,464	万昌斯	2018-05-30
西周 白玉带沁人龙佩	长6.9cm；厚0.3cm	51,091	万昌斯	2018-11-28
西周 白玉兽面佩及鸟纹佩	最大长3.8cm；厚0.5cm	34,061	万昌斯	2018-11-28
商末至西周早期 鸡骨白玉龙佩	4.3cm	353,938	香港苏富比	2018-04-02
西周 玉龟	宽5cm	82,317	中国嘉德	2018-10-02
东周 龙形玉佩	7.2cm	48,510	伦敦苏富比	2018-05-18

拍品名称	物品尺寸	成交价RMB	拍卖公司	拍卖日期
东周 玉龙形佩	7.5cm	32,340	伦敦苏富比	2018-05-18
春秋 青玉龙形佩	长14.2cm	243,925	佳士得	2018-11-28
春秋 白玉带灰皮龙纹佩（一对）	最大长11cm；厚0.3cm	116,928	万昌斯	2018-05-30
春秋 青白玉龙纹佩	长8.9cm；厚0.3cm	26,610	万昌斯	2018-11-28
春秋-战国 玉带沁S龙纹佩	宽7cm	95,462	中国嘉德	2018-04-02
春秋 鸡骨白玉S形龙（一对）	宽7.6cm	71,597	中国嘉德	2018-04-02
战国 凤纹红缟佩	3.8×2.5×0.7cm	257,240	北京匡时	2018-10-03
战国 青玉谷纹龙凤形佩	长11.5cm	1,219,625	佳士得	2018-11-28
战国 青玉龙形佩及青玉凤形佩（各一只）	长11cm	776,125	佳士得	2018-11-28
战国 青玉谷纹龙凤形佩	长11.5cm	421,325	佳士得	2018-11-28
战国 玉镂空双龙纹佩	宽4cm	177,400	佳士得	2018-11-28
战国 玉佩（一组三件）	最大一件：3.8cm	215,600	伦敦苏富比	2018-05-18
战国 白玉带沁勾云纹龙凤佩（一对）	最大长8.4cm；厚0.5cm	308,676	万昌斯	2018-11-28
战国 黄玉龙形佩（一对）	最大长11.7cm；厚0.7cm	204,624	万昌斯	2018-05-30
战国 白玉带灰皮双龙佩	长7.4cm；厚0.5cm	58,464	万昌斯	2018-05-30
战国 青白玉S形龙	长11.2cm；宽4.7cm	138,000	浙江佳宝	2018-07-01
战国 黄玉卧蚕纹双龙首珩	长9.63cm；宽3.76cm	40,250	浙江佳宝	2018-07-01
战国 青玉S龙	宽16.7cm	66,823	中国嘉德	2018-04-02
战国 青黄玉S龙佩	宽8.6cm	64,914	中国嘉德	2018-04-02
战国 玉雕带沁谷纹龙	宽12cm	61,738	中国嘉德	2018-10-02
西汉 青玉舞人佩	长4.3cm	310,450	佳士得	2018-11-28
西汉 白玉受沁龙形佩（口部残）	长5cm；宽2.36cm	34,500	浙江佳宝	2018-07-01
东汉 玉螭龙纹佩	长7cm	831,563	佳士得	2018-11-28
汉代 镂雕螭龙白玉佩	重47.8g	1,220,800	爱艺拍	2018-09-27
汉 螭龙佩	7.5×2.5×0.7cm	97,751	北京匡时	2018-10-03
汉 白玉带沁龙纹佩	长11.3cm；厚0.3cm	194,880	万昌斯	2018-05-30
汉 黄玉受沁双螭纹鸡心佩	长7.6cm；宽5cm	126,500	浙江佳宝	2018-07-01
汉 白玉红沁司南佩	宽1.6cm；高2.5cm	51,750	浙江佳宝	2018-07-01
唐 白玉玉组佩（一套）	长18.2cm	77,172	保利香港	2018-10-02
唐-辽 白玉凤鸟	长2.9cm；厚1.1cm	42,576	万昌斯	2018-11-28
五代 白玉凤纹饰	宽4.4cm	113,186	保利香港	2018-10-02
宋 白玉云凤纹饰	宽5.1cm	77,172	保利香港	2018-10-02
宋 白玉交颈鹅佩	长6.8cm；厚0.7cm	212,880	万昌斯	2018-11-28
宋 青白玉卧犬	长6.1cm；厚1.1cm	63,864	万昌斯	2018-11-28
宋 白玉雕飞天佩	长6.5cm	287,500	西泠拍卖	2018-07-07
宋 白玉持莲童子	宽1.4cm；高3.1cm	46,000	浙江佳宝	2018-07-01
宋-元 白玉红沁双鹅坠	长3.8cm；宽3.5cm；高2.4cm	36,800	浙江佳宝	2018-07-01
辽 灰玉太狮少狮挂饰	长4.9cm	82,317	保利香港	2018-10-02
辽金 白玉带红沁飞天	长5.1cm；厚0.6cm	487,200	万昌斯	2018-05-30
金代 白玉双鱼坠	长7cm	92,000	古天一	2018-06-17
金代 白玉童子太平挂件	高4.2cm	34,500	古天一	2018-12-08
金/元 白玉镂雕凤鸟佩	高8cm	19,092	中国嘉德	2018-04-02
元 白玉水银沁童子抱娃娃佩	高6.3cm	82,317	保利香港	2018-10-02
元/明 玉雕大吉坠	4.8×4×1.6cm	195,500	北京诚轩	2018-06-17
元 玉雕卧虎坠	长4.8cm×宽2.4cm×高1.7cm	115,000	北京诚轩	2018-06-17
元 白玉沁色兽面坠	长4.5cm	368,000	北京东正	2018-06-17
元/明 白玉透雕荷叶龟游佩	宽8.5cm	92,650	佳士得	2018-10-04

拍品名称	物品尺寸	成交价RMB	拍卖公司	拍卖日期
元 白玉虎	玉长6.6cm；总高4.3cm	101,118	万昌斯	2018-11-28
元 红缟玛瑙螭虎	长8.4cm	85,152	万昌斯	2018-11-28
元 白玉包金弥勒佛	玉长3.3cm；厚0.7cm	29,803	万昌斯	2018-11-28
元 鸳鸯戏莲玉佩	高3.2cm；长4.5cm	25,300	西泠拍卖	2018-07-07
元 白玉雕瑞兽形挂件	高2.8cm；长6cm	23,000	西泠拍卖	2018-07-07
元 白玉子辰佩	高1.3cm；直径4.7cm	87,400	浙江佳宝	2018-07-01
元 玉浸色云龙佩	长5.8cm	69,000	中国嘉德	2018-06-19
明以前 白玉螭龙纹佩	长5.2cm	13,800	广东崇正	2018-07-05
明末清初17世纪 青玉黑斑鼠挂件	长6.5cm	140,140	伦敦佳士得	2018-05-15
明末清初 白玉提油竹节纹诗文佩	长6.3cm	48,300	西泠拍卖	2018-07-07
明 白玉梅鹊佩	直径5cm	23,000	八益拍卖	2018-04-28
明 白玉镂雕行龙佩	长5.4cm	103,500	北京保利	2018-12-09
明 白玉仕女击鼓佩	高6cm	34,500	北京保利	2018-12-09
明 玉雕留皮挂件	长5.5cm	23,000	北京保利	2018-01-21
明 玉雕卧虎	长6cm	13,800	北京保利	2018-04-29
明 玉迦楼罗	高5cm	92,000	北京翰海	2018-05-13
明 白玉螭龙纹佩	长8.2cm	28,750	北京翰海	2018-06-30
明 旧玉虎	长7cm	17,250	北京翰海	2018-06-30
明 白玉仙人乘槎坠	高5.3cm	13,800	北京翰海	2018-06-30
明 玉、松石组佩（一组七件）	长最小1.9cm；最大3.7cm；松石重3.8g	552,000	北京鸿盛祥	2018-06-16
明 玉组佩（一组七件）	长最小1.9cm；最大3.9cm	517,500	北京鸿盛祥	2018-06-16
明 白玉咬尾龙佩	长2cm；高1.7cm	178,250	北京鸿盛祥	2018-12-06
明 龙纹弧形玉坠	长7cm	172,500	北京鸿盛祥	2018-06-16
明 白玉虎佩	长7.7cm	161,000	北京鸿盛祥	2018-12-06
明 白玉镂空龙凤纹环形佩	长4cm	138,000	北京鸿盛祥	2018-06-16
明 白玉荷叶盘蛇坠	直径4cm	97,750	北京鸿盛祥	2018-12-06
明 白玉蝉	长6.4cm；宽2.8cm	92,000	北京鸿盛祥	2018-12-06
明 白玉螭衔灵芝谷纹佩	直径5.4cm	92,000	北京鸿盛祥	2018-06-16
明 黄玉龙佩	直径3cm	92,000	北京鸿盛祥	2018-06-16
明 玉蝉	长5.7cm；宽2.8cm	89,700	北京鸿盛祥	2018-12-06
明 白玉子辰佩	直径4.4cm	86,250	北京鸿盛祥	2018-12-06
明 白玉双鹅坠	长3.6cm；宽2.4cm	78,200	北京鸿盛祥	2018-06-16
明 黄玉鸡心佩	长5.2cm	69,000	北京鸿盛祥	2018-06-16
明 白玉留皮虎啸山林坠	长3.6cm；宽3.1cm	69,000	北京鸿盛祥	2018-06-16
明 玉蝉	长5.9cm；高2.6cm	66,700	北京鸿盛祥	2018-12-06
明 黄玉勾云佩	长5.2cm；宽1.7cm	59,800	北京鸿盛祥	2018-12-06
明 白玉方孔羊形坠	长4.1cm；高2.9cm	57,500	北京嘉德	2018-06-16
明 兽面佩饰	直径2cm	51,750	北京鸿盛祥	2018-12-06
明 白玉环形镂空龙纹佩	直径6.8cm	48,300	北京鸿盛祥	2018-06-16
明 白玉谷纹环吊坠	直径4.3cm	46,000	北京鸿盛祥	2018-06-16
明 白玉虎形佩	长3.3cm	43,700	北京鸿盛祥	2018-12-06
明 白玉鲤鱼佩	长7.3cm	40,250	北京鸿盛祥	2018-06-16
明 黄玉菱角坠	长3.7cm	39,100	北京鸿盛祥	2018-06-16
明 白玉鱼	长4.2cm	36,800	北京鸿盛祥	2018-12-06
明 中穿孔玉虎	长4.6cm；高3cm	36,800	北京鸿盛祥	2018-06-16
明 黄玉虎	长2.3cm	36,800	北京鸿盛祥	2018-06-16
明 白玉双鹅小坠	长2.3cm；高1.9cm	36,800	北京鸿盛祥	2018-06-16
明 白玉兔形坠	长3.7cm	35,650	北京鸿盛祥	2018-06-16
明 白玉凌霄花佩（一对）	长3.5cm；宽2.6cm	34,500	北京鸿盛祥	2018-12-06
明 白玉噶拉哈	长3.2cm	32,200	北京鸿盛祥	2018-12-06
明 白玉司南佩	长1.6cm	25,300	北京鸿盛祥	2018-12-06
明 白玉蝴蝶佩	长7.1cm；宽5.2cm	23,000	北京鸿盛祥	2018-06-16
明 白玉团寿佩	直径2.9cm	20,700	北京鸿盛祥	2018-12-06
明 洒金玉熊	长6.5cm	82,317	北京匡时	2018-10-03

拍品名称	物品尺寸	成交价RMB	拍卖公司	拍卖日期
明代 白玉螭龙纹牛觥佩	6.8cm×4.6cm	379,500	古天一	2018-12-08
明代 白玉镂雕花形坠	4.5cm×4cm	322,000	古天一	2018-06-17
明代 青白玉双童子抱犬挂件	高4.2cm	34,500	古天一	2018-06-17
明代 黄玉雕小老虎	高1.8cm；长2.5cm	25,300	古天一	2018-06-17
明 灰白玉马佩	宽7cm	196,200	佳士得	2018-10-04
明 褐斑白玉卧犬佩	宽6.3cm	152,250	佳士得	2018-05-30
明 黄玉鸟及白玉翁仲	高5cm	70,850	佳士得	2018-10-04
明 白玉雕凤鸟佩	高7.8cm	22,237	纽约佳士得	2018-09-13
明 白玉带灰皮双鱼佩	长6.4cm；厚0.6cm	90,474	万昌斯	2018-11-28
明 白玉带灰皮鹦鹉佩	长6cm；厚0.5cm	38,976	万昌斯	2018-05-30
明 白玉佛	长4.7cm；厚0.5cm	34,061	万昌斯	2018-11-28
明 白玉持荷童子坠	高6.7cm	132,250	西泠拍卖	2018-07-07
明-清 各式佩件（一组五件）	尺寸不一	27,600	西泠拍卖	2018-07-07
明 青白玉瑞兽挂件	长5.3cm	13,800	西泠拍卖	2018-09-29
明 提油卧马	长7.5cm	19,092	香港诚昌	2018-04-02
明 白玉瑞兽戏蝠坠	长4.5cm；宽1.9cm；高2cm	25,300	浙江佳宝	2018-07-01
明 红缟玛瑙辟邪	宽5.4cm；高4.3cm	23,000	浙江佳宝	2018-07-01
明 白玉桂花沁子辰佩	长5.8cm；宽4.2cm	21,850	浙江佳宝	2018-07-01
明 黄玉双龙戏珠佩	长3cm；宽2.7cm	14,950	浙江佳宝	2018-07-01
明 白玉受沁钟形佩	长6.4cm；宽5cm	12,650	浙江佳宝	2018-07-01
明 白玉浸色小龙佩饰（两件）	长5cm；长2.9cm	356,500	中国嘉德	2018-11-20
明、清 玉十二生肖	尺寸不一	74,750	中国嘉德	2018-05-19
明 白玉雕谷纹佩饰（一对）	直径3.5cm	69,000	中国嘉德	2018-11-20
明 白玉透雕梵文佩、透雕花鸟佩（两件）	长3.3cm；长4.3cm	66,700	中国嘉德	2018-11-20
明 白玉鹦鹉佩	长5.5cm	57,500	中国嘉德	2018-11-20
明 玉雕带沁熊	高6.5cm	42,958	中国嘉德	2018-04-02
明 玉龟佩（两件）	长3cm；长3cm	32,200	中国嘉德	2018-11-20
明 青玉童子坠（两件）	长4.3cm；长3.6cm	28,750	中国嘉德	2018-05-19
明 黄玉镂雕龙佩	高6.5cm	23,866	中国嘉德	2018-04-02
明 白玉沁色鹦鹉佩	宽5.5cm	22,637	中国嘉德	2018-10-02
明 黄玉蝉	长12cm；宽4.6cm	460,000	中贸圣佳	2018-11-24
明 玉羊挂件	长3.3cm；高2.6cm	207,000	中贸圣佳	2018-06-20
明 白玉镂空转心佩	直径5.3cm	71,300	中贸圣佳	2018-11-25
明 白玉镂雕交集四方螭龙佩	长5.1cm	48,300	中贸圣佳	2018-11-25
明 白玉雕太平有象立件	高3.5cm；长4.9cm	34,500	中贸圣佳	2018-11-25
明 白玉凌霄花佩	长6.6cm	23,000	中贸圣佳	2018-11-25
明 白玉镂雕绶带佩	长7cm；宽5cm	23,000	中贸圣佳	2018-11-25
明 白玉镂雕方胜纹桃形佩	长4.8cm；宽4.7cm	23,000	中贸圣佳	2018-11-25
十八世纪 白玉雕螭龙佩及白玉双獾	长5cm×2	266,100	邦瀚斯	2018-11-27
十七/十八世纪 黄玉带皮龙形佩	长8cm	133,050	邦瀚斯	2018-11-27
18世纪 墨白玉巧雕双羊佩	5.3cm	73,304	伦敦苏富比	2018-05-18
18世纪 玉雕龙凤纹佩		256,575	纽约苏富比	2018-09-12
清早期 和田玉平安扣	重89g	813,549	奥斯汀	2018-01-21
清早期 白玉雕松鼠葡萄坠	长5.4cm×宽1.7cm×高4.5cm	36,800	北京诚轩	2018-06-17
清早期 白玉喜上眉梢佩	长5.2cm；宽3.8cm	71,300	北京鸿盛祥	2018-12-06
清早期 白玉龙凤子辰佩	长5.6cm；宽3.5cm	69,000	北京鸿盛祥	2018-06-16
清初 白玉博古龙凤佩	5.8cm×4.5cm	172,500	古天一	2018-12-08
清初 白玉透雕喜上眉梢佩	高5.5cm	74,750	古天一	2018-06-17
清初 白玉博古龙凤佩	高3.3cm	69,000	古天一	2018-06-17
清初 白玉瓜瓞绵绵佩	长6cm	46,000	古天一	2018-06-17
清初 白玉三羊开泰挂件	高2.5cm；长5cm	23,000	古天一	2018-06-17
清早期 黄玉红沁鹿纹佩	长6.8cm；宽4.7cm	32,200	浙江佳宝	2018-07-01
清乾隆 白玉镂雕金蟾戏荷佩	长6cm	643,075	邦瀚斯	2018-11-27
清乾隆 白玉雕童子鲤鱼佩	长75cm	99,788	邦瀚斯	2018-11-27
清乾隆 白玉留皮鱼化龙坠	长9.5cm	172,500	北京保利	2018-04-29
清乾隆 白玉雕瓜瓞绵绵镂空佩	宽5.4cm×厚1.1cm	32,200	北京诚轩	2018-06-17
清乾隆 白玉仿古龙纹佩	长7cm	483,000	北京东正	2018-06-17
清乾隆 白玉镂雕岁寒三友佩	直径5cm	322,000	北京东正	2018-06-17

2018玉器拍卖成交汇总

(成交价RMB：1万元以上)

拍品名称	物品尺寸	成交价RMB	拍卖公司	拍卖日期
清乾隆 白玉蝶恋花和合二仙转心佩	长5.5cm	103,500	北京东正	2018-06-17
清乾隆 白玉三螭龙佩	长7.2cm；宽5.8cm	345,000	北京鸿盛祥	2018-06-16
清乾隆 白玉吉庆如意双童	长3.2cm；高5.2cm	253,000	北京鸿盛祥	2018-06-16
清乾隆 白玉滚马挂件	长5.1cm；高3.1cm	115,000	北京鸿盛祥	2018-06-16
清乾隆 白玉留皮双鹅衔莲花坠	长5.1cm；高2.8cm	103,500	北京鸿盛祥	2018-06-16
清乾隆 白玉留皮巧雕龙纹锥形挂件	长5.8cm	92,000	北京鸿盛祥	2018-12-06
清乾隆 白玉留皮双禄如意挂件	长3.2cm；高4.2cm	89,700	北京鸿盛祥	2018-06-16
清乾隆 白玉双欢挂件	长5.1cm；宽3.2cm	63,250	北京鸿盛祥	2018-12-06
清乾隆 三色巧雕松鹤延年	长3.9cm	55,200	北京鸿盛祥	2018-12-06
清乾隆 白玉灵芝挂件	长4.7cm	92,000	北京匡时	2018-06-15
清乾隆 珊瑚雕龙纹佩	长5.7cm	48,300	北京匡时	2018-06-15
清乾隆 青白玉兽面纹仿古玉佩	长10.7cm	28,750	北京匡时	2018-06-15
清乾隆 白玉雕双鹅得利图挂坠	长5cm	92,000	北京荣宝	2018-06-14
清乾隆 白玉蛇形佩	长8cm	460,000	古天一	2018-12-08
清乾隆 白玉御题诗兰香挂件	高5.3cm	172,500	广东崇正	2018-07-05
18世纪 苏作玛瑙巧雕分金管鲍佩	长4.5cm	182,700	佳士得	2018-05-30
18世纪 玛瑙巧雕佩	高5cm	162,400	佳士得	2018-05-30
18世纪 白玉岁寒三友纹佩	高7cm	130,800	佳士得	2018-10-04
18世纪 白玉松鼠瓜瓞连绵佩	长5.8cm	54,500	佳士得	2018-10-04
清乾隆 和田玉竹马童子挂件	高6cm	92,000	南京经典	2018-01-06
18世纪 白玉龙凤佩	高5.5cm	119,735	纽约佳士得	2018-09-13
18世纪 白玉鲤鱼佩	直径5.4cm	72,696	纽约佳士得	2018-09-13
18世纪 白玉灵芝坠	宽5.1cm	47,039	纽约佳士得	2018-09-13
清乾隆 白玉雕喜获余利佩		63,460	纽约苏富比	2018-03-21
清乾隆 御制白玉"平定合符"	总长24.1cm；厚0.8cm	5,846,400	万昌斯	2018-05-30
清乾隆 御制白玉长宜子孙佩	长13.6cm；厚0.7cm	4,789,800	万昌斯	2018-11-28
清乾隆 御制白玉御题诗长宜子孙佩	长9.1cm；厚0.6cm	670,572	万昌斯	2018-11-28
清乾隆 御制白玉迦楼罗天干地支佩	长10.6cm；厚0.6cm	341,040	万昌斯	2018-05-30
清乾隆 黄玉龙纹钟形佩	长6.1cm；厚0.4cm	292,320	万昌斯	2018-05-30
清乾隆 白玉宜子孙君字佩	长4cm；厚0.6cm	185,136	万昌斯	2018-05-30
清乾隆 白玉螭龙佩	长6.8cm；厚0.9cm	185,136	万昌斯	2018-05-30
清乾隆 白玉喜报三元坠	长4.9cm	287,500	西泠拍卖	2018-07-07
清乾隆 白玉鸳鸯穿莲坠	高3.2cm	218,500	西泠拍卖	2018-07-07
清乾隆 白玉镂空童子甲子万年佩	长19.5cm	2,825,280	香港苏富比	2018-10-03
清乾隆 羊脂白玉留红皮俏色瓜瓞延绵坠	长7.2cm；宽4.5cm	299,000	浙江佳宝	2018-07-01
清乾隆 白玉高浮雕葫芦佩	长7cm；宽4.6cm；高1.9cm	71,300	浙江佳宝	2018-07-01
18世纪 白玉雕望子成龙佩	高4.5cm	205,792	中国嘉德	2018-10-02
清乾隆 白玉雕福寿黄金皮挂件	长5.5cm	184,000	中贸圣佳	2018-06-20
清乾隆 白玉石榴挂件	长11.4cm	86,250	中贸圣佳	2018-11-25
清中期 白玉透雕云纹佩	高8.5cm	1,046,400	爱艺拍	2018-09-27
清中期 黄玉巧色福寿双全佩	长4cm	28,750	保利厦门	2018-07-15
清中期 黄玉雕花开富贵佩	长5cm	23,000	保利厦门	2018-07-15
清中期 白玉喜事连连坠	长4.4cm	46,000	北京保利	2018-04-29
清中期 青白玉雕龙纹佩（四件）	尺寸不一	20,700	北京保利	2018-07-27
清中期 白玉猫蝶佩	长4.4cm	13,800	北京保利	2018-04-29
清中期 白玉雕龙纹蝉形佩	长5.2cm	11,500	北京保利	2018-12-09
清中期 青白玉雕童子击鼓佩	长5.4cm	40,250	北京诚轩	2018-06-17
清中期 白玉螭龙纹钟形佩	高6.4cm	195,500	北京翰海	2018-06-30
清中期 白玉福禄万代佩	高6.5cm	172,500	北京翰海	2018-06-30
清中期 白玉无双谱诗文佩	高6cm	115,000	北京翰海	2018-06-30
清中期 白玉教子升天佩	高7.3cm	115,000	北京翰海	2018-06-30
清中期 白玉麻姑献寿佩	高7.3cm	74,750	北京翰海	2018-06-30
清中期 白玉螭龙纹佩	高5.5cm	69,000	北京翰海	2018-06-30
清中期 白玉连珠纹鹦鹉佩	直径5.6cm	59,800	北京翰海	2018-06-30
清中期 白玉瓜果坠	高5.3cm	51,750	北京翰海	2018-06-30
清中期 白玉福寿坠	高5cm	51,750	北京翰海	2018-06-30
清中期 白玉瓜果坠	高7cm	51,750	北京翰海	2018-06-30
清中期 白玉刘海戏金蟾坠	高4.8cm	46,000	北京翰海	2018-06-30
清中期 白玉喜鹊登梅诗文佩	高5.5cm	46,000	北京翰海	2018-06-30
清中期 虬角斋戒佩	高5.3cm	46,000	北京翰海	2018-06-30
清中期 白玉龙佩	长8.5cm	40,250	北京翰海	2018-06-30
清中期 白玉飞龙佩	长8.6cm	40,250	北京翰海	2018-06-30
清中期 白玉蔬果坠	高6cm	34,500	北京翰海	2018-06-30
清中期 白玉福禄寿坠	高5cm	34,500	北京翰海	2018-06-30
清中期 白玉双福佩	长6.7cm	28,750	北京翰海	2018-06-30
清中期 白玉凤纹佩	高7.2cm	25,300	北京翰海	2018-06-30
清中期 白玉冠上加冠佩	高5.5cm	25,300	北京翰海	2018-06-30
清中期 白玉平安佩	高5.1cm	23,000	北京翰海	2018-06-30
清中期 白玉洒金福禄万代坠	高5.1cm	23,000	北京翰海	2018-06-30
清中期 白玉风云际会圆佩	直径6cm	20,700	北京翰海	2018-06-30
清中期 白玉荷莲纹坠	高4.3cm	20,700	北京翰海	2018-06-30
清中期 白玉留皮灵芝佩	长4.9cm；宽3.5cm	23,000	北京鸿盛祥	2018-06-16
清中期 白玉福禄万代佩	高5.5cm	97,750	古天一	2018-06-17
清中期 白玉连年有余佩	5.5cm × 4.5cm	86,250	古天一	2018-06-17
清中期 白玉雕海棠形螭龙云纹佩	长9.2cm；宽5.7cm	36,800	西泠拍卖	2018-07-07
清中期 羊脂白玉蝴蝶佩	长8cm；宽5.2cm	43,700	浙江佳宝	2018-07-01
清中期 白玉富甲一方葫芦坠	长5.4cm；宽2.6cm	40,250	浙江佳宝	2018-07-01
清中期 白玉福禄寿纹佩	长6.34cm；宽3.9cm	34,500	浙江佳宝	2018-07-01
清中期 白玉蝉	长4.5cm；宽2.8cm	28,750	浙江佳宝	2018-07-01
清中期 白玉夔龙佩	长5.5cm；宽5.4cm	23,000	浙江佳宝	2018-07-01
清中期 白玉双龙纹佩	长3.7cm；宽2.4cm	18,400	浙江佳宝	2018-07-01
清中期 白玉双龙捧寿纹佩	长5.5cm；宽4.7cm	16,100	浙江佳宝	2018-07-01
清中期 白玉花鸟纹镂雕佩	高6.2cm	92,606	中国嘉德	2018-10-02
清中期 紫晶松鼠瓜果坠	高5.5cm	17,250	中国嘉德	2018-06-19
清道光 白玉梅花仕女佩	4cm	87,200	香港苏富比	2018-10-03
19世纪 白玉雕拐子龙长方型佩饰	高5.7cm	154,344	北京匡时	2018-10-03
18世纪/19世纪 玛瑙巧雕竹鸟纹佩	高4.5cm	75,460	伦敦佳士得	2018-05-15
18世纪/19世纪 白玉春湖游图诗文佩	6.3cm	102,410	伦敦苏富比	2018-05-18
19世纪 白玉文武双全佩	6cm	91,630	伦敦苏富比	2018-05-18
19世纪 白玉螭龙纹方佩	4.7cm	51,744	伦敦苏富比	2018-05-18
19世纪 青白玉双欢	4.5cm	23,716	伦敦苏富比	2018-05-18
18世纪/19世纪 白玉和合二仙转心佩	高6.6cm	256,575	纽约佳士得	2018-09-13
18世纪/19世纪 白玉鱼化龙佩	高8.2cm	128,288	纽约佳士得	2018-09-13
18世纪/19世纪 白玉雕瓜虫坠	高3.5cm	85,525	纽约佳士得	2018-09-13
18世纪/19世纪 白玉蜻蜓蒲扇佩	高5.9cm	85,525	纽约佳士得	2018-09-13
18世纪/19世纪 白玉小坠饰（两件）	高3.8cm	47,039	纽约佳士得	2018-09-13
18世纪/19世纪 白玉锦荔枝佩	高5.5cm	29,934	纽约佳士得	2018-09-13
19世纪 白玉鱼蚌坠	高4.5cm	29,934	纽约佳士得	2018-09-13
18世纪/19世纪 青白玉雕富禄双全纹佩		94,078	纽约苏富比	2018-09-12
19世纪 青玉雕高士图诗文佩		20,526	纽约苏富比	2018-09-15
19世纪 白玉题诗事事如意佩	6cm	348,800	香港苏富比	2018-10-03
18世纪/19世纪 白玉灵芝天保九如佩	4.8cm	327,000	香港苏富比	2018-10-03
18世纪/19世纪 白玉风云际会佩	6.3cm	174,400	香港苏富比	2018-10-03
18世纪/19世纪 海蓝宝荷塘清趣佩	宽4.6cm	57,277	中国嘉德	2018-04-02

拍品名称	物品尺寸	成交价RMB	拍卖公司	拍卖日期
19世纪 琥珀、蜜蜡吊坠等（三十一件）	尺寸不一	17,250	中国嘉德	2018-05-19
清代 和田玉透雕福寿	长4.5×2	654,000	爱艺拍	2018-09-27
清 蜜蜡雕童子挂件	高8cm	244,160	爱艺拍	2018-09-27
清 白玉雕四喜纹佩	长7cm	411,884	奥斯汀	2018-06-18
晚清 血玉平安扣	重56g	109,692	奥斯汀	2018-01-21
清 白玉龙佩	直径5.8cm	41,400	八益拍卖	2018-04-28
清 白玉八卦龟挂件	尺寸不一	17,250	八益拍卖	2018-04-28
清 白玉雕夔凤平安佩	长54cm	155,225	邦瀚斯	2018-11-27
清 白玉雕西厢记佩	长49cm	155,225	邦瀚斯	2018-11-27
清 白玉雕永保贞吉佩	长49cm	66,525	邦瀚斯	2018-11-27
清 蜜蜡雕多子多福佩	长8.5cm	57,500	北京保利	2018-06-21
清 青白玉烟壶、佩饰等（五件）	尺寸不一	46,000	北京保利	2018-06-21
清 青白玉雕人物、瓜果坠（一组十件）	尺寸不一	40,250	北京保利	2018-07-27
清 白玉留皮瑞兽佩	长6.4cm	34,500	北京保利	2018-07-27
清 白玉松鼠葡萄坠	长6cm	28,750	北京保利	2018-01-21
清 白玉留皮鹅坠	长4cm	28,750	北京保利	2018-07-27
清 白玉凤纹坠	长6cm	27,600	北京保利	2018-01-21
清 旧玉雕“耄耋”	长4.3cm	25,300	北京保利	2018-06-21
清 白玉年年有余坠	长7.2cm	23,000	北京保利	2018-01-21
清 白玉马上封侯	长6.5cm	23,000	北京保利	2018-04-29
清 白玉留皮年年有余	长6cm	23,000	北京保利	2018-07-27
清 玛瑙巧雕福寿三多坠	长4.3cm	21,850	北京保利	2018-01-21
清 白玉凤纹佩	长6.3cm	17,250	北京保利	2018-07-27
清 各式玉雕佩件（共十三件）	尺寸不一	12,650	北京保利	2018-07-27
清 白玉糖色巧雕灵芝坠	长6cm	11,500	北京保利	2018-01-21
清 白玉羊形佩	长4.5cm	55,200	北京东正	2018-06-17
清 白玉留皮荷莲蛙坠	高6cm	138,000	北京翰海	2018-06-30
清 白玉洒金瓜果坠	高5.7cm	115,000	北京翰海	2018-06-30
清 白玉米芾拜石佩	高7.5cm	82,800	北京翰海	2018-06-30
清 白玉比翼同心佩	高7cm	59,800	北京翰海	2018-06-30
清 玉雕迦楼罗	长6cm	57,500	北京翰海	2018-09-16
清 白玉寿天百禄佩	高6.4cm	51,750	北京翰海	2018-06-30
清 玉松鼠葡萄坠	长5cm	48,300	北京翰海	2018-05-13
清 白玉吉庆有餘佩	高7.5cm	36,800	北京翰海	2018-06-30
清 玉雕双桃佩	高6cm	34,500	北京翰海	2018-09-16
清 白玉吉庆有餘佩	高5.5cm	34,500	北京翰海	2018-06-30
清 黄玉螭龙纹佩	高4.9cm	34,500	北京翰海	2018-06-30
清 玉雕人物佩	高5.5cm	34,500	北京翰海	2018-09-16
清 白玉吉庆有餘佩	高6cm	34,500	北京翰海	2018-06-30
清 白玉龙纹喜字佩	高6cm	34,500	北京翰海	2018-06-30
清 玉龙舟佩	长5.5cm	34,500	北京翰海	2018-05-13
清 白玉太平如意佩	长6.5cm	34,500	北京翰海	2018-01-14
清 玉螭虎佩	高5.5cm	28,750	北京翰海	2018-05-13
清 玉转心佩	直径6cm	27,600	北京翰海	2018-05-13
清 白玉虎	长8.8cm	20,700	北京翰海	2018-01-14
清 玉狮纹佩	高6cm	18,400	北京翰海	2018-05-13
清 白玉刘海戏金蟾佩	高7cm	17,250	北京翰海	2018-06-30
清 白玉洒金螭龙献瑞佩	高6cm	17,250	北京翰海	2018-06-30
清 白玉玉堂天禄佩	高5.8cm	17,250	北京翰海	2018-06-30
清 白玉瓜形坠	高5cm	17,250	北京翰海	2018-06-30
清 玉人物坠	高5cm	17,250	北京翰海	2018-09-16
清 玉转心佩	直径5.5cm	14,950	北京翰海	2018-09-16
清 玉鸳鸯坠	高4cm	14,950	北京翰海	2018-05-13
清 白玉雕花卉坠	长4cm	13,800	北京翰海	2018-09-16
清 白玉双羊坠	长4cm	13,800	北京翰海	2018-09-16
清 白玉鸡佩	长6cm	13,800	北京翰海	2018-06-30
清 白玉留皮多子多福坠	长4.9cm；宽3.4cm	149,500	北京鸿盛祥	2018-12-06
清 白玉蝉	长5.8cm；宽3.4cm	149,500	北京鸿盛祥	2018-06-16
清 白玉留皮双欢挂件	长5cm；宽2.8cm	112,700	北京鸿盛祥	2018-12-06
清 白玉籽料荷花坠	长4.7cm	80,500	北京鸿盛祥	2018-12-06
清 白玉留皮荷叶佩	长5.4cm；宽3.2cm	80,500	北京鸿盛祥	2018-12-06

拍品名称	物品尺寸	成交价RMB	拍卖公司	拍卖日期
清 碧玺双螭纹坠	长4.4cm；重28.6g	74,750	北京鸿盛祥	2018-06-16
清 玛瑙镂雕俏色灵猴献寿坠	长4.6cm；重24g	69,000	北京鸿盛祥	2018-06-16
清 白玉留皮终身兴隆佩	长6.8cm；宽4.2cm	51,750	北京鸿盛祥	2018-06-16
清 蓝料喜鹊抱竹佩	长6.4cm；宽4.8cm	48,300	北京鸿盛祥	2018-06-16
清 白玉如意童子转芯佩	长5.5cm；宽5cm	48,300	北京鸿盛祥	2018-06-16
清 白玉书画如意佩	长5.2cm；宽3.2cm	46,000	北京鸿盛祥	2018-06-16
清 白玉洒金皮福禄君子佩	长4.4cm	40,250	北京鸿盛祥	2018-06-16
清 白玉鸳鸯戏莲挂件	长5.3cm	40,250	北京鸿盛祥	2018-12-06
清 白玉如意童子坠	长3cm；宽2.2cm	36,800	北京鸿盛祥	2018-06-16
清 白玉多福多寿坠	长4.7cm；宽2.8cm	34,500	北京鸿盛祥	2018-06-16
清 白玉留皮金玉满堂	长4.2cm；宽2.2cm	34,500	北京鸿盛祥	2018-12-06
清 白玉寿字佩	长5.4cm；宽4cm	32,200	北京鸿盛祥	2018-06-16
清 白玉镂雕福禄寿转芯佩	长7.7cm；宽4.6cm	32,200	北京鸿盛祥	2018-06-16
清 白玉团龙纹佩	直径5.3cm	28,750	北京鸿盛祥	2018-06-16
清 白玉沁红三瓜坠	长6.7cm	20,700	北京鸿盛祥	2018-12-06
清 白玉一路连科圆佩（一对）	直径8.1cm×2	115,000	北京匡时	2018-12-05
清 白玉龙凤佩	高7.2cm	69,000	北京荣宝	2018-06-14
清代 黄玉龙凤纹佩	6.5cm×4.5cm	287,500	古天一	2018-06-17
清代 黄玉凤纹佩	长8cm	276,000	古天一	2018-06-17
清代 青黄玉兽形佩	4.5cm×4cm	218,500	古天一	2018-12-08
清代 白玉龙纹交结四方佩	6.5cm×5.5cm	172,500	古天一	2018-06-17
清代 玉蝉	高6cm	172,500	古天一	2018-06-17
清代 青黄玉红沁鲵形佩	长6.2cm	166,750	古天一	2018-12-08
清代 白玉福寿坠	高4cm	149,500	古天一	2018-06-17
清代 青玉佩饰	长21.6cm	149,500	古天一	2018-06-17
清代 白玉雕如意童子诗文佩	7.2cm×5.5cm	126,500	古天一	2018-06-17
清代 白玉蝉	高5.5cm	103,500	古天一	2018-06-17
清代 白玉瓜瓞绵绵佩	高5cm	97,750	古天一	2018-06-17
清代 灰白玉虎形佩	长8.8cm	86,250	古天一	2018-12-08
清代 玉蝉	长5.2cm	80,500	古天一	2018-12-08
清代 白玉双螭龙佩	高5cm	80,500	古天一	2018-06-17
清代 白玉子孙万代佩	高5cm	69,000	古天一	2018-06-17
清代 白玉葫芦佩	高5cm	69,000	古天一	2018-06-17
清代 青白玉蝉	高6cm	69,000	古天一	2018-06-17
清代 青玉夔龙佩	长4cm	69,000	古天一	2018-12-08
清代 玉蝉（两件）	长5.5cm；长5.6cm	69,000	古天一	2018-12-08
清代 黄玉兽面佩	3.5cm×4.5cm	57,500	古天一	2018-06-17
清代 白玉博古夔龙佩	8.5×4.2cm	57,500	古天一	2018-12-08
清代 白玉透雕龙戏珠佩饰	5.5×4.2cm	48,300	古天一	2018-12-08
清代 玉雕红皮龙纹挂件	高5.5cm	46,000	古天一	2018-12-08
清代 白玉子孙富贵坠	高5cm	43,700	古天一	2018-06-17
清代 白玉望子成龙佩	高5cm	40,250	古天一	2018-12-08
清代 黑白玉双欢佩	长4.5cm	34,500	古天一	2018-12-08
清代 碧玺福寿佩	高4.6cm	32,200	古天一	2018-06-17
清代 白玉龙凤佩	6×4cm	25,300	古天一	2018-12-08
清 白玉童子转心佩	高6.5cm	33,350	广东崇正	2018-07-05
清 白玉高士纹佩	6×4×0.7cm	23,000	广东崇正	2018-07-05
清 白玉佛手挂件	长5cm	13,800	华艺国际	2018-11-17
清 白玉龙凤呈祥合符佩	长7.4cm	385,700	佳士得	2018-05-30
清 白玉雕五福纹包袱形佩	长6.4cm	172,550	佳士得	2018-05-30
清 白玉松鼠葡萄佩	长7cm	81,750	佳士得	2018-10-04
清 白玉苍龙教子诗文佩	长5.1cm	70,850	佳士得	2018-10-04
清 白玉南宫拜石图佩	5cm	75,460	伦敦苏富比	2018-05-18
清代 和田玉云蝠灵芝纹佩	长7.5cm；宽4cm；厚0.4cm	16,100	南京经典	2018-01-06
清 白玉雕寿桃挂件	长4.3cm；重55.2g	140,400	上海联合	2018-11-25
清 白玉雕太平有象挂件	长5cm；重52g	134,400	上海联合	2018-11-25
清 白玉雕莲蓬挂件	长4.6cm；重85g	100,800	上海联合	2018-11-25
清 白玉雕老少乐挂件	高4.8cm；重29.6g	54,000	上海联合	2018-11-25
清 白玉雕持莲童子挂件	高4.5cm	31,360	上海联合	2018-11-25
清 白玉雕年年有余挂件	长10.7cm；重46.8g	22,400	上海联合	2018-11-25

2018玉器拍卖成交汇总

(成交价RMB：1万元以上)

拍品名称	物品尺寸	成交价RMB	拍卖公司	拍卖日期
清 白玉双欢	长5.5cm	138,372	万昌斯	2018-11-28
清 白玉留皮巧雕灵芝坠	长4cm	106,440	万昌斯	2018-11-28
清 琥珀雕人物故事挂件	长5.2cm；重40g	58,542	万昌斯	2018-11-29
清 白玉留皮松鼠金瓜坠	长6.8cm	58,464	万昌斯	2018-05-30
清 白玉带沁龙纹鸡心佩	长6.1cm	48,720	万昌斯	2018-05-30
清 白玉留皮鱼化龙佩	直径5.5cm；厚0.6cm	48,720	万昌斯	2018-05-30
清 白玉喜得连科佩	直径5.7cm；厚0.7cm	48,720	万昌斯	2018-05-30
清 白玉带寿衣沁和合二仙佩	玉长8.3cm；厚0.7cm；总高16cm	43,848	万昌斯	2018-05-30
清 白玉法轮转心佩	直径5.8cm	37,027	万昌斯	2018-05-30
清 白玉带灰皮天官赐福佩	长5.5cm；厚0.5cm	37,027	万昌斯	2018-05-30
清 白玉点翠弥勒佛	玉长1.9cm；总长3.2cm	26,610	万昌斯	2018-11-28
清 白玉带红皮灵芝佩	长4.7cm	24,360	万昌斯	2018-05-30
清 白料龙纹钟形佩配K金挂坠	玉长6.4cm；总长10cm；厚0.5cm	24,360	万昌斯	2018-05-30
清 府上有龙炼式玉佩	玉斧长11.7cm；厚0.8cm	21,288	万昌斯	2018-11-28
清 白玉英雄佩	长6.5cm；厚0.8cm	19,488	万昌斯	2018-05-30
清代 和田玉天鹅挂件	高4.5cm；长5cm	345,000	未来四方	2018-01-20
清 白玉童子洗象坠	高6.3cm	322,000	西泠拍卖	2018-07-07
清 梅花诗文白玉佩	长6.5cm；宽4.6cm	149,500	西泠拍卖	2018-07-07
清 白玉如心如意佩	高7.8cm	138,000	西泠拍卖	2018-07-07
清 白玉雕多子多福佩	长7cm；宽4cm	92,000	西泠拍卖	2018-07-07
清 玛瑙绶带鸟竹节佩	高3.5cm	57,500	西泠拍卖	2018-07-07
清 玛瑙双鹿衔芝坠	高2.7cm	57,500	西泠拍卖	2018-07-07
清 玛瑙巧雕面壁达摩像佩	高5.5cm	46,000	西泠拍卖	2018-07-07
清 乾隆年制款白玉雕双龙戏珠纹佩	长5.8cm；宽4.2cm	40,250	西泠拍卖	2018-07-07
清 碧玺雕鱼化龙纹佩	长4.5cm；宽4.3cm	36,800	西泠拍卖	2018-07-07
清 山水亭阁白玉佩	长5.7cm；宽4.4cm	34,500	西泠拍卖	2018-07-07
清 白玉雕葫芦佩	长4.8cm；宽2.8cm	32,200	西泠拍卖	2018-07-07
清 白玉雕三狮戏球纹佩	长6.5cm	23,000	西泠拍卖	2018-07-07
清 白玉雕包袱鸡形佩	长6.8cm	23,000	西泠拍卖	2018-07-07
清 白玉雕合家欢挂件	长4cm；宽3.5cm	16,100	西泠拍卖	2018-09-29
清 巧作连年有余玛瑙佩	长5.8cm；宽3.5cm	11,500	西泠拍卖	2018-05-04
清 玛瑙巧雕蝙蝠竹节图挂件	长5.8cm	11,500	西泠拍卖	2018-09-29
清 玉鼠挂件	长5.5cm	11,500	西泠拍卖	2018-09-29
清 白玉双清题诗佩	7.3cm	261,600	香港苏富比	2018-10-03
清 白玉"一路太平"挂件	高5cm	46,000	印千山	2018-01-12
清 白玉吉庆有余佩	长7.3cm；宽5.6cm	28,750	浙江佳宝	2018-07-01
清 白玉童子卧读坠	长5.5cm	25,300	浙江佳宝	2018-07-01
清 青白玉背蝠童子坠	宽3.7cm；高7cm	23,000	浙江佳宝	2018-07-01
清 黄玉留皮俏色福寿万代坠	长5.6cm；宽4.5cm	17,250	浙江佳宝	2018-07-01
清 白玉菱角佩	长6.3cm；宽4.8cm	14,950	浙江佳宝	2018-07-01
清 白玉镂空双龙福寿纹佩	长6cm；宽4.5cm	14,950	浙江佳宝	2018-07-01
清 白玉镂雕夔凤佩	长7.4cm；宽5.7cm	13,800	浙江佳宝	2018-07-01
清 白玉洒金红皮蜗牛钮坠	高3.6cm	13,800	浙江佳宝	2018-07-01
清 白玉子辰佩	长5cm	138,000	中国嘉德	2018-06-19
清 白玉府上有龙佩	长7cm	112,700	中国嘉德	2018-01-14
清 白玉浸色狮球平安坠	高4.2cm	92,000	中国嘉德	2018-11-20

拍品名称	物品尺寸	成交价RMB	拍卖公司	拍卖日期
清 白玉留皮瓜蝶佩	宽4cm	74,750	中国嘉德	2018-11-20
清 白玉、墨玉太平有象佩各一件	长6cm；长4.9cm	74,750	中国嘉德	2018-05-19
清 黄玉留皮龙凤佩	宽5.6cm	69,000	中国嘉德	2018-11-20
清 白玉糖色大吉封侯坠（两件）	高4.2cm；高3.5cm	59,800	中国嘉德	2018-05-19
清 玉留皮葫芦佩	高5.8cm	51,750	中国嘉德	2018-11-20
清 青白玉五蝠捧寿花形佩	直径8cm	46,000	中国嘉德	2018-09-19
清 白玉瑞果坠、羊衔灵芝摆件各一件	长5.2cm；长4.3cm	46,000	中国嘉德	2018-05-19
清 糖玉麻姑献寿佩	长4.5cm	40,250	中国嘉德	2018-11-20
清 青白玉牡丹纹花形佩	直径7.7cm	36,800	中国嘉德	2018-09-19
清 黄玉蚕形佩	长5.2cm	34,500	中国嘉德	2018-11-20
清 黄玉竹节佩	高6cm	33,412	中国嘉德	2018-04-02
清 三色碧玺双欢坠	长4cm	28,750	中国嘉德	2018-01-14
清 白玉卧女	长6cm	28,750	中国嘉德	2018-06-19
清 白玉洒金皮松鼠葡萄纹坠	高4.5cm	25,300	中国嘉德	2018-11-20
清 黄玉猪	长6cm	25,300	中国嘉德	2018-11-20
清 青白玉仿香囊坠	长5.3cm	25,300	中国嘉德	2018-05-19
清 青白玉如意万字太平佩	长5.5cm	23,000	中国嘉德	2018-09-19
清 双鱼玉佩	直径5.2cm	23,000	中国嘉德	2018-11-20
清 黄玉佛手佩	长6.5cm	23,000	中国嘉德	2018-11-20
清 碧玺瓜瓞连绵坠	长4.5cm	11,500	中国嘉德	2018-01-14
清 玛瑙灵猴献寿坠	长4.5cm	11,500	中国嘉德	2018-01-14
清 清宫旧藏白玉镂雕流传百子葫芦佩	长6.3cm；宽4cm	218,500	中贸圣佳	2018-11-25
清 黄玉龙凤纹佩	长6cm；高4.3cm	207,000	中贸圣佳	2018-11-24
清 白玉鹤寿挂件	长6.5cm	184,000	中贸圣佳	2018-11-25
清 白玉镂雕S形龙佩	长6.7cm；宽2.5cm	92,000	中贸圣佳	2018-11-25
清 白玉雕童子挂件	高3.7cm	48,300	中贸圣佳	2018-11-24
清 白玉龙凤纹佩	长6.2cm	40,250	中贸圣佳	2018-11-25
清 黄玉代代封侯坠	高6cm	34,500	中贸圣佳	2018-11-25
清 白玉蜻蜓莲藕挂件	长6.2cm	28,750	中贸圣佳	2018-11-25
清 白玉镂雕荷塘水鸟圆形佩	直径8.1cm	23,000	中贸圣佳	2018-11-25
清 白玉福禄挂件	高5.2cm	13,800	中贸圣佳	2018-11-25
清 碧玉螭龙挂件	长6.6cm；宽3cm	13,800	中贸圣佳	2018-11-25
民国 白玉留皮猫蝶坠	长4cm	23,000	北京保利	2018-12-09
民国 玉雕太平有象佩	高6cm	18,400	北京翰海	2018-09-16
民国 玉鱼化龙佩	长6.5cm	13,800	北京翰海	2018-09-16
当代 和田白玉雕"天官赐福"挂件	8.5cm×4.5cm	920,000	北京荣宝	2018-05-18
现代 18K珊瑚挂件	重28.74g	23,000	浙江佳宝	2018-07-01
龙凤玉佩	重23.5g	854,560	爱艺拍	2018-09-27
和田白玉观音挂件	长4.5cm；宽2.5cm；重80.5g	610,400	爱艺拍	2018-09-27
镂空白玉螭龙挂佩	重28g	712,998	奥斯汀	2018-01-21
和田玉达摩吊坠	5.2×3.9×1.6cm	429,792	奥斯汀	2018-06-18
平安无事	玉牌6×3×1cm×5；子弹5.5×1×1cm×5	391,005	保利香港	2018-10-01
马学武 浑然天成挂坠		345,000	北京保利	2018-06-19
珊瑚吊坠	长3.3cm	17,250	北京保利	2018-10-28
青白玉双凤纹佩（一对）	长6.5cm	420,420	伦敦苏富比	2018-05-18
玉佩（一组五件）	最大一件：11cm	73,304	伦敦苏富比	2018-05-18
仿古玉佩（一组四件）	最大一件：12cm	16,170	伦敦苏富比	2018-05-18
仿古龙纹玉佩（一组三件）	最大一件：10cm	11,858	伦敦苏富比	2018-05-18
翟倚卫 双娇 白玉挂件	长7.6cm；重81.7g	896,000	上海联合	2018-07-01
翟倚卫 春随月景 白玉挂件	长8.5cm；重126g	784,000	上海联合	2018-07-01
汪洋 自在观音白玉挂件	4.3×7.2×2.1cm；重119g	526,400	上海联合	2018-07-01
崔磊 赐福镇宅 白玉挂件	长6.9cm；重100.7g	429,000	上海联合	2018-07-01
范同生 福在眼前 白玉挂件	长6.3cm；重95.2g	425,600	上海联合	2018-11-25

拍品名称	物品尺寸	成交价RMB	拍卖公司	拍卖日期
黄杨洪 龟鹤延年 白玉挂件	长5.8cm；重94.5g	425,600	上海联合	2018-07-01
黄杨洪 天生丽质 白玉挂件	3.9×3.2×3cm；重52g	369,600	上海联合	2018-07-01
吴灶发 喜上加喜 白玉挂件	长5.7cm；重41g	336,000	上海联合	2018-07-01
赵显志 代代封候 白玉挂件	长6cm；重47.2g	313,600	上海联合	2018-11-25
张克山 钟馗纳福 白玉挂件	长5.6cm；重49g	313,600	上海联合	2018-07-01
吴灶发 百年好合 白玉挂件	长5.2cm；重51g	313,600	上海联合	2018-07-01
黄杨洪 瑞兽 白玉挂件	6.4×3.5×2.8cm；重90g	313,600	上海联合	2018-07-01
杨建发 童子击鼓 白玉挂件	长5.9cm；重104.3g	268,800	上海联合	2018-11-25
崔磊 鸿翔鸾起 白玉挂件	6.4×3.4×1.7cm；重52g	257,600	上海联合	2018-07-01
王金忠 年年有余 白玉挂件	长5.2cm；重38.3g	246,400	上海联合	2018-11-25
冯金琪 二乔 白玉挂件	9×4.2×2cm；重105g	246,400	上海联合	2018-07-01
吴金星 金龟 白玉挂件	长4.5cm；重43g	224,000	上海联合	2018-11-25
杨建发 鸿运当头 白玉挂件	3.3×4.2×2.2cm；重38.8g	201,600	上海联合	2018-07-01
杨建发 一鸣惊人 白玉挂件	长6.4cm；重36.1g	199,360	上海联合	2018-11-25
赵显志 大圣出山 白玉挂件	长5.4cm；重74.8g	188,160	上海联合	2018-11-25
18K金镶白玉原石挂件	3.7×3.3×1.5cm；重50.5g	179,200	上海联合	2018-11-25
杨中伟 舞女 白玉挂件	7.6×3.7×1.5cm；重38.2g	179,200	上海联合	2018-07-01
许永刚 带子上朝 白玉挂件	5.8×2.7×2.3cm；重55g	179,200	上海联合	2018-07-01
忠荣玉典 鳜鱼 白玉挂件	4.5×3×1.5cm；重31.9g	179,200	上海联合	2018-07-01
王金忠 灵猴献寿 白玉挂件	4.8×3.7×2.3cm；重55.4g	176,000	上海联合	2018-07-01
姚战伟 鸿运当头 白玉挂件	5.1×3×2.3cm；重46.3g	168,000	上海联合	2018-11-25
王彬 国粹 白玉挂件	5.9×3.2×2.2cm；重57.5g	168,000	上海联合	2018-11-25
朱跃真 莲莲有余 白玉挂件	4.5×3×1.8cm；重34.6g	145,600	上海联合	2018-11-25
杨建发 望子成龙 白玉挂件	4.7×2.9×1.8cm；重37.2g	145,600	上海联合	2018-07-01
鸿运当头 白玉挂件	5.2×3×2.8cm；重55.1g	145,600	上海联合	2018-07-01
朱跃真 花好月圆 白玉挂件	5.7×4.2×1.4cm；重68.2g	145,600	上海联合	2018-07-01
顾纪强 一鸣惊人 白玉挂件	5.3×2.7×1.5cm；重41.2g	145,600	上海联合	2018-07-01
黄罕勇 牛头 白玉挂件	4.4×4.7×1.8cm；重28g	145,600	上海联合	2018-07-01
朱跃真 花开富贵 白玉挂件	5.3×3.9×2cm；重63.5g	145,600	上海联合	2018-11-25
程四海 童子拜观音 白玉挂件	6.5×3.8×1.6cm；重50.9g	120,960	上海联合	2018-11-25
吴金星 喜上加喜 白玉挂件	5.5×3.5×1.8cm；重49g	108,000	上海联合	2018-11-25
陈天明 弥勒灵猴 白玉挂件	4.6×2.2×1.5cm；重26g	100,800	上海联合	2018-07-01
吴新观 和合二仙 白玉挂件	4.3×3.5×2.5cm；重47.7g	95,200	上海联合	2018-07-01
程四海 逍遥济公 白玉挂件	4×2.4×1.3cm；重19g	92,960	上海联合	2018-11-25
王金忠 弥勒 白玉挂件	3.5×2.4×1.6cm；重20.1g	89,600	上海联合	2018-07-01

拍品名称	物品尺寸	成交价RMB	拍卖公司	拍卖日期
一鸣惊人 白玉挂件	6.7×3×2cm；重60.3g	89,600	上海联合	2018-11-25
李明 双鹅 白玉挂件	4.7×2.5×2.2cm；重36.9g	84,000	上海联合	2018-11-25
物华争艳 白玉挂件	5.4×3.6×2.3cm；重61g	80,640	上海联合	2018-07-01
穆宇静 钟馗 白玉挂件	6.4×3.7×1.5cm；重54.1g	80,640	上海联合	2018-11-25
穆宇静 丹凤 白玉挂件	5.1×3.2×1.7cm；重41.7g	80,640	上海联合	2018-11-25
唐春峰 钟馗赐福 白玉挂件	5×3.3×1.8cm；重44.6g	72,800	上海联合	2018-11-25
杨菊青 千手观音 白玉挂件	7.7×2.9×1.2cm；重70.5g	67,200	上海联合	2018-07-01
杨子奇 钟馗 白玉挂件	3.4×3.2×2cm；重32.3g	64,960	上海联合	2018-11-25
有财气 白玉挂件	6.2×3.3×2.1cm；重59g	62,720	上海联合	2018-07-01
杨中伟 小家碧玉 挂件	5.2×4.3×2.6cm；重56g	61,600	上海联合	2018-07-01
杨建发 一路如意 白玉挂件	6×2.6×1.1cm；重24.4g	61,600	上海联合	2018-07-01
朱跃真 双兔 白玉挂件	3.8×3×2.4cm；重37g	61,600	上海联合	2018-11-25
吴金星 一保平安 白玉挂件	4×2.9×1.1cm；重18.8g	60,500	上海联合	2018-07-01
杨建发 一世英武 白玉挂件	4.7×3×2.7cm；重34.7g	56,000	上海联合	2018-07-01
佛引福来 白玉挂件	3.7×3.3×2.1cm；重37.1g	56,000	上海联合	2018-07-01
程四海 普渡 白玉挂件	6.7×3.3×0.9cm；重40.8g	53,760	上海联合	2018-07-01
貔貅 白玉挂件	3.3×3.6×2.9cm；重51.3g	53,760	上海联合	2018-07-01
忠荣玉典 湖山春晓 白玉挂件	3.1×4.6×1.1cm；重31g	50,400	上海联合	2018-07-01
忠荣玉典 释迦佛 白玉挂件	3×5×1cm；重29g	50,400	上海联合	2018-07-01
朱跃真 如意 白玉挂件	4.9×2.5×1.5cm；重22.4g	50,400	上海联合	2018-11-25
顾纪强 福禄 白玉挂件	5.1×2.7×2.1cm；重38.7g	44,800	上海联合	2018-07-01
太平有象 白玉挂件	3.8×2.3×1.9cm；重23g	42,560	上海联合	2018-07-01
大肚能容 白玉挂件	3.6×2.5×1.7cm；重25.5g	42,560	上海联合	2018-11-25
姚建峰 一夜封侯 白玉挂件	4.3×3×1.5cm；重26.7g	40,320	上海联合	2018-07-01
王彬 代代封候 白玉挂件	4.1×3.1×2.4cm；重39.6g	40,320	上海联合	2018-11-25
朱跃真 玉兔 白玉挂件	6.3×2.7×2.5cm；重61.5g	39,200	上海联合	2018-07-01
朱跃真 金刚杵白玉挂件	5.6×1.4×1.4cm；重6.7g	39,200	上海联合	2018-07-01
蒋永保 喜上加喜 白玉挂件	3.4×3.2×1.5cm；重25g	39,200	上海联合	2018-11-25
李明 一鸣惊人 白玉挂件	5.5×2.6×2cm；重57.4g	37,800	上海联合	2018-07-01
王剑伟 连中三元 白玉挂件	4.9×3.2×1.7cm；重37.5g	36,960	上海联合	2018-11-25
怡然自得 白玉挂件	4×4.3×2cm；重51g	36,960	上海联合	2018-11-25
赵显志 一夜封侯 白玉挂件	4.7×1.9×0.8cm；重9g	36,960	上海联合	2018-11-25

2018玉器拍卖成交汇总

(成交价RMB：1万元以上)

拍品名称	物品尺寸	成交价RMB	拍卖公司	拍卖日期
刘海 一鸣惊人 白玉挂件	3.3×2.4×0.9cm；重8g	36,960	上海联合	2018-11-25
龚克勤 如意 白玉挂件	3.3×2.4×1.4cm；重15.8g	33,600	上海联合	2018-07-01
杨建发 封侯拜相 白玉挂件	6.3×1.6×1.3cm；重17.5g	33,600	上海联合	2018-07-01
大树珠宝 如意 白玉挂件	4.1×2.9×1.9cm；重27.8g	33,600	上海联合	2018-11-25
杨建发 人生如意 白玉挂件	3.6×2.9×1.4cm；重14.3g	33,600	上海联合	2018-11-25
罗光明 向佛·莲花开 南红玛瑙挂件	4.1×3.6×1.7cm；重34.5g	33,600	上海联合	2018-11-25
颜桂明 宝宝佛 白玉挂件	4.4×2.8×1.4cm；重18.4g	33,600	上海联合	2018-11-25
杨建发 鹅如意 白玉挂件	5.3×3.3×1.3cm；重32.2g	32,400	上海联合	2018-11-25
龚克勤 天龙地虎 白玉挂件	3.5×2.9×1.4cm；重20.5g	31,360	上海联合	2018-07-01
朱跃真 鸳鸯 白玉挂件	4.4×3.6×1.8cm；重41.4g	31,360	上海联合	2018-11-25
龚克勤 灵猴献寿 白玉挂件	3.7×3×1.8cm；重27.5g	31,360	上海联合	2018-11-25
颜桂明 宝宝佛 黄玉挂件	4.6×3.1×1.2cm；重26g	31,360	上海联合	2018-11-25
汪文辉 笑看世间 白玉挂件	3.5×2.4×1.7cm；重18g	31,360	上海联合	2018-11-25
刘海 如意 黄玉挂件	5.9×2.5×1.3cm；重15.5g	31,360	上海联合	2018-11-25
龚克勤 辈辈封侯 白玉挂件	5.1×2.1×1.5cm；重21.1g	29,120	上海联合	2018-07-01
龚克勤 佛手 白玉挂件	3.4×2×1.5cm；重15.2g	29,120	上海联合	2018-07-01
杨菊青 自在佛 白玉挂件	4.3×3.1×1.7cm；重28.5g	29,120	上海联合	2018-11-25
刘海 弯弯顺 白玉挂件	4.5×2.4×1.3cm；重20.4g	28,000	上海联合	2018-07-01
孔令明 双喜临门 白玉挂件	6.1×2.7×1cm；重28.4g	26,880	上海联合	2018-07-01
情投意合 白玉挂件	4.1×2.2×1.8cm；重25.1g	25,760	上海联合	2018-11-25
渠敬鹏 美女 白玉挂件	3.8×2.1×1.5cm；重11.2g	24,840	上海联合	2018-11-25
王彬 一鸣惊人 白玉挂件	6.1×2.3×2cm；重39.1g	24,640	上海联合	2018-11-25
张焕庆 福豆 白玉挂件	4.2×1.9×1.2cm；重11.8g	24,640	上海联合	2018-11-25
横财 白玉挂件	4.4×2.1×1.2cm；重17.1g	22,400	上海联合	2018-07-01
杨小龙 裸女 白玉挂件	4.8×2.7×1.5cm；重20.2g	20,160	上海联合	2018-07-01
王剑伟 达摩 白玉挂件	2.9×2.5×1.2cm；重13.9g	17,920	上海联合	2018-07-01
一叶封侯白玉挂件	3.2×2.6×1.7cm；重17.6g	17,920	上海联合	2018-07-01
杨建发 鹅如意 白玉挂件	4.2×3.5×1.1cm；重21g	17,920	上海联合	2018-07-01
蝶恋花 白玉挂件	2.8×2.5×1cm；重11g	16,800	上海联合	2018-07-01
杨大钊 蟋蟀 青玉挂件	2.8×3.9×1cm；重21.3g	16,800	上海联合	2018-11-25
一路如意 白玉挂件	4.1×2.4×1.6cm；重21.3g	15,680	上海联合	2018-07-01
观音 白玉挂件	3.5×2.3×1.3cm；重15.5g	15,680	上海联合	2018-07-01
范同生 领头羊 白玉挂件	3.1×2.8×1.8cm；重17.1g	15,456	上海联合	2018-11-25
沈水富 金蟾 白玉挂件	3.3×2.4×1.7cm；重17.6g	15,456	上海联合	2018-11-25
张成西 金刚杵 白玉挂件	5.3×2×2cm；重11.5g	13,440	上海联合	2018-11-25
徐志浩 执莲童子 白玉挂件	3.8×2.7×1.4cm；重20g	12,960	上海联合	2018-07-01
虎虎生威 白玉挂件	3.3×2.6×1.5cm；重14.6g	12,320	上海联合	2018-07-01
卢智勇 新疆和田玉籽料大乐自在	长8.5cm；重96g	667,000	尚品润博	2018-01-21
冯涛 新疆和田玉籽料地藏王	长9.7cm；重171g	483,000	尚品润博	2018-01-21
于雪涛 新疆和田玉籽料金玉满堂	5.6×3.9×2.0cm；重56g	241,500	尚品润博	2018-01-21
葛洪 新疆和田玉籽料观音	6.7×2.2×1.6cm；重33g	172,500	尚品润博	2018-01-21
赵显志 新疆和田玉籽料灵猴献寿	3.2×2.9×2.9cm；重44g	172,500	尚品润博	2018-01-21
王清 新疆和田玉籽料守佑锦灰堆	10.3×4.4×4.5cm；重379g	138,000	尚品润博	2018-01-21
吴金星 新疆和田玉籽料威	5.1×2.8×1.8cm；重39g	115,000	尚品润博	2018-01-21
赵显志 新疆和田玉籽料鸿运当头	4.8×2.9×1.6cm；重30g	92,000	尚品润博	2018-01-21
新疆和田玉籽料喜传捷报	4.2×3.2×1.4cm；重27.3g	92,000	尚品润博	2018-01-21
胡玮王清 新疆和田玉籽料书中自有颜如玉，书中自有黄金屋锦灰堆	7.2×4.5×3.2cm（独籽）；重138g	92,000	尚品润博	2018-07-29
姚圣云 新疆和田玉籽料弥勒佛	4.0×2.5×1.6cm；重23g	86,250	尚品润博	2018-01-21
卢智勇 新疆和田玉籽料岁月留香	4.6×2.9×1.4cm；重28g	86,250	尚品润博	2018-01-21
杨曦 新疆和田玉籽料观音	5.9×1.3×0.8cm（独籽）；重11g	86,250	尚品润博	2018-07-29
郭万龙 新疆和田玉籽料富甲天下	3.8×1.8×1.2cm；重12.6g	80,500	尚品润博	2018-01-21
唐奇伟 新疆和田玉籽料花开富贵	4.2×3.9×2.5cm；重49g	69,000	尚品润博	2018-01-21
张焕庆 和田玉济公	6.5×2.8×2.0cm；重33g	69,000	尚品润博	2018-07-29
杨曦 新疆和田玉籽料马上如意	3.9×2.5×1.1cm；重18.1g	69,000	尚品润博	2018-11-24
唐奇伟 新疆和田玉籽料花好月圆	5.4×3.5×1.5cm；重37g	57,500	尚品润博	2018-01-21
葛洪 新疆和田玉籽料一念之间	5.1×3.6×2.1cm；重56g	57,500	尚品润博	2018-01-21
张克山 新疆和田玉籽料灵猴献寿	3.5×2.6×2.2cm；重23.9g	57,500	尚品润博	2018-01-21
董月好 河磨玉垂羽三千	6.0×3.0×12.3cm；重55g	57,500	尚品润博	2018-01-21
胡玮 鸭蛋青般若波罗蜜多心经	5.1×4.5×1.0cm；重56g	51,750	尚品润博	2018-01-21
李俊杰 新疆和田玉籽料比翼双飞	5.4×2.6×1.7cm；重33.9g	51,750	尚品润博	2018-01-21
胡玮 和田玉鸭蛋青心经	5.1×4.7×0.8cm；重41g	51,750	尚品润博	2018-07-29
徐志浩 新疆和田玉籽料观音	5.5×3.1×1.2cm；重30g	51,750	尚品润博	2018-07-29
王永祥 新疆和田玉籽料喜报三元	3.9×2.5×1.6cm（独籽）；重23g	48,300	尚品润博	2018-07-29
唐奇伟 新疆和田玉籽料龙龟	4.5×2.6×1.5cm；重23g	48,300	尚品润博	2018-07-29

拍品名称	物品尺寸	成交价RMB	拍卖公司	拍卖日期
孙鹏 新疆和田玉籽料山水观音	4.5×2.5×1.5cm（独籽）；重23g	44,850	尚品润博	2018-07-29
龚克俭 新疆和田玉籽料龙行天下	4.4×2.7×2.0cm；重31g	43,700	尚品润博	2018-01-21
赵显志 新疆和田玉籽料一夜封侯	4.7×1.9×0.8cm；重9g	43,700	尚品润博	2018-07-29
杨曦 新疆和田玉籽料兽面	3.0×3.1×1.2cm；重15.6g	40,250	尚品润博	2018-01-21
王永祥 新疆和田玉籽料钟馗	4.0×3.6×1.3cm；重27g	40,250	尚品润博	2018-01-21
唐奇伟 新疆和田玉籽料一品清廉	3.6×2.8×1.6cm（独籽）；重26g	40,250	尚品润博	2018-07-29
程磊 新疆和田玉籽料祝福	3.6×3.7×1.0cm（独籽）；重19g	40,250	尚品润博	2018-07-29
张胜利 新疆和田玉籽料大鹏金翅	6.0×2.5×1.8cm；重53.5g	36,800	尚品润博	2018-07-29
龚克俭 新疆和田玉籽料观音	4.2×2.5×1.3cm（独籽）；重22g	36,800	尚品润博	2018-07-29
葛洪 新疆和田玉籽料观音	4.5×3.2×1.0cm；重27g	34,500	尚品润博	2018-01-21
陈良 新疆和田玉籽料一马当先	5.2×2.5×1.7cm；重25g	34,500	尚品润博	2018-01-21
万伟 新疆和田玉籽料一世英武	4.1×2.1×1.2cm；重18g	34,500	尚品润博	2018-01-21
孙鹏 新疆和田玉籽料佛在心中	2.3×3.3×1.6cm（独籽）；重21.8g	34,500	尚品润博	2018-07-29
新疆和田玉籽料牡丹	3.0×2.5×1.4cm（独籽）；重13.8g	34,500	尚品润博	2018-07-29
董月好 和田玉苹果绿蝉	5.7×3.8×1.3cm；重42g	34,500	尚品润博	2018-07-29
董月好 和田玉鸭蛋青八刀蝉	6.0×4.0×1.2cm；重42.8g	32,200	尚品润博	2018-04-30
天然白玉观音吊坠		38,976	天成国际	2018-06-03
天然软玉祥云吊坠		24,360	天成国际	2018-06-03
崔磊 关圣帝君 白玉挂件	长6.2cm；重33.2g	333,500	西泠拍卖	2018-07-08
郭万龙 吉祥如意 白玉挂件	37×30×17mm；重32.5g	195,500	西泠拍卖	2018-07-08
吴灶发 喜报三元 白玉挂件	46×38×16mm；重44.8g	172,500	西泠拍卖	2018-07-08
黄罕勇 辟邪 白玉挂件	58×23×11mm；重31.8g	115,000	西泠拍卖	2018-07-08
郭万龙 一路发 白玉挂件	35×29×10mm；重17.4g	115,000	西泠拍卖	2018-07-08
赵琦 拈花一笑 白玉挂件	57×20×19mm；重41.8g	115,000	西泠拍卖	2018-07-08
徐志浩 净水观音 白玉挂件	50×24×23mm；重27.2g	115,000	西泠拍卖	2018-07-08
王一卜 代代有财 白玉挂件	37×29×19mm；重31.1g	103,500	西泠拍卖	2018-07-08
张永来 白度母 白玉挂件	长5.0cm；重29.5g	92,000	西泠拍卖	2018-07-08
郭万龙 飞龙在天 白玉挂件	47×34×16mm；重36.8g	92,000	西泠拍卖	2018-07-08
郭万龙 鸿运当头 白玉挂件	29×23×20mm；重19.4g	86,250	西泠拍卖	2018-07-08
郭万龙 一路如意 白玉挂件	38×19×22mm；重18.4g	69,000	西泠拍卖	2018-07-08
郭万龙 马上封侯 白玉挂件	36×26×11mm；重17.2g	69,000	西泠拍卖	2018-07-08
徐志浩 刘海戏金蟾 白玉挂件	45×21×15mm；重21.4g	63,250	西泠拍卖	2018-07-08
吴灶发 如意玉兔 白玉挂件	42×29×13mm；重18.0g	57,500	西泠拍卖	2018-07-08

拍品名称	物品尺寸	成交价RMB	拍卖公司	拍卖日期
杨曦 慈怀若水 白玉挂件	长3.6cm；重13.6g	55,200	西泠拍卖	2018-07-08
胡锡涛 连年有余 白玉挂件	32×25×22mm；重22.8g	55,200	西泠拍卖	2018-07-08
赵显志 灵猴献寿 黄沁料挂件	44×23×15mm；重22.4g	48,300	西泠拍卖	2018-07-08
瞿利军 大业有成 白玉挂件	54×35×26mm；重68.7g	46,000	西泠拍卖	2018-07-08
李剑 申猴 白玉挂件	51×37×6mm；重20.6g	43,700	西泠拍卖	2018-07-08
李剑 亥猪 白玉挂件	52×37×7mm；重21.7g	43,700	西泠拍卖	2018-07-08
侯晓锋 笑口常开 南红挂件	39×24×15mm；重18.2g	43,700	西泠拍卖	2018-07-08
赵显志 封侯 白玉挂件	33×25×12mm；重14.0g	43,700	西泠拍卖	2018-07-08
李剑 未羊 白玉挂件	50×34×6mm；重17.5g	41,400	西泠拍卖	2018-07-08
林金波 福禄寿 白玉挂件	33×30×12mm；重19.3g	40,250	西泠拍卖	2018-07-08
李剑 子鼠 白玉挂件	54×34×6mm；重18.7g	40,250	西泠拍卖	2018-07-08
李剑 寅虎 白玉挂件	54×39×7mm；重23.6g	40,250	西泠拍卖	2018-07-08
李剑 卯兔 白玉挂件	50×37×6mm；重18.1g	40,250	西泠拍卖	2018-07-08
李剑 辰龙 白玉挂件	53×33×6mm；重16.3g	40,250	西泠拍卖	2018-07-08
李剑 巳蛇 白玉挂件	53×38×6mm；重19.4g	40,250	西泠拍卖	2018-07-08
李剑 午马 白玉挂件	51×34×6mm；重18.3g	40,250	西泠拍卖	2018-07-08
李剑 酉鸡 白玉挂件	53×38×6mm；重19.0g	40,250	西泠拍卖	2018-07-08
胡锡涛 夜泊望月 白玉挂件	41×22×18mm；重32.3g	36,800	西泠拍卖	2018-07-08
李剑 丑牛 白玉挂件	51×34×7mm；重18.5g	34,500	西泠拍卖	2018-07-08
李剑 戌狗 白玉挂件	51×34×7mm；重18.5g	34,500	西泠拍卖	2018-07-08
侯晓锋 乐逍遥 南红挂件	39×26×11mm；重18.6g	34,500	西泠拍卖	2018-07-08
郭万龙 灵猴献寿 白玉挂件	42×18×12mm；重13.0g	32,200	西泠拍卖	2018-07-08
卢云峰 小狐仙 玛瑙挂件	68×48×15mm；重55.6g	28,750	西泠拍卖	2018-07-08
郭万龙 马啸西风 白玉挂件	63×17×9mm；重23.4g	25,300	西泠拍卖	2018-07-08
侯晓锋 笑口常开 黄玉挂件	51×29×14mm；重26.0g	25,300	西泠拍卖	2018-07-08
殷小金 大吉 白玉挂件	59×24×12mm；重24.7g	25,300	西泠拍卖	2018-07-08
殷小金 年年有余 黄玉挂件	50×29×22mm；重43.7g	25,300	西泠拍卖	2018-07-08
徐志浩 节节高升 白玉挂件	42×22×12mm；重21.1g	23,000	西泠拍卖	2018-07-08
殷小金 福在眼前 白玉挂件	46×27×12mm；重16.3g	17,250	西泠拍卖	2018-07-08
黄罕勇 鹤寿 白玉挂件	50×23×4mm；重5.4g	13,800	西泠拍卖	2018-07-08
青白玉透雕鸟佩	高5cm	62,174	香港普艺	2018-10-06
白玉象佩（一对）	宽5cm	30,084	香港普艺	2018-10-06
白玉透雕云鹤佩	宽4cm	12,535	香港普艺	2018-10-06
青白玉兔 童子坠各（一件）	长5.1cm；长4.9cm	92,000	中国嘉德	2018-09-18

2018玉器拍卖成交汇总

(成交价RMB：1万元以上)

拍品名称	物品尺寸	成交价RMB	拍卖公司	拍卖日期
白玉府上有龙佩、青白玉福至心灵坠、蜻蜓坠各一件	长6.2cm；长4.5cm；长3.7cm	66,700	中国嘉德	2018-05-19
20世纪 琥珀、蜜蜡小件（三十五件）	尺寸不一	43,700	中国嘉德	2018-09-20
20世纪 银镶琥珀、蜜蜡吊坠、耳坠（二十六件）	尺寸不一	32,200	中国嘉德	2018-09-20
碧玺节节高升螭龙坠	长5.9cm	20,700	中国嘉德	2018-01-14
青白玉吉庆有余挂佩（一对）	高38.3cm	17,250	中国嘉德	2018-09-20
白玉坠（九件）	尺寸不一	13,800	中国嘉德	2018-01-14
白玉、青白玉瑞果坠（三件）	长6cm；长5.6cm；长5.5cm	13,800	中国嘉德	2018-05-19
把玩件				
东汉 白玉熊把件	高4cm	812,000	佳士得	2018-05-30
宋/元 白玉仙人驭龙把件	长55cm	277,188	邦瀚斯	2018-11-27
宋或更早 白玉凤鸟把件	长45cm	166,313	邦瀚斯	2018-11-27
宋/明 青玉黑褐沁异兽把件	长65cm	121,963	邦瀚斯	2018-11-27
宋-元 卧犬玉把件	长8.3cm	40,896	羅芙奧	2018-06-02
宋 玉鹅把件	高2.3cm；长6.3cm	13,800	西泠拍卖	2018-07-07
金/元/明 玉雕兽形把件（一组两件）	宽3cm；长69cm	55,438	邦瀚斯	2018-11-27
元或更早 青玉沁色狮把件	长56cm	110,875	邦瀚斯	2018-11-27
元/明 黄玉带皮异兽把件	高42cm	94,244	邦瀚斯	2018-11-27
元/明 玉雕沁色异兽把件 及 灰白玉沁色太狮少狮把件	高46cm/宽36cm	88,700	邦瀚斯	2018-11-27
元或明早期 白玉卧兽把件	长42cm	88,700	邦瀚斯	2018-11-27
元/明早期 白玉灵鹿衔芝把件	长5cm	72,069	邦瀚斯	2018-11-27
唐/明初 白褐玉胡人把件	高6.7cm	3,533,893	纽约佳士得	2018-09-13
明末17世纪 巧色玉金鱼把件	长5cm	80,850	伦敦佳士得	2018-05-15
明末/清初 黄玉双鹅把件	长5cm	53,900	伦敦佳士得	2018-05-15
明 白玉雕鹰熊把件	宽6cm	221,750	邦瀚斯	2018-11-27
明及更早 青玉带皮沁色卧兽把件（一组三件）	长66cm 62cm 5cm	60,981	邦瀚斯	2018-11-27
明 青玉带皮卧兽把件	长9cm	49,894	邦瀚斯	2018-11-27
明 黄玉鱼龙形把件	长7.6cm	161,000	北京鸿盛祥	2018-06-16
明 黄玉卧马把件	长5.4cm；高3cm	57,500	北京鸿盛祥	2018-06-16
明 青褐玉辟邪把件	宽4.8cm	130,800	佳士得	2018-10-04
明 青白玉卧犬把件	7cm	64,680	伦敦苏富比	2018-05-18
明 灰青玉雕婴戏把件	宽10.2cm	59,868	纽约佳士得	2018-09-13
明 黄玉雕瑞羊把件	长5.2cm	103,500	西泠拍卖	2018-07-07
明 玉雕子母鹅把件	长5cm	48,300	西泠拍卖	2018-07-07
明 白玉雕瑞兽把件	高3.5cm；长6.5cm	25,300	西泠拍卖	2018-07-07
明 白玉提油瑞兽把件	高3.2cm；长5.2cm	17,250	西泠拍卖	2018-07-07
18世纪 白玉灵猴献寿把件	4.5cm	75,460	伦敦苏富比	2018-05-16
18世纪 墨白玉雕双欢把件	长6cm	64,680	伦敦苏富比	2018-05-16
18世纪 青白玉衔芝卧犬把件	5cm	43,120	伦敦苏富比	2018-05-16
18世纪 白玉雕童子把件		118,988	纽约苏富比	2018-03-21
18世纪 白玉雕衔灵瑞兽把件		102,630	纽约苏富比	2018-09-12
18世纪 白玉雕喜庆耄耋把件		55,591	纽约苏富比	2018-09-15
18世纪 青白玉雕衔莲鸳鸯把件		51,315	纽约苏富比	2018-09-12
18世纪 琥珀雕子孙和合把件		38,076	纽约苏富比	2018-03-21
18世纪 白玉雕卧猫把件		34,210	纽约苏富比	2018-09-15
清早期 白玉红沁走马上任把件	宽3.8cm；高6.9cm	28,750	浙江佳宝	2018-07-01
清乾隆 白玉留皮佛手把件	长6.3cm	207,000	北京鸿盛祥	2018-06-16
清乾隆 白玉喜登连科把件	长6.3cm；宽3.4cm	170,200	北京鸿盛祥	2018-06-16
清18世纪 黄玉雕佛手把件	长6.5cm	88,700	佳士得	2018-11-28
18世纪 黄玉童子捧缸把件	高6cm	76,300	佳士得	2018-10-04
18世纪 青白玉吉祥如意把件	宽5.7cm	76,300	佳士得	2018-10-04
清乾隆 白玉鹤寿延年把件	宽11cm	269,500	伦敦佳士得	2018-05-15
18世纪 白玉太平有象把件	宽5.2cm	171,050	纽约佳士得	2018-09-13
18世纪 白玉雕龙马负图把件	宽8.4cm	153,945	纽约佳士得	2018-09-13
18世纪 琥珀雕和合二仙把件（一对）	高6.9cm；高6.8cm	47,039	纽约佳士得	2018-09-13
18世纪 白玉雕福寿把件	宽5.8cm	42,763	纽约佳士得	2018-09-13
18世纪 青白玉雕宝鸭衔芝把件	宽7.6cm	42,763	纽约佳士得	2018-09-13
18世纪 白玉雕卧羊把件	长4.3cm	25,658	纽约佳士得	2018-09-13
清乾隆 白玉雕福寿双全把件		162,498	纽约苏富比	2018-09-12
清乾隆 白玉雕卧鸟把件		145,393	纽约苏富比	2018-09-12
清乾隆 白玉带皮双欢把件	长5.3cm	253,000	西泠拍卖	2018-07-07
18世纪 白玉多福把件	宽4.5cm	47,731	中国嘉德	2018-04-02
清中期 白玉巧色绶带鸟把件	长7cm	20,700	保利厦门	2018-01-08
清中期 白玉瑞兽衔芝把件	长4.1cm	46,000	西泠拍卖	2018-07-07
清中期 白玉雕太狮少狮把件	长7cm	25,300	西泠拍卖	2018-07-07
19世纪 白玉留皮透雕双鹅把件	长5cm	95,190	纽约佳士得	2018-03-20
18世纪/19世纪 灰青玉莲生贵子把件	宽5.7cm	81,249	纽约佳士得	2018-09-13
18世纪/19世纪 白玉雕双鲤把件	宽5.7cm	51,315	纽约佳士得	2018-09-13
18世纪/19世纪 白玉雕瑞兽把件	高5.4cm	47,039	纽约佳士得	2018-09-13
18世纪/19世纪 白玉雕双石榴把件	宽8.3cm	47,039	纽约佳士得	2018-09-13
18世纪/19世纪 白玉透雕把件（两件）	长5.6cm×2	39,663	纽约佳士得	2018-03-20
18世纪/19世纪 白玉雕双猫把件	长4.8cm	38,486	纽约佳士得	2018-09-13
18世纪/19世纪 白玉瑞禽衔芝把件	宽5.4cm	34,210	纽约佳士得	2018-09-13
18世纪/19世纪 白玉鹿乳奉亲把件	高5.7cm	32,500	纽约佳士得	2018-09-13
18世纪/19世纪 白玉雕藤瓜把件		55,528	纽约苏富比	2018-03-24
19世纪 青玉雕卧兽把件		51,315	纽约苏富比	2018-09-15
18世纪/19世纪 白玉雕长瓜把件		23,947	纽约苏富比	2018-09-15
清 白玉盘龙把件	高5.5cm	43,700	八益拍卖	2018-04-28
清 紫水晶双獾把件	长5.2cm	20,700	八益拍卖	2018-04-28
清 白玉洒金皮福寿双全把件	长4.4cm；宽3.1cm	172,500	北京鸿盛祥	2018-06-16
清 白玉留皮镂雕松鼠葡萄把件	长6.2cm	172,500	北京鸿盛祥	2018-06-16
清 白玉佛手瓜把件	长7.4cm	120,750	北京鸿盛祥	2018-06-16
清 白玉童子持荷把件	长3.1cm；高4.4cm	69,000	北京鸿盛祥	2018-06-16
清 白玉留皮瓜果连绵把件	长5.1cm；宽3.3cm	34,500	北京鸿盛祥	2018-06-16
清 白玉留皮福禄双全把件	长5.2cm；宽3.9cm	26,450	北京鸿盛祥	2018-06-16
清 黑白玉太狮少狮把件	长4.5cm	40,250	广东崇正	2018-07-05
清 白玉童子持灵芝把件（两件）	长4.5cm	174,400	佳士得	2018-10-04
清 白玉雕双兔衔灵芝把件	宽5.1cm	81,200	佳士得	2018-05-30
清 黑白玉巧雕双螺及如意海螺把件（两件）	长5.3cm	65,400	佳士得	2018-10-04
清 黑白玉巧雕胡人戏狮把件	高5cm	54,500	佳士得	2018-10-04
清代 和田玉寿桃把件	长6cm；宽4.5cm；高3cm	32,200	南京经典	2018-01-06
清 白玉连生贵子把件	高6.3cm	23,947	纽约佳士得	2018-09-13
清 黑白玉巧作持莲童子把件	高5cm	33,600	上海联合	2018-11-25
清 白玉瓜瓞绵绵把件	长6.4cm	57,500	西泠拍卖	2018-07-07
清 白玉雕瑞兽把件	高4.7cm；长6.5cm	55,200	西泠拍卖	2018-07-07
清 白玉雕摩羯鱼把件	长6.8cm；宽3.8cm	34,500	西泠拍卖	2018-07-07
清 南红玛瑙雕荔枝把件	长5cm；宽3.5cm	17,250	西泠拍卖	2018-07-07
清 玛瑙雕灵芝童子把件	高6.8cm	13,800	西泠拍卖	2018-07-07
清 白玉籽料山水把件	高6cm	43,700	印千山	2018-01-12
清 白玉桃蝠把件、持莲童子小像各一件	长6.7cm；高6.3cm	51,750	中国嘉德	2018-05-19
清 白玉雕童子持荷把件	高4.9cm	46,000	中贸圣佳	2018-11-24
马瑞 玄武把件		80,500	北京保利	2018-06-19
和田白玉雕观音手把件	高8.6cm	57,500	广东万丰	2018-01-07
吴金星 如意兽 白玉把件	长7cm；重88g	616,000	上海联合	2018-07-01
杨中伟 晨妆 白玉把件	长8.3cm；重95.8g	560,000	上海联合	2018-11-25
杨建发 旺财 白玉把件	长7.7cm；重85.5g	448,000	上海联合	2018-07-01
卢开飞 鸿运当头 白玉把件	长5.7cm；重82.2g	425,600	上海联合	2018-11-25
杨建发 荷塘情趣 白玉把件	长6.5cm；重118.7g	425,600	上海联合	2018-11-25
崔磊 府茂财源 白玉把件	长6.3cm；重82g	392,000	上海联合	2018-11-25

拍品名称	物品尺寸	成交价RMB	拍卖公司	拍卖日期
吴金星 仿古 白玉把件	长8.2cm；重125.4g	336,000	上海联合	2018-11-25
杨建发 龙腾四海 白玉把件	长6.9cm；重93.5g	336,000	上海联合	2018-07-01
崔磊 苏武牧羊 白玉把件	长7.7cm；重275g	302,400	上海联合	2018-11-25
杨建发 一路高升 白玉把件	长7.4cm；重64.9g	302,400	上海联合	2018-07-01
杨建发 一马当先 白玉把件	长5.2cm；重50.3g	268,800	上海联合	2018-07-01
黄杨洪 鹅如意 白玉把件	3.7×4.8×2.5cm；重68g	224,000	上海联合	2018-11-25
彭正和 一路连科 白玉把件	8×4×3.2cm；重136.8g	168,000	上海联合	2018-07-01
颜桂明 事事如意 白玉把件	6.1×4×2cm；重70.7g	140,400	上海联合	2018-11-25
徐志浩 童子击鼓 白玉把件	8×5.2×2.9cm；重156.8g	123,200	上海联合	2018-11-25
颜桂明 喜从天降 白玉把件	6.9×4.6×2.3cm；重107.8g	123,200	上海联合	2018-11-25
范浩刚 守护 黄沁把件	8.2×4.6×2.1cm；重123.7g	123,200	上海联合	2018-11-25
颜桂明 瑞兽 白玉把件	9.2×3.8×3.5cm；重141.9g	100,800	上海联合	2018-07-01
张焕庆 马上有福 白玉把件	4.8×4.5×2.4cm；重55g	82,080	上海联合	2018-11-25
刘国皓 钟馗 白玉把件	6.3×3.2×2cm；重63.9g	53,760	上海联合	2018-07-01
杨菊青 荷塘情趣 青花把件	6.4×4.9×3.1cm；重115.6g	40,320	上海联合	2018-07-01
吴新观 济公 白玉把件	6.3×3.9×2.4cm；重89.9g	33,600	上海联合	2018-07-01
龙凤呈祥 黄沁把件	9.1×7.9×1.9cm；重209g	29,120	上海联合	2018-07-01
瑞兽 白玉把件	7×1.9×1.8cm；重28.7g	17,920	上海联合	2018-11-25
林光 新疆和田玉籽料宏博远古把件	长9.0cm；重186.6g	805,000	尚品润博	2018-01-21
新疆和田玉籽料奇石一叶成佛	2.3cm×1.3cm；重5.5g	690,000	尚品润博	2018-01-21
陈良 新疆和田玉籽料志在千里把件	长10.5cm；重168g	529,000	尚品润博	2018-01-21
新疆和田玉籽料荷塘情趣把件	长8.5cm；重140g	517,500	尚品润博	2018-07-29
万德旭 新疆和田玉籽料喜事连连把件	长8.2cm；重146g	483,000	尚品润博	2018-01-21
吴灶发 新疆和田玉籽料官上加冠把件	6.3×4.9×2.0cm（独籽）；重106g	402,500	尚品润博	2018-11-24
于雪涛 新疆和田玉籽料钟馗把件	5.7×3.4×1.5cm；重40g	241,500	尚品润博	2018-01-21
于雪涛 新疆和田玉三色籽料灵猴献寿把件	4.8×3.8×2.1cm 独籽；重66g	207,000	尚品润博	2018-04-30
龚克俭 新疆和田玉籽料瑞兽把件	5.2×3.0×2.6cm；重56.8g	184,000	尚品润博	2018-01-21
新疆和田玉籽料龙把件	6.2×3.2×2.6cm（独籽）；重65g	172,500	尚品润博	2018-07-29
杨曦 新疆和田玉籽料招财童子把件	6.7×3.7×1.8cm；重62g	149,500	尚品润博	2018-01-21
徐凯 新疆和田玉籽料降龙罗汉把件	6.8×4.6×1.8cm；重87.8g	149,500	尚品润博	2018-01-21
李剑 新疆和田玉籽料双欢把件	5.4×5.3×2.2cm；重51.1g	138,000	尚品润博	2018-11-24
李剑 新疆和田玉籽料佛手把件	5.3×2.9×2.1cm（独籽）；重39.8g	115,000	尚品润博	2018-07-29

拍品名称	物品尺寸	成交价RMB	拍卖公司	拍卖日期
杨光 新疆和田玉籽料罗汉把件	9.9cm×3.2cm×2.2m 独籽；重90g	69,000	尚品润博	2018-04-30
陈良 和田玉黄玉一马当先把件	7.3×3.8×2.4cm；重86.6g	64,400	尚品润博	2018-11-24
万伟 新疆和田玉籽料貔貅把件	6.4×3.0×2.0cm；重72g	40,250	尚品润博	2018-07-29
王一卜 白云生处 白玉把件	6.8cm；重107.8g	713,000	西泠拍卖	2018-07-08
崔磊 府茂财源 白玉把件	6.2cm；重82.8g	402,500	西泠拍卖	2018-07-08
瞿利军 马上封侯 白玉把件	长6.4cm；重141.4g	345,000	西泠拍卖	2018-07-08
郭万龙 喜乐有福 白玉把件	7.2cm；重110.2g	322,000	西泠拍卖	2018-07-08
瞿利军 秋江泛舟 白玉把件	6.8cm；重144.8g	287,500	西泠拍卖	2018-07-08
瞿利军 旭日东升 白玉把件	62×46×21mm；重112.0g	230,000	西泠拍卖	2018-07-08
王一卜 鹿王本身像 白玉把件	60×39×20mm；重64.6g	230,000	西泠拍卖	2018-07-08
范同生 金刚萨埵 白玉把件	67×39×20mm；重82.2g	230,000	西泠拍卖	2018-07-08
赵显志 大圣 白玉把件	53×40×23mm；重73.4g	195,500	西泠拍卖	2018-07-08
佚名 拜相封侯 白玉把件	75×47×52mm；重276.6g	172,500	西泠拍卖	2018-07-08
侯晓锋 喜乐随缘 南红把件	60×34×25mm；重49.7g	80,500	西泠拍卖	2018-07-08
赵琦 天降祥瑞 白玉把件	56×30×22mm；重53.2g	32,200	西泠拍卖	2018-07-08
坑头石难得胡涂把件	长6cm；宽4cm；高4.6cm	23,000	中贸圣佳	2018-06-20
玉兵剑饰				
宋/元 黄玉沁色虎符	长5cm	144,138	邦瀚斯	2018-11-27
宋／明 白玉螭龙纹璏	17.7cm	102,410	伦敦苏富比	2018-05-18
宋-元 白玉高浮雕龙纹剑璲	长7.5cm	69,186	万昌斯	2018-11-28
宋 白玉留皮鹿纹剑饰	长5.2cm；厚1.4cm	17,030	万昌斯	2018-11-28
宋 玉雕斧形佩	长5cm；宽4.7cm	11,500	西泠拍卖	2018-07-07
宋 玉剑珌	长6cm；宽5cm	11,500	西泠拍卖	2018-07-07
明以前 孙武玉印、玉虎符（一组两件）	虎符4.5cm×2cm	92,000	广东崇正	2018-07-05
明以前 黄玉弦纹剑饰	长5.3cm	23,000	广东崇正	2018-07-05
明以前 黄玉剑饰	长5.5cm	13,800	广东崇正	2018-07-05
明 青花玉雕圆香铲	长30.5cm	69,000	北京东正	2018-06-17
明 白玉浮雕双螭纹剑璏	长7.3cm；宽2.5cm	184,000	北京鸿盛祥	2018-06-16
明 玉漩涡谷纹剑首	直径4.4cm	66,700	北京鸿盛祥	2018-06-16
明 白玉浮雕双螭纹剑璏	长12.3cm；宽2.8cm	55,200	北京鸿盛祥	2018-06-16
明 白玉兽面云纹剑饰	长8.5cm；高1.5cm	51,750	北京鸿盛祥	2018-12-06
明 黄玉钺	长11.2cm；宽5.3cm	48,300	北京鸿盛祥	2018-12-06
明 玉剑首	直径4.5cm	34,500	北京鸿盛祥	2018-06-16
明 白玉螭虺纹剑璏	长7.7cm	87,200	佳士得	2018-10-04
明代 和田玉雕螭龙纹剑璏	长8cm；宽2.3cm	69,000	南京经典	2018-01-06
明 白玉风云际会玉钺形摆件	高13.5cm	287,500	西泠拍卖	2018-07-07
明-清 长宜子孙款螭龙纹璧、卷云纹璧、乳钉纹文带及龙首带钩（一组四件）	1.外径4.7cm；内径1.5cm；2.外径5.5cm；内径1.2cm；3.高1.8cm；长7.3cm；宽2.2cm；4.长7.4cm	25,300	西泠拍卖	2018-05-04
明 白玉褐沁蒲纹剑璏	长10cm；宽2.8cm	11,500	西泠拍卖	2018-07-07
明 螭龙纹玉剑璏	长7.6cm	11,500	西泠拍卖	2018-07-07
明 玉剑饰（四套十六件）	尺寸不一	241,500	中国嘉德	2018-05-19
明 旧玉剑璲	长8.4cm	51,750	中国嘉德	2018-11-20

2018玉器拍卖成交汇总

(成交价RMB：1万元以上)

拍品名称	物品尺寸	成交价RMB	拍卖公司	拍卖日期
明 玉剑饰（一套四件）	尺寸不一	36,800	中国嘉德	2018-05-19
明 旧玉剑首	直径3.5cm	28,750	中国嘉德	2018-11-20
明 旧玉提油剑饰	长8.2cm	11,500	中国嘉德	2018-06-19
明 白玉雕拐子龙剑珌	长4.9cm	36,800	中贸圣佳	2018-11-25
18世纪 白玉螭龙纹斧形佩	5cm	70,850	香港苏富比	2018-10-03
17世纪/18世纪 白玉剑璏（两件）	长4.5cm	29,934	纽约佳士得	2018-09-13
清乾隆 丁未年（1787）御制白玉御题诗斧配紫檀盖盒	长12.1cm；厚0.7cm	2,554,560	万昌斯	2018-11-28
清乾隆 白玉麟斧	长17.9cm；宽16.6cm	1,265,000	中贸圣佳	2018-06-20
清中期 白玉诗文带扣	长6.5cm	92,000	北京翰海	2018-06-30
清中期 白玉梅花诗文带扣	长7.5cm	17,250	北京翰海	2018-06-30
清中期 和田玉文带	长9.6cm；宽2.2cm	40,250	南京经典	2018-07-22
18世纪/19世纪 白玉雕螭龙纹璏	长11.5cm	23,716	伦敦佳士得	2018-05-15
18世纪/19世纪 褐玉剑璏及19世纪碧玉瑞兽纹璧及碧玉觿及玉璜	最大一件：14cm	34,496	伦敦苏富比	2018-05-18
清 白玉马首刀柄	长14.4cm	97,750	北京保利	2018-07-27
清 白玉马首柄刀	长34cm	40,250	北京保利	2018-10-28
清 玉斧型佩	高8cm	55,200	北京翰海	2018-09-16
清 白玉兽面纹文带	长9.3cm	34,500	北京翰海	2018-06-30
清 白玉兽面纹文带	长10cm	20,700	北京翰海	2018-06-30
清 白玉羊首刀柄	长12.5cm	36,800	北京匡时	2018-06-15
清代 白玉红沁兽面纹剑璲	长9.5cm	172,500	古天一	2018-06-17
清代 白玉红沁鸟纹玉斧	高7cm	115,000	古天一	2018-06-17
清代 白玉寿在府上龙凤纹斧形佩	高8cm	46,000	古天一	2018-12-08
清代 白玉螭龙纹剑璏	长7cm	40,250	古天一	2018-12-08
清 白玉雕钺形佩	高6.8cm；重45.4g	33,600	上海联合	2018-11-25
清 玉虎符	长6cm	14,950	西泠拍卖	2018-09-29
清 乾隆御题诗旧玉斧	长13cm；宽5.9cm	126,500	中贸圣佳	2018-11-25
清 白玉镂雕双龙斧形佩	长6.8cm；宽4.8cm	40,250	中贸圣佳	2018-11-25
玉螭龙纹剑饰	长12cm	358,160	奥斯汀	2018-06-18
吉祥如意万象剑	长81.5cm	17,250	中国嘉德	2018-01-14
其他佩玩件				
新石器时代 红山文化 黄玉勾云形器	长8.5cm；厚0.6cm	340,608	万昌斯	2018-11-28
新石器时代 红山文化 三兽面纹玉杖顶	直径4.7cm	234,168	万昌斯	2018-11-28
新石器时代 石家河文化 玉人首	长4.5cm	202,236	万昌斯	2018-11-28
新石器时代 红山文化 黄玉勾云形器	长12.1cm；厚0.5cm	191,592	万昌斯	2018-11-28
新石器时代 红山文化 玉双联人面	最大长5.4cm；厚0.6cm	149,016	万昌斯	2018-11-28
新石器时代 红山文化 黄玉勾云形器	长9.9cm；厚0.6cm	127,728	万昌斯	2018-11-28
新石器时代 石家河文化 白玉带灰皮凤鸟纹配饰	长4.7cm	82,824	万昌斯	2018-05-30
新石器时代 红山文化 黄玉扣（一组九件）	最大直径3cm	74,508	万昌斯	2018-11-28
新石器时代 红山文化 玉龙头	长10.2cm	63,864	万昌斯	2018-11-28
新石器时代 红山文化 黄玉（一组九件）	最大长9.2cm；厚0.6cm	53,220	万昌斯	2018-11-28
新石器时代 红山文化 玉鸦纹权杖首	长11.2cm；厚2.5cm	37,254	万昌斯	2018-11-28
新石器时代 红山文化 玉靴形器	长6.5cm；厚1cm	34,061	万昌斯	2018-11-28
新石器时代 红山文化 黄玉勾形器（两件）	最大长10.2cm；厚0.7cm	34,061	万昌斯	2018-11-28
新石器时代 红山文化 黄玉锥形器	长19.6cm	24,360	万昌斯	2018-05-30

拍品名称	物品尺寸	成交价RMB	拍卖公司	拍卖日期
新石器时代 石家河文化 白玉带沁虎首	长2.4cm	19,488	万昌斯	2018-05-30
新石器时代 良渚文化 玉锥形器	长10cm	19,488	万昌斯	2018-05-30
新石器时代 红山文化 黄玉龙胎	直径3.6cm	17,539	万昌斯	2018-05-30
红山 红山腕饰	长9.5cm	185,213	北京匡时	2018-10-03
红山 龙形玉觽	6cm×0.5cm	102,896	北京匡时	2018-10-03
红山文化 约公元前4000-3000年青玉带齿兽面纹饰	宽12cm	1,552,250	佳士得	2018-11-28
良渚 锥形器	长7.3cm、长9.6cm、长11.1cm	41,158	北京匡时	2018-10-03
商晚期 玉对尾双鸟珩	长13cm	465,675	佳士得	2018-11-28
商 玉面纹饰	宽4cm	421,325	佳士得	2018-11-28
商 玉龙首弭	长10cm	354,800	佳士得	2018-11-28
西周 青玉双龙人面纹珩	长9.4cm	665,250	佳士得	2018-11-28
西周 白玉带灰皮人首	长4.3cm	510,912	万昌斯	2018-11-28
西周-汉 玉饰件（四件）	最长7.6cm	113,186	中国嘉德	2018-10-02
西周 黄玉猴铜耳勾	长7.5cm	20,579	中国嘉德	2018-10-02
春秋 青玉龙纹觿	长10cm	942,438	佳士得	2018-11-28
春秋 玉双龙纹珩	长10cm	310,450	佳士得	2018-11-28
春秋 兽面虺纹玉板	长20cm；厚0.7cm	97,440	万昌斯	2018-05-30
春秋 S形玉龙（一对）	最大长10cm；厚0.5cm	69,186	万昌斯	2018-11-28
春秋 白玉带红沁龙纹珩	长9.8cm；厚0.5cm	44,705	万昌斯	2018-11-28
春秋晚期 白玉受沁蟠虺纹齿边形饰	长9.5cm；宽2.4cm	29,900	浙江佳宝	2018-07-01
战国 龙头三件套	长4cm×2；长5.8cm	771,720	北京匡时	2018-10-03
战国 青玉龙纹嵌片	长14.8cm	421,325	佳士得	2018-11-28
战国 青玉凤纹篦	长5.2cm	243,925	佳士得	2018-11-28
战国 玉凤纹篦	长5.6cm	55,438	佳士得	2018-11-28
战国 白玉兽面饰	高3.5cm	102,896	中国嘉德	2018-10-02
战国 马蹄玉饰件	高6.5cm	61,738	中国嘉德	2018-10-02
战国 玉饰件	高4.5cm	30,869	中国嘉德	2018-10-02
西汉早期 青玉龙首觿	长8.3cm	332,625	佳士得	2018-11-28
汉 青玉龙头杖首	高7.1cm	77,172	保利香港	2018-10-02
汉 白玉带灰皮龙纹觿	长7.3cm	68,208	万昌斯	2018-05-30
汉 青玉彩绘龙纹巨型壁画残件（三件）	最大长23.6cm；厚0.7cm	58,464	万昌斯	2018-05-30
汉 玉鸠杖首	宽10.3cm	205,792	中国嘉德	2018-10-02
南北朝至唐 白玉摩羯鱼饰	长4.4cm	36,014	保利香港	2018-10-02
唐/元 玉雕鸟形帽饰（一组三件）	长The LargeSt 43cm	72,069	邦瀚斯	2018-11-27
唐 白玉带红沁鱼符	长8cm；厚0.9cm	53,592	万昌斯	2018-05-30
宋/金 白玉雕花鸟饰件	Diam 54cm	77,613	邦瀚斯	2018-11-27
宋 玉鸠杖首	长9.5cm	63,336	万昌斯	2018-05-30
辽 墨玉云纹饰	长3.1cm	36,014	保利香港	2018-10-02
辽 白玉镂雕秋山饰件	宽5.8cm	82,317	中国嘉德	2018-10-02
金至元 白玉祥云托日纹耳珰（一对）	宽2.8cm	82,317	保利香港	2018-10-02
金代 白玉透雕双龙护腕臂韝	长9cm	80,500	古天一	2018-12-08
金／元 白玉透雕春水顶饰	宽4.5cm	172,550	佳士得	2018-05-30
元 青白玉朱雀纹提头	长11.5cm	69,000	北京保利	2018-04-29
元 白玉镂雕瑞兽图饰	宽9.5cm	855,250	纽约佳士得	2018-09-13
元/明 褐白玉镂雕春水饰	宽9cm	68,420	纽约佳士得	2018-09-13
元 白玉英雄嵌饰	直径4.5cm；厚1.4cm	69,186	万昌斯	2018-11-28
元-明 白玉三思嵌饰	长11cm；厚1.1cm	31,932	万昌斯	2018-11-28
明 白玉龙纹瓦子	直径8cm	28,750	八益拍卖	2018-04-28
明 白玉玉兰花饰件	高7.5cm	40,250	北京翰海	2018-06-30
明 白玉透雕云龙饰件（2件）	长7cm	17,250	北京翰海	2018-01-14
明 黄玉蚕	长5.8cm	276,000	北京鸿盛祥	2018-12-06

拍品名称	物品尺寸	成交价RMB	拍卖公司	拍卖日期
明 秦式玉觿	长8.6cm	143,750	北京鸿盛祥	2018-12-06
明 玉项饰	长7.9cm；宽4.6cm	143,750	北京鸿盛祥	2018-12-06
明 青白玉摩喝乐	长3.5cm；高5cm	138,000	北京鸿盛祥	2018-12-06
明 白玉镂雕正面龙纹穿花嵌板	长13cm；宽10.1cm	126,500	北京鸿盛祥	2018-06-16
明 玉龟背项饰	尺寸不一，龟背长2.9cm	74,750	北京鸿盛祥	2018-12-06
明 白玉凤鸟纹玉觿	长4.8cm	34,500	北京鸿盛祥	2018-12-06
明 南红玛瑙象棋（一套）	直径3.7cm×32	166,750	北京匡时	2018-06-15
明 黄玉鸠形杖首	长9cm	23,000	北京荣宝	2018-12-03
明 灰白双色玉镂雕狮戏绣球饰	宽9cm	128,288	纽约佳士得	2018-09-13
明 灰玉镂雕五毒饰	宽8.5cm	76,973	纽约佳士得	2018-09-13
明 白玉带红沁饕餮纹府上有龙	长15.8cm；厚0.8cm	191,592	万昌斯	2018-11-28
明 白玉正面龙嵌饰	长8cm	44,705	万昌斯	2018-11-28
明 青白玉太极八挂纹法器	长7.6cm	13,837	万昌斯	2018-11-28
明 青白玉镂雕春水图镶饰	长8.2cm；宽7.4cm	29,900	浙江佳宝	2018-07-01
明 玉卧猪	长11.6cm	598,000	中国嘉德	2018-11-20
明 白玉嘎啦哈	宽2.9cm	57,500	中国嘉德	2018-11-20
明 白玉螭纹扣	长2.7cm	55,200	中国嘉德	2018-06-19
明 青白玉福禄图瓦子	长9cm	32,200	中国嘉德	2018-01-14
明、清 玉花片（九十件）	尺寸不一	23,000	中国嘉德	2018-01-14
明 灰白玉鸠杖首	长13.5cm；高6cm	310,500	中贸圣佳	2018-06-20
明 白玉鹅钮杖	长81cm	184,000	中贸圣佳	2018-06-20
明末清初 白玉巧雕兰花锦地活环饰	宽11cm	144,138	邦瀚斯	2018-11-27
明/清初 白玉仿古瑞兽饰	宽8.3cm	76,973	纽约佳士得	2018-09-13
清乾隆 御制耕作图白玉璲	长58cm	166,313	邦瀚斯	2018-11-27
清乾隆 白玉凤纹觿	长6.1cm	24,150	北京鸿盛祥	2018-12-06
18世纪 青白玉桃形饰	高5.7cm	23,947	纽约佳士得	2018-09-13
清乾隆 玉别子（两件）	最长6.8cm	41,158	中国嘉德	2018-10-02
清乾隆 玉别子三件	尺寸不一	28,750	中贸圣佳	2018-11-25
清中期 白玉龙首带钩镶青白玉寿字瓦子手镜	长24cm	57,500	中国嘉德	2018-01-14
18世纪/19世纪 白玉饰（两件）	AcroSS 5cm	71,393	纽约佳士得	2018-03-20
18世纪/19世纪 白玉竹节式福寿纹扇柄	长14.7cm	59,868	纽约佳士得	2018-09-13
18世纪/19世纪 白玉雕（四件）	宽6cm	30,144	纽约佳士得	2018-03-20
19世纪/20世纪 青玉雕梵文板		76,973	纽约苏富比	2018-09-15
清 白玉雕如意瓦子（三件）	长10.6cm；长12cm；长10.5cm	34,500	北京保利	2018-06-21
清 各式仿古旧玉（三件）	尺寸不一	34,500	北京保利	2018-06-21
清 玉器（四件）	尺寸不一	26,450	北京保利	2018-06-21
清 各式白玉、玛瑙雕件（五件）	尺寸不一	23,000	北京保利	2018-12-09
清 白玉雕夔龙纹合符	长6cm	17,250	北京保利	2018-12-09
清 青白玉花片（十件）	尺寸不一	17,250	北京保利	2018-07-27
清 白玉萧	长59.5cm	14,950	北京保利	2018-10-28
清　玉雕太狮少狮瓦子	长9cm	23,000	北京翰海	2018-05-13
清代 黄玉鹰纹笄	长9cm	782,000	古天一	2018-06-17
清代 盾形玉项圈	最大4.2cm×2.4cm	241,500	古天一	2018-06-17
清代 玉握猪	长9.2cm	126,500	古天一	2018-12-08
清代 青黄玉弦纹手饰	长5.8cm	94,300	古天一	2018-12-08
清代 玉龙胎	直径2.8cm	57,500	古天一	2018-06-17
清代 玉雕十二生肖	尺寸不一	46,000	古天一	2018-06-17
清 白玉八宝纹如意吉子	长9cm；宽7.7cm	17,250	浙江佳宝	2018-07-01
清 白玉福禄寿纹提携	长6.5cm；宽3.6cm	17,250	浙江佳宝	2018-07-01
清 玉云纹扣	直径3.2cm	34,500	中国嘉德	2018-06-19
清 玉小件（四件）	尺寸不一	23,000	中国嘉德	2018-01-14
清 白玉螭龙纹玉别子	长7.1cm；宽2.9cm	115,000	中贸圣佳	2018-11-25
现代 耳珰、耳玦（一对）	直径2.4cm；长2.6cm	172,500	北京鸿盛祥	2018-12-06
现代 老水晶印章戒指	重6.24g	34,500	浙江佳宝	2018-07-01
现代 珊瑚戒指	重11.106g	34,500	浙江佳宝	2018-07-01
鸽血红戒指（一件）	重4.5g	427,280	爱艺拍	2018-09-27
仿古玉（一组四件）	最大一件：32.3cm	183,260	伦敦苏富比	2018-05-18
仿古玉（一组五件）	最大一件：14.5cm	25,872	伦敦苏富比	2018-05-18
仿古玉（一组四件）	褐玉戈：11.5cm	20,482	伦敦苏富比	2018-05-18
张焕庆 虎啸生风 白玉戒指	3.5×3.2×1.7cm；重19g	56,000	上海联合	2018-07-01
新疆和田玉籽料奇石天狗	2.8×1.8×1.4cm；重10g	12,650,000	尚品润博	2018-11-24
新疆和田玉籽料奇石人生百态	3.8×1.9×1.3cm；重14g	322,000	尚品润博	2018-11-24
新疆和田玉籽料奇石开天辟地	4.0×2.7×2.0cm；重30g	230,000	尚品润博	2018-11-24
张克山 新疆和田玉籽料龙凤呈祥	3.4×2.6×2.0cm；3.5×2.3×1.5cm；重23.3g；重22.4g	103,500	尚品润博	2018-11-24
玉花卉饰件	宽3cm	23,064	香港普艺	2018-10-06
20世纪 蜜蜡烟嘴	长19.9cm	13,800	中国嘉德	2018-01-14
玉小件（十二件）	尺寸不一	13,800	中国嘉德	2018-09-20
三 陈设和生活用品				
玉屏				
宋 白玉描金柳塘夏雨荻浦归帆插屏	玉长22.6cm	155,904	万昌斯	2018-05-30
明 白玉海水江崖三星圭插屏	高12.5cm；长5cm	138,000	八益拍卖	2018-04-28
明 白玉龙纹插屏	高11cm	27,600	北京保利	2018-04-29
清雍正 白玉雕人物诗书卷形插屏	高8.6cm	92,000	北京荣宝	2018-06-14
清乾隆 御制玉仿青金石八骏图座屏	长39.8cm；宽12.8cm；高37.5cm	6,095,000	北京保利	2018-12-12
清乾隆 白玉御题诗人物插屏	直径15.7cm	138,000	北京鸿盛祥	2018-12-06
清乾隆 碧玉御题诗租查巴纳嗒嘎尊者像插屏	19.8×11.2cm	115,000	北京匡时	2018-06-15
清乾隆 青白玉御制诗《盆荷》小插屏	长10.5cm	153,945	纽约佳士得	2018-09-13
清乾隆 太平有象白玉插屏（一对）	高34cm×2	1,380,000	上海匡时	2018-04-30
清乾隆 白玉瑶池祝寿插屏	玉长18.1cm；厚0.8cm；总高24.8cm	175,392	万昌斯	2018-05-30
清中期 白玉圆插屏（一对）	直径17.2cm	1,035,000	北京保利	2018-06-20
清中期 鹤鹿同春白玉插屏	直径19cm	230,000	北京荣宝	2018-12-03
清中期 白玉雕仙人祝寿纹圆插屏（一对）	直径25cm	460,000	广东崇正	2018-07-05
清中期 白玉祝寿图插屏	玉牌高20.5cm	575,000	西泠拍卖	2018-07-07
清中期 白玉福禄寿图紫檀插屏	玉高19.5cm	230,000	浙江佳宝	2018-07-01
清 白玉昆虫花草纹插屏	直径17.3cm	226,371	保利香港	2018-10-02
清 白玉山水人物插屏	长23.3cm	184,000	北京保利	2018-07-27
清 白玉凤穿花紫檀插屏	长12cm	11,500	北京保利	2018-01-21
清 白玉太平有象圆插屏（一对）	玉高20cm	987,802	北京匡时	2018-10-03
清 白玉雕释迦牟尼插屏	10cm×7.5cm	46,000	北京匡时	2018-06-15
清 青白玉嵌百宝侍女纹圆挂屏	直径51cm	26,450	广东崇正	2018-07-05
清代 紫檀嵌白玉佛手砚屏	总高25.5cm	20,700	南京经典	2018-01-06
清 白玉福禄寿插屏	玉长28.1cm；厚0.8cm；总高36.7cm	97,440	万昌斯	2018-05-30
清 白玉携琴访友图插屏	玉长9.3cm；厚0.8cm；总高14.9cm	37,027	万昌斯	2018-05-30

拍品名称	物品尺寸	成交价RMB	拍卖公司	拍卖日期
清 白玉雕葫芦形人物故事插屏	带座高20cm；玉长11.3cm；玉宽8cm	115,000	西泠拍卖	2018-07-07
清 白玉雕事事如意葫芦形插屏	带座高13.5cm；玉长9.5cm；宽6.5cm	34,500	西泠拍卖	2018-07-07
清 碧玉双面山水诗文插屏	直径19.7cm×12.9cm	34,500	中国嘉德	2018-06-19
清 白玉百寿书法插屏	玉：长10.6cm；宽15.8cm；框：长12.1cm；宽9.5cm；高21.3cm	48,300	中贸圣佳	2018-11-25
民国 白玉雕人物故事插屏	高35.5cm	103,500	北京荣宝	2018-06-14
民国 白玉雕山水纹插屏（一对）	高39cm	184,000	华艺国际	2018-03-30
青金石嵌百宝太平有象诗文插屏	高39cm	34,500	北京保利	2018-10-28
玉屏峰	21×30cm	17,250	北京保利	2018-12-06
碧玉嵌宝花鸟诗文座屏	90.5×56cm	13,800	北京保利	2018-04-30
张焕庆 四君子 白玉插牌	高15.1cm；重384.7g	638,000	上海联合	2018-11-25
张永来 白文殊菩萨 白玉插牌	高16.8cm；重550g	1,403,000	西泠拍卖	2018-07-08
青金石嵌百宝博古御题诗文插屏	高42.5cm	40,250	中国嘉德	2018-05-19
青白玉松鹿高士图双面插屏	长23cm	34,500	中国嘉德	2018-05-19
青金石嵌百宝婴戏御题诗文插屏	高42.5cm	23,000	中国嘉德	2018-05-19
碧玉高士图双面插屏	高36cm	17,250	中国嘉德	2018-05-19
青玉寿星图插屏、羲之爱鹅摆件各一件	高25.5cm；长11cm	13,800	中国嘉德	2018-05-19
玉如意				
18世纪末/19世纪初 青玉雕福寿双全图如意		436,288	纽约苏富比	2018-03-21
18世纪末至19世纪 白玉福寿双全如意	长47cm	2,929,920	香港苏富比	2018-10-03
18世纪 碧玉仿古瑞鸟纹如意	长45.3cm	926,500	香港苏富比	2018-10-03
清早期 白玉三镶龙纹如意	长46cm	138,000	华艺国际	2018-03-30
清早期 青白玉岁岁平安如意	长35.5cm	149,500	上海匡时	2018-04-30
清早期 碧玉嵌八宝如意	长34.5cm	57,500	上海匡时	2018-04-30
清乾隆 碧玉山水人物纹如意	长40cm	138,000	八益拍卖	2018-04-28
清乾隆 白玉浮雕螭龙纹如意	长40cm	1,782,500	北京保利	2018-01-21
清乾隆 白玉福寿双全如意	长37.7cm；高5.6cm	1,955,000	北京鸿盛祥	2018-06-16
清乾隆 青白玉万字开光花卉纹如意	长41.5cm	368,000	北京匡时	2018-06-15
清乾隆 玛瑙雕灵芝纹如意	长29cm	345,000	北京荣宝	2018-06-14
清乾隆 白玉福寿有余如意	长30.0cm	2,070,000	西泠拍卖	2018-07-07
清乾隆 白玉富贵有余如意	长36.8cm	2,616,000	香港苏富比	2018-10-03
清乾隆 白玉雕人物故事图如意	长44cm	3,450,000	中国嘉德	2018-11-20
清乾隆 白玉仿汉谷纹云蝠如意	长42.5cm	2,070,000	中国嘉德	2018-11-20
清中期 白玉三镶如意摆件	长53.9cm；高10.7cm	253,000	北京鸿盛祥	2018-06-16
19世纪 青白玉福寿双全纹如意	35cm	161,700	伦敦苏富比	2018-05-18
19世纪 青白玉雕福寿双全图如意		2,532,054	纽约苏富比	2018-03-21
19世纪 青玉雕福寿双全纹如意		940,775	纽约苏富比	2018-09-12
18世纪/19世纪 白玉嵌宝描金福寿如意	长42.3cm	1,213,500	香港苏富比	2018-04-03
18世纪/19世纪 青白玉雕吉祥如意	长40.7cm	687,650	香港苏富比	2018-04-03
清 黄玉福在眼前如意	长27.5cm	69,000	北京保利	2018-07-27

拍品名称	物品尺寸	成交价RMB	拍卖公司	拍卖日期
清 青白玉浮雕喜鹊登梅御题诗如意	长40.5cm	28,750	北京保利	2018-12-09
清 青白玉福寿诗文如意	长39cm	172,500	北京翰海	2018-01-14
清 白玉访友图三镶如意	长71.2cm	172,500	北京鸿盛祥	2018-12-06
清代 白玉小如意	长8.5cm	69,000	古天一	2018-06-17
清 白玉鱼化龙如意	长37cm	345,000	华艺国际	2018-11-16
清 乌木嵌银丝百寿纹白玉三镶如意	长54cm	207,000	西泠拍卖	2018-07-07
清 三镶玉芦雁图嵌银丝百寿纹木如意	长53.5cm	161,000	西泠拍卖	2018-09-29
清 仿翡翠釉龙凤纹如意	长48cm	48,720	香港诚昌	2018-05-30
清 碧玉嵌白玉三多纹人物故事如意	长59cm	112,700	印千山	2018-01-12
清 白玉镂雕福寿纹如意	长22cm	78,200	印千山	2018-01-12
清 黄玉灵芝形如意	长34cm；宽12.5cm	32,200	浙江佳宝	2018-07-01
清 珊瑚三多如意	长36cm	126,500	中国嘉德	2018-06-18
清 紫檀五镶黄玉如意	长51.1cm	483,000	中贸圣佳	2018-06-20
清 白玉圆雕童子执如意	高4.9cm	28,750	中贸圣佳	2018-11-25
民国 白玉镂雕福寿如意	长22cm	80,500	北京荣宝	2018-06-14
19世纪/20世纪 青白玉人物山水图如意	长43cm	64,680	伦敦佳士得	2018-05-15
福寿如意灵猴摆件	重189g	1,325,440	爱艺拍	2018-09-27
黄玉灵芝如意	长31cm	49,824	香港诚昌	2018-05-28
青白玉嵌百宝灵芝如意	长34cm	32,200	中国嘉德	2018-01-14
青玉福寿如意	长27cm	28,750	中国嘉德	2018-01-14
黄玉福在眼前纹如意	长29.6cm	23,000	中国嘉德	2018-05-19
青玉灵芝如意	长34cm	17,250	中国嘉德	2018-01-14
白玉嵌百宝灵芝如意	长35cm	17,250	中国嘉德	2018-09-20
碧玉嵌白玉谷纹如意	长39cm	13,800	中国嘉德	2018-05-19
玉佛手				
明代 黄玉佛手花插	高15.5cm	195,500	古天一	2018-12-08
18世纪 白玉佛手	高12.5cm	981,000	香港苏富比	2018-10-03
清早期 白玉福寿佛手	长5.5cm；宽3.4cm	80,500	北京鸿盛祥	2018-12-06
清乾隆 白玉佛手摆件	高19.5cm	575,000	浙江佳宝	2018-07-01
清乾隆 白玉烤皮佛手（带座）	高5.2cm	172,500	中国嘉德	2018-06-19
清中期 白玉雕佛手草虫摆件	长8cm	51,750	北京保利	2018-06-21
清中期 黄玉佛手	高15.5cm	120,750	北京翰海	2018-06-30
清 白玉佛手	长6.3cm	25,300	中国嘉德	2018-11-20
清 白玉圆雕佛手	高5.8cm	126,500	中贸圣佳	2018-11-25
玉山子				
金 灰白玉双獬豸纹山子	宽4.2cm	123,475	保利香港	2018-10-02
元 白玉芭蕉人物山子	高10.8cm	28,750	北京翰海	2018-06-30
元 火烧玉雕伏虎罗汉纹山子摆件	高6cm	48,300	西泠拍卖	2018-07-07
明代 黄玉岁寒三友山子	高6.5cm；长9cm	322,000	古天一	2018-12-08
明 带沁白玉山子摆件	高21.8cm	138,000	上海匡时	2018-04-30
18世纪 青白玉雕访友图山子	16cm	40,964	伦敦苏富比	2018-05-18
18世纪 墨白玉松鹤图山子	18cm	37,730	伦敦苏富比	2018-05-18
清早期 白玉武士驯马山子	长11.7cm；高4.4cm	115,000	北京鸿盛祥	2018-06-16
清乾隆 青白玉雕御制十六罗汉赞山子	高265cm	2,856,140	邦瀚斯	2018-11-27
清乾隆 碧玉带皮玉溪送别山子	长21cm	1,884,875	邦瀚斯	2018-11-27
清乾隆 青白玉雕文殊及迦理迦尊者山子	高201cm	776,125	邦瀚斯	2018-11-27
清乾隆 青白玉仙山炉台山子	高124cm	388,063	邦瀚斯	2018-11-27
清乾隆 白玉高仕图山子	宽11.2cm	154,344	保利香港	2018-10-02
18世纪 白玉九老图题诗小山子	高55cm	230,000	北京保利	2018-06-20
清乾隆 白玉胡人洗象山子	高15cm	172,500	北京保利	2018-04-29
清乾隆 白玉溪山高隐山子	长12.3cm；高17.5cm	276,000	北京鸿盛祥	2018-06-16
清乾隆 御制巧做南红玛瑙罗汉讲经山子	长6.5cm	287,500	北京荣宝	2018-12-03

拍品名称	物品尺寸	成交价RMB	拍卖公司	拍卖日期
清乾隆 白玉山水人物山子	高18cm	552,000	古天一	2018-12-08
18世纪 白玉雕高士观瀑图山子	高15.6cm	1,116,500	佳士得	2018-05-30
清乾隆 白玉罗汉修行图山子	高22cm	6,284,740	伦敦佳士得	2018-05-15
18世纪 灰青玉雕罗汉山子	宽23.5cm	136,840	纽约佳士得	2018-09-13
清乾隆 青白玉带红皮松树御题诗山子	高19cm；宽29cm	292,320	香港诚昌	2018-05-30
清乾隆 青白玉浮雕山水高士图山子	19.8cm	523,200	香港苏富比	2018-10-03
18世纪 玛瑙苏作人物小山子	高6.2cm	123,475	中国嘉德	2018-10-02
清中期 白玉赤壁夜游图山子	高18.5cm	805,000	北京保利	2018-06-20
清中期 青白玉留皮雕松下高仕童子图山子	高11.6cm	74,750	北京保利	2018-06-21
清中期 白玉山子	高18.5cm	63,250	北京翰海	2018-06-30
清中期 白玉云蝠山子	高7.4cm	28,750	北京翰海	2018-06-30
清中期 白玉高士观泉山子	高6.5cm	172,500	古天一	2018-06-17
清中期 白玉留皮俏色松下对弈图山子	宽11cm；高8.8cm	172,500	浙江佳宝	2018-07-01
清中期 火烧玉高士访友图山子	宽15.5cm；高9.5cm	46,000	浙江佳宝	2018-07-01
十八/十九世纪 白玉雕山子笔架	长86cm	66,525	邦瀚斯	2018-11-27
19世纪 青白玉松下高士图山子	11.2cm	32,340	伦敦苏富比	2018-05-18
19世纪 青白玉山子	10.7cm	23,716	伦敦苏富比	2018-05-18
19世纪 青玉雕高士图山子	高28.6cm	59,868	纽约佳士得	2018-09-13
19世纪 褐青玉雕松山行旅图山子		13,485	纽约苏富比	2018-03-24
清 白玉镂雕婴戏图山子	长11cm	554,375	邦瀚斯	2018-11-27
清 小赏石山子	高17cm	30,548	保利香港	2018-04-02
清 珊瑚山子摆件	高87cm	74,750	北京保利	2018-10-28
清 白玉雕罗汉诵经山子	宽14.1cm	34,500	北京保利	2018-12-09
清 白玉留皮人物山子	高11.5cm	31,050	北京保利	2018-04-29
清 黑白玉巧雕人物山子	长21cm	23,000	北京保利	2018-07-27
清 白玉罗汉山子	高17cm	17,250	北京保利	2018-10-28
清 白玉八骏山子	长19.5cm	13,800	北京保利	2018-04-30
清 白玉俏色松下论道山子	高11.2cm	161,000	北京鸿盛祥	2018-06-16
清 白玉留皮玉山子	长11.2cm；高2.8cm	101,200	北京鸿盛祥	2018-06-16
清 白玉籽料留皮山子	长8cm；高6.4cm	92,000	北京鸿盛祥	2018-12-06
清 青白玉玉庭台人物山子	高14cm（连座）	51,750	北京匡时	2018-06-15
清 白玉雕罗汉山子	高12.2cm	41,400	北京匡时	2018-12-05
清 青白玉登高图山子	10.5cm	59,290	伦敦苏富比	2018-05-18
清 白玉观音山子	玉长8.9cm	149,016	万昌斯	2018-11-28
清 白玉高士山子	高14.5cm	37,027	万昌斯	2018-05-30
清 蓬莱三仙图白玉山子	带座高17.5cm；高16cm	28,750	西泠拍卖	2018-05-04
清 奇木山子摆件	带座高20.5cm	28,750	西泠拍卖	2018-07-07
清 昆石山子连酸枝座	高30cm；宽18cm	12,410	香港诚昌	2018-04-02
清 绿松石山子摆件	高59cm	115,000	印千山	2018-01-12
清 白玉籽料雕赤壁游山子	长12cm	56,350	印千山	2018-01-12
清 青金石携琴访友山子	宽16cm；高13.5cm	13,800	浙江佳宝	2018-07-01
清 白玉红皮巧雕高士图山子	高8.3cm	103,500	中贸圣佳	2018-11-24
清 玉人物山子	高22.5cm	69,000	中贸圣佳	2018-11-25
来楚生书 沈觉初刻毛主席诗词山子	高108cm×2	241,500	保利厦门	2018-01-08
绿松石山水人物山子	高43cm	32,200	北京保利	2018-10-28
青金石山水人物山子	高48cm	20,700	北京保利	2018-10-28
白玉红皮原籽山子	长14.5cm	575,000	北京东正	2018-06-17
青白玉博弈图山子	12.2cm	17,248	伦敦苏富比	2018-05-18
昌田山水人物山子（三件）	尺寸不一	13,800	荣宝斋（南京）	2018-07-15

拍品名称	物品尺寸	成交价RMB	拍卖公司	拍卖日期
聚宝 天然灵璧老山子	宽74cm；高133cm	20,700	上海泛华	2018-04-15
顾永俊 游宫图 白玉摆件	高15.6cm；重699.2g	649,600	上海联合	2018-07-01
王广安 新疆和田玉籽料观音山子摆件	18.5×9.6×6.1cm；重1690g	299,000	尚品润博	2018-01-21
佚名 桃花潭 白玉山子	145×132×45cm；重1151g	218,500	西泠拍卖	2018-07-08
顾铭 招财纳福 白玉山子	120×74×36mm；重474.4g	195,500	西泠拍卖	2018-07-08
顾铭 悠然见南山 白玉山子	120×87×36mm；重527.6g	126,500	西泠拍卖	2018-07-08
青白玉山水山子	长19.3cm	23,000	中国嘉德	2018-09-20
白玉深山访友御题诗文山子	长16.5cm	17,250	中国嘉德	2018-01-14
白玉松下高士山子	高28.5cm	17,250	中国嘉德	2018-01-14
碧玉山水人物山子	长46cm	13,800	中国嘉德	2018-01-14
白玉山水人物御题诗文山子	高14.3cm	13,800	中国嘉德	2018-05-19
人物摆件				
新石器时代 红山文化 黄玉神人像	长9.8cm	1,703,040	万昌斯	2018-11-28
新石器时代 红山文化 玉人	长5.7cm	47,898	万昌斯	2018-11-28
石家河文化至夏 约公元前2600-1700年 白玉神祖像	高9.5cm	887,000	佳士得	2018-11-28
商 青玉跽坐人像	长9.9cm	1,915,920	万昌斯	2018-11-28
汉 白玉人	高4cm	123,475	保利香港	2018-10-02
汉 白玉人像	高4.8cm	51,448	保利香港	2018-10-02
宋或以后 白玉雕童子戏鱼	长33cm	121,963	邦瀚斯	2018-11-27
宋/明 白玉雕飞天	长7cm	79,830	邦瀚斯	2018-11-27
宋/元或以后 白玉雕童子持莲	宽33cm	66,525	邦瀚斯	2018-11-27
宋-元 白玉童子	长6.4cm	202,236	万昌斯	2018-11-28
宋-元 白玉胡人戏狮	高4.8cm	149,016	万昌斯	2018-11-28
宋 白玉童子	长4.4cm	106,440	万昌斯	2018-11-28
宋 玉佛	玉高7cm	101,118	万昌斯	2018-11-28
宋 白玉飞天	长4.4cm；厚1.2cm	58,464	万昌斯	2018-05-30
宋 白玉绣球童子	高5.7cm	48,720	万昌斯	2018-05-30
宋 白玉蕉叶童子	长3.3cm	38,976	万昌斯	2018-05-30
宋 白玉持莲童子	高5.9cm	29,232	万昌斯	2018-05-30
宋 白玉带沁持莲童子	高7cm	19,488	万昌斯	2018-05-30
宋 白玉仙姑	高7.1cm	82,317	中国嘉德	2018-10-02
辽 白玉飞天饰	宽4.1cm	77,172	保利香港	2018-10-02
金 青白玉童子	高6cm	33,412	中国嘉德	2018-04-02
元 白玉双面佛	高3cm	255,013	邦瀚斯	2018-11-27
元代 水晶释迦牟尼佛	高11.8cm	69,000	古天一	2018-12-08
元代 玉雕童子	高3cm	51,750	古天一	2018-06-17
元-明 白玉佛	高8.4cm	138,372	万昌斯	2018-11-28
元 白玉观音	玉高13.6cm；总高15.2cm	106,440	万昌斯	2018-11-28
元 青白玉文殊菩萨	长4.1cm；厚1cm	51,091	万昌斯	2018-11-28
元 青白玉留皮巧雕人物	长5.4cm	15,966	万昌斯	2018-11-28
明末清初 琥珀仙人像	高17cm	400,940	中国嘉德	2018-04-02
明代 青白玉雕麻姑献寿摆件	高8.5cm	1,212,080	爱艺拍	2018-09-27
明 和田白玉雕观音造像	高27.8cm	2,468,070	奥斯汀	2018-01-21
明 白玉巧雕童子戏猫	高35cm	72,069	邦瀚斯	2018-11-27
明 白玉飞天童子	长65cm	46,568	邦瀚斯	2018-11-27
明 白玉雕飞天童子	长55cm	35,480	邦瀚斯	2018-11-27
明 青白玉雕阿弥陀佛	高10.6cm	257,240	保利香港	2018-10-02
明 白玉留皮童子牧牛摆件	长8cm	17,250	北京保利	2018-04-29
明 白玉童子献寿	高9.3cm	36,800	北京翰海	2018-06-30
明 白玉飞天	长6.6cm	207,000	北京鸿盛祥	2018-12-06
明 白玉送子观音像	长5cm；高7.5cm	115,000	北京鸿盛祥	2018-06-16
明 白玉文殊菩萨立像	长4.9cm；宽3.4cm	80,500	北京鸿盛祥	2018-12-06

2018玉器拍卖成交汇总

(成交价RMB：1万元以上)

拍品名称	物品尺寸	成交价RMB	拍卖公司	拍卖日期
明 白玉中穿孔达摩造像	长4.9cm	74,750	北京鸿盛祥	2018-12-06
明 白玉释迦牟尼佛	长4cm；宽2.4cm	59,800	北京鸿盛祥	2018-12-06
明 青玉俏色魁星点斗摆件	长4.2cm；高8.2cm	57,500	北京鸿盛祥	2018-06-16
明 白玉财神像	高4.9cm	46,000	北京鸿盛祥	2018-12-06
明 白玉红沁善财童子	高5.9cm	43,700	北京鸿盛祥	2018-12-06
明 白玉抱鹅童子	长5.4cm；高4.8cm	40,250	北京鸿盛祥	2018-12-06
明 水晶达摩像	高18.8cm（连座）	40,250	北京匡时	2018-06-15
明 蜜蜡童子	高4.5cm	23,000	北京荣宝	2018-12-03
明代 白玉八仙祝寿（一套九件）	尺寸不一	80,500	古天一	2018-12-08
明代 玉翁仲	高5cm	48,300	古天一	2018-06-17
明代 水晶东方朔	高25.5cm	23,000	古天一	2018-12-08
明代 青白玉胡人说戏摆件	高10cm	195,500	上海匡时	2018-04-30
明 白玉带红沁童子持莲	高5.5cm	73,080	万昌斯	2018-05-30
明 白玉观音	高11.2cm	63,864	万昌斯	2018-11-28
明 白玉执荷童子	长4.4cm；厚1.4cm	63,864	万昌斯	2018-11-28
明 玉刘海戏金蟾	玉高5.1cm	34,104	万昌斯	2018-05-30
明 白玉踏雪寻梅摆件	高7.0cm	161,000	西泠拍卖	2018-07-07
明 白玉三彩沁真武大帝坐像	高21.5cm	174,923	中国嘉德	2018-10-02
明 白玉抱蟾童子	高4.5cm	46,000	中国嘉德	2018-11-20
明 玉翁仲（八件）	尺寸不一	43,700	中国嘉德	2018-05-19
明 白玉戏鹅童子	宽5.5cm；高6.6cm	759,000	中贸圣佳	2018-06-20
明 白玉顶礼罗汉	高4.8cm	184,000	中贸圣佳	2018-11-25
18世纪 白玉雕羊羊如意	长7.5cm	56,593	北京匡时	2018-10-03
17世纪/18世纪 青白玉雕胡人	7.5cm	43,120	伦敦苏富比	2018-05-18
18世纪 白玉寿老童子	22.5cm	2,071,000	香港苏富比	2018-10-03
18世纪 琥珀雕观世音菩萨立像	23.5cm	1,090,000	香港苏富比	2018-10-03
18世纪 琥珀雕二老泛舟摆件	17.5cm	654,000	香港苏富比	2018-10-03
18世纪 白玉雕戏鸟童子	7.7cm	436,000	香港苏富比	2018-10-03
18世纪 白玉灵芝童子	4.5cm	152,600	香港苏富比	2018-10-03
清初 白玉击鼓童子摆件	宽7.9cm	465,675	佳士得	2018-11-28
清早期 黄玉胡人戏狮	高8.2cm	154,344	中国嘉德	2018-10-02
清早期 琥珀雕刘海戏金蟾	高10.5cm	207,000	中贸圣佳	2018-06-20
18世纪 红珊瑚雕群仙祝寿图摆件	高29cm；长45cm	402,500	保利厦门	2018-07-15
清乾隆 白玉阿弥陀佛坐像	高7.3cm	632,500	北京保利	2018-06-19
清乾隆 白玉仙人摆件	高11cm	575,000	北京东正	2018-06-17
18世纪 白玉十二生肖猪坐像	高5.5cm	287,500	北京东正	2018-06-17
清乾隆 白玉俏色雕玉观音像	高10.8cm；宽6.7cm	460,000	北京鸿盛祥	2018-06-16
清乾隆 白玉华封三祝摆件	长11.8cm；高12.7cm	402,500	北京鸿盛祥	2018-06-16
清乾隆 白玉和合二仙摆件	长7.4cm；高6.6cm	253,000	北京鸿盛祥	2018-06-16
清乾隆 黑白玉俏色钟馗捉鬼	长5.9cm；高4.4cm	195,500	北京鸿盛祥	2018-12-06
清乾隆 白玉美人春睡摆件	长11.8cm；宽5.9cm	184,000	北京鸿盛祥	2018-06-16
清乾隆 白玉文殊菩萨持炉像	长6.5cm；高10cm	138,000	北京鸿盛祥	2018-06-16
清乾隆 黑白玉俏色人上人	高5.7cm	80,500	北京鸿盛祥	2018-12-06
清乾隆 白玉麻姑献寿摆件	高13cm	92,000	北京匡时	2018-06-15
清乾隆 白玉站姿阿弥陀佛	高20cm	345,000	华艺国际	2018-11-17
清18世纪 白玉天下太平摆件	高10.4cm	4,984,940	佳士得	2018-11-28
清乾隆 青白玉童子牧牛摆件	宽8.3cm	64,680	伦敦佳士得	2018-05-15
18世纪 白玉阿弥陀佛	高19.5cm	357,840	羅芙奧	2018-06-02
清乾隆 白玉麻姑祝寿	玉高11.5cm；总高14.7cm	272,832	万昌斯	2018-05-30

拍品名称	物品尺寸	成交价RMB	拍卖公司	拍卖日期
清中期 青白玉雕童子摆件	高10.5cm	1,090,000	爱艺拍	2018-09-27
清中期 玛瑙巧雕仙人乘槎摆件	长12.5cm	32,200	保利厦门	2018-01-08
清中期 白玉罗汉摆件	高10.5cm	57,500	北京保利	2018-10-27
清中期 白玉和合二仙	高4.6cm	51,750	北京翰海	2018-06-30
清中期 白玉凤阳女	高6.9cm	48,300	北京翰海	2018-06-30
清中期 白玉童子	高4cm	34,500	北京翰海	2018-06-30
清中期 水晶人物摆件	长10.2cm	34,500	北京翰海	2018-06-30
清中期 红珊瑚无量寿佛	高7.5cm	69,000	北京荣宝	2018-06-14
清中期 冰糖玛瑙巧作童子	高6.5cm	23,000	古天一	2018-06-17
清中期 青白玉观音摆件	高15.5cm	115,000	上海匡时	2018-04-30
清中期 白玉如意童子	宽6.9cm；高3.8cm	264,500	浙江佳宝	2018-07-01
十九世纪 青玉雕双童	高4cm	44,350	邦瀚斯	2018-11-27
18世纪/19世纪 青白玉寿星立像	19.2cm	431,200	伦敦苏富比	2018-05-16
18世纪/19世纪 墨白玉雕仙人乘槎摆件	14cm	64,680	伦敦苏富比	2018-05-16
18世纪/19世纪初 白玉雕麻姑献寿摆件		51,315	纽约苏富比	2018-09-15
清晚期 珊瑚仕女像	高22cm（含座）	23,000	中国嘉德	2018-01-14
清 和田玉提篮观音立像	高23.5cm；重1216g	872,000	爱艺拍	2018-09-27
清 白玉雕渔翁摆件	高10.5cm	1,005,510	奥斯汀	2018-01-21
清 白玉童子戏鹅摆件	高9.6cm	868,395	奥斯汀	2018-01-21
清 白玉韦陀	高7.2cm	34,500	八益拍卖	2018-04-28
清 青玉罗汉带座	高6cm	23,000	八益拍卖	2018-04-28
清 青白玉仕女摆件	高20cm	23,000	八益拍卖	2018-04-28
清 青白玉释迦牟尼	高8.6cm	360,136	保利香港	2018-10-02
清 白玉高仕立像	高9.5cm	34,500	北京保利	2018-10-27
清 各式玉雕瑞兽、人物等（六件）	尺寸不一	28,750	北京保利	2018-07-27
清 白玉留皮童子	长4.7cm	25,300	北京保利	2018-04-29
清 白玉童子骑鹅	长5.5cm	23,000	北京保利	2018-01-21
清 白玉童子灵芝	长4.3cm	19,550	北京保利	2018-01-21
清 白玉童子	长4.8cm	17,250	北京保利	2018-01-21
清 白玉刘海戏金蟾	长6.2cm	17,250	北京保利	2018-01-21
清 白玉童子、蘑菇蜻蜓（两件）	高6cm；长5.5cm	17,250	北京保利	2018-04-29
清 水晶雕东方朔立像	高24cm	13,800	北京保利	2018-07-27
清 玉巧雕童子戏金蟾摆件	长4cm	11,500	北京保利	2018-01-21
清 白玉观音立像	高18cm	34,500	北京翰海	2018-01-14
清 水晶观音	高9.5cm	28,750	北京翰海	2018-05-13
清 白玉童子献宝	长8.5cm	20,700	北京翰海	2018-01-14
清 白玉自在观音摆件	长14cm；高20.1cm	172,500	北京鸿盛祥	2018-06-16
清 青玉佛头	高26.1cm	92,000	北京鸿盛祥	2018-12-06
清 白玉留皮俏色达摩立像	高15.8cm	80,500	北京鸿盛祥	2018-12-06
清 琥珀牧童骑牛摆件	长9.9cm；高5.6cm；重91g	78,200	北京鸿盛祥	2018-06-16
清 蜜蜡寿翁摆件	长5.6cm；高3.2cm；重13g	69,000	北京鸿盛祥	2018-06-16
清 白玉巧雕持莲童子	高6cm	69,000	北京鸿盛祥	2018-12-06
清 黑白玉巧色刘海戏金蟾	长4.3cm；高3.9cm	57,500	北京鸿盛祥	2018-12-06
清 白玉俏色持荷童子	长5.1cm；高8.2cm	41,400	北京鸿盛祥	2018-06-16
清 白玉刘海戏金蟾摆件	长2.4cm；高4.5cm	34,500	北京鸿盛祥	2018-06-16
清 蜜蜡观音立件	高10.3cm	51,750	北京匡时	2018-06-15
清 红珊瑚执卷观音立像	高16cm	34,500	北京匡时	2018-06-15
清 白玉观音立像	高6cm	46,000	北京荣宝	2018-06-14
清 杨玉璇雕白芙蓉东方朔坐像	通高7.5cm	575,000	朵云轩	2018-06-25
清 老岭弥勒佛坐像	通高6.3cm	25,300	朵云轩	2018-06-25

拍品名称	物品尺寸	成交价RMB	拍卖公司	拍卖日期
清代 和田玉雕喇乎拉尊者	高17cm	322,000	古天一	2018-06-17
清代 玉雕骑木马童子	高8.5cm	71,300	古天一	2018-12-08
清 白玉吹箫引凤摆件	高15cm	92,000	广东崇正	2018-07-05
清代 和田玉芭蕉仕女摆件	高12cm；宽7cm	115,000	南京经典	2018-01-06
清代 和田玉提篮童子	高5.5cm	51,750	南京经典	2018-01-06
清代 和田玉福禄童子	长3.5cm；宽2cm；高1.5cm	14,950	南京经典	2018-01-06
清末 青白玉雕仙女立像		237,975	纽约苏富比	2018-03-24
清 和田白玉三童戏龙舟	直径17cm	20,700	上海嘉禾	2018-10-14
清代 白玉童子（两件）	尺寸不一	126,500	上海匡时	2018-04-30
清代 白玉童子	高4cm	92,000	上海匡时	2018-04-30
清 白玉胡人戏狮摆件	高10cm	43,700	太平洋	2018-06-09
清 玉寿星摆件	玉高18.5cm	319,320	万昌斯	2018-11-28
清 白玉暗春宫	玉长7.9cm	74,508	万昌斯	2018-11-28
清 白玉刘海戏金蟾	玉高4.5cm	53,220	万昌斯	2018-11-28
清 白玉人物	高5cm	51,091	万昌斯	2018-11-28
清 白玉童子（两件）	最大高6.4cm	13,642	万昌斯	2018-05-30
清 珊瑚人物（一对）	最大高3.3cm；重32g	11,708	万昌斯	2018-11-29
清 琥珀鹿鹤同春人物摆件	带座高11cm；高8.8cm；重46g	69,000	西泠拍卖	2018-07-07
清 南红玛瑙雕山水人物图摆件	高9.3cm	55,200	西泠拍卖	2018-07-07
清 白玉镂雕山水人物摆件	玉摆件长7.5cm	34,500	西泠拍卖	2018-07-07
清 玉雕刘海戏金蟾摆件	高8cm	23,000	西泠拍卖	2018-09-29
清 玛瑙俏色雕虎头童子摆件	高3.5cm	13,800	西泠拍卖	2018-09-29
清 碧玉玉佛连鎏金白玉背光连花座	高26cm；宽13cm	76,653	香港诚昌	2018-05-28
清 白玉如来企佛	高21cm；宽6.5cm	23,954	香港诚昌	2018-05-28
清 白玉雕观音立像	高20.5cm	57,500	印千山	2018-01-12
清 珊瑚仕女摆件	高17.5cm	55,200	印千山	2018-01-12
清 墨玉巧雕“深山访友”摆件	高22.5cm	43,700	印千山	2018-01-12
清 珊瑚寿星摆件	长13cm	34,500	印千山	2018-01-12
清 白玉麻姑献寿摆件	高10.5cm	69,000	浙江佳宝	2018-07-01
清 白玉善财童子	高4.8cm	36,800	浙江佳宝	2018-07-01
清 白玉泛舟人物摆件	长7.2cm	34,500	浙江佳宝	2018-07-01
清 白玉击鼓童子	宽4.8cm；高4.3cm	34,500	浙江佳宝	2018-07-01
清 青白玉仙人乘槎摆件	长10.2cm	28,750	浙江佳宝	2018-07-01
清 水晶弥勒坐像	高7cm	23,000	浙江佳宝	2018-07-01
清 白玉汉钟离	宽2.8cm；高5.4cm	14,950	浙江佳宝	2018-07-01
清 白玉童子戏鹅摆件	高6.8cm	13,800	浙江佳宝	2018-07-01
清 白玉观音	宽2.7cm；高5cm	13,800	浙江佳宝	2018-07-01
清 白玉刘海	高5cm	59,800	中国嘉德	2018-11-20
清 白玉仙人	高12.0cm	57,277	中国嘉德	2018-04-02
清 玉雕双童子	高4cm	36,800	中国嘉德	2018-06-19
清 珊瑚提篮观音	高18.3cm	230,000	中贸圣佳	2018-11-24
清 玉雕如意童子	长4.2cm；高4.5cm	207,000	中贸圣佳	2018-06-20
清 白玉击鼓童子	长5.5cm；高3.9cm	63,250	中贸圣佳	2018-11-25
清 黑白玉南极仙翁座像	高8.3cm	57,500	中贸圣佳	2018-11-25
清 白玉渔翁	高5.5cm	23,000	中贸圣佳	2018-11-25
清 水晶观音坐像	高20cm	20,700	中贸圣佳	2018-11-24
民国 和田玉童子摆件	高7.8cm；重117g	776,985	奥斯汀	2018-01-21
民国 珊瑚雕寿星摆件	高11cm	40,250	北京保利	2018-04-29
民国 珊瑚人物摆件	高18.6cm	69,000	南京经典	2018-01-06
民国 和田玉刘海戏金蟾	高7cm	14,950	南京经典	2018-07-22
水晶布袋佛摆件（一件）	高36cm	3,313,600	爱艺拍	2018-09-27
和田玉仙女图摆件	重1590g	1,744,000	爱艺拍	2018-09-27

拍品名称	物品尺寸	成交价RMB	拍卖公司	拍卖日期
和田玉童子摆件	高5.4cm	1,185,920	爱艺拍	2018-09-27
和田玉山水人物图摆件	重3.8kg	1,790,800	奥斯汀	2018-06-18
和田青玉背光如意观音像	高35.5cm；宽16cm；重6.15kg	1,164,020	奥斯汀	2018-06-18
青玉福禄寿摆件	高29.6cm	1,142,625	奥斯汀	2018-01-21
和田玉人物摆件	高6.8cm	716,320	奥斯汀	2018-06-18
和田玉观音	5.8 × 3.2cm	626,780	奥斯汀	2018-06-18
白玉雕药师佛摆件	高15.5cm	1,725,000	保利厦门	2018-07-15
近代 白玉财神	高14cm	32,200	北京翰海	2018-05-13
陈新 白玉观音摆件	高12cm	17,250	北京荣宝	2018-09-14
2018年 思维观音	高24.2cmm	1,414,500	华艺国际	2018-11-16
2018年 白度母	58.6 × 32.6 × 27.4cm	195,500	华艺国际	2018-11-16
2018年 无量寿佛	58.6 × 32.6 × 27.4cm	184,000	华艺国际	2018-11-16
2018年 释迦牟尼	高12.3cm	92,000	华艺国际	2018-11-16
水晶观音摆件		609,813	佳士得	2018-11-27
母亲的故事 水晶摆件		554,375	佳士得	2018-11-27
珊瑚雕执花仕女摆件	26cm	107,800	伦敦苏富比	2018-05-18
珊瑚雕道教神仙摆件	29.5cm	107,800	伦敦苏富比	2018-05-18
20世纪 珊瑚雕寿老立像	15.3cm	32,340	伦敦苏富比	2018-05-18
20世纪 青白玉雕观音坐像		18,816	纽约苏富比	2018-09-15
黄玉观音坐像三件套（含套）	高12cm	13,800	上海嘉禾	2018-10-14
丁修建作品 白玉观音摆件	高12cm；重353g	253,000	上海匡时	2018-04-30
王金忠 颜桂明 白玉送子观音摆件	13.4 × 8.9 × 5cm；重570g	2,912,000	上海联合	2018-07-01
童子戏弥勒 白玉摆件	14.7 × 11.6 × 6.3；重1350g	2,352,000	上海联合	2018-07-01
张焕庆 麻姑献寿白玉摆件	19.8 × 7.7 × 6.4cm；重407g	985,600	上海联合	2018-07-01
张焕庆 自得其乐 白玉摆件	长11.2cm；重211g	537,600	上海联合	2018-07-01
渠敬鹏 自在罗汉 白玉摆件	长17.2cm；重272g	425,600	上海联合	2018-07-01
张克山 童子戏弥勒 白玉摆件	7.9 × 7.1 × 5.5cm；重324.9g	246,400	上海联合	2018-11-25
颜桂明 如意观音 白玉摆件	20.8 × 7.8 × 5.5cm；重758g	199,360	上海联合	2018-11-25
高俊华 伯牙抚琴 白玉摆件	8.2 × 6.7 × 3.1cm；重223.6g	36,720	上海联合	2018-07-01
杨菊青 花开见佛 白玉摆件	7.7 × 5.8 × 2.2cm；重118g	33,600	上海联合	2018-11-25
黄杨洪 新疆和田玉籽料大日如来	6.6cm × 4.2cm；重73.9g	782,000	尚品润博	2018-04-30
杨中伟 新疆和田玉火神摆件	23.5 × 9.1 × 5.3cm；重1100g	207,000	尚品润博	2018-01-21
张克山 新疆和田玉籽料钟馗	4.1 × 2.5 × 1.3cm（独籽）；重25g	149,500	尚品润博	2018-07-29
胡玮 新疆和田玉黑青佛说吉祥经	9.3 × 11.0 × 1.3cm；重380g	138,000	尚品润博	2018-11-24
河磨玉一鸣惊人	6.2 × 2.6 × 2.8cm；重63g	57,500	尚品润博	2018-01-21
杨曦 新疆和田玉籽料观音	3.6 × 1.8 × 1.2cm 独籽；重13.4g	43,700	尚品润博	2018-04-30
新疆和田玉籽料钟馗	2.6 × 2.2 × 1.2cm 独籽；重11.2g	36,800	尚品润博	2018-04-30
天然白玉西方三圣摆件套组		107,184	天成国际	2018-06-03
张永来 金刚手菩萨 白玉摆件	长9.6cm；重593g	747,500	西泠拍卖	2018-07-08
徐志浩 普降甘霖 青花摆件	长13.6cm；重861.8g	287,500	西泠拍卖	2018-07-08
珊瑚雕持桃侍女摆件	带座高15.7cm；总重231g	23,000	西泠拍卖	2018-09-29

2018玉器拍卖成交汇总

(成交价RMB：1万元以上)

拍品名称	物品尺寸	成交价RMB	拍卖公司	拍卖日期
白玉童子带座	宽6cm	22,038	香港诚昌	2018-05-28
玉瑞兽人物	高5cm	70,196	香港普艺	2018-10-06
玉持叶童子	宽6cm	30,084	香港普艺	2018-10-06
白玉、青白玉童子小像（三件）	长6cm；高5.7cm；高5.1cm	71,300	中国嘉德	2018-05-19
20世纪 白玉、碧玉、玛瑙仕女像（四件）	尺寸不一	28,750	中国嘉德	2018-05-19
玉童子小像（四件）	尺寸不一	20,700	中国嘉德	2018-09-18
20世纪 绿松石仕女像	高15cm	13,800	中国嘉德	2018-09-20
近代 玉观音	长33cm；高24.6cm	43,700	中贸圣佳	2018-11-25
动物摆件				
新石器时代 红山文化 黄玉鸮	长4.9cm；厚1.1cm	298,032	万昌斯	2018-11-28
红山文化 约公元前4000-3000年 玉鸟	长3.1cm	133,050	佳士得	2018-11-28
红山文化 青玉鸟	宽6.2cm	185,213	中国嘉德	2018-10-02
商晚期 玉鸮	高4.6cm	443,500	佳士得	2018-11-28
商 白玉带灰皮夔龙	长8.8cm；厚0.5cm	117,084	万昌斯	2018-11-28
商 白玉兽面	长4.3cm；厚0.8cm	97,440	万昌斯	2018-05-30
商 玉狗	长2.21cm；宽0.83cm；高1.68cm	52,900	浙江佳宝	2018-07-01
商 黄玉沁色鸮	宽6.6cm	1,131,856	中国嘉德	2018-10-02
西周 和田青白玉兔	长6.8cm；重42g	331,298	奥斯汀	2018-06-18
西周 青玉鸟形冒	高4.7cm	720,688	佳士得	2018-11-28
西周 玉鱼	长8.3cm；厚0.4cm	79,830	万昌斯	2018-11-28
西周 玉鹿	长7.6cm；厚0.5cm	77,952	万昌斯	2018-05-30
西周 黄玉带红沁龟	长3.5cm；厚1cm	74,508	万昌斯	2018-11-28
西周 玉鱼	长5.3cm；厚0.4cm	63,336	万昌斯	2018-05-30
西周 白玉受沁鹿	宽3.3cm；高4.3cm	25,300	浙江佳宝	2018-07-01
西周 黄玉龟	宽3.6cm	226,371	中国嘉德	2018-10-02
西周 玉蚕	长5cm	226,371	中国嘉德	2018-10-02
西周 玉龟	宽2.7cm	53,506	中国嘉德	2018-10-02
西周 白玉灰皮沁龟	宽3.9cm	28,811	中国嘉德	2018-10-02
春秋 青白玉带红沁兽面	长3.8cm；厚1cm	90,474	万昌斯	2018-11-28
战国 鸡骨白玉谷纹咬尾龙（一对）	最长直径3.8cm	61,738	中国嘉德	2018-10-02
西汉 白玉雕熊	长57cm	5,942,900	邦瀚斯	2018-11-27
西汉 白玉沁色母仪天下	宽8.3cm	2,881,088	中国嘉德	2018-10-02
西汉 黄玉带沁咬尾龙	高6.1cm	360,136	中国嘉德	2018-10-02
东汉 玉卧羊	长42cm	388,063	邦瀚斯	2018-11-27
东汉 白玉受沁辟邪	长6.6cm	322,000	浙江佳宝	2018-07-01
汉 白玉带灰皮马	长7.2cm	340,608	万昌斯	2018-11-28
汉 黄玉咬尾龙	长6.1cm	175,392	万昌斯	2018-05-30
汉 玉辟邪	长5.1cm	127,728	万昌斯	2018-11-28
魏晋 青白玉受沁辟邪	长5.9cm	253,000	浙江佳宝	2018-07-01
南北朝 白玉辟邪	长6.5cm	402,500	华艺国际	2018-11-16
唐-宋 白玉鸿运当头鹅	长6.1cm；厚1.8cm	351,252	万昌斯	2018-11-28
唐 白玉马	长3.2cm；厚1.4cm	58,542	万昌斯	2018-11-28
晚唐-宋代 玉雕凤鸟	宽9.5cm	720,272	中国嘉德	2018-10-02
宋或更早 青白玉沁色搔耳狮	长5cm	887,000	邦瀚斯	2018-11-27
或宋代 黄玉瑞兽及白玉瑞兽	宽34cm 宽44cm	188,488	邦瀚斯	2018-11-27

拍品名称	物品尺寸	成交价RMB	拍卖公司	拍卖日期
宋/元 青玉褐沁辟邪	长82cm	177,400	邦瀚斯	2018-11-27
宋/明 白玉雕三羊	长51cm	144,138	邦瀚斯	2018-11-27
金/元/宋 青玉雕鸳鸯荷塘 青玉雕鹅 白玉雕仿古凤 鸡骨白玉雕凤	宽64cm 4cm 6cm 5cm	133,050	邦瀚斯	2018-11-27
宋/元 白玉褐沁辟邪	长51cm	121,963	邦瀚斯	2018-11-27
宋 黄玉滚地马	长42cm	110,875	邦瀚斯	2018-11-27
宋/明 黄玉褐沁卧犬	长75cm	99,788	邦瀚斯	2018-11-27
宋/明 黄玉辟邪及白玉卧狮	宽37cm 32cm	66,525	邦瀚斯	2018-11-27
宋 玉骆驼摆件	长12.5cm	1,774,000	佳士得	2018-11-26
宋 黄玉带红沁卧犬	长7.5cm	191,592	万昌斯	2018-11-28
宋 黑白玉巧雕英雄	长3.9cm；厚1.2cm	34,061	万昌斯	2018-11-28
宋 白玉坐莲鹿	长6.6cm；厚1.1cm	29,232	万昌斯	2018-05-30
宋 白玉卧犬	长6.0cm	143,750	西泠拍卖	2018-07-07
宋 白玉受沁鼠	长5.8cm；宽2.6cm；高3.2cm	92,000	浙江佳宝	2018-07-01
宋 黄玉狗	宽7.9cm	226,371	中国嘉德	2018-10-02
宋 白玉鹅	宽7.5cm	102,896	中国嘉德	2018-10-02
宋 白玉鹅	宽4.8cm	43,216	中国嘉德	2018-10-02
宋 白玉带沁鹿	宽4.4cm	20,579	中国嘉德	2018-10-02
辽-金 水晶兔	水晶长5.9cm；总高4.8cm；厚2.5cm	29,803	万昌斯	2018-11-28
金代 黄玉天鸡	长7.6cm	448,500	古天一	2018-12-08
元 青灰玉雕瑞兽	高4cm	94,244	邦瀚斯	2018-11-27
元/明 水晶雕卧狮	宽76cm	66,525	邦瀚斯	2018-11-27
元 黄玉坐龙	长5.2cm；厚1.5cm	95,796	万昌斯	2018-11-28
元 玉龟摆件	玉长12.4cm	40,925	万昌斯	2018-05-30
元-明 玉兔纹秋山	长6.9cm；厚1.7cm	31,932	万昌斯	2018-11-28
元 玉龙首	长9.8cm	17,250	西泠拍卖	2018-07-07
元 玉瑞兽	长9.5cm	606,750	香港苏富比	2018-04-03
元 玉浸色双鱼	3.5 × 5.5 × 2cm	57,500	中国嘉德	2018-06-19
元 白玉兔	长6.2cm	17,250	中国嘉德	2018-06-19
元 白玉交颈双雁、提油鸳鸯各一	长3.3cm；长3.2cm	17,250	中国嘉德	2018-11-20
7至13世纪 白玉带沁卧马	宽3.5cm	38,185	中国嘉德	2018-04-02
明以前 玛瑙雕兔摆件	长5cm	109,250	保利厦门	2018-07-15
15世纪/16世纪 白玉鸟	宽7.6cm	76,370	中国嘉德	2018-04-02
明末清初 黄玉烤色童子洗象摆件	长9.5cm；宽5.5cm；高6cm	32,200	浙江佳宝	2018-07-01
17世纪 青白玉马	宽9cm	360,136	中国嘉德	2018-10-02
17世纪 白玉沁色狗	宽8cm	144,054	中国嘉德	2018-10-02
17世纪 灰黑玉卧羊	宽8.8cm	68,733	中国嘉德	2018-04-02
明 和田玉鹅摆件	重1.9kg	868,395	奥斯汀	2018-01-21
明 带皮太狮少狮圆雕	长6.4cm；高4cm	57,500	八益拍卖	2018-04-28
明或更早 古玉瑞兽	高3.5cm；长5.2cm	28,750	八益拍卖	2018-04-28
明 白玉褐沁瑞兽	长53cm	243,925	邦瀚斯	2018-11-27
明或更早 青玉卧羊一件及黄玉沁色卧羊两件	宽The LargeSt 83cm	221,750	邦瀚斯	2018-11-27
明 青玉带皮异兽摆件	长58cm	155,225	邦瀚斯	2018-11-27
明或更早 青玉瑞兽	长5cm	110,875	邦瀚斯	2018-11-27
明 青白玉饮水马	长62cm	44,350	邦瀚斯	2018-11-27
明 青玉带皮雕坐兽	高5cm	33,263	邦瀚斯	2018-11-27
明 黄玉带皮卧马	长5.8cm	76,370	保利香港	2018-04-02
明 黄玉带皮羊	长5cm	47,731	保利香港	2018-04-02
明 玉雕提油卧马	长15.5cm	46,000	北京保利	2018-01-21
明 黄玉卧犬	长6.5cm	34,500	北京保利	2018-10-27

拍品名称	物品尺寸	成交价RMB	拍卖公司	拍卖日期
明 白玉瑞兽	长4.2cm	16,100	北京保利	2018-01-21
明 玉雕骆驼	长7.3cm	11,500	北京保利	2018-12-09
明 玉瑞兽	长10cm	69,000	北京翰海	2018-05-13
明 黄玉瑞兽	长7cm	63,250	北京翰海	2018-06-30
明 旧玉瑞兽	长5cm	57,500	北京翰海	2018-06-30
明 旧玉瑞兽	长6cm	43,700	北京翰海	2018-06-30
明 旧玉卧羊	长7.5cm	17,250	北京翰海	2018-06-30
明 玉猫	长5cm	17,250	北京翰海	2018-06-30
明 白玉洒金皮大吉	长7.7cm；高4.3cm	690,000	北京鸿盛祥	2018-06-16
明 黄玉鹰熊摆件	长9.7cm；高10.6cm	483,000	北京鸿盛祥	2018-06-16
明 青白玉留皮望天犼	长7.8cm；高14cm	253,000	北京鸿盛祥	2018-12-06
明 黄玉交颈鹅	长4.3cm；宽2.7cm	195,500	北京鸿盛祥	2018-12-06
明 黄玉龟背	直径1.8cm	184,000	北京鸿盛祥	2018-06-16
明 白玉辟邪摆件	长5.3cm；高4.5cm	184,000	北京鸿盛祥	2018-06-16
明 白玉太师少师摆件	长6.4cm；高4.8cm	170,200	北京鸿盛祥	2018-06-16
明 黄玉兽面	长3.2cm	126,500	北京鸿盛祥	2018-06-16
明 玉圆雕象形摆件	长12.3cm；高7.2cm	115,000	北京鸿盛祥	2018-06-16
明 鸿运当头龙龟	长3.9cm；高2.1cm	109,250	北京鸿盛祥	2018-12-06
明 青黄玉太师少师摆件	长9.9cm；高6cm	109,250	北京鸿盛祥	2018-06-16
明 青白玉犀牛摆件	长8.5cm；高5cm	97,750	北京鸿盛祥	2018-06-16
明 白玉方孔点眼鹅	长3.5cm	94,300	北京鸿盛祥	2018-12-06
明 白玉太师少师摆件	长8.1cm；高6.4cm	82,800	北京鸿盛祥	2018-12-06
明 白玉卧犬摆件	长5.7cm；高2.2cm	71,300	北京鸿盛祥	2018-06-16
明 白玉卷尾麒麟摆件	长4.9cm；高5.2cm	69,000	北京鸿盛祥	2018-06-16
明 白玉灵猴献寿	长2.7cm；高3.6cm	69,000	北京鸿盛祥	2018-12-06
明 白玉狮子摆件	长9.9cm；高3.5cm	66,700	北京鸿盛祥	2018-06-16
明 玉卧犬	长6.8cm；高2.5cm	66,700	北京鸿盛祥	2018-12-06
明 白玉麒麟	长4.3cm；高3cm	59,800	北京鸿盛祥	2018-06-16
明 黄玉鸳鸯戏莲摆件	长6cm；高4.8cm	59,800	北京鸿盛祥	2018-06-16
明 白玉府上有龙	长6.9cm；宽5.3cm	57,500	北京鸿盛祥	2018-12-06
明 青白玉舞马（一对）	长5.7cm；高4cm	57,500	北京鸿盛祥	2018-12-06
明 白玉羊拐	长3.3cm；宽1.7cm	55,200	北京鸿盛祥	2018-06-16
明 白玉沁黄玉猫	长4.2cm；高2.1cm	48,300	北京鸿盛祥	2018-12-06
明 白玉仿古玉行龙	长5.1cm；高1.9cm	28,750	北京鸿盛祥	2018-12-06
明 白玉留皮回首鹅	长3.6cm；宽2.6cm	14,950	北京鸿盛祥	2018-12-06
明 白玉留皮瑞兽	高5.8cm	32,200	北京匡时	2018-06-15
明代 白玉卧象摆件	长9.5cm	26,450	北京匡时	2018-06-15
明 白玉神兽	高5cm	34,500	北京荣宝	2018-06-14
明代 黄玉子母狗	长8cm；高6.8cm	1,265,000	古天一	2018-06-17
明代 白玉红沁狗	长8.5cm	253,000	古天一	2018-12-08
明代 玉瑞兽	长8cm	184,000	古天一	2018-12-08
明代 绿松石猫	长5cm	57,500	古天一	2018-06-17
明 黄玉马	长8cm	69,000	广东崇正	2018-07-05
明或更早 玉熊	长6.5cm	230,000	华艺国际	2018-11-16
明或更早 玉卧牛	长5.3cm	207,000	华艺国际	2018-11-16
明或更早 玉犬	长5cm	138,000	华艺国际	2018-11-16
明或更早 玉犬	长6.5cm	69,000	华艺国际	2018-11-16
明或更早 玉鹿	长7cm	69,000	华艺国际	2018-11-16

拍品名称	物品尺寸	成交价RMB	拍卖公司	拍卖日期
明 青白玉马	长5.5cm	28,750	华艺国际	2018-11-16
明代 和田玉望天吼圆雕件	高6cm	23,000	南京经典	2018-01-06
明末 黄褐玉雕异兽	长8.5cm	299,338	纽约佳士得	2018-09-13
明 灰白玉兔	高6cm	59,868	纽约佳士得	2018-09-13
明 灰褐玉龙	宽7.8cm	38,486	纽约佳士得	2018-09-13
明 褐玉仙鹤衔双桃摆件	长10.5cm	29,934	纽约佳士得	2018-09-13
明 灰黑玉瑞兽	长7.6cm	29,934	纽约佳士得	2018-09-13
明 灰黑玉雁	宽6.4cm	29,934	纽约佳士得	2018-09-13
明 火烧玉瑞兽	高5.2cm；重75g	31,360	上海联合	2018-11-25
明 白玉卧犬	长5cm	350,784	万昌斯	2018-05-30
明 黄玉象	长7.3cm	127,728	万昌斯	2018-11-28
明 黄玉鹿	长7.2cm	47,898	万昌斯	2018-11-28
明 青白玉瑞兽	长6.7cm	44,705	万昌斯	2018-11-28
明 白玉鸳鸯	长4.8cm	43,848	万昌斯	2018-05-30
明 白玉鸳鸯	长5.2cm	40,447	万昌斯	2018-11-28
明 黄玉象	长5cm；厚1.9cm	29,803	万昌斯	2018-11-28
明 白玉带灰皮鹿	长5.9cm	29,232	万昌斯	2018-05-30
明 玉兽	玉长11.5cm；总高5cm	26,610	万昌斯	2018-11-28
明 白玉巧雕灵猴献寿	玉长3.8cm；总高5.2cm	26,610	万昌斯	2018-11-28
明 青白玉带钉金沁象	长5.9cm	24,360	万昌斯	2018-05-30
明 白玉带灰皮鸳鸯戏莲	长4.6cm	19,488	万昌斯	2018-05-30
明 白玉带沁瑞兽	长5.7cm	19,488	万昌斯	2018-05-30
明 玉兔	长4.4cm	14,616	万昌斯	2018-05-30
明 白玉雕宝鸭衔莲摆件	高10.9cm；长11.8cm	241,500	西泠拍卖	2018-07-07
明 玉卧鼠	长5.5cm	17,250	西泠拍卖	2018-07-07
明 玉雕卧犬	高2.5cm；长5.2cm	13,800	西泠拍卖	2018-07-07
明 玉雕卧凤	长9cm	202,250	香港苏富比	2018-04-03
明 白玉红沁辟邪	长6cm；宽3cm；高1.3cm	172,500	浙江佳宝	2018-07-01
明 黄玉红皮瑞兽	宽6.2cm；高4.8cm	92,000	浙江佳宝	2018-07-01
明 白玉受沁骆驼	长11.2cm；宽7.6cm	86,250	浙江佳宝	2018-07-01
明 白玉受沁瑞兽	长10.5cm	69,000	浙江佳宝	2018-07-01
明 白玉受沁蹲兽	宽5cm；高6.8cm	57,500	浙江佳宝	2018-07-01
明 玉鹿（一组两件）	长6cm；高3.4cm；长3.8cm；高3cm	46,000	浙江佳宝	2018-07-01
明 白玉留红皮瑞兽	长8.4cm；宽3.7cm；高5.2cm	34,500	浙江佳宝	2018-07-01
明 白玉受沁龙王	宽4.6cm；高6.5cm	23,000	浙江佳宝	2018-07-01
明 青玉太狮少狮	长17.7cm	1,667,500	中国嘉德	2018-11-20
明 白玉羊	长4.9cm	105,800	中国嘉德	2018-11-20
明 黄玉骆驼	宽6.2cm	102,896	中国嘉德	2018-10-02
明 玉瑞兽（三件）	长7cm；长5.7cm；长5.6cm	92,000	中国嘉德	2018-05-19
明 白玉提油子母龟	宽5.9cm	57,277	中国嘉德	2018-04-02
明 褐玉太平有象	宽6cm	47,731	中国嘉德	2018-04-02
明 白玉兔	长4.6cm	40,250	中国嘉德	2018-11-20
明 青白玉瑞兽	宽4.7cm	30,548	中国嘉德	2018-04-02
明 青白玉瑞兽（两件）	长7cm；长6.2cm	25,300	中国嘉德	2018-05-19
明 褐玉雕鸭	宽6.7cm	23,866	中国嘉德	2018-04-02
明 玉雕红沁瑞兽	宽4.5cm	22,637	中国嘉德	2018-10-02
明 黄玉瑞兽	长5.8cm	20,700	中国嘉德	2018-11-20
明 白玉瑞兽	长7cm；高5.5cm	517,500	中贸圣佳	2018-06-20

拍品名称	物品尺寸	成交价RMB	拍卖公司	拍卖日期
明 白玉带皮辟邪	长9.7cm；高3.8cm	460,000	中贸圣佳	2018-11-24
明 青白玉兽摆件	长18.8cm；高7.8cm	460,000	中贸圣佳	2018-11-24
明 黄玉雕卧马摆件	长5cm；宽1.6cm；高3.3cm	172,500	中贸圣佳	2018-06-20
明 玛瑙梅花鹿摆件	长8cm；高5.3cm	103,500	中贸圣佳	2018-11-24
明 黄玉蛇摆件	长3.4cm；高2.2cm	92,000	中贸圣佳	2018-11-25
明 青白玉带沁卧羊	高4.1cm	59,800	中贸圣佳	2018-11-25
明 青白玉带皮狗	长6.6cm	40,250	中贸圣佳	2018-11-25
明 白玉马上翻身	长6.5cm；高4.1cm	36,800	中贸圣佳	2018-11-25
明 黄玉蟾	长7.5cm	32,200	中贸圣佳	2018-11-25
明 白玉镂雕一路连升摆件	长10.3cm；高4.7cm	17,250	中贸圣佳	2018-11-24
明 白玉狮子	高6.2cm	17,250	中贸圣佳	2018-11-25
十八世纪 白玉雕双兔	宽51cm	83,156	邦瀚斯	2018-11-27
18世纪 白玉宝鸭穿莲摆件连紫檀座	长17cm	1,543,440	北京匡时	2018-10-03
18世纪 巧色白玉雕“马上封侯”摆件	长6.5cm	185,213	北京匡时	2018-10-03
18世纪 天河子玉雕马图	高6cm	36,014	北京匡时	2018-10-03
17世纪/18世纪 青白玉鸳鸯衔莲摆件	11.5cm	21,560	伦敦苏富比	2018-05-18
18世纪 白玉雕三羊开泰摆件		376,310	纽约苏富比	2018-09-12
18世纪 白玉瑞兽	长10.9cm	545,000	香港苏富比	2018-10-03
18世纪 玛瑙角端	高：12cm	404,500	香港苏富比	2018-04-03
17世纪/18世纪初 青玉卧兔	长7cm	323,600	香港苏富比	2018-04-03
18世纪 白玉卧羊衔芝	长10.2cm	202,250	香港苏富比	2018-04-03
18世纪 鸡骨白玉蟾蜍	长7.5cm	131,463	香港苏富比	2018-04-03
清早期 白玉太狮少狮	高5.7cm；宽9cm	57,277	保利香港	2018-04-02
清早期 白玉留皮三羊开泰摆件	长7.5cm	25,300	北京保利	2018-04-29
清早期 黄玉辟邪	长6.8cm	25,300	北京保利	2018-12-09
清早期 白玉鸳鸯	长6.5cm	20,700	北京保利	2018-07-27
清早期 白玉麒麟负书摆件	长8.8cm；高6.6cm	109,250	北京鸿盛祥	2018-12-06
清初 黄玉象	高4cm；长7cm	94,300	古天一	2018-06-17
清早期 青白玉鹿	长13cm；高10cm	207,000	华艺国际	2018-11-16
清初 黄玉狻猊	长7cm	243,600	佳士得	2018-05-30
清早期 白玉衔芝卧鹿	长9cm；宽5cm；高3cm	92,000	浙江佳宝	2018-07-01
清早期 黄玉猴	高7.2cm	61,738	中国嘉德	2018-10-02
清早期 玉瑞兽	宽9cm	28,639	中国嘉德	2018-04-02
清康熙 三彩鹦鹉（一对）		29,934	纽约苏富比	2018-09-15
清康熙 青白玉雕麒麟	长7.7cm	404,500	香港苏富比	2018-04-03
清乾隆 青白玉麒麟送书摆件	长13.5cm；宽8cm；高6cm	69,000	八益拍卖	2018-04-28
清乾隆 白玉卧马摆件	长68cm	1,441,375	邦瀚斯	2018-11-27
清乾隆 白玉瑞兽	长9cm	360,136	保利香港	2018-10-02
清乾隆 白玉嵌宝石卧兔	长9.1cm	226,371	保利香港	2018-10-02
清乾隆 白玉卧鸟摆件	长14cm	3,220,000	北京保利	2018-01-21
18世纪 白玉留皮辟邪	长15cm	805,000	北京保利	2018-06-20
清乾隆 白玉太极神羊	长9.5cm	667,000	北京保利	2018-12-12
清乾隆 白玉卧马	长8cm	230,000	北京保利	2018-04-29
清乾隆 白玉富贵长寿摆件	长15cm	747,500	北京东正	2018-06-17
清乾隆 白玉鸳鸯	长5.5cm	115,000	北京东正	2018-06-17
清乾隆 黑白玉巧作麒麟送书	长4.2cm；高4.4cm	322,000	北京鸿盛祥	2018-12-06
清乾隆 白玉俏色河图洛书	长3.6cm；高4.3cm	322,000	北京鸿盛祥	2018-12-06
清乾隆 白玉瑞兽献灵芝摆件	长14.4cm；高5.7cm	276,000	北京鸿盛祥	2018-12-06
清乾隆 白玉俏色麒麟送子摆件	长3.7cm；高4.9cm	264,500	北京鸿盛祥	2018-06-16
清乾隆 白玉神兽	长9.5cm；高3.4cm	230,000	北京鸿盛祥	2018-12-06
清乾隆 白玉留皮驾云天禄	长4.6cm；高4cm	138,000	北京鸿盛祥	2018-06-16
清乾隆 白玉马	长5.7cm；高2.8cm	135,700	北京鸿盛祥	2018-06-16
清乾隆 白玉安居乐业摆件	长8cm	517,500	北京荣宝	2018-12-03
清乾隆 白玉雕猫蝶摆件	长6cm	322,000	北京荣宝	2018-12-03
清乾隆 白玉一路连科摆件	长22cm	230,000	广东崇正	2018-07-05
清乾隆 白玉留皮雕童子洗象摆件	高5cm	69,000	广东崇正	2018-07-05
清乾隆 白玉双马摆件	宽13.3cm	7,539,500	佳士得	2018-11-28
18世纪 白玉雕瑞兽摆件	长11.2cm	385,700	佳士得	2018-05-30
18世纪 青白玉瑞象	长7cm	70,070	伦敦佳士得	2018-05-15
18世纪 青玉卧犬	宽7cm	48,510	伦敦佳士得	2018-05-15
17世纪/18世纪 灰青玉太师少师摆件	宽8.6cm	76,973	纽约佳士得	2018-09-13
清乾隆 白玉天鸡摆件	高8cm	345,000	上海匡时	2018-04-30
清乾隆 白玉太平有象摆件	16.6cm	2,720,640	香港苏富比	2018-10-03
清乾隆 白玉螃蟹	长8.72cm；宽6.1cm；高3.2cm	82,800	浙江佳宝	2018-07-01
18世纪 白玉子母猴	高6.3cm	257,240	中国嘉德	2018-10-02
18世纪 白玉沁色兔	宽6.5cm	51,448	中国嘉德	2018-10-02
18世纪 白玉三羊开泰小摆件	宽4.3cm	15,434	中国嘉德	2018-10-02
清乾隆 珊瑚辈辈封侯	高7.2cm	184,000	中贸圣佳	2018-11-24
清中期 白玉鹿乳奉亲摆件	高8.5cm；宽2.8cm	46,000	八益拍卖	2018-04-28
清中期 白玉雕马上封侯摆件	长7cm	40,250	保利厦门	2018-01-08
清中期 白玉雕瑞兽摆件	长8cm	25,300	保利厦门	2018-01-08
清中期 白玉雕一夜欢摆件	长7.5cm	25,300	保利厦门	2018-07-15
清中期 黄玉瑞兽	长8.5cm	287,500	北京保利	2018-12-09
清中期 白玉飞马	长10cm	230,000	北京保利	2018-06-19
清中期 白玉带皮镂雕双欢	长5.4cm	74,750	北京保利	2018-12-09
清中期 白玉太狮少狮摆件	长13cm	63,250	北京保利	2018-01-21
清中期 白玉鳜鱼衔莲花	长7.5cm	28,750	北京保利	2018-12-09
清中期 青白玉雕俏色年年有余	长7.8cm	17,250	北京保利	2018-12-09
清中期 白玉洒金鹅衔枝	长4.4cm	92,000	北京翰海	2018-06-30
清中期 白玉麒麟送子	长5.5cm	69,000	北京翰海	2018-06-30
清中期 白玉瑞兽衔枝	长4.4cm	46,000	北京翰海	2018-06-30
清中期 白玉鸳鸯	长6.1cm	34,500	北京翰海	2018-06-30
清中期 白玉瑞兽衔枝	长6.6cm	25,300	北京翰海	2018-06-30
清中期 白玉卧犬	长8.5cm	23,000	北京翰海	2018-06-30
清中期 白玉鹅衔枝	长6cm	17,250	北京翰海	2018-06-30
清中期 白玉一路清廉摆件	长7.1cm；高3.2cm	92,000	北京鸿盛祥	2018-12-06
清中期 白玉万代有余摆件	长20.5cm	69,000	北京匡时	2018-06-15
清中期 青白玉童子洗象香插	高4.2cm	11,500	北京匡时	2018-12-05
清中期 玉雕三羊开泰摆件	长8.5cm	80,500	古天一	2018-06-17
清中期 黑白玉巧雕瑞兽摆件	带座高6.5cm	40,250	广东崇正	2018-07-05
清中期 白玉牛生麒麟摆件	长7cm	86,250	华艺国际	2018-11-16
清中期 白玉金蟾	长6.1cm；宽4.4cm；高2.2cm	69,000	浙江佳宝	2018-07-01
清中期 白玉猴（带座）	10.6×8.8×4.6cm	540,500	中国嘉德	2018-06-19
清中期 白玉母子瑞兽	长8.7cm	115,000	中国嘉德	2018-11-20
清中期 黄玉仿古鸠	宽5.8cm	82,317	中国嘉德	2018-10-02
清中期 白玉带红沁子母瑞兽	宽4.5cm	38,185	中国嘉德	2018-04-02
清光绪 青金石瑞兽摆件	高27.5cm	322,000	保利厦门	2018-07-15
18世纪/19世纪 青白玉灵猴献寿摆件	高5.4cm	64,680	伦敦佳士得	2018-05-15
19世纪 青白玉太狮少狮	长8.5cm	70,070	伦敦苏富比	2018-05-18

拍品名称	物品尺寸	成交价RMB	拍卖公司	拍卖日期
18世纪/19世纪 白玉雕鱼水和谐摆件		103,123	纽约苏富比	2018-03-21
清代 白玉龙纹雕摆件	高18.6cm；重2308g	770,044	奥斯汀	2018-06-18
清 白玉鹿	高3cm；长6.3cm	40,250	八益拍卖	2018-04-28
清 青玉瑞兽摆件	长9.5cm；宽6cm；高4.5cm	34,500	八益拍卖	2018-04-28
清 白玉双猴	长4.5cm	14,950	八益拍卖	2018-04-28
清 白玉沁色卧羊摆件	长6.5cm	43,700	保利厦门	2018-01-08
清 白玉雕瑞兽摆件	长5cm	20,700	保利厦门	2018-07-15
清 白玉瑞兽	长6.6cm	138,000	北京保利	2018-07-27
清 白玉瑞兽	长7.2cm	57,500	北京保利	2018-07-27
清 白玉卧犬	长7.4cm	48,300	北京保利	2018-07-27
清 白玉瑞兽	长8.9cm	48,300	北京保利	2018-07-27
清 白玉瑞兽	长6.1cm	46,000	北京保利	2018-07-27
清 白玉双羊、辈辈封侯（两件）	高5.7cm；长7cm	36,800	北京保利	2018-06-21
清 白玉年年有余	长7.5cm	34,500	北京保利	2018-01-21
清 白玉雕太平有象	长6.3cm	28,750	北京保利	2018-06-21
清 白玉雕童子洗象	长6cm	25,300	北京保利	2018-06-21
清 白玉瑞兽	长5cm	25,300	北京保利	2018-07-27
清 白玉双欢	长4.5cm	23,000	北京保利	2018-04-29
清 青白玉带糖色双欢	长7cm	23,000	北京保利	2018-06-21
清 白玉花鸟摆件	高12.5cm	23,000	北京保利	2018-07-27
清 白玉骆驼	长7cm	23,000	北京保利	2018-07-27
清 玉雕蟾	长5cm	20,700	北京保利	2018-07-27
清 黄玉带皮瑞兽	长6cm	20,700	北京保利	2018-07-27
清 白玉瑞兽	长9.3cm	20,700	北京保利	2018-10-28
清 玉雕卧羊	长8cm	17,250	北京保利	2018-04-29
清 白玉双欢	长4.9cm	17,250	北京保利	2018-04-29
清 白玉三羊开泰摆件	长11.2cm	17,250	北京保利	2018-10-27
清 白玉代代封侯	长5.9cm	17,250	北京保利	2018-07-27
清 白玉灵猴福报平安摆件	高47.5cm	16,100	北京保利	2018-07-27
清 白玉留皮双欢	长3.9cm	11,500	北京保利	2018-12-09
清 碧玉大兽	高17cm；长20cm	414,000	北京东正	2018-06-17
清 痕都斯坦鱼龙	长20cm	184,000	北京东正	2018-06-17
清　玉鸟	长5cm	105,800	北京翰海	2018-05-13
清 玉鸟	长9.5cm	69,000	北京翰海	2018-09-16
清 玉双鹅	长5.5cm	43,700	北京翰海	2018-06-30
清　玉叶型双欢	长9cm	29,900	北京翰海	2018-05-13
清 白玉双欢	长6cm	28,750	北京翰海	2018-06-30
清 玉雕瑞兽	高5cm	23,000	北京翰海	2018-01-14
清 白玉狮子戏球	长4.5cm	17,250	北京翰海	2018-06-30
清 白玉牛、猪元辰神像	长3.4cm；3.7cm；高4.4cm；4.5cm	227,700	北京鸿盛祥	2018-06-16
清 白玉双禄如意摆件	长10.6cm；高3.6cm	218,500	北京鸿盛祥	2018-06-16
清 白玉留皮辟邪摆件	长7.9cm；高2.2cm	172,500	北京鸿盛祥	2018-06-16
清 白玉马上封侯摆件	长5.9cm；高4.7cm	97,750	北京鸿盛祥	2018-12-06
清 十二元辰羊神像	长3.7cm；高5.2cm	94,300	北京鸿盛祥	2018-12-06
清 白玉连年有余	长6.1cm；高1.9cm	92,000	北京鸿盛祥	2018-06-16
清 白玉三阳开泰摆件	长6.5cm；高3cm	92,000	北京鸿盛祥	2018-06-16
清 白玉鸳鸯戏莲摆件	长4.9cm；高3cm	82,800	北京鸿盛祥	2018-06-16
清 白玉鹿衔灵芝摆件	长5.8cm；高2.9cm	69,000	北京鸿盛祥	2018-06-16
清 白玉瑞兽	长6.1cm；宽4.8cm	59,800	北京鸿盛祥	2018-12-06
清 白玉留皮府上有龙	长5.3cm；宽3.8cm	57,500	北京鸿盛祥	2018-06-16

拍品名称	物品尺寸	成交价RMB	拍卖公司	拍卖日期
清 白玉俏色牛生麒麟摆件	长3.4cm；高1.8cm	57,500	北京鸿盛祥	2018-06-16
清 白玉三阳开泰摆件	长4.4cm；高3.9cm	46,000	北京鸿盛祥	2018-06-16
清 白玉金蟾衔珠摆件	长4.5cm；高2.2cm	43,700	北京鸿盛祥	2018-06-16
清 白玉辟邪兽	长3.9cm；宽3cm	40,250	北京鸿盛祥	2018-06-16
清 墨白玉俏色双猫摆件	长4.2cm；高2cm	23,000	北京鸿盛祥	2018-06-16
清 白玉雕一路平安摆件	高13.5cm	57,500	北京华辰	2018-11-19
清 白玉瑞兽	长5.8cm	46,000	北京荣宝	2018-06-14
清代 兽面纹玉饰	8.5cm×5.2cm	1,380,000	古天一	2018-06-17
清代 黄玉鸿运当头瑞兽	高4.5cm；长7.5cm	920,000	古天一	2018-06-17
清代 黄玉狗	高2.5cm；长5cm	172,500	古天一	2018-06-17
清代 玉雕骆驼	高2.5cm	172,500	古天一	2018-06-17
清代 白玉带皮金鱼	高3.5cm	101,200	古天一	2018-06-17
清代 玉猪	长9.5cm	94,300	古天一	2018-12-08
清代 玉蚕蛹	长3cm	92,000	古天一	2018-12-08
清代 白玉双欢	长5cm	69,000	古天一	2018-12-08
清代 玉蚕	长6cm	59,800	古天一	2018-12-08
清代 玉象	高3.5cm；长5cm	57,500	古天一	2018-12-08
清代 白玉鸳鸯	高5cm；长6.6cm	40,250	古天一	2018-12-08
清代 海蓝宝石荷叶青蛙	高5.5cm	34,500	古天一	2018-12-08
清 白玉双狮摆件（一对）	长5.6-4.7cm	36,800	华艺国际	2018-11-17
清 白玉双麒麟摆件	宽8cm	354,800	佳士得	2018-11-28
清 鸡骨玉雕一路连科纹摆件	7.5cm	32,340	伦敦苏富比	2018-05-18
清末 碧玉双鱼摆件	24.3cm	28,028	伦敦苏富比	2018-05-18
清 青白玉雕双骏摆件	长14.2cm	359,205	纽约佳士得	2018-09-13
清 白玉雕童子洗象摆件	宽8cm	162,498	纽约佳士得	2018-09-13
清 黑白玉巧雕灵猴献寿	长13.1cm	74,508	万昌斯	2018-11-28
清 白玉留皮巧雕年年有余	长6.2cm	68,208	万昌斯	2018-05-30
清 白玉三阳开泰	玉长5cm	58,542	万昌斯	2018-11-28
清 白玉松鼠葡萄	长5.9cm	46,771	万昌斯	2018-05-30
清 白玉卧马	长5.1cm	40,447	万昌斯	2018-11-28
清 白玉双欢	玉长4.6cm；总高3.7cm	37,254	万昌斯	2018-11-28
清 白玉带红沁马	长4cm	29,803	万昌斯	2018-11-28
清 黑白玉巧雕鸳鸯	长5.7cm	26,610	万昌斯	2018-11-28
清 白玉喜鹊登梅鸿福齐天	长4.9cm	26,610	万昌斯	2018-11-28
清 白玉留皮巧雕鹿乳奉亲	高5cm	23,417	万昌斯	2018-11-28
清 白玉带沁双欢	长4.1cm	23,417	万昌斯	2018-11-28
清 白玉年年有余	长6.4cm	14,616	万昌斯	2018-05-30
清 黑白玉巧雕太狮少狮（两件）	最大长4.6cm	12,667	万昌斯	2018-05-30
清 白玉海马负书摆件	长10.8cm	368,000	西泠拍卖	2018-07-07
清 水晶天禄摆件	带座高7cm；高5.2cm；长9.8cm	23,000	西泠拍卖	2018-07-07
清 琥珀卧狮	11.2cm	109,000	香港苏富比	2018-10-03
清 白玉雕“一路连科”（一对）	高13.5cm	55,200	印千山	2018-01-12
清 白玉雕少师太保摆件	长7cm	43,700	印千山	2018-01-12
清 白玉卧牛	长8.8cm；宽6.2cm；高5.3cm	36,800	浙江佳宝	2018-07-01
清 青花玉双狮滚绣球摆件	宽18.5cm；高8.2cm	34,500	浙江佳宝	2018-07-01
清 白玉红沁三羊开泰摆件	长5.8cm；宽3.8cm；高2.8cm	23,000	浙江佳宝	2018-07-01
清 白玉双骏摆件	宽7.4cm；高7.8cm	14,950	浙江佳宝	2018-07-01
清 白玉留红皮瑞兽	宽4.9cm；高2.7cm	13,800	浙江佳宝	2018-07-01

2018玉器拍卖成交汇总

(成交价RMB：1万元以上)

拍品名称	物品尺寸	成交价RMB	拍卖公司	拍卖日期
清 白玉太平有象摆件（带座）	长16.5cm	632,500	中国嘉德	2018-06-19
清 青白玉衔芝瑞鹿	长14.3cm	138,000	中国嘉德	2018-11-20
清 黄玉鸡	宽5cm	57,277	中国嘉德	2018-04-02
清 玉留皮象摆件	长5.5cm	48,300	中国嘉德	2018-11-20
清 白玉兽	高5.3cm	40,250	中国嘉德	2018-11-20
清 白玉鼠	长4.5cm	28,750	中国嘉德	2018-11-20
清 青白玉瑞兽（两件）	长5.7cm；长5.5cm	25,300	中国嘉德	2018-05-19
清 玛瑙雕松鼠葫芦	宽5.6cm	23,866	中国嘉德	2018-04-02
清 白玉喜上眉梢、眉寿如意和瑞兽摆件（三件）	最高6cm	20,579	中国嘉德	2018-10-02
清 白玉带皮马上封侯	长3.9cm	17,250	中国嘉德	2018-11-20
清 黑白玉马上封侯摆件	长6.8cm	115,000	中贸圣佳	2018-11-25
清 青白玉子母鹿摆件	长6cm	97,750	中贸圣佳	2018-11-25
清 白玉松鼠葡萄摆件	长8.2cm	51,750	中贸圣佳	2018-11-25
清 青白玉封侯加禄摆件	高4.4cm	40,250	中贸圣佳	2018-11-25
清 玛瑙兽	长18.9cm	40,250	中贸圣佳	2018-11-25
清 白玉仙鹤含芝摆件	高5.2cm	32,200	中贸圣佳	2018-11-25
民国 玉雕太狮少狮摆件	长12.5cm	12,650	北京保利	2018-04-30
民国 玉鹿	长11cm	920,000	北京翰海	2018-01-14
民国 玉兽	高5cm	69,000	北京翰海	2018-09-16
民国 珊瑚花鸟纹摆件	高40cm	184,000	广东崇正	2018-01-21
民国 碧玉花鸟纹摆件	高27cm	17,250	广东崇正	2018-01-21
和田玉雕封侯拜相摆件	长6cm	854,560	爱艺拍	2018-09-27
和田麒麟献瑞羊脂白玉	高15cm；长21cm；重1560g	784,800	爱艺拍	2018-09-27
玉麒麟摆件	高17.5cm	594,165	奥斯汀	2018-01-21
和田籽料雕天鹅摆件	重257g	519,332	奥斯汀	2018-06-18
和田青玉龙首雕件	重156g	429,792	奥斯汀	2018-06-18
近代 黄玉鹿（两件）	长7.5cm	34,500	北京翰海	2018-05-13
青白玉鸳鸯衔莲	22cm	91,630	伦敦苏富比	2018-05-18
玉狮（一组四件）	最大一件：9.5cm	91,630	伦敦苏富比	2018-05-18
玉雕瑞兽（一组三件）	最大一件：7.5cm	45,276	伦敦苏富比	2018-05-18
翠玉鸳鸯衔灵（一对）	10.5cm	16,170	伦敦苏富比	2018-05-18
近代 和田玉鱼化龙摆件	高10cm；宽7cm	48,300	南京经典	2018-01-06
和田白玉雕凤摆件	9×5cm	57,500	上海嘉禾	2018-06-25
张焕庆作品 招财猫	高3.5cm；重25g	57,500	上海匡时	2018-04-30
杨建发 龙凤呈祥白玉摆件	11.7×8×5.1cm；重616g	2,688,000	上海联合	2018-07-01
颜桂明 三羊开泰 白玉摆件	长15cm；重2050g	561,600	上海联合	2018-07-01
路路登科 白玉摆件	长10.8cm；重434.3g	492,800	上海联合	2018-07-01
封侯拜相 白玉摆件	长10.5cm；重664g	425,600	上海联合	2018-07-01
张清雷 辟邪 青玉摆件	长17.5cm；重853.4g	392,000	上海联合	2018-11-25
张焕庆 双鹅 白玉摆件	10.2×6.8×4.2cm；重89.2g	145,600	上海联合	2018-07-01
朱跃真 金蟾 碧玉茶宠	7.9×7.3×4.5cm；重255.3g	33,600	上海联合	2018-07-01
顾铭 新疆和田玉放鹤图摆件	21.5×13×4cm；重1600g	368,000	尚品润博	2018-01-21
王永祥 新疆和田玉籽料庄周梦蝶	5.2×3.7×2.5cm；重80g	80,500	尚品润博	2018-04-30
于雪涛 新疆和田玉籽料喜获大礼	3.8×2.2×1.3cm；重17g	33,350	尚品润博	2018-04-30
黄民强 教子图 三彩玉摆件	长19.5cm；重849g	28,750	西泠拍卖	2018-07-08
白玉红皮卧马	宽5.5cm	32,577	香港诚昌	2018-05-28
白玉灵芝鹿摆件	宽6cm	28,745	香港诚昌	2018-05-28
白玉太狮少狮摆件	宽8cm	21,080	香港诚昌	2018-05-28
玉瑞兽（四件）	尺寸不一	94,300	中国嘉德	2018-05-19

拍品名称	物品尺寸	成交价RMB	拍卖公司	拍卖日期
青金石嵌珐琅太平有象	高42cm（含座）	34,500	中国嘉德	2018-01-14
青金石嵌珐琅太平有象	高44cm（含座）	28,750	中国嘉德	2018-05-19
20世纪 玉鸟（四件）	尺寸不一	25,300	中国嘉德	2018-05-19
青白玉童子洗象摆件	高10.3cm	23,000	中国嘉德	2018-09-20
翡翠花鸟摆件	高40.5cm（含座）	23,000	中国嘉德	2018-01-14
青白玉雄鸡牡丹摆件	长29.5cm	23,000	中国嘉德	2018-01-14
玉兽五件	尺寸不一	20,700	中国嘉德	2018-09-18
碧玉牛	长23cm	20,700	中国嘉德	2018-09-20
碧玉嵌掐丝珐琅太平有象	高26cm	17,250	中国嘉德	2018-05-19
青白玉鹅	高13cm	17,250	中国嘉德	2018-05-19
白玉童子洗象	长6.5cm	13,800	中国嘉德	2018-01-14
端方藏旧玉龙	长34.4cm	195,500	中贸圣佳	2018-06-20
其他摆件				
新石器时代 红山文化 黄玉马蹄形器	高8.5cm	37,254	万昌斯	2018-11-28
红山文化 约公元前4000-3000年 青玉马蹄形器	高6.5cm	1,663,125	佳士得	2018-11-28
红山文化 青玉带沁马蹄形器	高8.8cm	41,158	中国嘉德	2018-10-02
文化期 玉马蹄形器	高6.2cm	226,371	中国嘉德	2018-10-02
春秋 青白玉带灰皮虺纹柱形器（三件）	最大高2.4cm	126,672	万昌斯	2018-05-30
元 白玉留皮秋山	长10cm	57,500	北京保利	2018-01-21
元-明 白玉留皮巧雕秋山穿花龙	高4.4cm	53,592	万昌斯	2018-05-30
明 青玉带皮镂空山石摆件	高23cm	55,438	邦瀚斯	2018-11-27
明 白玉仿古交龙纹钟（带链）	高11cm	299,000	北京东正	2018-06-17
明 白玉盘长结摆件	长8.7cm；高17cm	126,500	北京鸿盛祥	2018-06-16
明 玉锥形器	长7.6cm	40,250	北京鸿盛祥	2018-12-06
明或更早 仿古玉雕（一组三件）	长4.4cm	43,120	伦敦佳士得	2018-05-15
明 仿古玉器（两件）	宽12.5cm；7cm	25,658	纽约佳士得	2018-09-13
明 白玉荔枝纹信筒	高11.7cm	31,181	万昌斯	2018-05-30
明 白玉雕春水图瓦子摆件	高13.5cm	66,700	印千山	2018-01-12
明 白玉雕力士顶塔	高5cm	23,000	中贸圣佳	2018-11-25
18世纪 玉镂雕路路连科图冠顶		102,630	纽约苏富比	2018-09-15
清乾隆 白玉福寿摆件	高14.5cm	92,000	北京保利	2018-04-29
18世纪 白玉旭日东升摆件	长9cm	310,500	北京东正	2018-06-17
清乾隆 白玉山石纹底座	长12cm	207,000	北京东正	2018-06-17
清乾隆 白玉驾船游江摆件	长7.2cm；高2.2cm	59,800	北京鸿盛祥	2018-06-16
清乾隆 御用玉雕西番莲纹枪托	长6cm	149,500	北京荣宝	2018-12-03
清乾隆 御制白玉、碧玉扇柄（一对）	白玉长16cm；碧玉长14.5cm	57,500	北京荣宝	2018-12-03
清乾隆 青玉雕缠枝莲镂空托	长13cm	34,500	北京荣宝	2018-12-03
18世纪 青白玉雕双桃摆件	宽14.7cm	76,973	纽约佳士得	2018-09-13
清乾隆 白玉留皮子孙万代	长7.3cm	272,832	万昌斯	2018-05-30
清乾隆 白玉莲池春水摆件	长24.5cm；高8cm	368,000	浙江佳宝	2018-07-01
18世纪 黄玉镂雕岁寒三友摆件	宽9cm	123,475	中国嘉德	2018-10-02
清乾隆 白玉黄金皮御制古松诗摆件	高20.5cm；宽17.3cm	3,967,500	中贸圣佳	2018-06-20
清乾隆 白玉石榴摆件	长7.1cm；高5.4cm	195,500	中贸圣佳	2018-11-24
清乾隆 白玉御制诗文片	长6.4cm；宽4.6cm	86,250	中贸圣佳	2018-11-25
清中期 白玉填金刻经文阿弥陀佛随身佛龛	长4cm	138,000	北京保利	2018-06-21
清中期 白玉画舫摆件	长23.5cm	166,750	北京鸿盛祥	2018-06-16
清中期 白玉留皮俏色丰衣足食摆件	长11.2cm	143,750	北京鸿盛祥	2018-12-06
清中期 松石镂雕荷塘清趣摆件	长11cm	92,000	西泠拍卖	2018-07-07

拍品名称	物品尺寸	成交价RMB	拍卖公司	拍卖日期
清中期 松石镂雕荷塘清趣摆件	带座高9.5cm；高7.5cm；长11cm	86,250	西泠拍卖	2018-09-29
清中期 白玉船	长10.1cm	46,000	浙江佳宝	2018-07-01
清中期 白玉喜事连连摆件	长5.5cm；宽4.5cm；高3.5cm	40,250	浙江佳宝	2018-07-01
清中期 碧玉活环钮宝莲佛供	高14cm	308,688	中国嘉德	2018-10-02
18世纪/19世纪 白玉张骞乘槎摆件	长17cm	517,440	伦敦苏富比	2018-05-16
19世纪 青白玉泛舟摆件	长12.5cm	59,290	伦敦苏富比	2018-05-18
19世纪 玉雕（一组四件）	玉鱼：10cm	20,482	伦敦苏富比	2018-05-18
19世纪 玉雕（一组四件）	玉雕牌：17×12cm	12,936	伦敦苏富比	2018-05-18
18世纪/19世纪 玉雕（六件）		94,078	纽约苏富比	2018-09-15
18世纪/19世纪 鸡骨玉雕福寿万全摆件		42,763	纽约苏富比	2018-09-12
清 玉雕瓜瓞绵绵摆件	长5.6cm	102,896	保利香港	2018-10-02
清 蜜蜡摆件	长10cm；重285g	25,300	北京保利	2018-12-09
清 白玉糖色花卉摆件	长4.9cm	17,250	北京保利	2018-01-21
清 各式玉件（一组十七件）	尺寸不一	17,250	北京保利	2018-01-21
清 白玉雕旭日东升摆件	长12.5cm；高9.5cm	46,000	北京华辰	2018-11-19
清代 玉雕红沁三叉形器	高6cm	460,000	古天一	2018-12-08
清代 青玉博古斝	高16cm	126,500	古天一	2018-12-08
清代 南红玛瑙松塔	高4cm	20,700	古天一	2018-06-17
清 南红灵芝摆件	高15cm	24,150	广东崇正	2018-01-21
清 青玉觚瓬摆件	长23.5cm	70,070	伦敦佳士得	2018-05-15
清 玉雕（一组五件）	最大一件：5.5cm	150,920	伦敦苏富比	2018-05-18
清 玉器（一组五件）	最大一件：11cm	43,120	伦敦苏富比	2018-05-18
清 白玉留皮巧雕三多	长7.2cm	191,592	万昌斯	2018-11-28
清 玉雕白菜	带座高13.5cm；高10.5cm	86,250	西泠拍卖	2018-07-07
清 白玉雕喜上眉梢摆件	高2cm；长12cm；宽4.5cm	63,250	西泠拍卖	2018-07-07
清 白玉竹节臂角	高12.5cm；宽6.5cm	15,331	香港诚昌	2018-05-28
清 白玉雕福禄万代	长6.5cm	112,700	印千山	2018-01-12
清 白玉籽料雕福禄绵延	高6.5cm	89,700	印千山	2018-01-12
清 白玉榴开百子摆件	长9cm	66,700	印千山	2018-01-12
清 玉小件（八件）	尺寸不一	46,000	中国嘉德	2018-09-20
清 青金石摆件两件和绿松石摆件一件	宽5.5cm	14,319	中国嘉德	2018-04-02
清 白玉福禄万代摆件带座	高9.2cm	57,500	中贸圣佳	2018-11-25
20世纪 黄福寿碧玉雕美丽的痕迹	高24cm	77,172	保利香港	2018-10-02
20世纪 白玉带皮镂雕福禄万代	长5.5cm	92,000	北京保利	2018-06-21
近现代 银包金奇艮踏雪寻梅摆件	15×6.1×22cm	28,750	朵云轩	2018-06-25
关帝玛瑙奇石摆件（一件）	高24cm；重4.7kg	1,090,000	爱艺拍	2018-09-27
玛瑙奇石摆件（一件）	重13.7kg	590,964	奥斯汀	2018-06-18
溪山行旅	23.5×8.5×26.4cm	3,292,672	保利香港	2018-10-01
鸠摩罗什与枪	原玉 62×36×11cm；原玉 62×30×12cm	1,852,128	保利香港	2018-10-01
涅盘	17.5×4×9.6cm	565,928	保利香港	2018-10-01
生命之路	8×3.5×0.8cm	391,005	保利香港	2018-10-01
思念	21×14×8.5cm	329,267	保利香港	2018-10-01
祝福		226,371	保利香港	2018-10-01

拍品名称	物品尺寸	成交价RMB	拍卖公司	拍卖日期
倪瓒笔意	大树 18×5×1.8cm；小树 9×2.5×1cm	185,213	保利香港	2018-10-01
马学武 如意福寿		345,000	北京保利	2018-06-19
马瑞 和和美美		92,000	北京保利	2018-06-19
无色水晶	约13.5×8×6.5cm	32,200	北京保利	2018-06-18
紫水晶	约13×14×12cm	23,000	北京保利	2018-06-18
权杖紫水晶	约6×7.8×5.5cm	23,000	北京保利	2018-06-18
吴元全 硕果累累	43×21×9cm	920,000	北京瀚古	2018-10-21
吴元全 飞黄腾达	27.2×16×2.2cm	322,000	北京瀚古	2018-10-21
和田玉渔舟摆件	长17cm	23,000	广东万丰	2018-01-07
仿古玉雕（一组五件）	玉蝉：5.5cm	280,280	伦敦苏富比	2018-05-18
仿古玉雕（一组五件）	最大一件：10.2cm	129,360	伦敦苏富比	2018-05-18
仿古玉雕（一组五件）	最大一件：10cm	70,070	伦敦苏富比	2018-05-18
仿古玉雕（一组五件）	最大一件：12.7cm	64,680	伦敦苏富比	2018-05-18
仿古玉雕（一组四件）	最大一件：12cm	59,290	伦敦苏富比	2018-05-18
文玩玉雕（一组四件）	最大一件：17cm	58,212	伦敦苏富比	2018-05-18
玉器（一组四件）	玉洗：22cm	48,510	伦敦苏富比	2018-05-18
翠玉雕刻（一组四件）	9cm	23,716	伦敦苏富比	2018-05-18
20世纪 玉器（两件）		188,155	纽约苏富比	2018-09-15
万伟作品 和田籽玉瓜瓞绵绵	长10.5cm；重648.4g	1,380,000	上海匡时	2018-04-30
王金忠 私语 白玉摆件	11.5×7.7×4cm；重547.8g	2,105,600	上海联合	2018-11-25
唐春峰 歌舞升平 白玉摆件	13.4×6.9×5.9cm；重551.6g	1,120,000	上海联合	2018-11-25
汪文辉 静心 白玉摆件	长9.2cm；重258.6g	560,000	上海联合	2018-11-25
顾永骏 群仙祝寿 白玉摆件	长31cm；重7300g	560,000	上海联合	2018-11-25
孙有庚 秋韵 白玉摆件	长12.8cm；重1500g	550,000	上海联合	2018-11-25
颜桂明 鹅如意 白玉摆件	长23cm	504,000	上海联合	2018-11-25
王正夆 攻守兼备 白玉摆件	长7.8cm；重236g	425,600	上海联合	2018-11-25
张焕庆 望子成龙 白玉摆件	12.1×4.5×6.7cm；重549.5g	378,000	上海联合	2018-11-25
雅园玉道 游园惊梦 白玉摆件	12×6.8×3.9cm；重453.7g	336,000	上海联合	2018-07-01
张焕庆 人生如意 白玉摆件	12.2×4.6×3.1cm；重80.4g	156,800	上海联合	2018-07-01
王朝杰 独占鳌头 碧玉摆件	17×7.7×1.7cm；重185.4g	61,600	上海联合	2018-11-25
蔡明文 龙凤呈祥 老挝北部田石摆件	6.6×5.6×4.9cm；重174g	56,000	上海联合	2018-11-25
刘海 百财 黄玉摆件	长7.8cm；重130g	44,800	上海联合	2018-07-01
王朝杰 英明神武 碧玉摆件	21.5×7.4×2cm；重256.1g	43,680	上海联合	2018-11-25
杨光 新疆和田玉籽料手握百财	9.6×4.3×2.7cm；重110g	322,000	尚品润博	2018-11-24
裴志前 苹果绿富贵天下摆件	18.5×7.2×4.0cm；重646g	149,500	尚品润博	2018-01-21
杨光 新疆和田玉九五于田料手握百财	12.0×6.0×2.5cm；重215g	132,250	尚品润博	2018-11-24
万德旭 新疆和田玉籽料喜上眉梢	11.0×5.4×1.3cm；重92g	103,500	尚品润博	2018-11-24
赵显志 新疆和田玉籽料兰花	4.0×2.4×1.0cm 独籽；重15.3g	92,000	尚品润博	2018-04-30
新疆和田玉籽料奇石紫罗兰	4.5×4.2×2.3cm；重60g	69,000	尚品润博	2018-01-21

2018玉器拍卖成交汇总

(成交价RMB：1万元以上)

拍品名称	物品尺寸	成交价RMB	拍卖公司	拍卖日期
胡玮 和田玉鸭蛋青灵猴栖宿图	7.1×3.0×1.0cm；重54.6g	63,250	尚品润博	2018-11-24
张克山 新疆和田玉籽料一朝天子	4.5×2.0×1.2cm；重26.8g	43,700	尚品润博	2018-04-30
瞿利军 新疆和田玉籽料福寿双全	3.4×3.1×2.2cm；重32.3g	40,250	尚品润博	2018-04-30
胡玮 和田玉鸭蛋青心经	4.9×4.0×0.9cm；重48g	40,250	尚品润博	2018-04-30
龚克俭 新疆和田玉籽料夜夜进财	2.9×2.9×1.8cm 独籽；重18.2g	40,250	尚品润博	2018-04-30
新疆和田玉籽料奇石鸿运当头	2.8×1.4×1.0cm；重6.5g	37,950	尚品润博	2018-11-24
姚圣国 新疆和田玉籽料万山红遍	5.1×2.8×1.6cm 独籽；重38g	34,500	尚品润博	2018-04-30
董月好 和田玉鸭蛋青福寿	5.2×2.7×1.2cm；重22.2g	33,350	尚品润博	2018-04-30
白玉船型摆件	高5.5cm；长17cm	632,500	未来四方	2018-01-20
王一卜 月光里 白玉摆件	17×5.8×4.3cm；重719g	2,357,500	西泠拍卖	2018-07-08
黄民强 相伴 七彩玉摆件	255×160×140mm；重4847g	28,750	西泠拍卖	2018-07-08
玉小件（十三件）	尺寸不一	161,000	中国嘉德	2018-09-18
青白玉小件（三件）	高6.3cm；长5.3cm；高4.3cm	28,750	中国嘉德	2018-05-19
玉器（十三件）	尺寸不一	17,250	中国嘉德	2018-05-19
玉小件（七件）	尺寸不一	17,250	中国嘉德	2018-09-18
青白玉渔家乐摆件	长25.6cm	13,800	中国嘉德	2018-05-19
玉瓶				
宋 青玉胆瓶	高18cm	89,645	香港诚昌	2018-05-30
明代 玛瑙镶金净瓶（一件）	高12.5cm；口径3.8cm；底径3.3cm	1,308,000	爱艺拍	2018-09-27
明 南红玛瑙巧雕子冈款双耳衔环盖瓶	高14cm	92,000	北京匡时	2018-06-15
明或以前 火烧玉兽面纹盖瓶	高16.5cm	23,000	广东崇正	2018-07-05
明 青玉仿古龙纹双耳瓶	高22.0cm	172,500	西泠拍卖	2018-07-07
18世纪 白玉如意纹双耳瓜棱瓶	高10.2cm	172,480	伦敦苏富比	2018-05-16
18世纪 白玉雕瑞兽耳活环盖瓶		87,258	纽约苏富比	2018-03-21
18世纪 黄玉仿古龙纹瑞兽背瓶盖瓶	高23.1cm	13,202,880	香港苏富比	2018-04-03
清早期 白玉饕餮纹扁瓶	高16.3cm（连座）	195,500	北京匡时	2018-06-15
清雍正/乾隆 白玉浮雕云龙纹六方瓶	高25.5cm	4,295,790	保利香港	2018-04-02
清雍正 仿官釉贯耳瓶	高31.5cm	1,090,000	香港苏富比	2018-10-03
18世纪 青白玉痕都斯坦长颈瓶	高23.3cm	49,390	保利香港	2018-10-02
清乾隆 白玉兽面纹盖瓶	高25cm	1,265,000	北京保利	2018-01-21
清乾隆 碧玉浮雕莲花梅瓶	高20.5cm	897,000	北京保利	2018-12-09
清乾隆 白玉云蝠双凤耳葫芦盖瓶	高27.5cm	782,000	北京保利	2018-12-09
清乾隆 青玉兽面纹双环耳瓶	高31.5cm	138,000	北京保利	2018-04-29
清乾隆 白玉镂雕盘龙盖瓶	高15cm	724,500	北京东正	2018-06-17
清乾隆 黄玉福寿如意瓶	长5.6cm；高9.9cm	235,750	北京鸿盛祥	2018-12-06
清乾隆 白玉御制诗文抱月瓶	长12.2cm；高16.9cm	218,500	北京鸿盛祥	2018-12-06
清乾隆 白玉兽面纹链瓶	长6.5cm；高12.5cm（含链）8.5cm	172,500	北京鸿盛祥	2018-06-16
18世纪 白玉浮雕云龙纹凤耳盖瓶	高27.5cm	1,543,440	北京匡时	2018-10-03
清乾隆 白玉雕寿字纹瓶	高21cm	1,058,000	华艺国际	2018-05-23
清乾隆 白玉螭龙缠枝莲纹双耳瓶	高26cm	377,300	伦敦佳士得	2018-05-15
清乾隆 青玉松下凤凰双联瓶	宽11.7cm	86,240	伦敦佳士得	2018-05-15
清乾隆 白玉开光御制诗螳螂纹螭钮活环瓶	玉高15.8cm；总高17.6cm	155,904	万昌斯	2018-05-30
清乾隆 白玉龙凤纹双耳活环薄胎盖瓶	高16.8cm	632,500	西泠拍卖	2018-07-07
清乾隆 白玉镂雕龙纹盖瓶	带座高22.7cm；高19.5cm	575,000	西泠拍卖	2018-07-07
清乾隆 青白玉海水龙纹瓶	高17cm	77,952	香港诚昌	2018-05-30
18世纪 白玉雕螭龙小瓶	高12cm	123,475	中国嘉德	2018-10-02
清中期 黄玉雕花卉纹双耳扁瓶	高21.4cm	771,720	保利香港	2018-10-02
清中期 白玉螭龙夔凤纹联体瓶	高11.1cm	25,724	保利香港	2018-10-02
清中期 白玉鹤鹿同春山水人物双飞龙耳盖瓶	高28cm	1,322,500	北京保利	2018-06-20
清中期 白玉提梁盖瓶	高21cm	529,000	北京保利	2018-12-09
清中期 白玉葫芦链瓶	高17cm	69,000	北京保利	2018-10-27
清中期 青白玉浮雕梅石图双耳盖瓶	高17cm	46,000	北京保利	2018-12-09
清中期 青白玉带皮浮雕和合二仙盖瓶	高24.4cm	28,750	北京保利	2018-12-09
清中期 白玉观音瓶	高7.8cm	34,500	北京荣宝	2018-12-03
清中期 白玉雕兽面纹小瓶	高8cm	34,500	广东崇正	2018-07-05
清中期 和田玉痕都斯坦玉瓶	高9.5cm	69,000	南京经典	2018-07-22
清中期 白玉雕兽面纹瓶	高9.4cm	57,500	西泠拍卖	2018-07-07
清中期 青玉夔凤纹双活环耳盖瓶（带座）	不含座高18.7cm	402,500	中国嘉德	2018-06-19
清中期 水晶高雕双耳仿古盖瓶	高21.2cm	63,250	中贸圣佳	2018-11-24
19世纪 灰青玉仿古纹兽面耳活环盖瓶	高21cm	162,498	纽约佳士得	2018-09-13
18世纪/19世纪 灰白玉雕游龙戏珠纹盖瓶	高17.2cm	72,696	纽约佳士得	2018-09-13
18世纪/19世纪 灰白玉雕兽耳扁盖瓶	高17cm	59,868	纽约佳士得	2018-09-13
19世纪 水晶雕兽耳活环盖瓶		25,384	纽约苏富比	2018-03-24
19世纪 青玉雕兰花形瓶		15,395	纽约苏富比	2018-09-15
清光绪 光绪年制款虎睛石兽面纹赏瓶	高15.2cm	32,200	西泠拍卖	2018-07-07
清光绪 光绪年制款虎睛石兽面纹赏瓶	带座高17.5cm；高15.2cm	23,000	西泠拍卖	2018-09-29
18世纪/19世纪 琥珀螭龙耳瓶	高21cm	119,328	中国嘉德	2018-04-02
清 白玉瓜形盖瓶	高21cm	69,000	北京保利	2018-10-27
清 白玉双龙耳游环兽面盖瓶	高22.2cm	36,800	北京保利	2018-07-27
清 白玉狮子戏球盖瓶	高10.2cm	36,800	北京保利	2018-10-28
清 白玉西番莲链瓶（一对）	高53cm	32,200	北京保利	2018-07-27
清 白玉抱月链瓶（一对）	高16.5cm	25,300	北京保利	2018-04-30
清 白玉童子抱瓶	长6.5cm	23,000	北京保利	2018-01-21
清 白玉双龙耳盖瓶	高18cm	23,000	北京保利	2018-07-27
清 白玉兽面游环盖瓶	高7.5cm	20,700	北京保利	2018-04-29
清 青白玉兽面纹瓶	高16.5cm	17,250	北京保利	2018-04-30
清 白玉缠枝莲链瓶	高15.5cm	13,800	北京保利	2018-04-30
清 琥珀雕喜上眉梢龙耳活环盖瓶	高12.9cm	138,000	北京东正	2018-06-17
清 鸡骨白玉兽面纹象耳衔环盖瓶	高18cm	17,250	北京翰海	2018-06-30
清 仿旧玉小瓶	高9cm	14,950	北京翰海	2018-05-13
清 白玉龙钮童子祝寿纹瓶	长11.4cm；高18.7cm	184,000	北京鸿盛祥	2018-06-16

拍品名称	物品尺寸	成交价RMB	拍卖公司	拍卖日期
清 白玉活环耳赏瓶	高25.7cm	230,000	北京匡时	2018-12-05
清 翡翠雕山水人物纹双耳瓶	高35cm	43,700	北京匡时	2018-06-15
清 绿松石镂雕岁寒三友盖瓶	高10cm	34,500	北京匡时	2018-06-15
清 青花玉螭龙花瓶	高14cm	69,000	北京荣宝	2018-06-14
清 白玉雕花瓶	高10cm	23,000	北京荣宝	2018-06-14
清代 白玉狮子鸟形钮盖瓶	高8.2cm	138,000	古天一	2018-06-17
清 黄玉饕餮纹活环耳盖瓶	高12.5cm	55,200	广东崇正	2018-07-05
清 水晶荷塘鸳鸯纹铺首衔环盖瓶	高15.5cm	28,750	广东崇正	2018-07-05
清 粉晶活环耳瓶	高19cm	19,550	华艺国际	2018-03-30
清代 水晶花卉纹四系瓶	高11cm	51,750	南京经典	2018-01-06
清 白玉双耳环龙纹盖瓶	高29cm	437,000	上海匡时	2018-04-30
清 黄玉饕餮纹大方瓶（一对）	最大高27cm	409,248	万昌斯	2018-05-30
清 白玉龙凤纹瓶	玉高24.2cm	149,016	万昌斯	2018-11-28
清 白玉龙纹双联瓶	玉高20.5cm；总高24cm	127,728	万昌斯	2018-11-28
清 碧玉凤鸟瓶	高19.7cm	37,027	万昌斯	2018-05-30
清 白玉龙凤纹瓶	高15.8cm	977,500	西泠拍卖	2018-07-07
清 白玉螭龙对凤象耳瓶	带座高32.3cm；高27.7cm	379,500	西泠拍卖	2018-07-07
清 白玉凤凰纹狮耳瓶	高25.6cm	287,500	西泠拍卖	2018-07-07
清 白玉雕交龙纹双活环耳瓶	高32.5cm	195,500	西泠拍卖	2018-09-29
清 白玉三兔足龙凤纹瓶	高11.5cm	138,000	西泠拍卖	2018-07-07
清 青花玉留皮巧雕包袱瓶	高8.5cm	109,250	西泠拍卖	2018-07-07
清 青白玉高浮雕龙纹瓶	玉瓶高29.5cm	92,000	西泠拍卖	2018-09-29
清 白玉雕兽面纹双龙耳香瓶	高10cm	57,500	西泠拍卖	2018-07-07
清 白玉雕兽面纹双龙首衔环扁瓶	高10.5cm	13,800	西泠拍卖	2018-09-29
清 黄玉雕兽面纹瓶	高23.5cm	207,000	印千山	2018-01-12
清 旧玉饕餮纹双龙耳瓶	高30cm	74,750	印千山	2018-01-12
清 白玉雕双龙耳出戟玉瓶	高22cm	55,200	印千山	2018-01-12
清 白玉雕人物故事瓶	高23cm	49,450	印千山	2018-01-12
清 白玉镂雕龙纹瓶	高20cm	48,300	印千山	2018-01-12
清 白玉岁寒三友螭龙纹菱形瓶	高16.8cm	115,000	浙江佳宝	2018-07-01
清 碧玉狮钮双象耳衔环花鸟纹扁瓶	高37.3cm	80,500	浙江佳宝	2018-07-01
清 白玉兽面纹盖瓶	宽3.5cm；高8.5cm	20,700	浙江佳宝	2018-07-01
清 碧玉炉瓶盒（三式）	最高15cm	94,664	中国嘉德	2018-10-02
清 痕都斯坦玉雕西番莲花纹双重龙耳衔环带盖玉瓶	高15.2cm	36,800	中贸圣佳	2018-11-25
民国 白玉雕拐子龙纹开光诗文兰花香瓶	高12.8cm	25,300	北京保利	2018-06-21
民国 水晶象耳衔环瓶	高31cm	40,250	中国嘉德	2018-05-19
民国 水晶花卉耳瓶	高12.5cm	11,500	中国嘉德	2018-05-19
现代 白玉雕薄胎西番莲纹瓶	高22cm	57,500	北京荣宝	2018-09-14
白玉双凤耳盖瓶	底径6.6cm；高22.9cm	2,102,430	奥斯汀	2018-01-21
青白玉双耳盖瓶	高21.5cm	1,074,480	奥斯汀	2018-06-18
约1930年 法国 装饰艺术手工切割红色水晶花瓶	约18×34×18cm	23,000	保利厦门	2018-01-08
约1900年 比利时 圣朗博Val Saint Lambert 双层套色水晶花瓶	约19×18×19cm	18,400	保利厦门	2018-01-08
嵌有珠宝的欧陆镶金琥珀香水瓶	高70mm	26,610	佳士得	2018-11-25
珊瑚雕龙凤呈祥盖瓶	30.5cm	64,680	伦敦苏富比	2018-05-18
20世纪 白玉痕都斯坦式雕莲纹卷草耳活环盖瓶		171,050	纽约苏富比	2018-09-15
19世纪/20世纪 青白玉雕赶珠龙纹六方扁瓶		162,498	纽约苏富比	2018-09-15
马庆华作品 和田籽玉炉瓶（三件套）	高6.8cm；高21cm；高21cm	34,500,000	上海匡时	2018-04-30

拍品名称	物品尺寸	成交价RMB	拍卖公司	拍卖日期
颜桂明 净瓶观音 白玉摆件	高9.5cm；重246.5g	392,000	上海联合	2018-07-01
朱玉峰 碧玉净瓶	高8.6cm；直径5.6cm；重133.2g	87,360	上海联合	2018-11-25
王广安 新疆和田玉籽料一带一路瓶	高14.5cm×2；重315g	345,000	尚品润博	2018-01-21
杨光 官上加官 白玉瓶	高12.1cm；重213.0g	368,000	西泠拍卖	2018-07-08
白玉龙纹双羊耳瓶带盖	高10cm	44,075	香港诚昌	2018-05-28
白玉缠枝莲纹链瓶	高66cm（含架）	57,500	中国嘉德	2018-01-14
20世纪 白玉鹤寿瓶 青白玉龙钮环耳瓶各一件	高29.5cm；高28.5cm	57,500	中国嘉德	2018-09-18
20世纪 痕都斯坦风格青玉缠枝莲纹炉瓶（三式）	高31cm；长21.5cm；长17cm	51,750	中国嘉德	2018-09-18
白玉螭龙纹龙耳瓶	高24.5cm	34,500	中国嘉德	2018-01-14
青白玉缠枝莲团寿字链瓶（一对）	高54cm（含架）	32,200	中国嘉德	2018-01-14
青玉山水人物纹链瓶	高51.5cm（含架）	32,200	中国嘉德	2018-05-19
白玉缠枝莲纹链瓶（一对）	高63.5cm（含架）	28,750	中国嘉德	2018-05-19
青白玉御题诗文链瓶（一对）	高52cm（含架）	25,300	中国嘉德	2018-01-14
白玉缠枝莲纹链瓶（一对）	高62cm	25,300	中国嘉德	2018-09-20
白玉螭龙纹龙耳瓶	高22.5cm	23,000	中国嘉德	2018-01-14
青白玉、青玉瓶、尊（三件）	高15cm；高11.7cm；高11.5cm	23,000	中国嘉德	2018-01-14
青白玉螭龙纹提梁瓶	高20.7cm	23,000	中国嘉德	2018-05-19
白玉缠枝莲纹链瓶	高63.5cm（含架）	23,000	中国嘉德	2018-05-19
白玉缠枝莲纹双联链瓶	高55cm（含架）	23,000	中国嘉德	2018-05-19
青白玉山水人物纹链瓶（一对）	高52.5cm	23,000	中国嘉德	2018-09-20
青白玉兽面纹提梁瓶	高28.6cm	20,700	中国嘉德	2018-05-19
青白玉螭龙纹六方瓶	高21.5cm	20,700	中国嘉德	2018-09-20
白玉螭龙纹螭耳瓶	高25cm	20,700	中国嘉德	2018-09-20
青白玉百福象耳衔环链瓶	高61cm（含架）	17,250	中国嘉德	2018-05-19
青白玉兽面纹螭耳瓶	高22.3cm	17,250	中国嘉德	2018-01-14
碧玉兽面纹炉瓶三式	高13.3cm；高10cm；长5.4cm	17,250	中国嘉德	2018-01-14
白玉缠枝莲纹瓶、花形杯各一件	高14.5cm；长11cm	13,800	中国嘉德	2018-01-14
玉尊				
汉代 和田青白玉饕餮龙纹四方尊	高19cm；直径6cm	3,052,000	爱艺拍	2018-09-27
汉代 和田青玉兽耳盖尊	高16.5cm；内直径9.5cm	984,940	奥斯汀	2018-06-18
乾隆 神兽双耳尊	高17.8cm；重1350g	3,095,600	爱艺拍	2018-09-27
清乾隆 白玉兽面纹童子方尊	长10.4cm	1,322,500	北京保利	2018-06-20
清 白玉马蹄尊	直径3.7cm；高3.8cm	57,500	北京匡时	2018-06-15
蒋大雄 墨碧犀牛尊	21×16×9.5cm；重2200g	112,000	上海联合	2018-07-01
青白玉宝鸭尊	长24cm	23,000	中国嘉德	2018-01-14
青玉羊尊	长12.5cm	13,800	中国嘉德	2018-09-20
玉觥、玉觞、玉罍、玉觯				
明 旧玉兽面纹觥	高8.2cm	57,500	北京翰海	2018-06-30
明 白玉龙凤纹觥杯	高10.9cm	218,500	北京鸿盛祥	2018-12-06
晚明 白玉仿古雕蟠螭觥	高14.5cm	166,313	佳士得	2018-11-28
明 青玉螭龙觥	玉高16.4cm	107,184	万昌斯	2018-05-30
明/清初 青玉仿古龙纹觥	高22.9cm	1,282,875	纽约佳士得	2018-09-13

2018玉器拍卖成交汇总

(成交价RMB：1万元以上)

拍品名称	物品尺寸	成交价RMB	拍卖公司	拍卖日期
清乾隆 白玉仿古兽面纹龙耳觥	高8.5cm	345,000	北京匡时	2018-06-15
清乾隆 青白玉仿古瑞兽纹觥	宽16.5cm	554,375	佳士得	2018-11-28
19世纪 青白玉螭龙纹觥	高15.5cm	161,700	伦敦佳士得	2018-05-15
清 玉觥	14.5×12.7cm	92,606	北京匡时	2018-10-03
清 青白玉夔龙耳觥	高17.8cm	57,500	北京匡时	2018-12-05
青白玉团寿字螭龙觥	高12cm（含座）	20,700	中国嘉德	2018-01-14
青白玉龙首凤尾觥	高13.5cm（含座）	13,800	中国嘉德	2018-01-14
明 玛瑙羽觞	长8.5cm	1,035,000	北京保利	2018-12-08
明 水晶羽觞	长8.6cm	437,000	北京保利	2018-12-08
宋/明 灰青玉仿古玉觯	高8.6cm	41,052	纽约佳士得	2018-09-13
玉觚				
18世纪 青白玉松鹤纹觚	高20.5cm	102,410	伦敦苏富比	2018-05-18
18世纪 青玉雕螭龙纹海棠式花觚		34,210	纽约苏富比	2018-09-12
清乾隆 白玉兽面纹活环方觚	高17.2cm	2,415,000	北京保利	2018-06-19
清乾隆 白玉雕兽面纹花觚	高26cm	460,000	北京荣宝	2018-06-14
清乾隆 白玉仿古饕餮纹出戟方觚	高19.5cm	828,000	古天一	2018-12-08
清中期 玉觚	高9.4cm	552,000	中国嘉德	2018-06-18
清 白玉兽面纹花觚	高17.3cm	97,750	北京保利	2018-07-27
清代 黄玉麒麟龙纹花觚	高15cm	977,500	古天一	2018-12-08
清 青白玉龙纹花觚	高17.7cm	79,830	万昌斯	2018-11-28
青白玉雕兽面纹花觚	高11.8cm	1,611,720	奥斯汀	2018-06-18
玉鼎				
明末17世纪 黄玉仿古饕餮纹方鼎	高16.2cm	118,580	伦敦佳士得	2018-05-15
明 白玉乳丁纹方鼎	高13.2cm	101,118	万昌斯	2018-11-28
18世纪 白玉朝冠耳方鼎	宽16.6cm	599,500	香港苏富比	2018-10-03
清乾隆 青白玉雕寿面纹鬲式鼎	高17.4cm	109,250	北京中汉	2018-04-15
清乾隆 白玉狮纹方鼎	高15.1cm	974,400	万昌斯	2018-05-30
清 白玉螭龙四足鼎	高10cm	25,724	北京匡时	2018-10-03
玉壶				
汉 和田青白玉壶	高25cm	1,828,200	奥斯汀	2018-01-21
明 子冈款白玉梅花方壶	高13cm	1,527,392	保利香港	2018-04-02
明 黄玉龙凤纹执壶	长7.3cm； 高17.4cm	1,012,000	北京鸿盛祥	2018-06-16
明 青白玉云龙纹壶	高13cm	91,630	伦敦佳士得	2018-05-15
明 青玉缠枝莲纹三足盖壶	高15cm	86,240	伦敦佳士得	2018-05-15
清乾隆 青白玉仿古螭龙纹壶	高22.8cm	381,848	保利香港	2018-04-02
清乾隆 白玉龙首执壶	高9.9cm； 宽14.1cm	308,688	保利香港	2018-10-02
清乾隆 水晶雕螭龙纹四方茶壶	高15cm；长18cm	805,000	北京保利	2018-12-12
清乾隆 恭王府旧藏白玉雕海水云龙纹执壶	壶高21.5cm	920,000	西泠拍卖	2018-07-07
清乾隆 和阗青玉兽首衔环凫鱼壶	高41.5cm	17,571,480	香港苏富比	2018-04-03
清乾隆 白玉茶壶	高17cm	2,720,640	香港苏富比	2018-10-03
清乾隆 青白玉福寿夔龙纹三牺式茶壶	高16.7cm	1,011,250	香港苏富比	2018-04-03
清中期 藏银嵌白玉提梁多宝壶	长18.4cm； 高37.4cm (带提梁)27.6cm	207,000	北京鸿盛祥	2018-06-16
清中期 玛瑙壶	高12cm	92,000	未来四方	2018-01-20
19世纪 青白玉八方执壶	高21.5cm	91,630	伦敦苏富比	2018-05-18
19世纪 青白玉茶壶		85,525	纽约苏富比	2018-09-15
18世纪/19世纪 青白玉雕象耳活环方壶		85,525	纽约苏富比	2018-09-15
清 白玉小扁壶	高16.5cm	34,500	北京保利	2018-06-21
清 冰糖玛瑙菊瓣小壶	宽11.2cm	34,500	北京匡时	2018-12-09
清 白玉山水人物诗文方壶	高6cm	82,800	北京东正	2018-06-17
清 白玉花卉诗文壶	长21cm； 高13.7cm	299,000	北京匡时	2018-06-15
清 水晶雕花果纹茶壶及水晶雕龙首杯带托	茶壶高16.5cm	118,580	伦敦苏富比	2018-05-18
清 白玉宝鸭形提梁壶	瓶长11cm； 总高10cm	97,440	万昌斯	2018-05-30
清 青玉如意纹壶	长20.5cm	13,800	中国嘉德	2018-09-20
民国 和田玉方形壶	长15cm； 重259g	712,998	奥斯汀	2018-01-21
现代 碧玉薄胎西番莲纹壶（一套）	壶长16cm； 杯直径5cm	13,800	北京荣宝	2018-09-14
宋鸣放 白玉壶	8.2×13×6.3cm； 重288.7g	728,000	上海联合	2018-11-25
朱玉峰 青玉茶壶	10.4×6.9×7.7cm； 重120.8g	145,600	上海联合	2018-07-01
青玉南瓜壶	壶 6.6×12.6×8.6cm； 杯 4.1×4.1×2.2cm； 重208.4g	61,600	上海联合	2018-11-25
郑志明 白玉缠枝莲纹茶壶	2.7×15.5×9.3cm； 重228.8g	39,200	上海联合	2018-07-01
郑志明 新疆和田玉薄胎茶壶	14.5×9.5×8.2cm； 重228g	69,000	尚品润博	2018-01-21
郑志明 新疆和田玉青玉籽料薄胎壶	8.8×15×9.2cm （实用器）； 重228g	36,800	尚品润博	2018-04-30
顾铭 有福 白玉壶	65×40×32mm； 重74.3g	40,250	西泠拍卖	2018-07-08
白玉羊首壶、黄玉菊瓣壶各一件	直径19cm； 直径14cm	40,250	中国嘉德	2018-05-19
20世纪 痕都斯坦风格青玉缠枝莲纹壶（三把）	高27cm； 长20.5cm； 长19.5cm	32,200	中国嘉德	2018-09-18
碧玉镶掐丝珐琅羊首提梁壶	高17.8cm	17,250	中国嘉德	2018-09-20
青白玉缠枝莲开光吉祥壶、方杯（一套五件）	高17.5cm； 长3.6cm	17,250	中国嘉德	2018-01-14
清代 玉钫	高21cm	287,500	古天一	2018-12-08
玉卣				
清乾隆 御制朱彩锈黄玉雕提梁禾亭卣	高15.3cm	14,697,200	佳士得	2018-05-30
清乾隆 翡翠提梁卣	（翡翠） 高14.5cm	1,150,000	中贸圣佳	2018-06-20
清晚期 碧玉兽面纹提梁卣	高23.5cm	25,300	中国嘉德	2018-09-20
玉罐				
明 灰玉灵芝纹六角罐	高8.6cm	77,172	保利香港	2018-10-02
18世纪 白玉痕都斯坦式罐		253,840	纽约苏富比	2018-03-21
17世纪/18世纪 青白玉痕都斯坦式刻花小盖罐附铜匙	高7.3cm	239,470	纽约佳士得	2018-09-13
清18世纪 黄玉双系椭圆形罐	长12cm	332,625	佳士得	2018-11-28
清代 玉雕人物花卉纹海棠形罐	高5.3cm	126,500	古天一	2018-06-17
清 青白玉童子罐	宽12cm	64,680	伦敦佳士得	2018-05-15
民国 青白玉三佛罐	高15.5cm	28,750	北京翰海	2018-01-14
19世纪/20世纪 白玉痕都斯坦式菊花纹盖罐	高18.5cm	64,680	伦敦佳士得	2018-05-15
青玉香粉罐三件套	4×4.9×4.9cm； 重54.2g； 5.6×5×5cm； 重61g； 5.9×5×5cm； 重56.8g	20,160	上海联合	2018-11-25
玉匜				
清 青白玉菊纹匜	长15.5cm	34,500	中国嘉德	2018-11-20
玉梅花匜	宽9cm	18,552	香港普艺	2018-10-06

拍品名称	物品尺寸	成交价RMB	拍卖公司	拍卖日期
玉炉（香熏）				
元代 青玉博古饕餮纹簋式炉	高11cm；直径11cm	43,700	古天一	2018-12-08
元/明 青白玉镂雕双扣如意纹香熏	高7.8cm	144,054	中国嘉德	2018-10-02
明 白玉竹节琴炉	直径6cm；高4.5cm	34,500	八益拍卖	2018-04-28
明 白玉双龙耳炉	宽14cm	74,750	北京保利	2018-10-27
明 青玉兽面纹双耳簋式炉	高10.9cm	69,000	北京东正	2018-06-17
明 白玉八罗汉香熏	高15.3cm（整体）7.2cm；长10cm	161,000	北京鸿盛祥	2018-06-16
明代 白玉博古方炉	高2.2cm	82,800	古天一	2018-06-17
晚明 青褐玉螭龙纹三足炉	直径7.8cm	50,750	佳士得	2018-05-30
清早期 玉雕双龙簋式炉	宽16.5cm	57,500	北京保利	2018-01-21
清早期 青白玉雕八卦香炉	直径5cm	25,300	北京保利	2018-06-21
明-清早期 白玉回纹双耳香炉	长12.4cm；宽10cm；高3.9cm	66,700	中贸圣佳	2018-11-25
清乾隆 白玉龙钮鼎式方炉	高18cm	920,000	保利厦门	2018-07-15
清乾隆 白玉镂雕花卉香炉	宽15cm	149,500	北京保利	2018-01-21
清乾隆 白玉莲耳镂空香熏	长12.5cm	368,000	北京鸿盛祥	2018-12-06
清乾隆 碧玉团龙钮凤耳活环炉	长20.1cm；高14.6cm	253,000	北京鸿盛祥	2018-12-06
清乾隆 碧玉莲花佛前供炉	长20.9cm；高9.2cm	207,000	北京鸿盛祥	2018-12-06
清乾隆 白玉镂空繁花熏炉	高10.5cm	184,000	北京匡时	2018-06-15
清乾隆 青白玉龙纹朝冠耳四足炉	高12.5cm	34,500	北京匡时	2018-12-05
清乾隆 白玉雕螭龙小炉	高4.2cm	207,000	古天一	2018-12-08
18世纪 白玉雕饕餮纹三足炉	高19.5cm	812,000	佳士得	2018-05-30
清乾隆 青白玉仿古四足炉		609,000	佳士得	2018-05-30
18世纪 白玉炉	宽21.5cm	111,183	纽约佳士得	2018-09-13
清乾隆 御制白玉天鸡耳三足炉	玉高15.1cm	1,224,060	万昌斯	2018-11-28
清乾隆 白玉镂雕狮钮活环耳三足盖炉	高13.3cm；通径19.5cm	6,095,000	西泠拍卖	2018-07-07
清乾隆 碧玉饕餮纹双活环耳出戟盖炉 配 白玉座	高21.4cm	1,199,000	香港苏富比	2018-10-03
清乾隆 碧玉饕餮纹仿古簋式熏炉	宽22cm；高25cm	92,000	浙江佳宝	2018-07-01
清中期 白玉雕云龙纹双螭龙耳方炉	直径11cm	102,896	保利香港	2018-10-02
清中期 白玉狮耳活环兽钮炉	长10.4cm；高11.3cm	437,000	北京鸿盛祥	2018-12-06
清中期 白玉兽面纹簋式炉	长20.2cm；高17.4cm	345,000	北京鸿盛祥	2018-06-16
清中期 碧玉兽面纹双耳衔环熏炉	高11cm	55,200	北京匡时	2018-12-05
清中期 青白玉夔龙纹双象耳熏炉	直径10.5cm	23,000	北京匡时	2018-12-05
清嘉庆 碧玉凤纹炉	高9.5cm	280,280	伦敦佳士得	2018-05-15
清中期 青白玉镂雕双环耳花薰	宽19.5cm；高15cm	230,000	浙江佳宝	2018-07-01
18世纪/19世纪 青白玉饕餮纹三足炉	宽14.7cm	150,920	伦敦佳士得	2018-05-15
19世纪 青白玉渣斗 翠玉碗一对及翠玉香炉（一组四件）	玉渣斗：8.5cm	34,496	伦敦苏富比	2018-05-18
18世纪/19世纪 碧玉簋式炉		47,595	纽约苏富比	2018-03-24
19世纪 白玉雕兽耳活环三足小盖炉		11,974	纽约苏富比	2018-09-15
18世纪/19世纪 白玉雕龙活环龙首三足盖炉	高29.6cm	2,720,640	香港苏富比	2018-10-03
清 青玉镂空双兽耳盖炉	高32cm	2,616,000	爱艺拍	2018-09-27
清代 青白玉镂空雕双龙三足盖炉	高17cm	1,447,520	爱艺拍	2018-09-27
清 白玉雕佛钮双游环耳炉	高24cm	437,000	北京保利	2018-01-21
清 玉雕双凤耳游环大香炉	宽25.5cm	241,500	北京保利	2018-07-27
清 黄玉双兽耳游环炉	宽15.7cm	74,750	北京保利	2018-07-27
清 黄玉双狮耳游环三足炉	宽9.6cm	34,500	北京保利	2018-07-27
清 黄玉双环耳香炉	宽19cm	34,500	北京保利	2018-07-27
清 白玉盖炉	宽15.5cm	29,900	北京保利	2018-12-09
清 青白玉兽耳香炉	宽18cm	17,250	北京保利	2018-07-27
清 碧玉龙钮饕餮纹兽耳活环四足炉	长15.4cm；高18.6cm	172,500	北京鸿盛祥	2018-06-16
清 翡翠凤穿牡丹纹三足炉	长16.8cm；高15.5cm	115,000	北京鸿盛祥	2018-06-16
清 青白玉双耳香炉	长18cm；高10cm	92,000	北京华辰	2018-11-19
清 青白玉活环盖炉	高13cm	324,800	佳士得	2018-05-30
清末／民初 黄玉方鼎式盖炉	总高19cm	263,900	佳士得	2018-05-30
清 水晶香炉	高15.5cm	13,560	羅芙奧	2018-12-01
清 白玉镂雕牡丹花熏	高8.7cm；通径13.4cm	632,500	西泠拍卖	2018-07-07
清 白玉兽面纹双耳盖炉	高11.0cm；带座高13.4cm	161,000	西泠拍卖	2018-07-07
清 白玉象耳簋式炉	通高10.4cm	80,500	西泠拍卖	2018-07-07
清 玛瑙雕兽钮活环耳香炉	通径12.5cm	46,000	西泠拍卖	2018-07-07
清 水晶雕龙纹铺首耳香炉	通径10.5cm	23,000	西泠拍卖	2018-07-07
清 冰糖玛瑙活环耳琴炉	带座高12cm	13,800	西泠拍卖	2018-05-04
清 仿古铜玉炉	高16cm；宽25cm	47,908	香港诚昌	2018-05-28
清 白玉雕饕餮纹双耳活环炉	长19cm	89,700	印千山	2018-01-12
清 白玉雕螭龙纹双耳香炉	径14cm	57,500	印千山	2018-01-12
清 白玉盘龙钮饕餮纹双兽耳三足炉	宽16.5cm；高11cm	207,000	浙江佳宝	2018-07-01
民国 玉香炉	长14.5cm；重246g	1,096,920	奥斯汀	2018-01-21
当代 玉双耳炉	高12cm	23,000	北京翰海	2018-05-13
现代 白玉雕福禄寿喜载耳炉	14×11cm	57,500	北京荣宝	2018-09-14
20世纪初 白玉龙首活环耳三足盖炉	19.1cm	381,500	佳士得	2018-10-04
19世纪/20世纪 青白玉痕都斯坦式透雕莲纹高足盖炉		72,696	纽约苏富比	2018-09-15
朱玉峰 双耳碧玉香炉	高9.1cm；重207.4g	246,400	上海联合	2018-07-01
青白玉高足活环盖炉	高10.5cm	17,250	太平洋	2018-06-09
青白玉螭龙纹兽耳衔环炉、兽面纹鼎式炉各一件	长19.5cm；长17cm	40,250	中国嘉德	2018-05-19
20世纪 白玉、碧玉、孔雀石兽钮炉各一件	长17.7cm；长14.4cm；长13.5cm	32,200	中国嘉德	2018-05-19
青白玉螭龙纹朝天耳炉	长15.8cm	23,000	中国嘉德	2018-09-20
青白玉婴戏炉	长14.2cm	20,700	中国嘉德	2018-09-20
绿松石兽面纹羊耳炉	长15cm	13,800	中国嘉德	2018-01-14
玉盒				
唐 白玉花卉纹盖盒	长3.6cm	37,027	万昌斯	2018-05-30
辽-金 玛瑙雕春山秋水纹寿桃形盖盒	长7cm；宽6.3cm	23,000	西泠拍卖	2018-07-07
明 陆子冈至白玉题诗琴形盒	长9.7cm	1,495,000	北京保利	2018-06-19
明 嵌白玉龙纹盖盒	长16.7cm	34,500	北京保利	2018-04-29
明代 玉雕荔枝纹香盒	直径6cm；高2.5cm	55,200	古天一	2018-12-08
明 白玉荔枝纹香盒	直径5.5cm；高2.7cm	368,000	中贸圣佳	2018-11-24
18世纪 白玉雕福禄寿喜盒摆件	高7cm	90,548	北京匡时	2018-10-03
清康熙 白玉雕凤纹粉盒	直径8cm	36,800	北京匡时	2018-12-05
清乾隆 青白玉番莲纹盖盒	宽76cm	155,225	邦瀚斯	2018-11-27
18世纪 白玉年年有余方盒（一对）	8cm×8cm×4.5cm	2,070,000	北京东正	2018-06-17
清乾隆 白玉御制诗扳指盒	高4cm	178,250	北京东正	2018-06-17

拍品名称	物品尺寸	成交价RMB	拍卖公司	拍卖日期
清乾隆 白玉方型回纹盖盒	5.5×5.5×4.5cm	97,750	北京东正	2018-06-17
清乾隆 白玉螭龙盖盒	直径5.5cm；高2.6cm	105,800	北京鸿盛祥	2018-06-16
清乾隆 白玉痕都斯坦海棠形盖盒	长8.1cm；高4cm	92,000	北京鸿盛祥	2018-12-06
清乾隆 白玉荷塘雅趣盖盒	直径7.4cm；高4.2cm	92,000	北京鸿盛祥	2018-12-06
清乾隆 水晶四方粉盒	4.8×4.8×2.5cm	32,200	北京匡时	2018-12-05
清乾隆 白玉榴开百子连枝盒	长8.3cm	304,500	佳士得	2018-05-30
清乾隆 青白玉穿云游龙纹盖盒	直径10cm	539,000	伦敦苏富比	2018-05-16
清乾隆 白玉饕餮纹香盒	直径8cm	121,800	香港诚昌	2018-05-30
清乾隆 白玉嵌宝灵芝纹四方盖盒	直径8.2cm	872,000	香港苏富比	2018-10-03
清乾隆 白玉鹌鹑盖盒（一对）	宽9.5cm	920,000	中国嘉德	2018-06-18
清乾隆 白玉菊花香盒	直径6.2cm；高3.7cm	184,000	中贸圣佳	2018-11-24
清乾隆 白玉雕宝相花扳指盒	高4cm	80,500	中贸圣佳	2018-06-20
清中期 白玉雕秋葵纹香盒	长5cm	23,000	保利厦门	2018-07-15
清中期 白玉凤纹盖盒	直径8cm	114,554	保利香港	2018-04-02
清中期 水晶雕福寿盖盒	宽10.2cm	78,200	北京保利	2018-06-21
清中期 白玉花卉盖盒	直径7.8cm	34,500	北京保利	2018-10-27
清中期 白玉安居乐业香盒（一对）	高6.8cm×2	115,000	北京匡时	2018-12-05
清中期 青白玉瓜瓞绵绵盖盒（带座）	长10.5cm	55,200	华艺国际	2018-11-17
清中期 和田玉福寿如意纹香盒	长9.5cm；宽5.5cm	40,250	南京经典	2018-07-22
清中期 白玉八宝纹海棠形盖盒	长17.2cm；宽15.3cm；高3.5cm	287,500	浙江佳宝	2018-07-01
清嘉庆 御题回文诗白玉盖盒	直径5.8cm；高2.9cm	575,000	中国嘉德	2018-06-18
清中期 白玉花鸟纹圆盒（带座）（一对）	直径7.1cm；高3.7cm	138,000	中国嘉德	2018-06-19
19世纪 白玉雕宝鹅形盖盒		79,325	纽约苏富比	2018-03-24
清 白玉香盒	直径5.5cm	23,000	八益拍卖	2018-04-28
清 白玉雕花卉方盒	长5.4cm；宽4.1cm；高2cm	18,400	八益拍卖	2018-04-28
清 白玉喜字盖盒	长6.5cm	25,300	北京保利	2018-07-27
清 黑白玉安居乐业盖盒	宽9.9cm	17,250	北京保利	2018-10-27
清 白玉桃形盖盒	长9cm	13,800	北京保利	2018-04-29
清 白玉瓜形盖盒	直径7.8cm	13,800	北京保利	2018-10-27
清 白玉鹅型盖盒	高11cm	218,500	北京东正	2018-06-17
清 白玉雕桃形双连盖盒	直径14.3cm	112,700	北京东正	2018-06-17
清 白玉喜字圆盒（两件）	直径5.5cm	20,700	北京翰海	2018-06-30
清 黄玉双龙捧寿纹香盒	长8.7cm	32,200	北京匡时	2018-06-15
清 白玉福如东海盖盒	9.4×5.3×2.6cm	23,000	北京匡时	2018-06-15
清代 黄玉阴刻山水人物盖盒	直径5.5cm	230,000	古天一	2018-12-08
清 青白玉鹌鹑盒（一对）	长12cm	287,500	华艺国际	2018-05-23
清 贴黄玉蝠捧寿螺形盖盒	长15.5cm	80,500	华艺国际	2018-11-16
清 白玉镂雕仙鹤灵芝盖盒	总高14cm	426,300	佳士得	2018-05-30
清 白玉雕花卉纹盖盒	高4.2cm；口径9.7cm	207,000	西泠拍卖	2018-07-07
清 青白玉盘长纹小香盒	长3.5cm	23,000	中国嘉德	2018-09-19
民国 白玉鹌鹑盖盒（一对）	长10.5cm×2	115,000	保利厦门	2018-07-15
民国 掐丝双凤玉盒	长11.2cm	23,000	北京翰海	2018-01-14
19世纪/20世纪 白玉灵芝莲花纹盖盒	宽7.3cm	280,280	伦敦佳士得	2018-05-15
黄玉雕兔形盖盒	宽8.3cm	223,300	佳士得	2018-05-30
黄玉莲花纹盖盒	直径7.5cm	130,800	佳士得	2018-10-04
19世纪/20世纪 白玉雕莲塘鸳鸯图诗文盖盒		32,500	纽约苏富比	2018-09-15
19世纪/20世纪 青白玉痕都斯坦式透雕莲纹海棠式盖盒		22,237	纽约苏富比	2018-09-15
白玉留皮盖盒	长17cm	40,250	中国嘉德	2018-05-19
玉奁				
清乾隆 白玉年年有余如意纹盖奁	宽12.2cm	805,000	北京保利	2018-06-20
清乾隆 白玉兽面纹双兽耳盖奁	宽14.5cm	483,000	北京保利	2018-12-09
清乾隆 白玉莲纹三羊开泰五蝠纽奁	高15cm	6,095,000	北京东正	2018-06-17
玉簋				
玉盘（玉盏托）				
宋 黄玉盏托	直径11.7cm	256,575	纽约佳士得	2018-09-13
明 玉雕万寿长春茶盘	长18cm	28,750	北京保利	2018-04-29
18世纪 青白玉盘		103,123	纽约苏富比	2018-03-24
清乾隆 碧玉菊瓣盘	直径14cm	69,000	北京保利	2018-04-29
清乾隆 白玉乾隆御制款盘	直径13.8cm	212,750	北京鸿盛祥	2018-12-06
清乾隆 白玉饕餮纹香盘	11.5cm×7.5cm	94,300	古天一	2018-06-17
清乾隆 白玉盘螭荷叶形杯	6×11cm	23,000	太平洋	2018-06-09
清乾隆 白玉杯连盏托	盏托17.3cm；杯6.7cm	1,308,000	香港苏富比	2018-10-03
清乾隆 白玉素盘	直径17.2cm；高4.3cm	46,000	中贸圣佳	2018-11-25
清嘉庆 白玉嘉庆年制款海棠盘	长13.1cm；高1.5cm	322,000	北京鸿盛祥	2018-06-16
清中期 白玉盘	直径17.6cm	69,000	北京荣宝	2018-12-03
清嘉庆 白玉六瓣花口盘	直径14.8cm	427,625	纽约佳士得	2018-09-13
清 白玉花口盘	直径16cm	23,000	北京翰海	2018-06-30
清代 描金松树纹碧玉赏盘	直径31cm	207,000	古天一	2018-06-17
清代 碧玉随形水仙盘	高5cm；长31cm	57,500	古天一	2018-06-17
清 青白玉菊瓣盘	13.5cm	129,360	伦敦苏富比	2018-05-18
清 白玉年年有余盘（一对）	直径15.2cm	287,500	西泠拍卖	2018-07-07
清 大清乾隆年制款碧玉浮雕海晏河清图盘	直径8.3cm	80,500	西泠拍卖	2018-07-07
清 碧玉菊瓣盘	直径21.2cm	74,750	西泠拍卖	2018-07-07
清 青花玉盘（带座）	高1.8cm；直径16.8cm	69,000	浙江佳宝	2018-07-01
约1880-1890年 法国 铜鎏金及手工水晶盛盘两件套	约24×23cm	25,300	北京保利	2018-06-18
玉镶金口盘	直径13.3cm	920,000	北京东正	2018-06-17
白玉诗文碗连铜鎏金花卉纹盖、盏托	高23.5cm	36,800	中国嘉德	2018-09-19
清乾隆 青白玉雕双龙戏珠盏托及双龙耳杯	宽16.5cm；宽11.5cm	678,500	北京保利	2018-12-09
清 白玉痕都斯坦式椭圆形碟	长17.2cm	42,576	万昌斯	2018-11-28
清 白玉痕都斯坦式长方形碟	长10.4cm；厚1.1cm	42,576	万昌斯	2018-11-28
玉碗				
宋 玛瑙葵口碗	直径10.8cm	463,032	中国嘉德	2018-10-02
17世纪 青白玉痕都斯坦式缠枝花卉纹碗	直径13.6cm	188,650	伦敦苏富比	2018-05-16
清康熙 白玉九鱼八吉祥纹碗	高6cm；直径18cm	747,500	古天一	2018-06-17
清康熙至雍正 玛瑙葵花式浅碗	直径18.5cm	1,090,000	香港苏富比	2018-10-03
清乾隆 白玉刻乾隆御题诗茶盅	直径10.8cm	3,910,000	北京保利	2018-06-19
清乾隆 白玉盖碗（一对）	直径12cm	1,495,000	北京保利	2018-12-12
清乾隆 青白玉浅碗	直径13.5cm	230,000	北京保利	2018-06-20
清乾隆 白玉碗（一对）	直径13cm×2	3,220,000	北京东正	2018-06-17
清乾隆 仿琥珀料河塘鸳鸯碗	直径16.7cm	115,000	北京荣宝	2018-12-03
清乾隆 白玉宫碗	直径12.3cm	862,500	华艺国际	2018-05-23
18世纪 白玉描金刻三多碗（一对）	直径15.2cm	1,015,000	佳士得	2018-05-30
清乾隆 碧玉碗		171,050	纽约苏富比	2018-09-12
清乾隆 黄玉碗（一对）	直径13.8cm	5,859,840	香港苏富比	2018-10-03
清乾隆 御题和阗白玉碗	直径12.7cm	4,290,240	香港苏富比	2018-10-03

拍品名称	物品尺寸	成交价RMB	拍卖公司	拍卖日期
清乾隆 白玉碗（一对）	直径15.8cm	2,180,000	香港苏富比	2018-10-03
清乾隆 翡翠碗（一对）	直径14.1cm；高6cm	713,000	中贸圣佳	2018-06-20
清中期 青白玉碗	直径15cm	34,500	八益拍卖	2018-04-28
清中期 碧玉盖碗	直径10cm；高8.5cm	13,800	北京荣宝	2018-06-14
清中期 青白玉菊瓣碗（一对）	直径14.5cm	205,792	中国嘉德	2018-10-02
19世纪 碧玉碗（一对）	直径18.5cm	28,750	北京中汉	2018-09-21
19世纪 青玉雕年年有余图碗（一对）		158,650	纽约苏富比	2018-03-21
清 乾隆御制白玉碗	直径11.3cm	102,896	保利香港	2018-10-02
清 青玉团寿碗	直径13.3cm	23,000	北京保利	2018-04-29
清代 玉贡碗（一套）	高5cm；直径12cm	57,500	古天一	2018-06-17
清代 紫檀嵌百宝饕餮碗	高6cm；直径14.5cm	57,500	古天一	2018-12-08
清末 白玉饕餮纹碗	14.8cm	172,480	伦敦苏富比	2018-05-18
清末 碧玉饕餮纹菊瓣碗	直径23.5cm	51,744	伦敦苏富比	2018-05-18
清 白玉描金山水纹碗	高4.2cm；口径12cm	115,000	西泠拍卖	2018-07-07
清 白玉秋葵式碗	直径12.5cm	87,200	香港苏富比	2018-10-03
清 白玉饕餮纹碗	直径8.5cm	25,300	中国嘉德	2018-11-20
民国 白玉寿字八棱盖碗	直径13.5cm	34,500	北京翰海	2018-01-14
白玉刻花碗	口径10.3cm；高5.8cm	1,188,330	奥斯汀	2018-01-21
20世纪 白玉雕穿花鹤纹碗（一对）		38,486	纽约苏富比	2018-09-15
玉杯（玉盏）				
宋/明 玉雕仿古龙凤纹牛首来通杯	高86cm	343,713	邦瀚斯	2018-11-27
宋 白玉提油单耳杯	长7.9cm	55,200	西泠拍卖	2018-07-07
元 玛瑙斗笠盏	直径11.5cm	66,700	保利厦门	2018-01-08
元 玉雕菊瓣杯	直径5.3cm	115,000	北京诚轩	2018-06-17
17世纪 青白玉花鸟纹题诗杯	宽10cm	70,070	伦敦佳士得	2018-05-15
17世纪 褐白玉雕仿古纹双龙耳杯	宽20.3cm	76,973	纽约佳士得	2018-09-13
17世纪 青玉雕螭龙耳小杯		25,658	纽约苏富比	2018-09-15
明 白玉寿字花卉纹杯托（一对）	长21.3cm	230,000	北京保利	2018-06-20
明 白玉双螭拱寿纹杯托	长15.6cm	115,000	北京保利	2018-06-20
明 玉双耳杯	宽11.1cm	23,000	北京保利	2018-04-29
明 青白玉兽面杯	长13cm	13,800	北京保利	2018-07-27
明 青白玉梅花杯	宽11cm	13,800	北京保利	2018-07-27
明 青玉雕螭龙耳杯	直径9.5cm	74,750	北京东正	2018-06-17
明 白玉双耳梅花诗文杯	长11.4cm；高3.9cm	103,500	北京鸿盛祥	2018-06-16
明 火烧玉兽面纹爵杯	高7.5cm	34,500	广东崇正	2018-07-05
明 灰白玉螭龙耳杯	宽14cm	145,393	纽约佳士得	2018-09-13
明 白玉雕龙耳杯		273,680	纽约苏富比	2018-09-12
明 青白玉雕兽面耳斗杯（一组两件）	长8cm×2	92,000	西泠拍卖	2018-07-07
明 白玉螭龙耳杯	长15.6cm	57,500	西泠拍卖	2018-07-07
明 白玉乳钉纹双龙耳杯	通高8cm；高3.2cm；通径11cm；口径6.3cm	34,500	西泠拍卖	2018-07-07
明 白玉兽面纹耳杯	高3.3cm	32,200	西泠拍卖	2018-07-07
明 青白玉双龙耳杯	宽12.8cm	23,000	中国嘉德	2018-11-20
18世纪 玛瑙雕螭龙纹小杯		64,144	纽约苏富比	2018-09-12
清早期 白玉雕双万耳杯、浅浮雕高仕诗文带扣	宽8cm	51,750	北京保利	2018-06-21
清早期 玉杯	长8cm	80,500	北京翰海	2018-05-13
清初 紫檀雕玉兰杯	长12cm；高5cm	23,000	古天一	2018-12-08
清早期 玛瑙雕螭耳杯	长10.5cm	42,560	上海联合	2018-11-25
清雍正 雍正年制白玉杯（一对）	直径7.4cm；高4.5cm；	1,610,000	中贸圣佳	2018-11-24
18世纪 白玉杯	直径5cm	34,500	保利厦门	2018-01-08
清乾隆 白玉痕都斯坦羊首杯	长10.4cm；宽8cm	105,800	北京鸿盛祥	2018-12-06
清乾隆 白玉灵芝小丞杯连座	高4.7cm	843,747	北京匡时	2018-10-03
清乾隆 白玉三足酒杯	直径5.1cm	57,500	北京匡时	2018-12-05
清乾隆 和田白玉螭纹爵杯摆件	高13cm	92,000	上海匡时	2018-04-30
清乾隆 白玉花卉纹双耳活环薄胎杯	长15.0cm	172,500	西泠拍卖	2018-07-07
清乾隆 白玉如意足小杯	直径7.2cm	763,000	香港苏富比	2018-10-03
清乾隆 “乾隆年制”款白玉杯	高7cm	437,000	中国嘉德	2018-06-18
清中期 白玉螭龙耳杯	长13.5cm	172,500	北京翰海	2018-06-30
清中期 青玉螭龙耳杯	长11.7cm	66,700	北京翰海	2018-06-30
清中期 白玉鹿耳云纹杯	长15.4cm；高5.7cm	287,500	北京鸿盛祥	2018-12-06
清中期 白玉凤鸟纹杯	长10.8cm；高7.4cm	86,250	北京鸿盛祥	2018-06-16
清中期 白玉柳斗纹单耳杯	长8.7cm	34,500	北京匡时	2018-06-15
清中期 水晶爵杯	高13cm	63,250	广东崇正	2018-07-05
清中期 白玉螭龙纹六角把杯	长7.2cm；宽6.6cm；高3.6cm	80,500	浙江佳宝	2018-07-01
18世纪/19世纪 碧玉双螭龙耳杯	宽13cm	32,340	伦敦佳士得	2018-05-15
19世纪 青白玉菊瓣杯	直径7.2cm	102,410	伦敦苏富比	2018-05-18
清 白玉雕花耳杯	长13.5cm	1,790,800	奥斯汀	2018-06-18
清 青玉龙柄杯（两件）	长11cm；长9.5cm	34,500	北京保利	2018-06-21
清 白玉灵芝杯	宽12.2cm	32,200	北京保利	2018-07-27
清 青玉雕痕都斯坦式花耳菊瓣杯	直径8cm	69,000	北京东正	2018-06-17
清 白玉凤首杯	高11.5cm	43,700	北京翰海	2018-01-14
清 白玉螭龙纹杯	长8cm	23,000	北京翰海	2018-06-30
清 水晶双螭虎耳杯	长8.5cm	23,000	北京华辰	2018-11-19
清 白玉螭龙纹杯	高7cm	16,100	华艺国际	2018-03-30
清 缠丝玛瑙椭圆杯	长18.8cm	44,705	万昌斯	2018-11-28
清 白玉雕拐子龙纹觥杯	带座高10.7cm；通径13cm	57,500	西泠拍卖	2018-07-07
清 白玉雕双螭纹觥形杯	通径7.8cm	25,300	西泠拍卖	2018-07-07
清 黄玉雕龙纹杯	高21.5cm	46,000	印千山	2018-01-12
清 白玉花鸟纹葵口杯	直径9.8cm；高4.8cm	18,400	浙江佳宝	2018-07-01
清 白玉雕花双耳杯	宽11.3cm	59,800	中国嘉德	2018-11-20
清 白玉三菱杯子	高6.2cm	25,300	中国嘉德	2018-11-20
清 白玉杯	直径7.7cm；高6.8cm	264,500	中贸圣佳	2018-11-24
白玉盖杯（一对）	高7.5cm	228,900	佳士得	2018-10-04
仿古玉耳杯	13.5cm	21,560	伦敦苏富比	2018-05-18
20世纪 青白玉雕仿古爵		29,934	纽约苏富比	2018-09-15
水晶双耳杯	高4cm；口径11cm	92,000	未来四方	2018-01-20
黄玉兽面纹螭耳杯	长11cm	28,750	中国嘉德	2018-01-14
白玉杯	直径5.6cm	25,300	中国嘉德	2018-09-20
白玉凤耳杯	长13.2cm	13,800	中国嘉德	2018-05-19
宫廷旧藏白玉灵芝双鹿杯	长10.6cm	575,000	中贸圣佳	2018-11-24
清乾隆 白玉灵芝纹小盏	直径8.5cm	55,200	北京保利	2018-12-09
玉缸				
云龙纹大缸	直径95cm	59,800	中国嘉德	2018-01-14
玉盆、玉钵				
清 青白玉四季花卉花盆	19.5×14×7.6cm	92,000	八益拍卖	2018-04-28
清 玉钵	直径12cm	34,500	北京翰海	2018-05-13
碧玉云龙纹钵	直径16.5cm	36,800	中国嘉德	2018-01-14
碧玉云龙纹钵	直径17cm	11,500	中国嘉德	2018-05-19

2018玉器拍卖成交汇总

(成交价RMB：1万元以上)

拍品名称	物品尺寸	成交价RMB	拍卖公司	拍卖日期
玉花插 盆景				
明末清初 青白玉螭龙纹双联瓶花插	带座高23cm	172,500	广东崇正	2018-07-05
明末清初 黄玉鱼化龙花插	高15.5cm	138,000	古天一	2018-12-08
18世纪 碧玉福禄双全花插	17cm	91,630	伦敦苏富比	2018-05-18
清早期 诗文盆假山盆景	41×25×112cm	253,000	上海匡时	2018-04-30
清早期 白玉梅花纹花插	高8.0cm	115,000	西泠拍卖	2018-07-07
清乾隆 白玉百宝盆景（一对）	高32cm	2,530,000	北京保利	2018-06-19
18世纪 白玉凤鸣在竹花插	高8.5cm	57,500	北京东正	2018-06-17
清乾隆 白玉玉兰花插	长9.4cm；高13cm	276,000	北京鸿盛祥	2018-12-06
清乾隆 南红玛瑙雕英雄纹花插	高7cm	86,250	西泠拍卖	2018-07-07
清乾隆 晶石巧雕游龙戏凤花插	高16.5cm	1,011,250	香港苏富比	2018-04-03
清乾隆 南红玛瑙福寿花插	高8.3cm	43,700	中国嘉德	2018-05-19
清乾隆 白玉雕白菜花插	高9.8cm	345,000	中贸圣佳	2018-11-24
清中期 碧玉双鱼花插	高20cm	184,000	北京翰海	2018-06-30
清中期 水晶福禄花插	高10cm	23,000	北京荣宝	2018-06-14
18世纪/19世纪 灰青玉雕玉兰花插	高19.7cm	42,763	纽约佳士得	2018-09-13
清 红珊瑚盆景	高47cm	126,500	北京保利	2018-07-27
清 南红玛瑙花插	高9cm	46,000	北京保利	2018-10-28
清 白玉兰花形花插	高15.5cm	66,700	北京匡时	2018-06-15
清 南红玛瑙凤鸟纹花插	高16cm	40,250	北京匡时	2018-12-05
清 錾胎珐琅玉石梅花盆景（一对）	高55cm	80,500	广东崇正	2018-07-05
清 碧玉嵌珐琅水仙盆景（一对）	带盆高25cm；带盆高24.5cm	195,500	西泠拍卖	2018-07-07
清 红珊瑚高浮雕龙纹花插	高10.3cm	48,300	西泠拍卖	2018-05-04
清 南红玛瑙桃桩形花插	带座高18.5cm	18,400	西泠拍卖	2018-05-04
清 孔雀石镶南红玛瑙花插	高15.5cm	40,250	印千山	2018-01-12
清 黄玉玉兰花插（带座）	高16cm	172,500	中国嘉德	2018-11-20
清 青白玉花插	高8.7cm	25,300	中贸圣佳	2018-11-25
民国 粉晶桃树盆景	高105cm	21,850	北京保利	2018-04-30
翡翠花篮	高43cm（含座）	23,000	中国嘉德	2018-01-14
黄玉荷花花插	高14cm	13,800	中国嘉德	2018-05-19
玉香插				
明末 青玉雕瑞兽香插		34,210	纽约苏富比	2018-09-12
清早期 玉雕海棠形花觚式小香插	高6.8cm	25,300	中国嘉德	2018-09-19
清乾隆 白玉朱雀香插	长8cm	28,750	北京中汉	2018-04-15
清 玛瑙巧雕灵芝香插	高6cm	34,500	保利厦门	2018-01-08
清代 嵌宝玉蟾香插	长4cm	57,500	古天一	2018-12-08
徐志浩 桃喜 白玉香插	8.7×4×2cm；重55.8g	188,160	上海联合	2018-11-25
张胜利 太白醉酒 香插	5×1.9×2.4cm；重33.8g	50,400	上海联合	2018-07-01
杨云峰 清香 青玉香插	12.2×7.7×3.5cm；重144.3g	29,120	上海联合	2018-07-01
玉香筒				
清乾隆 白玉镂雕溪山高隐香筒（一对）	高24.8cm	1,978,000	北京鸿盛祥	2018-06-16
清中期 白玉透雕螭龙香筒	长5.6cm	23,000	北京保利	2018-06-21
清中期 白玉透雕山旅图香筒	高19.5cm	138,000	古天一	2018-12-08
清 和田玉雕香筒	长14.5cm	13,800	北京华辰	2018-11-19
清 白玉山水人物香筒	高23.5cm	920,000	西泠拍卖	2018-07-07
杨光 和田玉黄玉香筒	长度12.5cm；直径2.2cm；重98g	322,000	尚品润博	2018-04-30
杨光 和田玉黄玉香筒	高12.9cm；直径2.3cm；重109.8g	92,000	尚品润博	2018-11-24
玉镜				
清 青白玉龙首带钩镶寿字瓦子手镜	长22.5cm	34,500	中国嘉德	2018-05-19

拍品名称	物品尺寸	成交价RMB	拍卖公司	拍卖日期
玉烛台				
元或明 和田玉飞熊入梦烛台	长11cm；宽4.8cm；高7cm	57,500	南京经典	2018-07-22
明 青白玉受沁烛台组件（一组两件）	长8cm；直径3.2cm	32,200	浙江佳宝	2018-07-01
18世纪 碧玉海晏河清烛台（一对）	高22.5cm	977,512	北京匡时	2018-10-03
清乾隆 御制白玉落花流水烛台	高16cm	230,000	北京荣宝	2018-12-03
其他生活用品				
元 白玉酒勺	长9cm	92,000	北京保利	2018-06-20
明 灰白玉仿古拐子龙凤纹玉卮	高8.5cm	239,470	纽约佳士得	2018-09-13
清乾隆 白玉雕龙柄御勺	长11cm	471,500	北京荣宝	2018-06-14
清中期 碧玉如意云头形官帽架	高29.4cm；直径17.5cm	63,250	浙江佳宝	2018-07-01
清 青玉雕云龙纹嵌鸂鶒木描金御制诗冠架	高29cm	384,275	香港苏富比	2018-04-03
王一卜 茶禅一则 青玉茶则	长17.4cm；重61.9g	115,000	西泠拍卖	2018-07-08
四 文房用品				
玉笔				
18世纪 白玉大锋笔	长30cm	264,500	北京东正	2018-06-17
清中期 白玉杆毛笔	长17cm	36,800	北京保利	2018-12-09
清嘉庆 白玉嘉庆款携琴访友玉笔（一对）	长15.5cm	66,700	北京鸿盛祥	2018-12-06
十八/十九世纪 青白玉雕梅桩大笔海	高21cm	3,814,100	邦瀚斯	2018-11-27
清 玉笔杆（一对）		11,500	朵云轩	2018-09-10
清 白玉龙纹毛笔	长20cm	207,000	中贸圣佳	2018-11-25
清嘉庆 嘉庆御笔之宝交龙钮碧玉宝玺	高16.7cm	9,941,175	台湾上之角	2018-11-26
青白玉海天浴日砚、白玉镶碧玉笔（三件）	长25cm；长15.5cm；长13.5cm	23,000	中国嘉德	2018-05-19
玉笔筒				
18世纪 白玉雕百福祥云纹笔筒	9.4cm	140,140	伦敦苏富比	2018-05-18
清早期 南红玛瑙雕梅花笔筒	高13.5cm	57,500	北京匡时	2018-06-15
17-18世纪 灰白玉山水人物笔筒	高11cm	517,500	北京东正	2018-06-17
清乾隆 白玉笔筒	高10.8cm	654,000	香港苏富比	2018-10-03
清乾隆 碧玉云龙纹笔筒	高12.7cm	460,000	中贸圣佳	2018-11-24
清中期 碧玉雕山水诗文笔筒	高16cm	57,500	保利厦门	2018-01-08
清中期 和田玉东方朔诗文笔筒	口径5cm；高10.3cm	184,000	南京经典	2018-07-22
清代 和田玉浮雕山水人物笔筒	高7.2cm	2,180,000	爱艺拍	2018-09-27
清 碧玉合和二仙笔筒	高14.5cm；直径10cm	57,500	八益拍卖	2018-04-28
清 碧玉松下高仕笔筒	高8.5cm	23,000	北京保利	2018-04-29
清 玛瑙绳纹笔筒	高12cm	34,500	北京匡时	2018-12-05
清 碧玉雕人物故事笔筒	高17cm	98,900	印千山	2018-01-12
清 白玉雕福寿三多御题诗文笔筒	高11cm	69,000	印千山	2018-01-12
青玉松下人物笔筒	高15.5cm；高6cm	32,200	北京保利	2018-10-28
白玉人物纹笔筒	高12.5cm	23,000	北京保利	2018-04-29
白玉雕山水人物笔筒	高12cm	13,800	北京保利	2018-10-28
碧玉山水人物御题诗文笔筒	直径21cm	32,200	中国嘉德	2018-05-19
青白玉阴刻填金金刚经笔筒	高12.7cm	20,700	中国嘉德	2018-01-14
御题诗文笔筒	高19cm	17,250	中国嘉德	2018-05-19
白玉喜鹊登梅笔筒	高12.3cm	17,250	中国嘉德	2018-05-19
玉笔架（笔搁）、笔山、笔插				
元 白玉山形笔架	长13.4cm	517,500	北京匡时	2018-12-05
明 白玉喜得佳偶笔架	长6.7cm	36,800	北京鸿盛祥	2018-12-06

拍品名称	物品尺寸	成交价RMB	拍卖公司	拍卖日期
清早期 白玉留皮福山寿海笔架	高8.5cm	57,500	北京匡时	2018-12-05
清早期 玉雕福山寿海笔架	长10.9cm	40,250	北京荣宝	2018-06-14
清18世纪 白玉喜上眉梢笔架	长13cm	138,000	北京保利	2018-12-09
清乾隆 白玉鲤鱼跃龙门笔架山	玉长19cm；总高13cm；厚4.7cm	138,372	万昌斯	2018-11-28
18世纪 青白玉海浪式笔搁	长16cm	161,800	香港苏富比	2018-04-02
清中期 白玉五峰笔架	长14cm	97,750	北京翰海	2018-06-30
清 白玉山水纹笔架山	宽7.3cm	20,579	保利香港	2018-10-02
清 白玉童子笔架	长8.3cm	20,700	北京保利	2018-07-27
清 白玉雕松鼠葡萄纹笔搁	长5.9cm	138,000	北京东正	2018-06-17
清 白玉洒金荷莲笔架	长14cm	57,500	北京翰海	2018-06-30
清 白玉双马笔架	直径3.3cm；高1.8cm	34,500	北京鸿盛祥	2018-12-06
清 白玉山形笔架	长11.7cm；高4.8cm	92,000	北京匡时	2018-06-15
清 碧玉山形笔架	长23.5cm	55,200	北京匡时	2018-06-15
清代 白玉连年有余笔架	长10.8cm	69,000	古天一	2018-12-08
清 白玉巧雕百鸟朝凤笔架	玉长16cm	90,474	万昌斯	2018-11-28
民国 白玉雕“洋洋得意”笔架	长9cm	36,800	北京荣宝	2018-06-14
白玉海水龙笔架	长13.5cm	13,800	中国嘉德	2018-09-20
明 青玉岁寒三友笔山	长15cm	88,700	邦瀚斯	2018-11-27
玉印盒				
清 青玉小印盒、白玉蘑菇（两件）	印盒直径3.2cm；蘑菇长3.5cm	20,700	北京保利	2018-06-21
清代 和田玉盘龙纹印盒	直径4.6cm	28,750	南京经典	2018-01-06
清 白玉福寿如意形印盒	宽7.2cm	101,200	中国嘉德	2018-11-20
清 青白玉印盒	直径5.7cm	11,500	中国嘉德	2018-01-14
玉墨床				
明 白玉龙凤饕餮纹墨床	长8.8cm	55,200	北京鸿盛祥	2018-12-06
明 望子成龙玉墨床	长8.7cm	27,600	西泠拍卖	2018-05-04
清中期 白玉竹石诗文水呈、云蝠纹臂格式墨床（两件）	长7–8.8cm	34,500	北京翰海	2018-06-30
清中期 白玉龙纹墨床	长14cm	23,000	北京匡时	2018-06-15
清中期 黑白玉巧雕梅花纹墨床	2.5×8.5×3cm	138,000	中国嘉德	2018-06-19
清 白玉墨床	高2.2cm；宽7.8cm	49,390	保利香港	2018-10-02
清 鸡骨白玉三才纹墨床	宽13cm	46,303	保利香港	2018-10-02
清 白玉龙纹墨床	长8.5cm	23,000	华艺国际	2018-03-30
清 白玉墨床	长7.9cm	82,800	中国嘉德	2018-09-19
清 玉带钩包镶紫檀墨床	长12.2cm；宽4cm；高3.2cm	20,700	中贸圣佳	2018-11-25
玉水丞(水盂、水呈)				
明 白玉留皮莲花水丞	长8.9cm；高3.1cm	241,500	北京鸿盛祥	2018-12-06
明 黄玉瓜形水丞	宽5.5cm	72,027	中国嘉德	2018-10-02
18世纪 白玉浮雕龙纹水盂	9.8cm	436,000	香港苏富比	2018-10-03
清乾隆 白玉痕都斯坦水盂	长12.5cm	207,000	八益拍卖	2018-04-28
清乾隆 白玉夔纹水盂	高4.5cm；长7cm	69,000	八益拍卖	2018-04-28
18世纪 白玉宝鸭形水盂	宽7cm	134,750	伦敦佳士得	2018-05-15
清乾隆 白玉蝠寿水盂	宽7.5cm	97,440	香港诚昌	2018-05-30
清乾隆 青白玉雕福寿水丞（砚滴）	宽7cm	115,000	中国嘉德	2018-11-20
清中期 白玉宝鸭水盂	长13cm	207,000	北京保利	2018-04-29
清中期 白玉凤凰水丞	长11cm	17,250	北京保利	2018-07-27
清中期 白玉锦荔枝水丞	长12.7cm；高2.9cm	86,250	北京鸿盛祥	2018-06-16
清中期 白玉瓜果水盂	长8.5cm；高4cm	120,750	博乐德	2018-07-02
清中期 青白玉佛手水丞	长15cm	80,500	华艺国际	2018-11-17
清中期 青白玉凫形水丞	长8.6cm	55,200	中国嘉德	2018-09-19
19世纪 青白玉蟾蜍形水盂	11.5cm	102,410	伦敦苏富比	2018-05-18
18世纪/19世纪 青玉雕螭龙纹水盂		119,735	纽约苏富比	2018-09-12

拍品名称	物品尺寸	成交价RMB	拍卖公司	拍卖日期
19世纪 青白玉雕梅花形水盂		22,237	纽约苏富比	2018-09-15
19世纪 青白玉雕寿桃形水盂（无图）		14,539	纽约苏富比	2018-09-15
清代 白玉雕螭龙纹水丞	长11.5cm	859,584	奥斯汀	2018-06-18
清 白玉雕佛手水呈	宽15.5cm	42,958	保利香港	2018-04-02
清 黄玉绳纹水盂	高5.8cm	69,000	北京匡时	2018-06-15
清 白玉水盂	高3.5cm	17,250	北京匡时	2018-06-15
清 黄玉水盂	直径5.5cm	120,750	博乐德	2018-07-02
清 白玉水丞两件及花甲再来纸镇	最大长9.5cm	19,488	万昌斯	2018-05-30
清 青白玉刘海戏金蟾葫芦形水盂	长9.7cm；高8.5cm	23,000	浙江佳宝	2018-07-01
19世纪/20世纪 青白玉雕骆驼形水盂		111,183	纽约苏富比	2018-09-15
青白玉婴戏水丞	长9cm	17,250	中国嘉德	2018-01-14
青白玉福禄万代水丞	长15cm	13,800	中国嘉德	2018-01-14
清 白玉浅足水盂	宽5.5cm	172,500	北京保利	2018-12-09
清 白玉素水盂	直径5cm	23,000	中国嘉德	2018-11-20
明 黑白玉雕虎形水呈	宽25cm	381,848	保利香港	2018-04-02
明 青白玉瑞兽水呈	长10.5cm	32,200	北京匡时	2018-12-05
清中期 白玉云龙纹水呈	长8.5cm	57,500	北京翰海	2018-06-30
清中期 白玉富甲一方水呈	长20.3cm	92,000	北京匡时	2018-06-15
清 白玉凤型水呈	长10.5cm	57,500	北京荣宝	2018-06-14
清 黄玉寿桃纹水呈	高3.5cm；长10cm	23,000	广东崇正	2018-07-05
清 白玉荷花式水呈	高6cm	13,800	广东崇正	2018-07-05
玉砚滴（水注、水滴）				
清 白玉卧兽形砚滴	长10.9cm	172,500	西泠拍卖	2018-07-07
18世纪 白玉宝鸭水滴	宽8.5cm	205,792	中国嘉德	2018-10-02
玉笔洗				
西汉 和田籽料白玉铺首活环洗（带原装金箔）	宽15cm	3,395,568	中国嘉德	2018-10-02
金代 青白玉荷叶洗	长12cm	207,000	古天一	2018-12-08
17世纪 青玉雕荷叶形洗		158,650	纽约苏富比	2018-03-21
明末 青玉雕螭龙纹双联洗		87,258	纽约苏富比	2018-03-21
明代 蜜蜡雕玉兰花洗	长9.8cm	184,000	古天一	2018-12-08
明 白玉留皮巧雕荷叶洗	长13cm	149,016	万昌斯	2018-11-28
明 白玉“仙人乘槎”水洗	长8.8cm	80,500	西泠拍卖	2018-07-07
明 黄玉秋葵纹小洗	直径7.5cm	57,500	中贸圣佳	2018-06-20
明 青白玉螭龙纹洗	长9.3cm；高3cm	40,250	中贸圣佳	2018-11-25
十八世纪 青灰玉三足洗	通径119cm	332,625	邦瀚斯	2018-11-27
18世纪 黄玉双龙斗式洗	宽7.3cm	708,500	香港苏富比	2018-10-03
18世纪 白玉葵式洗	11.3cm	599,500	香港苏富比	2018-10-03
清早期 白玉福寿双全水洗	长19cm；高11.5cm	109,250	博乐德	2018-07-02
清雍正 玉雕梅兰双清如意头式洗	长14.8cm×宽11.3cm×高5.4cm	287,500	北京诚轩	2018-06-17
清雍正至乾隆 白玉瑞蝠灵芝洗	宽18.8cm	2,825,280	香港苏富比	2018-10-03
清乾隆 白玉双龙抱珠洗	直径13.5cm	1,380,000	北京保利	2018-12-12
清18世纪 白玉俏色梅鹊洗	长12cm	138,000	北京保利	2018-12-09
清乾隆 痕都斯坦玉雕菊瓣洗	长11.6cm	57,500	北京保利	2018-07-27
清乾隆 白玉梅花洗	长12cm	1,265,000	北京东正	2018-06-17
清乾隆 青白玉吉庆福寿四足菊瓣洗	直径17.1cm；高5.2cm	345,000	北京鸿盛祥	2018-06-16
清乾隆 白玉浮雕五龙捧圣纹海棠洗	长13.2cm；高5.1cm	241,500	北京鸿盛祥	2018-12-06
清乾隆 青白玉喜鹊登梅如意形笔洗	长21.9cm；高8.3cm	172,500	北京鸿盛祥	2018-06-16
清乾隆 青白玉镂空雕荷花洗	长25.5cm	678,500	北京匡时	2018-06-15
清 乾隆 白玉灵芝型水洗	长20cm	138,000	博乐德	2018-07-02
清乾隆 白玉双龙活环耳洗	宽24cm	2,856,140	佳士得	2018-11-28
清18世纪 碧玉如意洗	宽19cm	554,375	佳士得	2018-11-28

拍品名称	物品尺寸	成交价RMB	拍卖公司	拍卖日期
清乾隆 白玉雕五福捧寿纹龙耳活环洗	宽26cm	4,026,517	纽约佳士得	2018-09-13
18世纪 白玉雕桃式拐子龙纹寿字洗	宽12.1cm	641,438	纽约佳士得	2018-09-13
清乾隆 青白玉八吉祥笔洗	直径15cm	322,000	上海匡时	2018-04-30
清乾隆 白玉雕福寿纹双耳活环水洗	直径17cm	138,000	太平洋	2018-11-22
清乾隆 御制白玉松鼠葡萄洗	玉长11.2cm；总高11cm	234,168	万昌斯	2018-11-28
清乾隆 白玉一路连科活环洗	玉长16cm	214,368	万昌斯	2018-05-30
清乾隆 白玉如意水洗	玉长11.9cm	97,440	万昌斯	2018-05-30
清乾隆 白玉如意双福洗	直径10.8cm	1,610,000	西泠拍卖	2018-07-07
清乾隆 白玉雕九如灵芝洗连盖及座	高16cm	487,200	香港诚昌	2018-05-30
清乾隆 碧玉雕花卉八棱洗连紫檀座	宽25cm	124,561	香港诚昌	2018-05-28
18世纪 青白玉内刻花卉双耳笔洗	宽16cm	116,928	香港诚昌	2018-05-30
清乾隆 白玉福寿纹灵芝耳洗	宽14.2cm	2,398,000	香港苏富比	2018-10-03
清乾隆 紫晶雕螭龙灵芝式洗 配染色象牙座	10.5cm；总 11.1cm	327,000	香港苏富比	2018-10-03
清乾隆至嘉庆 白玉子孙万代葫芦洗	14cm	174,400	香港苏富比	2018-10-03
清乾隆 黄玉雕灵芝形笔洗	长19cm	36,800	印千山	2018-01-12
清乾隆 白玉双耳活环如意形洗	长13cm；宽9.8cm；高3.3cm	322,000	浙江佳宝	2018-07-01
清乾隆 白玉五福捧寿纹菱花洗	高2.2cm；直径11.5cm	230,000	浙江佳宝	2018-07-01
清乾隆 白玉雕螭龙纹双蝶耳活环洗	宽18.7cm	1,543,440	中国嘉德	2018-10-02
清乾隆 白玉倭角长方形洗	长11.5cm	402,500	中国嘉德	2018-11-20
清乾隆 玉雕双鱼御灵芝兽面纹圆洗（带座）	直径14.3cm	287,500	中国嘉德	2018-11-20
清乾隆 白玉烤色双鱼洗	直径14.7cm	1,495,000	中贸圣佳	2018-06-20
清乾隆 白玉雕夔龙纹长方小洗	长11cm；宽7.4cm；高3.8cm	172,500	中贸圣佳	2018-06-20
清中期 青玉云龙纹大笔洗	长30cm；宽22cm；高13cm	92,000	八益拍卖	2018-04-28
清中期 白玉雕怀素诗句蕉叶洗	长14.5cm	164,634	保利香港	2018-10-02
清中期 墨玉瓜形笔洗	长13.5cm	172,500	北京翰海	2018-06-30
清中期 旧玉荷莲清趣洗	长9.6cm	23,000	北京翰海	2018-06-30
清中期 碧玉连年富贵笔洗	长37.3cm	230,000	北京鸿盛祥	2018-06-16
清中期 白玉牡丹花卉纹水洗	长28.5cm；高9.4cm	230,000	北京鸿盛祥	2018-12-06
清中期 黄玉鼓钉洗	直径9cm	34,500	北京荣宝	2018-12-03
清中期 青白玉福寿笔洗	长15.5cm	149,500	上海匡时	2018-04-30
清中期 白玉螭龙仙草洗	3.5×8.5×12.5cm	113,186	中国嘉德	2018-10-02
清中期 白玉灵芝洗	宽8.5cm	102,896	中国嘉德	2018-10-02
18世纪/19世纪 碧玉八吉祥双蝠活环耳洗	26cm	118,580	伦敦苏富比	2018-05-18
19世纪 碧玉痕都斯坦式双活环耳菊瓣洗	宽35cm	75,460	伦敦苏富比	2018-05-18
18世纪/19世纪 青白玉灵芝式洗	长29.2cm	188,155	纽约佳士得	2018-09-13
19世纪 青白玉镂雕葫芦万代洗	宽12.2cm	42,763	纽约佳士得	2018-09-13
18世纪/19世纪初 白玉雕寿桃形洗		128,288	纽约苏富比	2018-09-12
19世纪 青白玉雕寿桃形洗		51,561	纽约苏富比	2018-03-24
18世纪/19世纪 青玉雕如意足菱花式洗		51,315	纽约苏富比	2018-09-15
清 白玉童子洗	宽18.5cm	115,000	北京保利	2018-07-27
清 白玉双凤耳游环洗	宽17.5cm	57,500	北京保利	2018-10-28
清 白玉雕龙纹洗	直径9.8cm	20,700	北京保利	2018-07-27

拍品名称	物品尺寸	成交价RMB	拍卖公司	拍卖日期
清 白玉菱花式小水洗	长8cm	20,700	北京保利	2018-07-27
清 玉雕龙纹灵芝洗	长8.8cm	17,250	北京保利	2018-07-27
清 白玉花卉洗	直径7.5cm	17,250	北京保利	2018-10-28
清 黄玉长方形洗	长8.8cm	17,250	北京翰海	2018-06-30
清 白玉雕双螭耳云纹洗	长15cm	34,500	北京华辰	2018-11-19
清 白玉一路连科纹笔洗	高9.7cm	92,000	北京匡时	2018-06-15
清 白玉荷花形笔洗	长15.3cm	63,250	北京匡时	2018-06-15
清 白玉双龙耳海棠洗	长10.5cm	57,500	北京匡时	2018-06-15
清 白玉如意形笔洗	长9.2cm	20,579	北京匡时	2018-10-03
清 白玉蝶恋花纹笔洗	直径10.8cm	172,500	广东崇正	2018-07-05
清 黄玉双螭龙海棠洗	长12.5cm	69,000	广东崇正	2018-07-05
清 白玉螭龙纹洗	宽9.8cm	1,185,800	伦敦佳士得	2018-05-15
清 碧玉饕餮纹活环耳洗	28.9cm	194,040	伦敦苏富比	2018-05-18
清 青白玉饕餮纹如意足洗	15cm	91,630	伦敦苏富比	2018-05-18
清 青白玉年年有余纹方洗	7cm	32,340	伦敦苏富比	2018-05-18
清末 翡玉雕福至心灵纹洗		34,210	纽约苏富比	2018-09-15
晚清 天然软玉笔洗		29,232	天成国际	2018-06-03
清 白玉葫芦洗	长14.4cm	920,000	西泠拍卖	2018-07-07
清 碧玉如意活环耳水洗	高7cm；通径21cm	103,500	西泠拍卖	2018-07-07
清 白玉雕荷叶纹随形洗	高6cm；长15.5cm	92,000	西泠拍卖	2018-07-07
清 白玉留皮荷叶洗	长11.0cm	86,250	西泠拍卖	2018-07-07
清 白玉雕双龙首耳衔环回纹水洗	带座高7.8cm；高5cm；通径14.6cm	23,000	西泠拍卖	2018-09-29
清 白玉瓜蝶连绵笔洗	长14.5cm	57,277	香港诚昌	2018-04-02
清 白玉内双鱼洗（木座）	宽15.5cm	14,319	香港诚昌	2018-04-02
清 白玉龙纹包袱笔洗	长13cm	207,000	中国嘉德	2018-11-20
清 白玉荷塘清趣水洗	直径7cm	74,750	中国嘉德	2018-06-19
清 黄玉荷叶兰花洗	宽10.3cm	48,300	中国嘉德	2018-11-20
清 玉雕海水龙纹小洗	长6.8cm	25,300	中贸圣佳	2018-11-25
民国 白玉童子灵芝洗	长18cm	17,250	北京保利	2018-07-27
白玉螭龙笔洗	重426g	319,935	奥斯汀	2018-01-21
黄玉灵芝形笔洗	长14.7cm	25,300	北京匡时	2018-06-15
白玉桃形笔洗	长16.5cm	2,300,000	比斯特	2018-08-30
青白玉童子戏莲洗	14.5cm	107,800	伦敦苏富比	2018-05-18
玉琮改制为洗	长6cm	126,920	纽约佳士得	2018-03-20
翠玉雕蟠螭纹小洗（一对）	直径5.4cm	42,763	纽约佳士得	2018-09-13
王彬 青玉盈金仿古纹水洗	12×5.7×3.3cm；重215.5g	29,120	上海联合	2018-07-01
玉雕海棠洗	高4×12cm	4,290,000	新加坡伯明翰	2018-05-20
田玉雕如意云纹笔洗	21.5cm	3,179,000	新加坡伯明翰	2018-05-20
黄玉螭耳洗	长14cm	28,750	中国嘉德	2018-01-14
白玉荷叶螭龙洗	长12cm	20,700	中国嘉德	2018-09-20
青白玉兽面纹洗	长12.5cm	17,250	中国嘉德	2018-05-19
玉笔舔				
清中期 玉桃型笔舔	长8cm	20,700	博乐德	2018-07-02
清 白玉如意纹笔舔	长9cm	17,250	北京保利	2018-04-29
清 白玉福禄笔舔	17×11.2×1.5cm	13,800	北京匡时	2018-06-15
清 白玉荷叶式笔舔（带紫檀座）	长7.5cm	20,700	广东崇正	2018-07-05
清 白玉雕桑叶蚕虫笔舔	长9.1cm	55,200	西泠拍卖	2018-07-07
清 白玉雕荷塘清趣笔舔	高3cm；长13cm	51,750	西泠拍卖	2018-07-07
19世纪/20世纪 翠玉雕荷叶形笔掭		19,038	纽约苏富比	2018-03-24
玉纸镇				
宋／元 玉雕螭龙镇纸	长4.5cm	322,000	华艺国际	2018-11-16
宋／明 青褐玉鹅形镇纸	宽11cm	182,700	佳士得	2018-05-30
元 红木嵌白玉螭龙穿花纹纸镇	玉长7cm；总长8.4cm	106,440	万昌斯	2018-11-28
明以前 黄玉卧羊纸镇	长9.5cm	632,500	博乐德	2018-07-02
明 青玉雕滚地马镇纸	长7cm	72,069	邦瀚斯	2018-11-27
明 青玉提油双欢镇	长4.5cm	34,500	北京保利	2018-12-09

拍品名称	物品尺寸	成交价RMB	拍卖公司	拍卖日期
明 白玉双欢纸镇	长7cm	28,750	北京保利	2018-10-28
明 黄玉龙龟纸镇	长5.1cm	402,500	北京鸿盛祥	2018-12-06
明 青白玉瑞兽镇尺	①长22.7cm；②长19.5cm	25,300	北京匡时	2018-12-05
明 楠木嵌白玉螭龙镇纸	长35.5cm	78,200	华艺国际	2018-11-16
明 玉云龙纹纸镇	长8.2cm	77,952	万昌斯	2018-05-30
明 白玉兽纸镇（带座）	长7.4cm	92,000	中国嘉德	2018-11-20
清早期 白玉狮钮纸镇	高4.6cm	40,447	万昌斯	2018-11-28
清乾隆 白玉雕菊花纹纸镇	长16cm	138,000	保利厦门	2018-07-15
清乾隆 青白玉雕河图洛书镇	长6.7cm×宽2.1cm×高3.5cm	126,500	北京诚轩	2018-06-17
清乾隆 白玉双鹿献瑞纸镇	长5.6cm；高2.7cm	253,000	北京鸿盛祥	2018-12-06
清 乾隆 白玉喜事连连文镇	直径5.5cm	218,500	博乐德	2018-07-02
清乾隆 白玉随形雕凤凰镇纸	长10cm	218,000	香港苏富比	2018-10-03
清中期 白玉螭龙纹诗文环形纸镇	直径6.5cm	28,750	北京翰海	2018-06-30
清中期 白玉螭龙纹纸镇	长10cm	13,800	北京翰海	2018-06-30
清中期 白玉清廉中庸纸镇	6.6cm×4.5cm	57,500	古天一	2018-06-17
清中期 白玉琴棋书画纹镇纸	9cm×6cm×2cm	47,150	广东崇正	2018-07-05
清 白玉雕“福寿双全”镇	长5cm	46,000	北京保利	2018-06-21
清 旧玉雕扁豆随形镇	长8.5cm	16,100	北京保利	2018-07-27
清 旧玉螭龙纸镇	长15.8cm	57,500	北京翰海	2018-01-14
清 玉羊镇纸	长5.cm	36,800	华艺国际	2018-11-17
清 白玉瑞兽镇纸	长9cm	20,700	太平洋	2018-06-09
清 包世臣款红木嵌玉兔镇尺	长25.2cm；宽3.2cm	32,200	西泠拍卖	2018-07-07
清 青白玉琴棋书画镇	长9.8cm；宽5.5cm	20,700	浙江佳宝	2018-07-01
清 白玉浸色蟹纸镇（带座）	宽9.2cm	103,500	中国嘉德	2018-11-20
清 白玉菱角纸镇	长6.8cm	23,000	中国嘉德	2018-09-20
清 白玉百事如意纸镇	长6cm	172,500	中贸圣佳	2018-11-25
清 白玉带皮蟾荷纸镇	长6.7cm	80,500	中贸圣佳	2018-11-24
玉砚台				
明 旧玉钟式砚	长13.8cm	138,000	北京翰海	2018-06-30
明 旧玉鸠形砚	长14cm	97,750	北京荣宝	2018-12-03
清 白玉鹅形诗文砚	长10.5cm	57,500	北京保利	2018-07-27
清 玉砚	高7cm	17,250	北京翰海	2018-01-14
清 白玉圆形砚	直径14cm	25,300	北京匡时	2018-06-15
清 白玉雕龙纹风字砚	高2.5cm；长14cm；宽10cm	63,250	西泠拍卖	2018-07-07
白玉云龙纹砚	长13.2cm	13,800	中国嘉德	2018-01-14
玉玺				
清嘉庆“敷春堂宝”交龙钮玉玺	12.3×12.3×9.5cm	14,950,000	北京匡时	2018-06-15
十九世纪 碧玉双龙钮玺	13cm×129cm	665,250	邦瀚斯	2018-11-27
清 青玉龙钮诗文玺	宽8cm	17,250	北京保利	2018-10-28
清 黄玉瑞兽诗文玺	宽8.5cm	17,250	北京保利	2018-10-28
晚清 碧玉雕龙钮小玺（一组三件）	高6cm×2；高5.7cm	769,725	纽约佳士得	2018-09-13
玉印章				
西汉 玉方印	宽2cm	266,100	佳士得	2018-11-28
西汉 玉方印	宽2cm	210,663	佳士得	2018-11-28
汉或以后 龟钮玉印	2cm	19,404	伦敦苏富比	2018-05-18
汉 白玉带灰皮龟钮印	高1.7cm	19,488	万昌斯	2018-05-30
宋至明 玉印（五方）	1.3×2.8×2.8cm	138,420	中国嘉德	2018-04-02
元 白玉龙纽印	5.5×5.5×6cm	920,000	华艺国际	2018-11-16
明末清初 龙钮玉印	2.3×2.3×1.8cm	20,700	西泠拍卖	2018-07-08
明末清初 白玉“衲亭氏”拱钮印章	2.3×2.3×2cm	138,000	浙江佳宝	2018-07-01
明末清初 江濯之刻糖玉俏色兽钮印	长1.5cm	97,750	中国嘉德	2018-05-18
明 白玉多面印	高5cm	63,250	八益拍卖	2018-04-28

拍品名称	物品尺寸	成交价RMB	拍卖公司	拍卖日期
明或更早 白玉辟邪钮印及白玉鸟	sq 长25cm/4cm	33,263	邦瀚斯	2018-11-27
明 白玉兽钮印（两方）	高4.7cm；高4.4cm	17,250	北京保利	2018-10-27
明 白玉狮钮印	高4.2cm	14,950	北京保利	2018-10-27
明 玉雕瑞兽钮印	长3.8cm	13,800	北京保利	2018-10-27
明 玉印（一组两件）	长2.6cm；高1.6cm；长2.5cm；高2.8cm	69,000	北京鸿盛祥	2018-12-06
明 玉印（一组两件）	长3.4cm；高2.6cm；长2.6cm；高2.1cm	69,000	北京鸿盛祥	2018-12-06
明 青玉龟钮印章	长2.3cm；高3.3cm	46,000	北京鸿盛祥	2018-12-06
明 白玉螭钮印章	长2cm；高4.2cm	40,250	北京鸿盛祥	2018-06-16
明 青玉狮钮印章	长7.9cm；高8.4cm	34,500	北京鸿盛祥	2018-06-16
明 白玉龟钮印章	长2.3cm；高2.3cm	28,750	北京鸿盛祥	2018-06-16
明 玉龟钮印章	长1.3cm；高1.3cm	28,750	北京鸿盛祥	2018-12-06
明 白玉 广武君印官印	2.5×2.5×2cm	2,185,000	北京匡时	2018-12-05
明 白玉魏庆印	2.4×2.4×1.7cm	506,000	北京匡时	2018-12-05
明代 和田玉兽钮印章（二方）	尺寸不一	23,000	南京经典	2018-01-06
明 老提油玉独角兽钮印	高4.1cm	73,080	万昌斯	2018-05-30
明 龙龟钮玉印、赑屃摆件（一组两件）	印高2.2cm；摆件长4.0cm	63,250	西泠拍卖	2018-07-07
明 玉印（三方）	2.1×2×2cm；2.2×2.2×2.1cm；2.6×2.5×1.6cm	28,750	西泠拍卖	2018-07-08
明 龙钮玉押	高5.5cm；长5.2cm；宽5.2cm	23,000	西泠拍卖	2018-09-29
明 玉雕龟龙钮印章	高2.8cm；长2.6cm；宽2.6cm	23,000	西泠拍卖	2018-07-07
明 玉浸色印章（两支）	3cm×2.8cm；1.9×1.9×1.6cm	57,500	中国嘉德	2018-06-19
明 玉浸色龟钮兔钮印章	兔钮 3×3.2×2.5cm；龟钮 3×2.8×2.8cm	34,500	中国嘉德	2018-06-19
清初 白玉透雕博古螭龙印	4.2cm×1.8cm	46,000	古天一	2018-12-08
清早期 白玉雕螭龙双联印	长4.5cm	48,300	华艺国际	2018-03-30
清早期 白玉童子钮“允功”印	2.3×1.4×3.53cm	69,000	浙江佳宝	2018-07-01
清早期 青玉龙钮印章	4.4×4.4×4cm	115,000	中国嘉德	2018-11-20
18世纪 白玉山水纹钮印	2.3×1.7×4cm	230,000	北京保利	2018-06-19
清乾隆 白玉留皮螭衔灵芝钮印章	长3cm；高4.7cm	92,000	北京鸿盛祥	2018-06-16
清乾隆 黑白玉雕巧螭龙子孙宝之印	2.2×2.1×2.5cm	34,500	北京荣宝	2018-12-03
清乾隆 黄玉葫芦形印	长4cm	29,232	万昌斯	2018-05-30
清中期 黄玉瓦钮云纹兰菊清芬印章	2.8×2.2×2.2cm	57,500	北京荣宝	2018-12-03
清中期 和田玉錾钮印章	长3cm；宽2cm；高3.2cm	17,250	南京经典	2018-07-22
清中期 和田玉螭钮印章	长2.2cm；宽2.3cm；高4.3cm	14,950	南京经典	2018-07-22

2018玉器拍卖成交汇总

(成交价RMB：1万元以上)

拍品名称	物品尺寸	成交价RMB	拍卖公司	拍卖日期
清中期 白玉瑞兽钮印	高6.2cm	277,819	中国嘉德	2018-10-02
清中期 白玉凤纽印章	2.1×2.1×5.3cm	69,000	中国嘉德	2018-11-20
18世纪/19世纪 翠玉螭龙钮方章	高5.5cm	284,200	佳士得	2018-05-30
19世纪 白玉方印	高4.5cm	59,950	佳士得	2018-10-04
19世纪 白玉雕茄形印		32,500	纽约苏富比	2018-09-15
清 黄玉雕瑞兽钮印	高6.5cm	582,010	奥斯汀	2018-06-18
清 黄玉寿桃钮印	高5.7cm	32,200	北京保利	2018-10-27
清 白玉雕卧犬、白玉印章（共三件）	长4.5cm；高1.3cm；高1.5cm	20,700	北京保利	2018-12-09
清 白玉如意童子钮章	高4cm	20,700	北京翰海	2018-06-30
清 玉兽钮章	高3.5cm	20,700	北京翰海	2018-09-16
清 白玉瑞兽印章	高3.5cm	17,250	北京翰海	2018-09-16
清 白玉兽钮椭圆形章	高3cm	13,800	北京翰海	2018-06-30
清 白玉龙钮印章	长3.4cm；高2.4cm	126,500	北京鸿盛祥	2018-12-06
清 白玉龟钮印章	长2.6cm；高3.1cm	115,000	北京鸿盛祥	2018-12-06
清 白玉双螭龙钮印章	长3.4cm；高4cm	89,700	北京鸿盛祥	2018-12-06
清 白玉龙钮印章	长3.2cm；高4.8cm	82,800	北京鸿盛祥	2018-12-06
清 白玉兽钮印章	长2.3cm；高2.9cm	80,500	北京鸿盛祥	2018-12-06
清 潘玉茂雕双龙戏珠薄意对章	2.2×2.2×7cm	23,000	朵云轩	2018-06-25
清 青玉雕瑞兽钮印		35,696	纽约苏富比	2018-03-24
清 官用白玉芸台相国印规	长7.2cm；厚0.7cm	117,084	万昌斯	2018-11-28
清 青白玉鸿运当头龙钮印	长3.3cm	51,091	万昌斯	2018-11-28
清 白玉龙钮印及覆斗印	最大高3cm	16,565	万昌斯	2018-05-30
清 白玉带洒金皮兽钮印	高3cm	15,966	万昌斯	2018-11-28
清·阮元旧藏善经堂玉印	3.7×3.7×3.4cm	345,000	西泠拍卖	2018-07-08
清 唐积圣刻白玉兽钮“李景让”印	高2.45cm；直径1.6cm	28,750	浙江佳宝	2018-07-01
清 白玉雕鸡柱形园章	高6.1cm	59,800	中国嘉德	2018-06-19
清 白玉雕兽钮印	长3.2cm；宽1.6cm；高3.2cm	28,750	中贸圣佳	2018-06-20
青玉龙钮印章	高9.6cm；长9.5cm；重1350g	566,800	爱艺拍	2018-09-27
古玉印（肆方）	尺寸不一	92,000	广东崇正	2018-07-04
古玉印（叁方）	尺寸不一	48,300	广东崇正	2018-07-04
兽钮印材（四方）	尺寸不一	86,250	荣宝斋（南京）	2018-07-15
墨玉印材（三方）	尺寸不一	43,700	荣宝斋（南京）	2018-07-15
兽钮方形印材（三方）	尺寸不一	28,750	荣宝斋（南京）	2018-07-15
吴金星 祥瑞 白玉印章	5.8×2.6×2.4cm	616,000	上海联合	2018-11-25
周立祥 虚怀若谷 碧玉印	6.4×2.8×2.1cm	392,000	上海联合	2018-07-01
杨建发 瑞兽赐福 白玉印章	3.6×2.2×4.8cm；重63.9g	85,120	上海联合	2018-07-01
殷小金 和田玉翠青荷韵印钮	5.2×2.2×2.2cm；重66g	92,000	尚品润博	2018-07-29
熊明星 新疆和田玉籽料福猪印章	5.1×2.7×2.7cm；重82.8g	34,500	尚品润博	2018-04-30
张建时 和田玉鸭蛋青西施浣纱镇尺、印章	12.7×3.7×1.7cm；重249g	34,500	尚品润博	2018-11-24
天然双色软玉牧童与牛印章摆件		24,360	天成国际	2018-06-03
南宋·宋理宗赵昀御用塔形玉押	2.8×2.8×4.3cm	2,530,000	西泠拍卖	2018-07-08

拍品名称	物品尺寸	成交价RMB	拍卖公司	拍卖日期
瞿利军 一帆风顺 白玉印	29×29×25mm；重39.0g	43,700	西泠拍卖	2018-07-08
黄罕勇 玉兔 白玉印	62×27×19mm；重82.1g	34,500	西泠拍卖	2018-07-08
玉印（十八方）	尺寸不一	103,500	中国嘉德	2018-09-18
玉印（五方）	尺寸不一	66,700	中国嘉德	2018-05-19
白玉龙角隽、螭钮印各一件	长6.2cm；长3.4cm	36,800	中国嘉德	2018-05-19
王个簃刻 郭玉堂用寿山石印章	1.8×1.5×3.6cm	36,800	中国嘉德	2018-11-21
玉臂搁				
民国 经亨颐铭碧玉诗文臂搁	长14.6cm	316,250	广东崇正	2018-07-05
砚屏				
元 白玉仙女图小砚屏	长16.2×5×14.7cm	690,000	北京保利	2018-06-19
清早期 溪山高隐白玉砚屏	高9cm	230,000	上海匡时	2018-04-30
清乾隆 白玉御题诗山林隐士图砚屏	长11cm×7.8cm	253,000	北京保利	2018-06-19
清乾隆 青白玉雕山水高士图砚屏	长21cm	253,000	北京保利	2018-06-21
18世纪 白玉留皮砚屏	17.5cm×12.5cm	2,300,000	北京东正	2018-06-17
清乾隆 白玉山水人物纹砚屏（一对）	13cm×9.5cm×2	115,000	北京匡时	2018-06-15
清中期 紫檀嵌春水玉砚屏	宽21cm；高23.3cm	34,500	浙江佳宝	2018-07-01
清 樱木镶白玉松下高士砚屏	高24cm；长18cm	28,750	八益拍卖	2018-04-28
清 白玉山水纹砚屏（一对）	19cm×13cm×2	322,000	北京匡时	2018-06-15
清 碧玉雕云龙纹砚屏	17×21.3cm	80,500	北京匡时	2018-12-05
清 黄花梨嵌玉砚屏	高17.5cm	368,000	西泠拍卖	2018-07-07
清 白玉雕芙蓉锦鸡图砚屏	带座高17.6cm；玉长12.7cm；宽9.5cm	103,500	西泠拍卖	2018-07-07
清 红木镶白玉仙人乘槎图砚屏	宽27cm；高30.5cm	26,450	浙江佳宝	2018-07-01
其他玉文房用品				
玉文房（四件）	尺寸不一	13,800	中国嘉德	2018-01-14
青白玉文房（四件）	尺寸不一	13,800	中国嘉德	2018-01-14
五 葬玉				
战国 玉蝉	高5.1cm	25,724	中国嘉德	2018-10-02
西汉 玉佩蝉	长3.8cm	11,693	万昌斯	2018-05-30
汉 玉沁蝉	长4.6cm	162,285	保利香港	2018-04-02
汉 白玉带红沁覆面及啥蝉（一套五件）	最大长6.2cm；厚0.7cm	170,304	万昌斯	2018-11-28
汉 青白玉带灰皮啥蝉	长6.4cm；厚0.7cm	47,898	万昌斯	2018-11-28
汉 白玉带红沁啥蝉	玉长6cm；厚0.8cm	44,705	万昌斯	2018-11-28
汉 白玉带灰皮啥蝉	长6.4cm；厚0.8cm	29,803	万昌斯	2018-11-28
汉 玉蝉	长6.4cm	36,800	西泠拍卖	2018-07-07
汉 黄玉受沁八刀蝉	长5.8cm；宽2.9cm	46,000	浙江佳宝	2018-07-01
汉 白玉受沁八刀蝉	长6.2cm；宽3.1cm	43,700	浙江佳宝	2018-07-01
汉 玉猪（一对）	长11cm	802,589	中国嘉德	2018-10-02
汉 白玉猪（一对）	长11cm	205,792	中国嘉德	2018-10-02
东汉 青玉握猪（一对）	长11.9cm	720,688	佳士得	2018-11-28
东汉 青玉握猪（两件）	长11.8cm	554,375	佳士得	2018-11-28
东汉 青玉握猪（一对）	长10.5cm	388,063	佳士得	2018-11-28
东汉 玉握猪	长10cm	65,975	佳士得	2018-05-30
汉 鸡骨白玉握	长11cm	57,277	保利香港	2018-04-02
汉 玉握猪	长9.9cm	47,898	万昌斯	2018-11-28

拍品名称	物品尺寸	成交价RMB	拍卖公司	拍卖日期
六 原石				
清 玉原石靠山	玉长22cm	19,488	万昌斯	2018-05-30
黄龙玉原石	重5.6kg	2,842,720	爱艺拍	2018-09-27
石榴石原石（一件）	重235g	592,960	爱艺拍	2018-09-27
红宝石原石（一件）	重138.5g	2,328,040	奥斯汀	2018-06-18
和田碧玉原石	重8.7kg	1,074,480	奥斯汀	2018-06-18
黄龙玉原石（一件）	重3468g	984,940	奥斯汀	2018-06-18
墨玉原石（一件）	长27cm；宽16cm；重7.21kg	653,642	奥斯汀	2018-06-18
彩玉原石（一件）	长28cm；宽16cm；重7.65kg	555,148	奥斯汀	2018-06-18
南红玛瑙原石	重1503g	548,460	奥斯汀	2018-01-21
红水晶原石（一件）	重436g	519,332	奥斯汀	2018-06-18
黄龙玉原石（一件）	重480g	358,160	奥斯汀	2018-06-18
白玉原石	6.2×4.8×3.3cm；重144g	616,000	上海联合	2018-11-25
白玉原石	6.3×3.8×1.6cm；重68.3g	537,600	上海联合	2018-11-25
白玉原石	5.3×3.5×1.9cm；重43.9g	403,200	上海联合	2018-11-25
白玉原石	7.3×4.9×2.4cm；重117.3g	392,000	上海联合	2018-11-25
白玉原石	10.1×7.8×3cm；重354g	378,000	上海联合	2018-11-25
白玉原石	4.3×3.3×1.5cm；重38.2g	302,400	上海联合	2018-11-25
白玉原石	4.8×3.3×1.5cm；重33.5g	246,400	上海联合	2018-11-25
白玉原石	6.3×3.3×2.8cm；重89.6g	224,000	上海联合	2018-11-25
白玉原石	5.7×4.8×3.1cm；重157.3g	224,000	上海联合	2018-11-25
白玉原石	6.9×3.9×2.8cm；重112.1g	224,000	上海联合	2018-11-25
白玉原石	8.2×3.4×3cm；重128.1g	224,000	上海联合	2018-11-25
白玉原石	5.8×5.3×1.9cm；重97.9g	224,000	上海联合	2018-11-25
白玉原石	5.2×3.4×2.2cm；重63.8g	201,600	上海联合	2018-11-25
白玉原石	10.8×3.3×3cm；重175g	194,400	上海联合	2018-11-25
白玉原石	6.2×4.1×1.6cm；重67.2g	188,160	上海联合	2018-11-25
白玉原石	4.2×3.1×2.1cm；重35.2g	181,440	上海联合	2018-11-25
白玉原石	7.9×5.1×2.6cm；重156.1g	151,200	上海联合	2018-11-25
白玉原石	2.6×2.3×2.6cm；重27.2g	145,600	上海联合	2018-11-25
白玉原石	8.5×4.8×2.6cm；重146.9g	145,600	上海联合	2018-11-25
白玉原石	5.1×2.1×1.6cm；重25.3g	134,400	上海联合	2018-11-25
白玉原石	6.8×3.5×2.3cm；重89g	129,600	上海联合	2018-11-25
白玉原石	6.2×3.5×23cm；重58.6g	123,200	上海联合	2018-11-25
白玉原石	11.6×6.5×3.9cm；重442g	123,200	上海联合	2018-11-25

拍品名称	物品尺寸	成交价RMB	拍卖公司	拍卖日期
白玉原石	5.8×3.6×1.7cm；重50g	112,000	上海联合	2018-11-25
青花原石	9.7×3.5×1.7cm；重114.8g	112,000	上海联合	2018-11-25
白玉原石	6.1×4.9×2.8cm；重119g	89,600	上海联合	2018-11-25
白玉原石	3.5×2.2×1.4cm；重17.2g	71,680	上海联合	2018-11-25
白玉原石	3.1×1.8×1.2cm；重10.8g	28,000	上海联合	2018-11-25
白玉原石	2.4×1.9×1.1cm；重7.9g	28,000	上海联合	2018-11-25
白玉原石	2.5×2.2×1.2cm；重9.5g	22,400	上海联合	2018-11-25
白玉原石	3.7×2.9×1.4cm；重21.7g	19,040	上海联合	2018-11-25
白玉原石	2.6×2.2×0.8cm；重7.3g	12,320	上海联合	2018-11-25
新疆和田玉籽料原石（一对）	3.5×1.5×0.9cm；3.5×1.4×0.9cm；重7.3g；重6.5g	460,000	尚品润博	2018-04-30
河磨玉原石	14.7×12×4.4cm；重1316g	345,000	尚品润博	2018-01-21
新疆和田玉籽料原石	6.2×3.8×1.9cm；重72g	276,000	尚品润博	2018-11-24
新疆和田玉籽料原石	5.6×3.1×1.1cm；重41g	264,500	尚品润博	2018-11-24
新疆和田玉籽料原石	3.7×2.3×1.3cm；重18g	230,000	尚品润博	2018-07-29
新疆和田玉红皮籽料原石	2.7×1.6×1.5cm；重9.8g	230,000	尚品润博	2018-11-24
新疆和田玉籽料原石	1.6×1.3×1.3cm；重6g	207,000	尚品润博	2018-07-29
新疆和田玉籽料原石	4.5×3.5×1.7cm；重35g	207,000	尚品润博	2018-11-24
新疆和田玉青花籽料原石	4.5×1.5×1.0cm；重11.8g	184,000	尚品润博	2018-11-24
新疆和田玉青花籽料原石	3.0×1.8×1.1cm；重10g	115,000	尚品润博	2018-11-24
新疆和田玉籽料原石	重16.8g	92,000	尚品润博	2018-07-29
新疆和田玉红皮籽料原石	4.1×2.3×1.6cm；重25.3g	74,750	尚品润博	2018-04-30
新疆和田玉黄玉籽料原石丝绸之路	7.7×6.8×3.1cm；重219g	46,000	尚品润博	2018-04-30
新疆和田玉籽料原石耳钉（一对）	重4g	46,000	尚品润博	2018-11-24
新疆和田玉红皮籽料原石	2.6×2.2×1.0cm；重8g	40,250	尚品润博	2018-11-24
新疆和田玉籽料原石耳钉（一对）	重2.8g	37,950	尚品润博	2018-11-24
新疆和田玉三色籽料原石青花山水	4.6×3.1×2.3cm；重60g	34,500	尚品润博	2018-04-30
新疆和田玉籽料原石	1.9×1.1×1.1cm；重3.8g	34,500	尚品润博	2018-11-24
新疆和田玉黄黑皮籽料原石	3.3×2.0×1.1cm；重12g	34,500	尚品润博	2018-11-24
新疆和田玉籽料原石（一对）	重6.5g	33,350	尚品润博	2018-07-29
金风玉露 满红皮和田玉籽料原石	223×152×115cm；重5140g	3,680,000	西泠拍卖	2018-07-08
温冰暖雪 聚红皮和田玉籽料原石	5.7×4.6×2.4cm；重100.6g	2,070,000	西泠拍卖	2018-07-08
洒金皮和田玉籽料原石	10.3×8.5×4.3cm；重563.8g	1,725,000	西泠拍卖	2018-07-08

2018玉器拍卖成交汇总

(成交价RMB：1万元以上)

拍品名称	物品尺寸	成交价RMB	拍卖公司	拍卖日期
旭日东升 聚红皮和田玉籽料原石	52×37×14mm；重47.0g	1,380,000	西泠拍卖	2018-07-08
言念君子 和田玉籽料原石	85×68×36mm；重391.3g	1,380,000	西泠拍卖	2018-07-08
沁红皮和田玉籽料原石	100×79×38mm；重492.0g	1,035,000	西泠拍卖	2018-07-08
鸿运当头 聚红皮和田玉籽料原石	54×22×29mm；重47.1g	1,035,000	西泠拍卖	2018-07-08
聚红皮和田玉籽料原石	83×76×34mm；重282.7g	943,000	西泠拍卖	2018-07-08
聚红皮和田玉籽料原石	103×64×48mm；重432.0g	747,500	西泠拍卖	2018-07-08
聚红皮和田玉籽料原石	44×42×22mm；重49.4g	552,000	西泠拍卖	2018-07-08
聚红皮和田玉籽料原石	70×63×35mm；重230.0g	540,500	西泠拍卖	2018-07-08
寿比南山 聚红皮和田玉籽料原石	102×100×44mm；重643.4g	517,500	西泠拍卖	2018-07-08
和田玉籽料原石	88×63×43mm；重372.4g	483,000	西泠拍卖	2018-07-08
龙字 黑皮和田玉籽料原石	37×36×33mm；重77.1g	345,000	西泠拍卖	2018-07-08
旺上加旺 聚红皮和田玉籽料原石	48×31×19mm；重54.1g	322,000	西泠拍卖	2018-07-08
招财进宝 和田玉籽料原石（一对）	68×36×28mm；62×38×26mm；重121.4g；120.5g	310,500	西泠拍卖	2018-07-08
洒金皮和田玉籽料原石	67×58×27mm；重168.4g	230,000	西泠拍卖	2018-07-08
聚红皮和田玉籽料原石	44×32×21mm；重43.5g	207,000	西泠拍卖	2018-07-08
聚红皮和田玉籽料原石	43×43×21mm；重65.2g	195,500	西泠拍卖	2018-07-08
聚红皮和田玉籽料原石	35×27×9mm；重13.6g	149,500	西泠拍卖	2018-07-08
财运亨通 元宝形和田玉籽料原石	67×39×38mm；重136.8g	126,500	西泠拍卖	2018-07-08
黑油皮和田玉籽料原石	67×44×29mm；重112.5g	126,500	西泠拍卖	2018-07-08
和田玉籽料原石	80×48×26mm；重149.1g	126,500	西泠拍卖	2018-07-08
聚黄皮和田玉籽料原石	66×30×29mm；重94.0g	120,750	西泠拍卖	2018-07-08
万山红遍 沁红皮和田玉籽料原石	68×43×33mm；重117.5g	92,000	西泠拍卖	2018-07-08

拍品名称	物品尺寸	成交价RMB	拍卖公司	拍卖日期
沁红皮和田玉籽料原石	49×25×11mm；重23.8 g	92,000	西泠拍卖	2018-07-08
洒金皮和田玉籽料原石	55×33×12mm；重35.4g	86,250	西泠拍卖	2018-07-08
和田玉籽料原石	68×43×25mm；重98.4g	80,500	西泠拍卖	2018-07-08
聚红皮和田玉籽料原石	53×22×14mm；重25.4g	69,000	西泠拍卖	2018-07-08
和田玉籽料原石	43×25×9mm；重16.1g	69,000	西泠拍卖	2018-07-08
聚红皮和田玉籽料原石	44×32×16mm；重30.0g	57,500	西泠拍卖	2018-07-08
和田玉籽料原石	47×27×16mm；重24.0g	34,500	西泠拍卖	2018-07-08
洒金皮和田玉籽料原石	40×32×16mm；重36.6g	32,200	西泠拍卖	2018-07-08
天地聚红皮和田玉籽料原石	57×30×16mm；重45.3g	32,200	西泠拍卖	2018-07-08
福豆 聚红皮和田玉籽料原石	53×25×10mm；重26.7g	23,000	西泠拍卖	2018-07-08
和田玉青玉籽料原石	272×72×54mm；重1823g	20,700	西泠拍卖	2018-07-08
红皮和田玉籽料原石	29×17×7mm；重6.5g	17,250	西泠拍卖	2018-07-08
芙蓉荷花仙子手把件	长6.2cm；宽6cm；高4.6cm	34,500	中贸圣佳	2018-06-20
芙蓉晶苦尽甘来手把件	长7.5cm；直径3.5cm	29,900	中贸圣佳	2018-06-20
清晚期 煤晶石人物故事山子	高11.5cm	28,750	北京荣宝	2018-06-14
清末/20世纪 端石雕云龙捧寿纹笔筒		51,561	纽约苏富比	2018-03-24
清中期 托帕石童子戏弥勒坐像	宽5.5cm；高4cm；重173.67g	207,000	浙江佳宝	2018-07-01
七彩欧泊宝石	重58.8g	1,243,176	奥斯汀	2018-01-21
清代 血珀貔貅摆件（两件/组）	重980g	1,074,480	奥斯汀	2018-06-18
血珀貔貅摆件	高14.7cm；重780g	537,491	奥斯汀	2018-01-21
天然石榴石相爱相旺摆件（一对）		9,546	保利香港	2018-04-01
石榴石（锰铝榴石）& 微斜长石	约13cm×10cm×8cm	5,750	北京保利	2018-06-18
血珀狮子摆件（两件/组）	高14.3cm；重1233g	3,348,480	爱艺拍	2018-09-27
七彩欧泊（一件）	重5.5g	331,360	爱艺拍	2018-09-27
南宋 龙泉窑米黄釉束口盏	高5.6cm；口径10.5cm	16,100	西泠拍卖	2018-09-29